2022年
江苏发展分析与展望

ANALYSIS AND PROSPECT ON
DEVELOPMENT OF JIANGSU (2022)

主　编／夏锦文

社会科学文献出版社
SOCIAL SCIENCES ACADEMIC PRESS (CHINA)

本书编委会

主　　编　夏锦文

副 主 编　陈爱蓓　李 扬　王月清　孙功谦

委　　员　(以姓氏笔画为序)

　　　　　叶扬兵　毕素华　孙肖远　张 卫　张立冬

　　　　　张远鹏　张春龙　陈 朋　陈清华　赵 涛

　　　　　胡国良　钱宁峰　徐永斌　徐志明

执行编辑　唐永存　王树华　梁 剑　王 欣　周志斌

主编简介

夏锦文 现任江苏省社会科学院党委书记、院长，法学博士，二级教授，博士生导师，国家级教学名师。十三届、十四届江苏省委委员、省十二届人大代表。1999 年获第二届"中国十大杰出中青年法学家"提名奖，2000 年被评为首届"江苏省十大优秀中青年法学家"，2006 年被人事部等 7 部门评为"新世纪百千万人才工程"国家级人选，2007 年被评为江苏省"333 高层次人才培养工程"首批中青年科技领军人才，2010 年享受国务院政府特殊津贴，2019 年被评为中宣部文化名家暨"四个一批"人才，2020 年被评为第五批国家特殊支持计划人才 A。先后兼任教育部高等学校法学类专业教学指导委员会副主任委员、中国法学会法律史研究会常务理事、中国法学会法学教育研究会常务理事、中国法学会比较法学研究会常务理事、中国法学会法理学研究会常务理事、中国儒学与法律文化研究会执行会长、江苏省哲学社会科学界联合会副主席、江苏省法学会副会长、江苏省法学会法学教育研究会会长、江苏省人大常委会立法专家咨询组组长、南京大学兼职教授等。

主要研究方向为法学理论、法律文化的传统与现代化、现代司法理论、区域法治发展、法治理念与社会治理现代化。先后主持国家级和省部级课题 20 余项。在国内外期刊发表学术论文 160 余篇，在《人民日报》《光明日报》《经济日报》等报刊发表理论文章 30 余篇，公开出版《社会变迁与法律发展》《传承与创新：中国传统法律文化的现代价值》《法哲学关键词》《法治思维》等著作和教材 30 余部。多次获得国家级和省部级教学科研成果奖励。

摘　要

《2022 年江苏发展分析与展望》是江苏省社会科学院加强决策咨询服务的一项重要的制度化的工作。本书收录报告 28 篇，分为总报告 1 篇，专题报告 27 篇。本书以 2021 年江苏发展为主线，内容涵盖经济、社会、文化和公共管理等，采取理论研究和数据分析相结合的方式，对江苏重大社会现实问题进行高度概括与深入分析，内容全面、视角多元、数据翔实。它既是对江苏经济、社会、文化工作的总结与展望，又能为相关部门提升治理水平提供科学依据。

关键词： 经济　社会　文化　江苏

目 录 ⟁

Ⅰ 总报告

Ⅱ 专题报告

经济类

社会类

公共管理类

文化类

总 报 告

General Report

奋力谱写"强富美高"新江苏建设的现代化篇章

夏锦文*

摘　要： 江苏围绕"高水平""全面性"建设"经济强、百姓富、环境美、社会文明程度高"的新江苏，推动高水平全面建成小康社会取得决定性成就。当前，江苏开启现代化建设新征程面临的机遇和挑战并存，需要着力解决经济结构性失衡问题，民生发展需要更加均衡与持续，"双碳"目标下环境压力只增不减，应对"灰犀牛""黑天鹅"风险冲击的能力亟须提升。要以现代化理念、标准、思路系统谋划推进，促进现代化经济体系更具国际经济竞争力，在高质量发展中实现共同富裕，深入推进人与自然和谐共生的绿色发展，持续提高文明程度与社会活力。

关键词： "强富美高"　现代化　新江苏

＊ 夏锦文，江苏省社会科学院党委书记、院长，教授、博士生导师。

党的十八大以来，江苏始终坚持以习近平新时代中国特色社会主义思想和习近平总书记视察江苏重要讲话精神为指导，积极推进布局优化、结构调整、转型升级，加快"强富美高"新江苏建设，高水平全面小康取得决定性成就。江苏省第十四次党代会提出，今后五年要紧紧围绕履行"争当表率、争做示范、走在前列"三大光荣使命，实现"六个显著提升"，奋力谱写"强富美高"新江苏现代化建设新篇章。

一 "强富美高"新江苏建设的小康篇章完美收官

（一）经济发展

全面建成小康社会是实现中华民族伟大复兴的关键一大步。江苏始终坚持以习近平新时代中国特色社会主义思想为指导，完整准确全面贯彻新发展理念，围绕"高水平""全面性"建设"经济强、百姓富、环境美、社会文明程度高"的新江苏，推动高水平全面建成小康社会取得决定性成就，为开启现代化新征程打下坚实的基础。

一是宏观经济量质提升。全省科学统筹疫情防控和经济社会发展，地区生产总值突破10万亿元，人均GDP连续12年居全国前列，13个设区市全部位居全国百强。2021年全省经济运行总体呈现稳健复苏、韧性增强的良好态势。前三季度地区生产总值达到84895.7亿元，同比增长10.2%，增速超出全国0.4个百分点。第二产业增加值同比增长12.5%，快于地区生产总值增速2.3个百分点，项目投资复苏明显，制造业比重下降态势趋缓，高技术制造业增加值同比增长19.4%，高于规上工业平均水平3.6个百分点。第三产业增加值同比增长8.8%，互联网数据服务、集成电路设计、信息技术咨询服务等数字经济行业迅速崛起，同比增速超过50%。消费品市场逐步复苏，全省前三季度社会消费品零售总额31725.1亿元，约占全国的11%，高于地区生产总值占比，同比增长接近20%。全省外贸稳步向好，贸易结构持续优化。前三季度，进出口总额 37481 亿元，同比增长 16.5%，服务外包规模全国第 1，一般贸易占比达到56.7%。①

二是产业创新动力强劲。江苏是制造业大省，在全国占据非常突出的优势地位。江苏聚焦自主可控、安全高效目标，围绕产业链部署创新链，围绕创新链布局产业链，实施省领导挂钩联系优势产业链制度，紧紧把握数字经济发展机遇，积极强链补链。前三季度，全省高新技术产业产值同比增长 25%，占规上工业产值比重接近 50%，高新技术产业完成投资同比增长 19.8%，高于工业增速 7.2 个百分点，占全省工业投资的比重达 42.7%。智能化、数字化转型加快，工业互联网产业规模全国第 2，计算机及办公设备、仪器仪表、电子及通信设备等行业增幅均在 20% 以上。区域创新能力连续多年居全国前列，研发经费投入仅次于广东，投入强度达到 2.79%。②

三是区域协调纵深推进。一方面，江苏深刻领悟"一带一路"、长江经济带、长三角一体化、江苏沿海开发等国家战略的意义、内涵及重点，把握点面结合、以点带面的方法论，主动融入，统筹做好国家重大区域战略的布局推进。例如，长三角一体化发展上升为国家战略三周年来，长三角高铁营业里程超 6000 公里，10 个有轨道交通的城市实现"一码通行"；长三角科技资源共享服务平台集聚重大科学装置 22 个、科学仪器 35546 台（套）；长三角"一网通办"正式开通，实现 104 个政务服务事项在 41 个城市跨省市通办；完成长三角区域预测预报平台二期建设，促进生态环境共保联治等。③ 另一方面，加快推动省内全域一体化。以省内全域一体化促进新时期国家区域协调发展战略在江苏落地生根。加快"轨道上的江苏"建设，不断完善现代综合交通运输体系，促进南京、苏锡常、徐州等现代化都市圈联

---

① 参见江苏省统计局、国家统计局江苏调查总队《经济运行稳健复苏 发展韧性持续增强》，江苏省统计局网，http://tj.jiangsu.gov.cn/art/2021/10/23/art_ 4031_ 10083153. html。

② 参见中国工业互联网研究院发布的《中国工业互联网产业经济发展白皮书（2020）》以及《江苏研发经费投入及强度位居全国前列》，江苏省科学技术厅网，http://std.jiangsu.gov.cn/art/2020/9/18/art_ 82578_ 9943426. html。

③ 参见《重磅！长三角一体化发展最新成果公布!》，腾讯新闻网，https://xw.qq.com/cmsid/20210527A048IM00。

动发展，推进国家城乡融合发展试验区宁锡常接合片区、宁镇扬一体化发展，推动省内区域互补、跨江融合、南北联动。

（二）人民生活

一是整体生活品质大幅度提升。虽然 2020 年、2021 年江苏均受到疫情的严重冲击，但江苏人民生活整体实现"温饱不足—比较宽裕—追求生活品质"的跨越没有改变。其一，彻底消除贫困。"十三五"期间，完成所有 12 个省级重点帮扶县（区）摘帽任务，821 个省定经济薄弱村及省 254.9 万建档立卡低收入人口全部达标。① 其二，持续提高收入。2020 年，江苏居民人均可支配收入达 43390 元，比全国平均水平高 11201 元；从 2012 年起持续保持较高速增长，年均增速 8.6%。② 2021 年前三季度，全体居民人均可支配收入 36227 元，同比增长 10.9%。其中，城镇居民人均可支配收入达 44267 元，农村居民人均可支配收入达 20267 元，同比增长 11.8%。城乡居民收入比为 2.18，较上年同期缩小 0.04。③ 在消费方面，2020 年江苏居民人均生活消费支出 26225 元，比 2012 年增长 58.9%，年均增长 6.0%。④ 2021 年前三季度，全省居民人均生活消费支出 22701 元，同比增长 20.9%。

二是基本民生保障的持续性改善。基本民生保障的持续性改善是人民生活改善和品质提升的基础。在就业方面，党的十八大至 2020 年，江苏城镇年均新增就业超过 130 万人，2021 年上半年城镇新增就业 77.97 万人，总量保持全国第 1。与此同时，江苏的城镇登记失业率基本稳定在 3% 左右的水平。⑤

---

① 《江苏 用心书写新时代乡村振兴的"财政答卷"》，《中国财经报》2021 年 3 月 6 日。

② 《看看江苏经济社会发展成绩单！2020 年全省居民人均可支配收入 43390 元》，人民资讯（人民网人民科技官方账号），2021 年 1 月 27 日。

③ 《江苏前三季度居民人均可支配收入 36227 元，你"达标"了吗?》，光明网，https：//m.gmw.cn/baijia/2021－10/24/1302650355.html。

④ 《江苏人每天吃多少肉、蛋、菜、奶？最新出炉的江苏统计年鉴告诉你答案》，扬子新闻网，2021 年 11 月 10 日。

⑤ 《江苏：2021 上半年城镇新增就业 77.97 万人 保持全国第一》，江苏广电总台·融媒体新闻中心，2021 年 7 月 26 日。

在教育方面，江苏一直在推进现代化教育强省建设，优质教育资源的面在不断扩大。在社会保障方面，江苏城乡基本养老制度逐步健全，基本建立了医保市级统筹制度，整体保障水平在不断提高。在公共卫生方面，机构和服务人员数量有较大幅度增加，全省共有各类卫生机构 35746 个，卫生技术人员 66.5 万人。① 养老服务业加快推进，2020 年末每千名户籍老年人拥有养老床位达 40 张，每年提供居家上门服务老年人达 260 万人。② 全省基本公共服务标准化实现度超过 90%。城乡居民基本养老保险基础养老金省定最低标准由每人每月 70 元提高至 2021 年的 173 元。③

（三）生态环境

党的十八大以来，江苏切实践行"绿水青山就是金山银山"理念，坚持将美丽江苏建设作为一项事关全局的重大战略任务，整体规划，高起点、系统推进，积极打好污染防治攻坚战，努力打造美丽中国的现实样板，为新形势下高质量发展注入"含绿量"。

一是生态环境质量显著改善。省委十三届十次全会对生态环境质量做出了实现全面好转的基本判断，生态优先、绿色发展理念深入人心。全省总体生态环境创 21 世纪以来最好水平，全省及 13 个设区市生态环境状况等级均为"良"。2021 年前三季度，全省空气质量持续改善，平均优良天数比率同比提高 1.8 个百分点，$PM_{2.5}$ 平均浓度同比改善 14.3%，地表水国考断面水质优 Ⅲ 比例同比上升 5.7 个百分点，没有劣 Ⅴ 类断面，近岸海域优良海水面积比例较上年同期大幅提升。国家生态市县、国家生态文明建设示范市县数量居全国前列。长江生态环境质量发生转折性变化，在沿江 11 个省区市中率先实现长江经济带生态环境警示片披露问题整改清零。④

---

① 《卫生健康事业》，江苏省政府门户网站，http：//www. jiangsu. gov. cn/col/col31382/index. html。
② 《江苏每千名户籍老年人拥有养老床位 40 张》，中新网南京 2021 年 1 月 31 日电。
③ 《江苏人均 GDP 连续 12 年居全国前列　人民生活实现新跨越》，人民网南京 2021 年 5 月 20 日电。
④ 参见江苏省生态环境厅发布的《2020 年江苏生态环境状况公报》。

二是生态环境治理持续创新。江苏是全国唯一的部省共建生态环境治理体系和治理能力现代化试点省，出台"三线一单"生态环境分区管控方案，进行严格的分级分类管控。2021年以来，江苏省先后组织开展"首季争优""春夏攻坚"和长江、太湖排污口排查整治等专项行动，太湖治理连续13年实现"两个确保"。率先推行水环境资源"双向"补偿，率先启动生态环境损害赔偿制度改革，累计赔偿案件及金额位居全国前列。率先实施企业环保信用评价，发布地方环保标准25项。创立江苏"环保脸谱"体系，推动实现智慧化环境监管。率先开展排污权有偿使用和交易，开展抵押融资试点，联合金融机构发放"环保贷"，促进企业绿色发展。

三是生态环境效益明显提升。江苏自然条件优越，生态禀赋较好，"水韵江苏"特质鲜明，随着不断加强山水林田湖草一体化保护修复以及以江河湖海为脉络的国土空间布局加快优化，高品位的美丽江苏正在逐步呈现。目前，累计建成国家生态园林城市5个、国家生态市县63个、国家生态工业示范园区21个、国家生态文明建设示范市县16个，数量均居全国前列，江苏也成为全国美丽宜居城市建设唯一试点省份。同时，生态环境资源的集约利用发展成效显著。2020年全省单位GDP能耗为0.32吨标准煤/万元，同比下降3%左右，"十三五"时期累计下降20%以上，超额完成国家下达的17%的任务。

（四）社会发展活力的历史性转变

一是社会领域的改革快速跟进。党的十八大以来，江苏在社会发展方面总体实现了"活力不足—开放进步—治理高效、充满生机、文明向上"的转变。改革开放以来，江苏经济快速发展，经济结构深刻变化带来利益格局重新调整、思想观念深刻变化，迫切要求社会领域的改革快速跟进。"政社互动"（政府与社会良性互动）是激发社会活力的重要方法，太仓政社互动的典型经验从2013年在全国得到了推广，2017年江苏在全省实现了全覆盖，江苏也成为在全国率先实现政社互动全覆盖的省份。江苏《关于进一步激发社会领域投资活力的实施意见》在2017年通过，该意见要求通过"放管服"促进社会领域供给侧结构性改革。经济发展带来社会结构变化，社会结构变化给社会治理提出了新要求。作为经济发达省份，江苏在社会治理方面也较早地遇到了新情况、新问题。因此，全省各个地方，特别是苏南，较早地进行了探索和创新，尤其是在网格化社会治理、基层自治、社区建设、街镇体制、外来人口管理、虚拟社会管理等领域，创新成果明显。全省群众安全感从 2011 年的 91.8% 提升至 2020 年的 98.7%，政法队伍满意度从 83.6% 提升至95.0%。① 江苏的这一成绩在全国始终处于前列位置，被公认为全国最安全的省份之一，"平安江苏"成为重要品牌。

二是社会文明程度不断提高。整体的社会文明，应该是在法治保障基础上核心价值观、道德、诚信、治理等方面的整体文明。这几年，在法治建设方面，江苏构建起"五大体系"，即多元规范、有效实施、法治服务、调整修复、信仰培育，创立创新了"订立规矩、重塑习惯、涵养法治"这一具有江苏特色的模式。这在 2021 年出台的《江苏省法治社会建设实施方案（2021~2025 年）》中有突出的体现，成为典型的"江苏经验"。在社会主义核心价值观方面，近年来，全省以新时代文明实践中心建设为抓手，在群众性思想道德建设和精神文明建设中努力创新形式，正在成为提升全省公民文明素质和社会文明程度的重要载体。"全国文明城市"目前被认为是国内所有城市品牌中含金量最高、创建难度最大的一个，它是反映城市整体文明水平的综合性荣誉称号。第六届全国文明城市评选，江苏有 12 个设区市、16 个县级市和县入选，是数量最多的省份。与此同时，江苏的乡村文明也得到不断提升，市县乡村公共文化设施覆盖率超过95%②，乡村大舞台、民俗文化等乡村文化娱乐活动也在不断增加。整体的社会文明程度不断得到提高。

---

① 《江苏交出社会治理"高分答卷" 全省群众安全感达98.74%》，新华网，http://www.js.xinhuanet.com/2021-06/24/c_1127594742.htm。

② 娄勤俭：《走好新的赶考之路》，《求是》2021 年第 14 期。

二　江苏的发展远景与当前面临的国内外形势

（一）江苏现代化建设的目标愿景

2021 年 8 月 26 日，中共江苏省委十三届十次全会勾画了江苏今后五年、2035 年和到 21 世纪中叶现代化建设目标愿景。未来五年，在现代化建设的新征程上开辟新境界、展现新气象，创造更加充分的先行优势。2035年，要率先基本实现社会主义现代化，经济实力、科技实力、综合竞争力、国际影响力大幅跃升，成为现代化强国建设中具有鲜明特色的省域范例。在此基础上，再经过 15 年的努力，在我们党实现"第二个百年奋斗目标"时，江苏拥有高度的物质文明、政治文明、精神文明、社会文明、生态文明，成为向世界展示中国式现代化、人类文明新形态的标志性窗口，习近平总书记勾画的"强富美高"成为让世界为之瞩目和向往的壮丽景象。

关于江苏发展的具体目标，在 2021 年上半年出台的《江苏省国民经济和社会发展第十四个五年规划和 2035 年远景目标纲要》（以下简称《纲要》）中有详细的规划。《纲要》提出了江苏 2035 年远景目标，围绕高质量发展迈上新台阶、高品质生活取得新成果、高效能治理实现新提升、美丽江苏展现新面貌、社会文明达到新水平、改革开放形成新优势六个方面形成了 2025 年主要目标安排，设置了经济强、百姓富、环境美、社会文明程度高和安全保障 5大类 28 个主要指标。《纲要》提出了到 2035 年"人均地区生产总值在 2020 年基础上实现翻一番，居民人均收入实现翻一番以上"，以及"十四五"时期"地区生产总值年均增长 5.5% 左右，到 2025 年人均地区生产总值超过 15 万元""居民收入增长和经济增长基本同步"的核心量化目标。提出要致力于深化生态文明建设成果，率先一体部署美丽江苏建设，统筹自然生态之美、城乡宜居之美、水韵人文之美、绿色发展之美，打造百姓宜居乐居的幸福家园。①

---

① 《江苏发布"十四五"规划和 2035 年远景目标》，《中国经济导报》2021 年 3 月 1 日。

（二）江苏现代化建设面临的机遇

一是国内高质量发展带来的系统性变革机遇。进入新发展阶段、贯彻新发展理念、构建新发展格局，必须着力提升供给体系质量和效率，以此促进高质量发展。这势必推动需求结构、产业结构、发展动力、体制机制等发生系统性变革，不仅可以为江苏产业发展壮大本土市场优势、拓展新的市场空间提供机遇，而且为进一步解决经济发展中面临的一些重大结构性失衡问题提供变革机遇、释放改革红利。

二是多重国家战略叠加实施带来的政策机遇。虽然长三角一体化、沿海大开发、长江经济带和"一带一路"等国家战略在空间范围、主要目标、基本内容等方面存在差异，但均是区域协调发展思想的具体体现。多重国家战略在江苏的叠加推进，不仅是实体经济参与国际大循环的"重要支点"，如为虹吸全球创新要素、吸引具有"市场黏性"的外资、培育更多的国内价值链和全球价值链"链主"企业创造了绝佳机遇；而且也是助力国内大循环的"战略基点"，统一的人力资源、资本、土地及跨区域产权交易市场将有助于提升产业链供应链的稳定性和竞争力，超大规模内需潜力不断释放，也将不断激发企业发展的活力和创造力，为江苏产业发展特别是制造强省建设带来历史性机遇。

三是新一轮科技革命带来的产业创新机遇。当前，全球新一轮科技革命和产业变革正在深入发展，以大数据、云计算、移动互联网、物联网、人工智能等为代表的数字经济正成为重组全球要素资源、重塑全球经济结构、改变全球竞争格局的关键力量。数字经济背景下制造业技术体系、生产模式和价值链都将产生前所未有的系统性变化。江苏制造业基础雄厚，软件与信息服务、现代零售等服务业发达，新一轮科技革命为江苏产业创新注入数字动力，更好地赋能前行提供了重要机遇。

（三）江苏现代化建设面临的挑战

一是国内经济下行压力依然存在。受全球经济复苏放缓的影响，以及艰巨繁重的国内改革发展稳定任务特别是新冠肺炎疫情的反复严重冲击，虽然2021年以来我国经济运行继续保持恢复态势，发展韧性持续显现，前三季度国内生产总值同比增长4.9%，但是经济下行压力仍然存在，国际货币基金组织（IMF）在最新的《世界经济展望报告》中不仅下调了2021年全球经济增长预期，而且也下调了我国的GDP增速预期。可以预见，未来一个时期国内经济运行仍将面临"六保""六稳"的严峻考验，这可能会给江苏产业体系运转带来订单减少、市场空间难以拓展、供应链运行受阻等挑战。

二是国际政治经济形势日益复杂。当前，世界百年未有之大变局持续深度演进，"黑天鹅""灰犀牛"事件迭出，贸易保护主义、单边主义、民粹主义等逆全球化因素暗流涌动，国际形势不确定性加大，江苏产业发展，特别是制造业面临中高端回流、中低端分流的"双向挤压"，推进高水平对外开放难度增加。中美博弈将持续向更广泛领域扩展，以科技竞争为核心的制造业发展制高点争夺空前激烈，加快关键核心技术的自主可控迫在眉睫。2021年以来，受到发达国家影响大的大宗商品价格涨幅较大，尤其是原油、铜等品种表现明显，这也给省内企业带来了严峻挑战。

三是新冠肺炎疫情下全球经济复苏不同步。一方面是产业链冲击。新冠肺炎疫情加速全球产业格局重塑，产业链纵向收缩，区域集聚分工趋势增强，虽然机遇明显，但亦造成江苏产业链供应链安全风险不断增加。比如，受疫情影响省内一些制造业企业交货周期拉长，甚至不得不停线；部分关键材料、设备、零部件等国产替代短期内可能还无法实现。另一方面是出口冲击。在全球分工中总体处于以制造业为主的国家，将在疫后与江苏在欧美出口市场上形成竞争。如果各国为恢复本国经济采取贸易保护政策，对江苏的冲击将进一步加大。

三 "强富美高"新江苏建设存在的主要问题

（一）经济结构性失衡问题仍然突出

写好江苏"经济强"的现代化新篇章亟须解决宏观经济、产业发展、区域协调等方面存在的一些结构性失衡问题，畅通经济循环，加快转型升级。

一是内需贡献有待提升。虽然新冠肺炎疫情发生以来，江苏消费持续复苏，2021 年前三季度，江苏社会消费品零售总额同比增长 19.5%，分别高于广东、浙江 5.9 个和 6.6 个百分点，但是从中长期看，剔除疫情影响，2020 年之前，江苏最终消费对地区生产总值的贡献率连续多年徘徊在 50% 左右，而全国的平均水平一直维持在 55% 以上，不少年份甚至接近 70%，这与江苏经济增长速度长期在全国领先形成鲜明对比。在国家构建以国内大循环为主体、国内国际双循环相互促进的新发展格局背景下，有效激发内需潜力，促进消费与地区生产总值同步增长，是江苏经济持续健康发展的必然要求。

二是强链补链势在必行。江苏产业基础雄厚，特别是制造业规模、配套以及部分细分领域在全国占据非常突出的优势地位，但仍需从制造大省迈向制造强省，其重点是解决产业链发展中不平衡不充分的问题，比如，影响产业基础的部分关键材料、零部件、技术、先进工艺等受制于人，国产替代实质性推进难度较大，缺乏具有行业影响力的整机企业和品牌，价值链总体处于中低端，部分行业产能过剩现象仍然突出等。过去更多强调全球化背景下加快促进产业向全球价值链中高端攀升，当前面对新形势应着力推动自主可控、安全高效目标下产业基础高级化、产业链现代化尽快形成突破。

三是统一市场亟须构建。构建统一市场是促进区域协调发展的重要机制。总体来看，国内区域协调发展机制尚未完全建立，竞合关系仍未理顺，如各地对创新资源等的争夺异常激烈，"科技招商战"频繁发生。为此，江苏提出推进省内全域一体化，目前重大交通基础设施建设、商品统一市场建设等均取得积极成效，但劳动力、资本、技术、信息、产权等要素统一市场的建设明显滞后，比如，虽然江苏的企业并购数量在全国居于前列，但是总体活跃度并不高，且近期出现较为明显的下滑。

（二）民生发展需要更加均衡与持续

一方面，民生短板不同程度地存在。虽然江苏在经济发展的基础上，民生保障方面得到了巨大的提升和改善，但民生短板仍然不同程度地存在。主要表现为基本民生保障的不均衡方面。一是民生发展的不均衡，人均可支配收入梯次分布极为明显。体现基本民生的收入差距方面，以2020年的数据为例，全省人均可支配收入是43390元①，苏南的苏州、南京突破6万元，远远高于全国的人均可支配收入32189元②。江苏有4个城市（宿迁、连云港、徐州、淮安）没有达到全国平均水平，均在3万元左右。二是医疗教育养老供求不均衡，城乡、区域差异明显。在就业、教育、卫生、社会保障等方面，城乡差距明显。即使在同一城市，优质医疗、教育、文化、养老等资源集中于城市主城区，而主城区房价相对较高，这就给居住在其他城区的百姓在就医、求学、就业等方面带来一定的困扰。

另一方面，民生保障机制仍然不够稳定。到目前为止，江苏居民收入持续增长机制尚未形成。其中作为收入主体的工资性收入，在工业化升级、实体企业发展乏力的情况下面临增长后劲不足的问题。不仅如此，江苏还存在转移性收入增长空间收窄、财产性收入增加缺乏强劲支撑的问题。虽然江苏的民生保障达到了较高的水平，但在经济结构深度调整、经济转型尚未完成的情况下，特别是政府财政收入增速普遍降低的情况下，对一些刚性的民生支出水平和保障力度带来新压力。在老百姓的需求方面，随着需求结构升级，人们对公共产品和公共服务供给具有了更高的期盼。不仅如此，江苏基本公共服务体系均等化长效机制还没有完全建立，其中供给不足、服务不均、效率不高、机制不活问题仍然没有得到根本性解决。从保障和改善民生推进工作看，党委政府组织领导、相关部门协同推进、社会各界广泛参与、人民群众共建共享的工作机制尚未真正形成。一些地区受重视程度、工作基础、经济条件等因素影响，推进成效不显著，需要进一步加大工作力度。

---

① 《2020年成绩单：全省居民人均可支配收入43390元》，《扬子晚报》2021年1月28日。
② 《2020年全国居民人均可支配收入32189元　比上年增长4.7%》，中新网，2021年1月28日。

（三）"双碳"目标下环境压力只增不减

改革开放以来，受工业化、城市化和环境承载力等的影响，江苏生态环境压力一直较大。2020年，为有效应对全球气候变化、彰显大国责任担当和实现可持续发展，我国提出力争到2030年实现碳达峰，到2060年实现碳中和的宏伟目标，在某种程度上进一步加剧了人口、资源、环境与经济发展之间的矛盾。

一方面，江苏国民经济中制造业占比较高。制造业资源能源消耗较高，对生态环境影响较大。目前，江苏制造业产值占全国的比重高达13%，连续8年保持制造业规模全国第1，远超广东、山东、浙江等东部发达省份，制造业能耗占全社会总能耗超过70%。虽然2020年江苏每万元地区生产总值能耗为0.34吨标准煤，为全国各省最低，但是与10年前相比，每万元地区生产总值能耗增加了0.26吨标准煤。进一步，江苏人均能耗为4.33吨标准煤，高于广东的2.68吨，江苏单位国土面积能耗为0.33万吨标准煤/公里^2；亦高于广东的0.19万吨、浙江的0.23万吨，差距显著。由于能源结构较为单一、能耗双控指标亮红灯，2021年9月以来，江苏开始限电，部分企业面临停工停产困境，探索建设"近零碳园区（工厂）"和"碳中和工厂"势在必行。

另一方面，环境质量指标具有易反弹特征。受季节、行业周期、治理策略等的影响，环境质量普遍容易反弹，表现为关键指标出现频繁波动。比如，2021年以来全省环境空气质量平均优良天数比率较上年同期有所下降，降幅约为2个百分点，重度污染天数比率则同比上升0.2个百分点；2020年第一季度虽然环境质量指标总体好于上年同期，但3月空气优良天数比率、$PM_{2.5}$浓度和水质国考断面优Ⅲ比例均同比变差。

此外，过去我们更多地侧重于生态环境保护和治理，即从单纯追求金山银山转向重视绿水青山，迈向现代化建设阶段还要构建完善绿水青山与金山银山之间的转化机制，提高金山银山的"含绿量"和绿水青山的"含金量"。

（四）应对"灰犀牛""黑天鹅"风险冲击的能力亟须提升

一方面，面临诸多不确定性风险的冲击。当前，复杂的国际形势、多变的新冠肺炎疫情以及多重的改革任务，使我们面临诸多不确定性风险的冲击。江苏作为经济发达省份，经济外向型特征明显的省份，同时也是在社会领域改革创新、试点探索较多的省份，不确定性社会风险发生的概率更大。但是，江苏当前究竟有哪些方面是潜在的"黑天鹅"，究竟有哪些方面是潜在的"灰犀牛"？2007 年无锡爆发的太湖蓝藻事件、2014 年昆山粉尘爆炸事故、2019 年响水"3·21"特别重大爆炸事故、2021 年南京机场新冠肺炎疫情的蔓延等，充分显示我们在警惕"黑天鹅"和防范"灰犀牛"方面的不足，重大风险事件的预警、研判方面能力偏弱。重大突发事件由于其突发性或影响范围广，会对公众的工作、学习、生活等构成威胁，容易引起人们的聚焦和关注。特别是新冠肺炎疫情发生以来，由疫情而引发的互联网舆情各种话题频出、真假信息搅动舆论等现象，很容易对疫情防控带来极大的干扰，而相应的舆情应对、引导做得明显不够。

另一方面，社会治理能力和水平面临新的挑战。随着改革的深入、城镇化的快速推进，目前利益格局进入深度的调整中，给社会治理能力和水平带来新挑战。"三期叠加"的形势可能引发更多的社会风险，再加上互联网信息技术给社会管理带来的难度，需要在社会建设中更加注重公平正义，加快提升社会治理能力和水平。近年来江苏出现的一些群体性突发事件造成了较大反响。尽管问题的成因是多方面的，但绝大多数反映的是民生和经济利益方面的诉求，如教育的均衡和公正问题、提高征地拆迁补偿标准、抗议企业环境污染、追究医疗事故责任等。综合这些事件，既有直接利益冲突的群体性事件，也有不满情绪的宣泄。但无论是哪种类型，都具有难以预测、扩散迅速、容易引起大规模混乱的特点。另外，还有一些食品安全和环境安全事件，在网络信息快速传播的情况下，很容易引起民众恐慌。面对这些风险，我们的社会治理明显缺乏机制性的应对，在一些方式、方法、手段等方面明显不足。比如民众对政府高度依赖，社会参与层次较低，社会参与的专业协作度和连续性低，社会力量整合层次低，大量社会民间资源和力量没有得到充分利用。

四 以现代化理念、标准、思路系统谋划推进

（一）促进现代化经济体系更具国际经济竞争力

1. 发挥省领导挂钩联系优势产业链制度的统筹协调作用

畅通生产要素流动。要利用产业链"链长"的整合能力统筹协调不同行政区对于生产要素尤其是高级生产要素的竞争，促进各类要素跨企业、跨行业、跨区域、跨行政部门进行集体效率的优化。此外，还要发挥"链长制"的窗口指导功能，避免仅为追逐政策红利、针对重点产业链的"潮涌"进入，特别是避免低门槛项目重复建设，以防产能过剩。

衔接产业链上下游。对产业链进行全景式深入扫描和研究，牵头制订涵盖中小微企业的产业链地图并动态调整。一方面，为龙头企业匹配本地供应商，促进产业链稳定、高效；另一方面，为中小微企业对接市场需求，促进细分领域持续创新，培育打造产业链上的"隐形冠军"。

优化政策环境。相关部门应主动下沉到企业，真切了解企业的政策需求，创新政策供给方式，如开发"政策计算器"提升政策供给的精准性、便捷性。加强与长三角其他地区、粤港澳等地的政策比较与对接。一些新兴领域、细分领域的强链补链可以更多地尝试事后补贴、需求端补贴，从补贴企业转向补贴要素等。促进产业链政策与环保、安监、消防、外汇等监管政策的协调，形成发展合力。

2. 发挥大企业的引领支撑和中小微企业的协作配套作用

完善大企业在产业链上的市场定位。江苏优势产业链上的大企业应将优质市场份额和劣质市场份额区别对待，适当摒弃以低成本、低价格、低利润、低质量为特征的劣质市场份额，转而聚焦以高性能、高利润、高竞争力为特征的优质市场份额。

加强大企业对产业链的需求驱动。对于大多数产业领域而言，合理分工有助于效率提升。大企业的需求驱动作用，不仅表现为产业链上细分领域专精特新企业的成长离不开大企业订单的持续支撑，而且还表现为大企业与供应商围绕产品性能、技术选择、工艺方案等的密切交流与合作。应鼓励江苏优势产业链上的大企业与合作伙伴建立样本客户制度，促进产业链发展。

鼓励中小微企业保持战略定力。江苏应鼓励中小微企业瞄准某一细分市场深耕细作，避免盲目跟风，频繁改变经营策略与目标方向，在发挥财富效应合理激励企业专精特新发展的同时，也要防止资本过度介入对于企业向"小巨人"成长的不利影响。为中小微企业搭建完善的产学研桥梁与平台，鼓励其围绕同领域的国内领先技术、国际先进技术以及行业未来技术展开超前布局与研发，提高专利质量。充分发挥本地职业教育资源优势，鼓励中小微企业提前介入订单式人才培养全过程。优化行业薪酬结构，提升一线工程师薪酬水平，激发"十年磨一剑"的工匠精神。

3. 发挥数字经济的赋能升级作用

以培育数字经济生态为导向优化发展环境。数字企业大多是轻资产企业，对发展环境非常敏感。一方面，要不断优化政策环境。通过各级政府自上而下的考核机制设计让为企业服务的理念深入人心，政策设计上实行分类支持，可以借鉴深圳的做法，不再笼统规定对企业固定资产规模的支持门槛，引入知识产权筛选机制。不仅对数字硬件研发和生产进行补贴，而且加大对数字内容发展和软件平台建设的支持力度。大力发展与数字经济相关的政府基金和风险投资。另一方面，要着力完善下游应用商业生态。数字经济的竞争不仅是技术、装备之间的竞争，更是商业生态的竞争，推进数字基础设施运用的便利化、提高政务数字化水平等是生态建设的应有之义。

4. 发挥省内全域一体化的区域协调作用

构建统一的要素市场。江苏应紧紧抓住长三角区域一体化的重大机遇，首先在省内加快推进以要素市场一体化为重点的市场一体化进程。抓住疫情后全球产业链供应链重塑的契机，加快推进地区产业垂直分工，禁止省内各地"互挖墙脚"；建立差别化的资源要素价格机制，促进各种要素资源向优质载体集中；培育区域金融、人才、信息等要素市场，降低企业运营成本；消除行政壁垒，鼓励企业跨行政区开展兼并重组，提升市场竞争力。

构建统一的市场规则。尽快全面清理妨碍统一市场和公平竞争的各种规定。完善政府采购机制和向社会购买服务机制，修订《江苏省招标投标条例》，建立"分类实施、优质优价"的招投标机制，强化招投标事前、事中、事后全流程监督管理。完善市场监督体制，推进行政处罚权相对集中，建立以信用为核心的新型监管方式。

（二）在高质量发展中实现共同富裕

1. 促进高质量发展与高品质生活相互支撑的良性循环

我们目前所提的共同富裕具有鲜明的时代特色。"富裕"一般是指社会财富，它需要通过先进生产力做大"蛋糕"，夯实物质基础，解决发展中存在的不充分问题。"共同"是指分配关系，以公平合理地分好"蛋糕"，消除两极分化，解决发展中存在的不平衡问题。[①] 对于江苏来说，不但要持续做大蛋糕，还要做"优"蛋糕，让全体江苏人民在社会全面进步、人民幸福安康的高质量发展中共享发展成果。从这个意义上来说，高质量发展和高品质生活也应该成为江苏推进共同富裕的主要目标。一方面，高质量发展不断改善民生，实现高品质生活；另一方面，高品质生活有助于刺激消费，扩大内需，为经济发展注入强大动力，在推进共同富裕的进程中形成经济良性循环。因此，要把发展作为促进共同富裕的根本措施，培育更具活力的市场主体，支持国有、民营、外资企业蓬勃发展，鼓励具有引领性的新业态新模式加快成长。

2. 构建初次分配、再分配、三次分配协调配套的制度安排

就江苏的发展阶段来看，在经济高质量发展的基础上，正确处理效率和公平的关系是当前江苏的一项重要任务。这就需要构建初次分配、再分配、三次分配协调配套的制度安排，主要是通过合理的税收、社保、转移支付等

---

① 贾若祥：《共同富裕的内涵特征和推进重点》，《中国发展观察》2021 年第 12 期。

调节手段，扩大中等收入群体规模，形成中间大、两头小的橄榄形分配结构，促进社会公平正义，促进人的全面发展，使全体江苏人民能够朝着共同富裕的目标扎实迈进。① 就江苏而言，更为重要的是初次分配和再分配如何兼顾效率与公平的问题。初次分配环节做好之后，通过再分配环节的制度建设和相应的改革，能够纠正在初次分配环节中形成的收入差距。而一个尤为重要的再分配机制是公共服务和社会保障的均等化。要把壮大中等收入群体作为战略目标，强化就业优先政策，逐步消除户籍、地域、身份、性别等对公平就业的影响，大规模提升劳动者职业技能，拓展居民财产性收入渠道，提高低收入群体内生发展动力，通过"调高""扩中""提低"加快形成橄榄形收入群体结构。要把扩大优质共享的公共服务作为关键抓手，着眼满足群众多层次多样化需求，持续排查养老、教育、医疗、卫生、体育、文化等领域突出民生问题，对照高品质生活要求持之以恒加以解决。

3. 大力发展公益慈善事业，建立三次分配的体制机制

三次分配是最新的一种提法，被认为是对初次分配和再次分配的补充，更重要的是强调其社会作用，在一定程度上可以助力"解决贫困问题、缩小贫富差距、走向共同富裕"。三次分配被认为是通过道德力量作用进行的收入分配。由于其总体属于道德层面，发挥其作用有相当的难度。推进三次分配，首先，需要在观念、理念、精神方面有所作为，比如弘扬慈善义举精神，营造慈善氛围，让每一个个体都能够树立公益慈善意识，提高公益慈善的自觉性、自主性、积极性。其次，政府要创造良好的环境，包括公益慈善事业的发展环境，最为重要的是公平正义的社会、法制环境。最后，公益慈善组织自身要加强自律。要通过完善组织架构、管理制度，规范慈善行为，运用现代网络、信息技术手段，不断加强自身的公信力。要把健全社会保障和救助帮扶体系作为兜底要求，更加注重向农村、基层、相对落后地区和困

---

① 宋晓梧：《如何构建初次分配、再分配、三次分配协调配套的基础性制度安排》，《光明日报》2021 年 10 月 9 日。

难群众倾斜，推动居民社会保险和社会救助制度无缝衔接，完善先富带后富的帮扶机制，建立健全回报社会的激励机制，让促进共同富裕的有益因子充分激活。①

（三）深入推进人与自然和谐共生的绿色发展

1. 以生态产业体系畅通绿水青山与金山银山循环转化

生态环境现代化需要将"生态"与"经济"统一起来，其关键在于构建以产业生态化和生态产业化为主体的生态经济体系。生态经济是区别于传统工业发展的一种新的经济增长模式，不是简单的生态与经济的两个概念组合。生态经济是一种低能耗、低排放、可持续的发展方式，其外在表现形式就是生态产业。

江苏除了进一步积极发展低碳技术，推广节能新技术、新产品，推进资源能源的节约利用，继续发展高效生态农业、休闲观光农业、生态工业和现代服务业，努力构建附加值高、资源消耗低、环境污染少的生态产业格局，深入推进产业结构和布局调整外，还可以从三个方面入手。一是加大宣传力度。通过多种方式、途径，让更多的人认识生态产业的资源特点、丰富内涵、功能作用，提高社会对生态产业的认知水平。二是加强政策法规建设。生态休闲是一项涉及多行业、涉及千家万户、辐射性强的新兴产业，要使这项产业健康发展，必须政策引导，依法管理，有序推动，通过绿色发展平衡好长短期利益。三是加强行业自律和社会化服务。生态产业的发展是一项系统工程，社会化、市场化融合度强，在加强政府指导管理的同时，必须强化行业自律，做好社会化服务。应规范社会服务中介组织建设，组建行业协会或联盟，监督国家政策法规的执行，组织制定行业规范标准，开展技术咨询服务，推广典型经验，组织企业自律维权，推动产品和区域合作，开展信息交流，增进资源、

---

① 《共同富裕的中国路径》，澎湃新闻，https：//www.thepaper.cn/newsDetail_forward_14166174。

市场、利益共享，促进生态产业协同发展。

2. 逐步推进工业领域终端能源电能替代

在工业领域推进电气化，实施电能替代，提升电能占终端能源消费比重。生产制造领域的电能替代需要结合产业特点进行，根据大气污染防治与产业升级需要，在工业生产中加快推进工业企业的自动化、信息化生产改造（智能控制、工业机器人等），提高用电生产工艺的应用比例（提高电炉钢比重等），将传统使用化石燃料的工艺改造为电气化生产工艺（蒸馏、烘干工艺等）。具体来说，在服装纺织、木材加工等生产工艺需要热水（蒸汽）的各类行业，逐步替代集中供热管网覆盖范围以外的燃煤锅炉，推进蓄热式与直热式工业电锅炉应用；在金属加工、铸造、陶瓷、岩棉、微晶玻璃等行业，推广电窑炉；在采矿、食品加工等企业生产过程中的物料运输环节，推广电驱动皮带传输。

同时，提升能源系统智能化水平。以"安全、节约、清洁、低碳、经济、普惠"为目标，以全面提升能源系统效率为中心，推动"互联网＋"智慧能源发展，提高能源需求侧响应能力，建设"坚强、智能、高效、集成、协同、灵活、互动、泛在"的智慧能源系统。

3. 不断完善"美丽江苏"生态环境治理体系

以制度创新为核心，构建一种有利于"美丽江苏"建设的体制、机制和税制。一是建立一体化环保管理体制，强化环境执法监管。要建立区域公共资源统一配置机制，对区域内土地资源、水资源、岸线资源、旅游资源等公共资源进行统一规划、统一开发和统一管理，使区域公共资源在合理利用的基础上取得最大效益。二是完善区域生态补偿机制，培育多元化投融资体系。积极探索开征环境税，试点完善资源税，进一步完善水、土地、森林、环境等各种资源税费的征收和使用管理办法，加大各项资源税费中用于生态补偿的比重。建立以财政资金为主导的产业绿色发展与转型基金或江苏环保专项资金，探索发行环保彩票等，不断拓宽生态补偿资金融资渠道，实现生态补偿方式多样化。三是创新区域环境经济政策，深化和完善各类环境政策试点。比如，率先实施环境税费改革，加快完善碳排放权交易机制，建立跨界断面水质管理的补偿与赔偿政策，实行清洁能源供应保障与补贴政策等。

（四）持续提高文明程度与社会活力

1. 坚持社会主义核心价值体系，构筑思想文化引领高地

文化自信被认为是更基础、更广泛、更深厚的自信。江苏是中华文化和民族精神的重要守护传承地，必须涵养更为充沛的价值引导力、文化凝聚力、精神推动力，更好地满足人民文化需求、增强人民精神力量。[①] 一是在把握方向方面，坚持习近平新时代中国特色社会主义思想，全面践行社会主义核心价值观。要特别关注当代青年，对于他们来说，需要通过教育使他们能够以实现中华民族伟大复兴为奋斗目标，不忘初心、牢记使命。二是在创新途径方面，要注意立足江苏深厚的文化底蕴，通过建设高品质的大运河文化带、"江苏文脉"等标志性文化工程，推动文化和旅游深度融合发展，推动文化事业和文化产业繁荣壮大。三是在文艺创作方面，要鼓励创作者聚焦新时代、聚焦新江苏创作精品力作。要注意多方面、多形式、全方位地彰显水韵江苏、文化江苏的魅力，进一步扩大江苏在全国乃至全球的影响力和感召力。

2. 以人的全面发展为目的，促进"两个文明"的协调发展

物质文明的发展会对精神文明的发展提出更高的要求，同时精神文明的发展又会成为物质文明建设的动力，尤其是经济的多元化会带来文化生活的多样化，只有把精神文明建设好，才能满足人民群众多样化的精神文化生活需求。更进一步来说，要认清物质文明建设和精神文明建设的最终目的是什么，GDP、财政收入、居民收入等是一些重要指标，但都不是最终目的，其最终目的就是要促进人的全面发展，包括改善人民的物质生活、丰富人民的精神生活、提高人民的生活质量、提高人民的思想道德素质和科学文化素质

---

① 《江苏省委十三届十次全会：在率先实现社会主义现代化上走在前列!》，澎湃新闻，https：//m. thepaper. cn/baijiahao_ 14221867。

等。① 新形势下加强社会主义精神文明建设，需要推动物质文明和精神文明的协调发展。这种协调发展必须紧紧围绕"四个全面"战略布局，立足人民的需要，让广大的人民群众享有更多文化发展成果。丰富人民群众文化生活是增强人民精神力量的重要途径。这就需要不断创新和完善"两手抓、两手都要硬"的体制机制，在实践中探索出一套适应现代网络社会、适应市场经济发展、适应新时期人民群众需要的一套发展机制，从而使物质文明建设和精神文明建设能够协调地相互促动。

3. 推进秩序优良与活力彰显并重的社会治理现代化

当前，江苏既面临经济转型、社会结构重构带来的冲击，又时刻面临一些可能的未知重大突发事件。一方面，我们必须坚持重心下移，不断提高社会治理的效能。要把握乡村变迁和振兴规律，加强基层基础工作，健全农村新型社区治理，构建更加适应群众需求的现代乡村治理模式。要加强源头治理，统筹好经济需要、生活需要、生态需要、安全需要，让城乡更健康、更安全、更宜居。② 要充分利用现代科技，把信息化融入社会治理全领域全过程，发挥江苏大数据、云计算、区块链、人工智能等技术优势，实现智能治理、精准治理，特别是要向各领域深化拓展"大数据＋网格化＋铁脚板"机制，构建基层社会治理新格局。另一方面，我们必须要坚持底线思维，打好防范和抵御重大风险的战略主动仗。要提高风险预防和处置能力，建设韧性江苏。要聚焦当前社会发展中的新问题新风险，提前构建预防响应、应急救援和物资储备制度。要提高社会治理能力，避免"一管即死"状态的出现，不断激发社会力量参与社会治理。要深入推进简政放权，鼓励和引导社会组织、企事业单位、人民群众积极参与社会治理。要完善社会力量参与社会治理责任落实机制，依据协议督导事项落实，推进社会治理和服务群众事项有效落地。

---

① 《物质文明与精神文明要协调发展》，载习近平《之江新语》，浙江人民出版社，2017。
② 《江苏省委十三届十次全会：在率先实现社会主义现代化上走在前列！》，澎湃新闻，https：//m. thepaper. cn/baijiahao_ 14221867。

专题报告
Special Reports

产业现代化目标下江苏创新链匹配产业链的现状分析与战略对策

摘　要：　加强创新链匹配产业链，是新发展阶段江苏加快产业现代化、实现经济高质量发展的迫切要求。本文首先从理论层面阐述了创新链匹配产业链的内涵机理以及对产业现代化的重要意义。其次分别从创新链与产业链的互动、协同、融合发展的角度对江苏创新链匹配产业链的现状表现做了统计描述，结果发现，近年来江苏创新链并未能有效匹配产业链需求和支撑产业高质量发展，两链协同融合发展水平也亟待提升。再次从企业自主创新能力、科研成果转化、创新资源配置、产业关联等角度，揭示和分析了上述现状所揭示的深层问题及其成因。最后从开放经济转型、产业集群升级和创新布局优化三个层面，提出了江苏加强创新链匹配产

---

*　杜宇玮，经济学博士，江苏省社会科学院区域现代化研究院副研究员。

业链以推动产业现代化的战略思路与对策建议。

关键词： 产业现代化 创新链 产业链 供应链 产业集群

新冠肺炎疫情的突袭而至，促使中央及地方都在积极推动以加强产业链建设为抓手、以提升产业链供应链稳定性和竞争力为核心任务的产业现代化步伐。而随着新一轮科技和工业革命的到来和全球产业分工的不断细化，当今全球竞争不仅是产业链的竞争，而且也是创新链的竞争，产业链供应链现代化水平提升需要创新链的支撑。习近平总书记多次强调，要围绕产业链部署创新链，围绕创新链布局产业链。加强创新链匹配产业链，已成为提升全球价值链地位、推动经济高质量发展的迫切要求和必然选择。江苏作为制造大省，工业制造业规模多年位列全国第1，区域创新能力也多年稳居全国前列，具有良好的产业链发展基础和丰富的创新要素资源，具备产业链匹配创新链的基础优势和必要条件。因此，以推动产业现代化为目标，分析江苏创新链匹配产业链的现状事实、关键问题及其成因，进而寻求相应的战略对策，不仅可为江苏加快产业高质量发展、助力实现"两争一前列"目标提供发展思路，而且可为我国提升产业链供应链现代化水平提供政策参考。

一 产业现代化目标下创新链匹配产业链的内涵与意义

（一）创新链匹配产业链的内涵机理

从内涵来看，创新链是从基础研究、应用开发到创新成果商品化、产业化的创新过程集合；产业链则是从原材料、中间产品到最终产品的生产过程集合，而且这个过程中还包括了链内知识、技术、信息等要素的流动。两种链条的核心主体都是企业，组织属性都是介于市场和企业之间的中间组织形式，目标都是实现价值创造和价值增值，因而二者密切相关、互促共生。一方面，产业链作为创新要素的需求方，可以拉动创新链形成与发展；另一方面，创新链作为创新要素的供给方，可以推动产业链延伸与升级。二者具有相互促进、相互协同、相互融合、相互匹配的作用。

1. 产业链拉动创新链形成与发展

产业链中的生产主体——企业具有持续的创新需求，可以拉动技术创新，并使得创新成果得以转化运用从而实现价值增值，保证创新链的顺利运作，而且产业链的更新和升级也会不断催生创新链形成。产业链拉动创新链形成与发展，意味着作为生产主体的企业同时具有了创新能力并不断得以提升，从而成为创新活动的重要主体之一。因此，产业链对创新链拉动作用有效发挥的一个重要表现特征是企业研发创新能力强。所谓围绕产业链部署创新链，就是要围绕产业链优化升级的需求，充分发挥产业链各个环节的创新潜力，针对产业链中的中高端环节特别是关键环节进行技术研发攻关，不断促进企业研发创新能力特别是自主创新能力提升，强化对核心技术、共性技术的掌控。

2. 创新链推动产业链延伸与升级

从基本功能来看，创新链是通过技术研发特别是一些原创性共性关键技术和核心技术的研发并将创新成果产品化、产业化，从而推动产业链延伸与升级。从具体形态来看，创新链主要是通过提供生产知识产品、提供知识密集型的生产性服务并将其嵌入产业链各个环节，从而为产业链供应链升级提供要素支撑的。高新技术产业作为高技术含量和创新要素密集型产业，是产业高端化的一种表现，因而其发展状况可以用来评判创新链对产业链的推动作用。从价值链视角来看，创新链聚焦价值链两端的生产性服务环节，而产业链侧重于价值链中端的生产制造环节，因而生产性服务业对制造业的促进作用在一定程度上也反映了创新链对产业链的推动作用。因此，创新链对产业链的推动作用有效发挥的重要表现特征是科研成果转化率高、高新技术产业发展好以及生产性服务业对制造业升级具有显著的促进作用。所谓围绕创新链布局产业链，就是要重点培育和发展拥有自主知识产权、掌握核心技术的优势产业、先进产业和前沿产业，建立达到世界先进水平的自主可控产业链。对此，关键是要通过产业链的串联把各个创新主体打造成目标一致的利益共同体，进而在激励一致性基础上形成统一的标准和行业规范，降低交易成本，形成创新合力。[①]

3. 创新链与产业链协同发展

创新链与产业链中存在多个主体，创新链中的创新主体包括企业、高校、科研院所、政府、行业协会等，产业链中的生产主体则主要是生产原材料、中间产品到最终产品的众多上下游企业。其中，不仅部分主体是交叉的，比如创新链中的企业同时也是产业链中的企业，而且不同主体之间为了实现共同的价值增值而需要进行产品以及信息、知识、资金等要素的交流、流通和共享，从而决定了创新链与产业链中不同主体之间存在着协同关系。这种协同关系主要体现为产学研合作和协同创新。其中，大学和科研院所是技术供给方，企业是技术需求方，政府和中介机构是技术创新环境的保障方。由企业、科研机构、高等院校、中间组织以及政府和个人等多种创新主体共同构成创新网络，才能有效整合、创造、传递和获取知识，从而推动创新链与产业链的协同演进。创新链与产业链的协同，不仅是将各类创新主体捆绑在一起特定项目的合作，而且是共同构建协同创新的组织和平台；其强调主体之间分工与协作，推动信息、技术、知识等资源共享和整合，实现优势互补，加速创新成果的推广进程，实现知识的增值、产业技术的进步和企业竞争力的提升。在创新生态系统时代，孤立地支持单一类别的创新主体建设，难以形成优势互补、要素互动的开放协同创新机制。因此，产学研合作紧密、协同创新活动多是创新链与产业链协同发展水平高的重要表现特征。

4. 创新链与产业链融合发展

创新链与产业链的融合是指在企业与区域内技术和产业融合的基础上布局创新生产技术主体，以研发创新产品为关键，依托各个创新主体共同发力，以便于形成企业创新产品需求与创新产品供给良好互动的产业链网络系

---

① 参见胡乐明《产业链与创新链融合发展的意义与路径》，《人民论坛》2020 年 11 月上。

统。[①] 其主要表现为创新主体与生产主体的融合、创新过程与生产过程的融合、创新成果与制造产品的融合等。从创新成果和制造产品的价值实现来看，产业是创新活动与生产活动相结合的最终结果，价值链则是创新链与产业链的链接交点，创新链在价值链上主要体现为承担创新要素生产与供给的生产性服务链。因此，创新链与产业链融合发展，在产业层面的一个重要表现是生产性服务业与制造业的融合发展，特别是具有高知识密集度、高增值性、强创新性等特征的高端生产性服务业与先进制造业的深度融合。

（二）加强创新链匹配产业链对产业现代化的重要意义

1. 有助于推进产业基础高级化和产业链现代化

产业基础高级化和产业链现代化是经济高质量发展的内在要求，是建设现代化经济体系的重要内容，是产业现代化本质内涵的延伸和细化。产业基础高级化，是指产业发展所必需的基础零部件及核心元器件、基础软件、基础材料、基础工艺和产业技术基础等方面研发能力的提升。产业链现代化是指用现代科学技术和先进产业组织方式来改造提升传统产业链，使得产业链具有较强的自主可控能力和强大的国际竞争力。产业链现代化的一个重要方面，就是要实现产业经济、科技创新、现代金融和人力资源之间的高度协调，实现产业链、技术链、资金链、人才链之间的有机融合和配合。[②] 因此，加强创新链匹配产业链，促进创新链与产业链深度融合，可以促进要素有效协同从而有助于推进产业基础高级化和产业链现代化。

2. 有助于维护产业链供应链的安全稳定

在国际贸易摩擦频现和新冠肺炎疫情冲击的新形势下，保证产业链供应链的安全稳定、增强产业链供应链韧性是产业高质量发展的首要任务。产业链安全稳定的前提是产业链完整，而要打造完整的产业链，就需要相应的完备的创新链支撑。面对"断链"的风险，围绕产业链部署创新链，打造基

---

① 参见匡茂华、李海海《创新链和产业链双向融合路径探析》，《人民论坛》2020年5月下。
② 参见刘志彪《产业链现代化的产业经济学分析》，《经济学家》2019年第12期。

于完整产业链的创新链，可以补齐产业链技术短板，从而有助于保障和维护产业链供应链的安全稳定发展。

3. 有助于促进产业链供应链竞争力的提升

推进产业链与创新链的双向融合，就是要通过围绕整体产业链打造创新链实现产业链自主可控，通过围绕全方位的自主创新链打造和衍生出更有效率更高附加值的产业链，克服创新链"碎片化"、技术链"卡脖子"和产业链"低端锁定"的困局。加强创新链匹配产业链，可以通过链条延伸、产业关联、技术溢出、要素协同、信息共享等途径，推动现代服务业与先进制造业耦合互动和深度融合，从而提升制造业产业链供应链竞争力。

二 江苏创新链匹配产业链的现状表现

近些年来，江苏科技创新能力不断增强，创新投入力度不断加大，创新型产业发展不断加快，高新技术产业和战略性新兴产业产值、全省专利申请量和授权量、万人发明专利拥有量等创新指标均呈现稳步增长态势，区域创新能力持续位居全国前列，成为"十三五"期间支撑江苏实体经济发展的重要力量源泉。根据以上理论分析，我们从产业链拉动创新链、创新链推动产业链、创新链与产业链协同发展以及创新链与产业链融合发展四个方面来描述江苏创新链匹配产业链的现状表现。

（一）产业链拉动创新链发展的现状描述[①]

企业作为联结创新链与产业链的核心主体，其研发创新能力在较大程度上体现了产业链对创新链的拉动作用。从研发经费投入来看，2019 年江苏企业研发经费投入及投入强度均创历史新高；其中，规模以上工业企业 R&D 经费内部支出达 2206.16 亿元，比 2015 年增长 46.4%，仅次于广东（2314.86 亿元），继续稳居全国第 2 位；占地区 R&D 投入的 79.4%，居全

---

① 本部分数据主要根据《中国科技统计年鉴2020》计算整理。

国第 5 位；工业企业研发经费投入强度达 1.86%，居全国首位。从研发人员投入来看，2019 年江苏研发人员数量及投入规模均位列全国第 2；其中，规上工业企业 R&D 人员 693442 人，占平均从业人员比重的 8.2%，仅次于浙江（8.5%）；R&D 人员折合全时当量为 508375 人年，仅次于广东（642490 人年）。从研发机构设置来看，工业企业办 R&D 机构数量较多。规上工业企业中有研发机构的企业占比 46.2%，有 R&D 活动的企业占比达 59.4%，居于全国首位，远超全国平均水平（34.2%）。可见，江苏工业企业在创新支出规模即研发创新资源的投入方面呈现出了显著优势。

然而，若考虑到创新产出、创新效率、创新模式以及创新支出结构，事实上江苏工业企业并未体现出强大的创新能力。从创新产出来看，2019 年江苏规上工业企业新产品销售收入占营业收入的比重为 25.4%，低于浙江（34.3%）、广东（29.3%）、安徽（26%），居全国第 4 位。从创新效率来看，江苏规上工业企业新产品销售收入与新产品开发经费支出之比仅为 11.14，仅居于全国第 23 位。从创新模式来看，江苏企业创新仍是以模仿创新为主，自主创新能力还有待进一步提升。2019 年江苏规上工业企业专利申请数和发明专利绝对数量均居全国第 2 位（仅次于广东），但专利申请中发明专利数占比仅为 32.6%，在全国位次靠后，远不及北京（51.2%）、广东（44.5%）、上海（43.1%）等东部发达地区，甚至不及西藏（62.7%）、湖北（46.6%）、陕西（43.7%）、贵州（43.1%）等中西部地区。

在企业研发经费支出结构方面，试验发展支出占 98.5%，而基础研究和应用研究仅占 1.5%；江苏全省研发经费内部支出中试验发展支出占 90.5%，基础研究和应用研究分别仅占 2.7% 和 6.8%。这说明，江苏企业创新主要集中于创新链中端的中试环节，而创新链两头的基础研究、创新成果的产业化和市场化环节缺失，创新链还不够完善。这在很大程度上表明，江苏产业链对创新链的拉动作用仍有待进一步提升和优化。

（二）创新链推动产业链发展的现状描述

近年来，江苏持续组织实施前沿引领技术基础研究专项、前瞻性产业技术创新专项和重大科技成果转化专项，高新技术产业产值及占比逐年增长。2019 年高新技术产业产值比上年增长 6.0%，占规上工业总产值比重达44.4%，比上年提高 0.7 个百分点。2020 年高新技术产业产值比上年增长7.7%，占规上工业总产值比重达 46.5%，比上年提高 2.1 个百分点。当年认定高新技术企业 13042 家，高新技术企业数量已超过 3.2 万家，大中型工业企业和规模以上高新技术企业研发机构建有率保持在 90% 左右，国家级企业研发机构达 163 家，位居全国前列。全省已建国家级高新技术特色产业基地 172 个。[①]

　　然而，结合江苏高新技术产业创新发展情况，可以发现江苏科技成果转化率还不够高。从创新产出来看，江苏高新技术产业新产品销售收入占营业收入比重为 36.7%，低于浙江（55.2%）、广东（47.1%）、北京（37.4%）等东部发达地区，也低于宁夏（62%）、安徽（47.2%）等中西部地区，甚至不及全国、东部、中部地区平均水平（分别为 37.2%、40.1%、37.3%）。从创新效率来看，高新技术产业新产品销售收入与新产品开发经费支出之比为 11.76，不及河南（30.43）的一半，跟广西（20.9）、山西（17.23）、重庆（17.13）、宁夏（17.05）等中西部地区相比差距也较大。[②]

　　另据我们基于江苏省第四次全国经济普查数据、运用数据包络分析（DEA）方法的测算，江苏制造业对生产性服务业的促进作用要优于生产性服务业对制造业的促进作用；前者 DEA 效率均值达 0.939（效率值为 1 时达到有效），DEA 有效率（13 个地级市中达到有效的样本占比）达 61.5%，而后者仅有 38.5%。这表明，江苏制造业对生产性服务业的拉动作用较强，而生产性服务业对制造业的支撑功能表现较弱，从而也在一定程度上反映了江苏创新链对产业链的推动作用还有待加强。

（三）创新链与产业链协同发展的现状描述

　　创新链与产业链协同发展，意味着工业企业与科研机构之间具有紧密的

---

① 以上数据来源于 2019 年、2020 年《江苏省国民经济和社会发展统计公报》。
② 以上数据根据《中国科技统计年鉴 2020》计算整理。

技术合作。2019 年，江苏规上工业企业 R&D 经费外部支出 96.52 亿元，绝对规模仅次于广东，居全国第 2 位。但是从相对规模来看，其仅占全省 R&D 经费支出的 4.4%；其中，对境内研究机构支出占 0.98%，对境内高等学校支出占 0.37%。而上海、广东、北京的规上工业企业 R&D 经费外部支出占比均在 10% 以上。[①] 可见，江苏工业企业 R&D 经费外部支出偏少，产学研合作规模较小、范围较窄，企业开展研发活动主要还是依靠自身力量，与研究机构、高校以及其他企业之间的技术联系不够紧密，产学研合作力度明显不大，产学研之间的关系比较松散，协同创新显著不足。这表明，江苏创新链与产业链的协同度还有待提升。

（四）创新链与产业链融合发展的现状描述

我们对江苏 13 个地级市生产性服务业总体与制造业协调度的测算表明，仅南京、南通、宿迁三市的协调发展水平达到 DEA 有效，有效率仅为 23.1%，说明江苏生产性服务业与制造业的协调发展水平总体上还不够高。从生产性服务业细分行业与制造业的协调度来看，从高到低依次为批发零售业（0.850）、交通运输业（0.793）、商务服务业（0.709）、科技服务业（0.701）、金融业（0.551）以及信息服务业（0.496）。[②] 可见，江苏批发零售、交通运输等传统生产性服务业与制造业的协调发展程度较高，而现代金融、科技服务、信息服务等现代生产性服务业与制造业的协调发展程度较低。从生产性服务业与制造业空间协同水平来看，2012 年之前，金融业与制造业协同集聚水平最高，商务服务业和科技服务业与制造业的协同集聚则处于较低水平；2013 年以来，信息服务业、商务服务业与制造业协同集聚发展迅速，但科技服务业与制造业协同集聚一直处于最低水平。可见，无论从生产性服务业与制造业之间的总体关联、结构关联还是空间关联来看，江苏"制造—服务"融合程度还不太理想。科技服务业与制造业的协调发展

---

① 以上数据根据《中国科技统计年鉴 2020》计算整理。
② 根据江苏省第四次全国经济普查数据测算整理。

与协同集聚水平较低，也反映了创新链与产业链之间较低的融合水平。

从企业角度来看，江苏本地制造企业向产品服务环节延展普遍不足，且已有服务往往局限于基于产品延伸的设备安装、操作、维修等方面，缺乏比肩国际先进水平的整体解决方案、资产租赁等生产性服务。数据显示，2018年江苏省内制造业上市企业平均每家提供 4.23 种服务，服务强度为 3.23%，企业服务化趋势虽然初显，但服务产出贡献率低于 5%，与发达国家超过 30% 的水平还相距甚远。由上可见，江苏创新链与产业链尚未能实现深度融合。

三　江苏创新链匹配产业链的关键问题及其成因

以上现状事实表明，虽然近年来江苏无论是宏观的区域创新能力，还是微观的企业创新能力，都在全国居于领先地位，但是与其较为完备的产业链相比，创新链发展水平仍显不高，并未能有效匹配产业链需求和支撑产业高质量发展，创新链与产业链协同融合发展水平也亟待提升。究其深层问题及原因，至少可以包括以下四个方面。

（一）对模仿创新的路径依赖，企业自主创新能力不足

企业创新能力是企业竞争力的重要来源，其受到企业核心能力、要素供给条件、市场需求条件、相关产业状况、外部政策环境等多方面因素的影响。从开放视角来看，企业创新能力还与其嵌入全球价值链分工的模式和路径密切相关。改革开放以来，以江苏为代表的我国东部先发地区，过去主要是通过采用以引进外资和加工贸易为主的外向型产业链发展模式，嵌入全球价值链低端，基于跨国公司技术溢出效应和"出口中学习效应"而进行模仿创新和集成创新。

首先，长期为跨国公司的代工生产方式，会形成"进口资本品和关键零部件中间品→获得出口机会和低成本的出口优势→自主创新能力缺失→进一步依赖进口资本品和关键零部件中间品来获得出口机会"的路径依赖式

"加工贸易困境",从而导致本土代工企业丧失自主创新能力和动力。①

其次,本土企业长期从事国际代工所积累的生产制造能力,不仅限制了设计研发能力与品牌运营能力的培育与发展,而且在内耗式价格战下薄利的代工经营也无法积累起自主创新所需要的大量资金,从而导致其缺乏足够的核心技术开发能力和品牌营销能力。②

最后,在普遍存在创新激励制度尤其是知识产权保护制度缺失的国内环境下,创新成果无法得到充分保障直接影响甚至可能抑制了企业家的创新积极性,最终形成了对技术引进、复制、模仿创新的路径依赖。这种"跟随式"创新,虽然可以有效促进本土产业和企业实现产品升级和工艺流程升级,但是在涉及自主研发、自主设计、自主品牌等价值链的功能升级,以及向高技术产业跃迁的链条升级时就无法提供足够和有效的支撑。据此可得结论:低端嵌入全球价值链的外向型产业发展模式,导致形成了对模仿创新的路径依赖,进而制约了企业自主创新能力。

(二)科技创新与产业创新脱节,科研成果转化率不高

推动创新链与产业链的匹配融合,本质上要求科研与产业"两张皮"的有效衔接,关键在于解决科技创新与产业创新之间的"转化"和"协同"这两个问题,即科研成果的转化和产学研协同创新。③ 从空间经济学视角来看,创新资源的空间布局在一定程度上会影响科技与产业之间的协同效应。

江苏是科教大省,科教资源丰富,多项指标都位列全国第1,比如,国家科技奖获奖总数,高校数量和在校生人数,中外合作办学机构和项目数,国家教学成果奖中的特等奖、一等奖及获奖总数,国家高等教育教学成果奖一等奖以上奖项等。江苏还是"院士大省",中国科学院和中国工程院院士

---

① 参见张杰《进口行为、企业研发与加工贸易困境》,《世界经济研究》2015 年第 9 期。
② 参见杜宇玮、周长富《锁定效应与中国代工产业升级——基于制造业分行业面板数据的经验研究》,《财贸经济》2012 年第 12 期。
③ 参见杜宇玮、顾丽敏《培育壮大创新集群推动科研与产业有效衔接》,《群众》2017 年第 12 期。

中江苏籍占 1/5，截至 2021 年，江苏拥有两院院士达 118 人，在全国省份中位居第 1。江苏区域创新能力连续多年居全国之首，科技进步贡献率达 65%。另外，中国科学院大学《中国区域创新能力评价报告 2018》显示，江苏综合创新能力位居全国第 3，仅次于广东和北京，超过上海。江苏也是产业大省。江苏制造业总产值超 16 万亿元，约占全国的 1/8、全球的 3%，全国超过 1/5 的高新技术产品出口来自江苏。江苏工业制造业规模连续多年位居全国第 1，规模工业企业、中小企业数均居全国首位，是名副其实的制造大省。

然而，从科教资源与产业资源的空间布局来看，江苏的科教资源集中于南京这样的高校和科研院所云集的城市，而在产业资源丰富的苏南其他城市以及一些工业基础良好的苏中、苏北城市中则相对稀缺，空间距离的阻隔导致科教资源与产业资源无法形成有效的协同创新效应。而近几年长三角地区致力于建设的 G60 科创走廊，也仅仅将苏州纳入，而忽略了江苏其他地区特别是具有良好产业基础的苏南其他城市，从而导致科技创新与产业创新之间无法产生良好的协同作用，在一定程度上制约了科技创新成果向现实生产力的转化。据此可得结论：科教资源与产业资源的空间布局分离，导致科技创新与产业创新之间的脱节，进而阻滞了科研成果向生产力转化。

（三）创新资源配置能力和效率不高，产学研合作力度不大

产业集群作为工业化过程中的普遍经济现象，是要素集聚的重要载体平台，是一个国家或区域产业竞争力培育的主要源泉。[①] 改革开放以来，江苏以各类开发区和园区为载体，培育形成了以装备制造、工程机械、纺织等为代表的传统产业集群和以智能制造、生物医药、航天航空等为代表的高新技术产业集群，形成了龙头企业与上下游企业联动发展的生产协作关系，从而具备了较为齐全的产业体系和较为完整的产业链。

然而，从价值链视角来看，江苏大多数产业集群以中低端价值链环

---

① 参见杜宇玮《培育世界级先进制造业集群的中国方案》，《国家治理》2018 年第 25 期。

节、低附加值生产活动为主,产业创新能力不足。我们通过对江苏省内新能源汽车、航空制造、智能终端、环保科技等高端制造业的调研发现,很多高端产业集群内的所谓"高端产业"或"先进产业"大多数仍处于全球价值链的中低端,企业主要进行劳动密集型的组装改装和生产加工,产品国内技术含量低。集群内企业自主技术装备落后,一些关键核心技术受制于人,关键零配件和重要基础材料等的生产能力不足,大型成套设备、高档数控机床基本上需要从德国、瑞典、日本、韩国等国家进口。而且,集群内企业创新主体作用不突出,创新创业平台建设投入不足,创新收益分配体制机制不够完善,导致创新资源配置能力和效率不高。以科技孵化器为例,江苏虽然在孵化器数量、孵化器内企业数量、在孵企业数量及其从业人员数量方面都处于全国领先地位,但是从企业平均获得风险投资额来看,江苏与北京、上海差距较大,仅为北京的 1/3,也不及陕西、广东等地。[①] 据此可得结论:以生产协作为主的传统产业集群,导致产业整合内外部创新资源的能力不足,进而限制了各方主体的协同创新活动。

(四)产业链上下游环节的产业关联割裂,"制造—服务"融合度不深

进入"十二五"以来,江苏生产性服务业增加值占第三产业的比重达到 60% 以上,但是离先进国家 70% 以上的水平还有一定差距。从生产性服务业行业结构来看,目前仍然以批发零售业、交通运输业等传统低端行业为主导,而诸如信息服务业和科技服务业等技术、知识密集型的高端生产性服务业虽然稳中有升,但发展仍然相对滞后,从而未能对体量庞大的本地制造业提供足够的服务要素支撑。其中,信息服务业在生产性服务业就业中的份额从 2004 年的 5.4% 增长至 2020 年的 13.2%;科技服务业 2004~2020 年仅增长不到 3 个百分点,在所有生产性服务业中占比最小,2020 年时仅为 10.7%,这两类行业规模远远低于其他生产性服务业(见图 1)。

---

① 根据《中国科技统计年鉴 2020》计算而得。

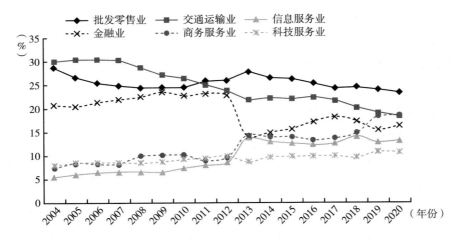

图1　2004~2020年江苏生产性服务业内部行业结构变化

资料来源：根据历年《江苏省统计年鉴》计算整理而得。

基于开放经济视角的观点认为，我国生产性服务业发展滞后在很大程度上与全球化和国际代工模式下的制造业需求不足相关。[①] 这是因为，一方面，"两头在外"的加工贸易和国际代工模式下制造业产业链条较短，对价值链两端的生产性服务需求主要依赖进口和国际外包，这种"外向化"倾向抑制了制造业对本土生产性服务业的有效需求；另一方面，国际代工模式中的加工制造业只需要低端服务投入，从而对高端生产性服务的需求也极为有限，结果导致制造业无法对本土高端生产性服务业产生显著的拉动作用，同时本土高端生产性服务业发展的滞后也根本无法满足本土制造业的需求，从而无法形成先进制造业与生产性服务业协同互动、融合发展的良性循环格局。据此可得结论："两头在外"的国际代工模式，导致产业链上下游的有机联系产生割裂，进而制约了制造业与生产性服务业的有机融合。

---

① 参见江静、刘志彪《世界工厂的定位能促进中国生产性服务业发展吗》，《经济理论与经济管理》2010年第3期；肖文、樊文静《产业关联下的生产性服务业发展——基于需求规模和需求结构的研究》，《经济学家》2011年第6期；段国蕊、方慧《制造业"国际代工"模式对生产者服务业的影响分析》，《世界经济研究》2012年第11期。

四 江苏加强创新链匹配产业链推动 产业现代化的战略对策

（一）产业现代化目标下江苏加强创新链匹配产业链的战略思路

1. 实施开放经济转型战略：超越国际代工模式

超越国际代工模式下的粗放式和低端化发展，走向依托自主品牌提升全球价值链地位与国际竞争力，已成为新发展阶段以江苏为代表的我国东部地区开放经济转型和制造业高质量发展的必由之路。超越国际代工，意味着本土企业从价值链的被治理者向治理者转变，从产业链的被控制者向控制者转变，从创新链的跟随者向主导者转变。从微观角度来看，超越国际代工本质上就是要求本土企业积极向价值链上下游延伸，最终创建自主品牌，具体可以从产品供求两侧来寻求突破路径。

在产品供给侧，要坚持产品创新"两手抓"。一手抓垂直产品差异化，通过工艺流程、产品质量提升，发扬工匠精神；另一手抓水平产品差异化，针对特定消费者群体，在产品设计、功能上提升，专注细分利基市场。在产品需求侧，要坚持渠道建设"两条腿"走路。一条腿是内销，通过大力发展流通服务业，培植诸如沃尔玛、家乐福、麦德龙之类的"商业航母"；利用互联网、数字经济，搭建国内电子商务平台（基于C2M的平台经济），为制造商提供销售渠道和自主品牌渠道，将消费者（C端）的消费数据和信息同步共享给制造商（M端），降低制造商品牌营销成本。另一条腿是外销，本土企业主动"走出去"，积极开拓"一带一路"新兴市场；通过跨国并购获取已有品牌的市场营销渠道，寻求发达国家市场空间。①

---

① 参见杜宇玮《协力构建具有国际竞争力的产业链集群》，《群众》2021年第14期；杜宇玮《产品差异化、GVC博弈与代工企业自主品牌升级》，《世界经济与政治论坛》2020年第4期。

2. 实施创新布局优化战略：打造沪宁合产业创新带

江苏加强创新链与产业链的协同融合，关键在于如何充分利用好江苏丰富的科教资源与产业资源。首先，需要将南京等高校和科研院所的科教创新资源进行充分利用和合理配置，为本地及周边地区的产业发展服务。其次，从更大空间视域来看，要把长三角地区特别是上海、合肥两个综合性国家科学中心的科教资源也调动起来，与江苏丰裕的产业资源和开放优势相结合，以锻造更强的产业链与创新链。作为 G60 科创走廊的重要补充，沪宁合产业创新带（G42）可以将南京、上海、合肥三大科教资源丰富的重要城市串联起来，而且涉及苏州、无锡、常州江苏的重要产业城市。可以通过加强基础设施互联互通、科技创新合作、产业集群交流、园区深度合作、研发团队共享、人才培养基地共建、应用型创新平台建设等途径，加强这些区域和城市间创新资源的对接和协同。[①]

3. 实施产业集群升级战略：积极培育发展创新集群

不同于传统产业集群只注重企业或工厂集聚扎堆，世界级产业集群的一个重要特征是创新要素和创新型产业的集聚，强调核心技术、知名品牌、创新人才、行业标准等创新要素在集群内的"扎根"，即创新型产业集群或创新集群。创新集群是产业集群的高级形态，主要围绕创新活动集聚生产、科研、科技中介等环节，能够有效整合创新资源和产业资源，快速、有效地产生大量新技术、新专利和新产品，从而促进创新活动成果转化与利润实现。培育创新集群的关键不是"另起炉灶"，而是要立足江苏发达的制造业基础，兼顾传统产业和战略性新兴产业，吸引制造业研发总部集聚，建设"总部基地＋制造基地"的产业生态集群，打造世界级产业创新中心，实现从以加工制造业为主的代工经济向以生产性服务业为主体的总部经济升级，实现从生产协作系统向创新协同系统升级。[②]

---

① 参见杜宇玮《协力构建具有国际竞争力的产业链集群》，《群众》2021 年第 14 期。
② 参见杜宇玮《协力构建具有国际竞争力的产业链集群》，《群众》2021 年第 14 期。

（二）江苏大力加强创新链匹配产业链的对策建议

1. 提升对外开放与扩大对内开放并重，增强创新要素在产业链中的根植性和适配性

在国内国际双循环相互促进的新发展格局下，江苏开放经济转型战略的主要内涵就是从依赖外需市场的"客场全球化"，转变为依托内需市场、实施立足我国国内市场开放的"主场全球化"。[①] 强调以对内开放促进对外开放，在开放中更好地利用"两个市场、两种资源"，以双重开放促进新一轮发展，提升产业链供应链的稳定性水平。

一方面，要提升对外开放层次，在加大对外开放中促进要素开放转向制度开放，促进全球创新要素集聚江苏、落地江苏、扎根江苏。一是在开放领域上，将制造业开放逐步扩大到服务业开放，鼓励生产性服务领域的贸易、投资和国际合作。二是在开放手段上，依托本地雄厚的制造业基础和超大规模国内市场，积极发展服务贸易和逆向服务外包。三是在开放环境上，全面落实《江苏省优化营商环境条例》，在知识产权保护等方面加快地方立法，在市场监管、安全生产、环境保护等领域实行专业执法，为各类市场主体和创新要素集聚塑造稳定、公平、透明、高效、便捷、可预期的国际一流营商环境。

另一方面，要扩大对内开放范围，清除阻碍要素流动的市场壁垒，实现创新要素的最优配置和充分利用。一是加快推进劳动、资本、土地、技术、数据等要素市场化改革，全面实施市场准入负面清单制度，建立与国际接轨的通行规则，提升供给体系对国内需求的适配性。二是深化垄断性行业的市场化改革，通过要素配置效率优化提升产业生产率。三是加强科技创新合作平台、关键技术孵化平台、"金融高速公路"等公共服务平台的共建共享，加强区域间创新服务和市场服务功能的完善与合作。

---

① 参见刘志彪、凌永辉《中国经济：从客场到主场的全球化发展新格局》，《重庆大学学报》（社会科学版）2020年第6期。

2.完善要素供给和强化需求激励并举，加大有利于自主创新和自主品牌建设的供求条件支撑

从注重模仿创新的国际代工者角色向强调自主创新的自主品牌拥有者转变，关键是要突破国际代工的路径依赖。一个有利于创新和品牌发育的环境，离不开资金投入、人才引进、能源供给等要素条件，以及有利于自主创新和偏好自主品牌的市场需求条件作为支撑。

一方面，要完善要素供给，降低代工企业转型升级和自主品牌建设的要素成本。一是加大金融资本的支持力度，采取多种融资方式，在贷款期限和利率等方面给予技术创新和自主品牌建设以倾斜和优惠。二是规范企业用工制度，同时加大对高学历、掌握前沿技术的科研人员和科技型企业家等高层次人才、高级技工等"工匠型"人才以及具有丰富企业管理经验的"管家型"人才的引进与培育。① 三是对于积极开展技术改造、自主创新和自创品牌的本土企业特别是中小民营企业，在项目招标、土地利用、用水、用电、税收等方面都给予一定的优惠。

另一方面，要强化需求激励，塑造有利于自主品牌培育和发展的市场条件。一是通过提高居民的收入水平、拓宽居民消费渠道和优化居民消费环境等途径来培育中高端本土消费市场，为自主品牌发展提供必要的需求规模。二是在国家《政府采购法》指导下，在不同行业实施政府优先采购自主品牌、自主品牌产品消费税减免等措施来支持自主品牌。三是完善自主品牌建设的法律法规，加强对知识产权保护、专利商标认定、标准化和质量监督管理、企业并购等地方立法。四是支持和鼓励企业提升产品质量、优化品牌定位、完善产品服务，并通过积极的广告宣传塑造起民族文化认同感和培植国内民众对自主品牌产品的自信心，为自主品牌培育营造良好的社会环境。

---

① 参见杜宇玮、顾丽敏《培育壮大创新集群推动科研与产业有效衔接》，《群众》2017年第12期。

3. 推动省内一体化与融入长三角一体化并进，以产业创新一体化为重点打造跨区域产业创新带

打造沪宁合产业创新带，关键是要通过培育壮大产业链链主，以链主组织带动创新链与产业链上各个主体的协同创新，形成若干条跨市、跨省的产业链集群，从而促成产业创新一体化发展。

一方面，以产业园区共建推动省内产业创新一体化。一是强化制造强省建设领导小组的统筹指导，考虑成立具体产业链集群培育机构，承担起对省内产业链集群发展的目标统一协调、重大项目落实和工作绩效评估。二是加强省市县三级纵向联动和跨地区横向联动，通过各地产业园区的合作共建，实现要素资源共享，优化产业配套半径。三是引导集群发展促进机构、行业协会、产业联盟与企业之间加强对接沟通，推动各地的经济技术开发区、高新技术产业开发区深化在关键核心技术攻关、研发团队引进培育、创新创业平台建设等方面的相互交流合作，实现互利共赢、联动发展，推动江苏形成若干个具有较强国际竞争力和影响力的产业链集群品牌。①

另一方面，以协同创新示范引领长三角产业创新一体化。协同创新涉及多个不同主体、不同区域，关系错综复杂，并且受到地理临近性的影响，也需要在较小的地理空间内进行示范。比如，苏南地区的部分城市（县级市）或城区，在地理空间、交通条件和产业资源基础上拥有较为显著的优势，可以开展先行先试，打造集科技成果转化新高地、开放创新发展先行区、创新资源共享试验区、创新生态环境样板区于一体的协同创新示范区，并探索形成示范引领长三角乃至全国的产业创新一体化发展模式。

4. 加强产业规划引导和公共服务平台建设并行，促成传统产业集群加快向创新集群转型升级

产业集群向创新集群的转型升级本质上属于市场范畴，但市场机制的发挥需要有相应平台载体的支撑，这离不开自上而下的政策引导和制度保障。创新集群建设的重点在于构建和完善科技创新服务平台体系、科技创业孵化

---

① 参见杜宇玮《协力构建具有国际竞争力的产业链集群》，《群众》2021 年第 14 期。

平台体系和研发创新合作平台体系，形成创新要素集聚、创新成果转化和产学研协同创新效应，最终实现创新链与产业链的衔接。① 由于这些都属于公共品范畴，需要由政府来提供。

一方面，以《关于加快培育先进制造业集群的指导意见》和《"产业强链"三年行动计划》为指导，将工作重点放在完善培育市场竞争环境和产业创新生态系统建设上。一是摒弃以规模数量取胜的传统产业发展思维和选择性产业政策导向，转向以"高技术""名品牌""强标准"取胜的价值链思维和以功能性产业政策引导产业集群升级。二是围绕重点产业链优化竞争政策，维护市场公平竞争，加大知识产权保护，完善优胜劣汰机制和落后产能退出机制，以有效市场激励集群内各类创新主体培育成长，打造一批拥有关键核心技术、自主知识产权和自主品牌的"链主"企业和"专精特新"隐形冠军企业。

另一方面，以市场需求为导向，采用开放式创新模式，依托"互联网＋"，根据区域资源禀赋，因地制宜构建完善"三个平台体系"。一是构建完善科技创新服务平台体系。包括由创新链上游的国家实验室、中游的国家工程实验室等以及下游的企业国家重点实验室和企业技术中心等组成的科技基础条件平台，以及为科研机构和企业提供科技检索、数据标准、品牌标识、检测检验、设备共享、技术交易等专业科技服务的公共技术服务平台。二是构建完善科技创业孵化平台体系。以培养高新技术企业和企业家为宗旨，以降低企业的创业风险和创业成本为目的，以科技企业孵化器、加速器、众创空间为主要内容，紧密结合新技术、新产业、新业态的创业需求，建设一批商业模式创新、运行机制灵活、资源集聚度高的新型孵化器和创业服务平台。三是构建完善研发创新合作平台体系。深入实施产业链"链长制"，不断完善创新收益分配体制，按照所承担风险比例的不同决定其利益，逐步形成资源共享、风险分担、协同发展的区域产学研创新联盟。②

---

① 参见杜宇玮、顾丽敏《培育壮大创新集群推动科研与产业有效衔接》，《群众》2017年第12期。

② 参见杜宇玮、顾丽敏《培育壮大创新集群推动科研与产业有效衔接》，《群众》2017年第12期。

江苏高标准要素交易市场建设现状与推进策略

侯祥鹏*

摘　要： 高标准要素交易市场是高标准市场体系的重要组成部分。目前，国内多个省市开展了要素交易市场改革，并在建设全域全要素综合型产权交易平台方面迈出了重要步伐。相比之下，江苏尚显滞后，以产权交易市场为代表的要素交易市场规模小、竞争力弱，与经济强省的地位极不匹配，已经无法很好地满足江苏经济社会发展的需要，亟须加快构建全省一体化要素交易市场，打造全域全要素平台。为此，需要从交易体系规划、交易平台建设、区域市场整合、要素板块拓展、行政监督管理、市场生态涵养等方面加快推进江苏高标准要素交易市场建设。

关键词： 资源配置　要素交易市场　高标准市场体系　江苏

市场化配置资源是完善社会主义市场经济体制的重要方面。党的十九大指出："经济体制改革必须以完善产权制度和要素市场化配置为重点，实现产权有效激励、要素自由流动、价格反应灵活、竞争公平有序、企业优胜劣汰。"2020年中共中央、国务院印发《关于构建更加完善的要素市场化配置体制机制的意见》和《关于新时代加快完善社会主义市场经济体制的意见》，明确要求扩大要素市场化配置范围，健全要素市场体系。2020年10

---

* 侯祥鹏，江苏省社会科学院经济研究所副研究员。

月党的十九届五中全会明确"十四五"时期经济社会发展主要目标之一就是"高标准市场体系基本建成，市场主体更加充满活力，产权制度改革和要素市场化配置改革取得重大进展"。2021年1月，中共中央办公厅、国务院办公厅印发了《建设高标准市场体系行动方案》，指出建设高标准市场体系是加快完善社会主义市场经济体制的重要内容，力争用5年时间基本建成统一开放、竞争有序、制度完备、治理完善的高标准市场体系。

高标准要素交易市场是高标准市场体系的重要组成部分。目前，重庆、山东、上海、浙江、江西等省市纷纷开展要素交易市场改革，并在建设全域全要素综合型产权交易平台方面迈出重要步伐。与之相比，江苏在这一方面尚显滞后，以产权交易市场为代表的要素交易市场规模小、竞争力弱，与经济强省的地位极不匹配。2021年4月，江苏省委省政府发布《关于构建更加完善的要素市场化配置体制机制的实施意见》，为全省要素市场化配置改革明确了方向。江苏应以此为契机，加快构建一体化、市场化、规范化发展的高标准要素交易市场，打造立足江苏、辐射长三角、面向全国的全域全要素综合型产权交易大平台，为强富美高新江苏建设赋能，为率先建成高标准市场体系、率先实现社会主义现代化奠定坚实基础。

一　要素交易市场发展趋势

目前，我国多个省市依托产权交易机构打造全要素综合型交易平台，推进要素交易市场发展。2016年，重庆联合产权交易所集团加挂重庆市公共资源交易中心的牌子，成为全国首家以产权交易资本市场为主体整合建立的区域统一的公共资源交易平台。2017年，广东联合产权交易中心有限公司成立，按照"六统一"的要求整合形成广东全省统一的产权交易市场。2020年，深圳交易集团有限公司成立并加挂深圳公共资源交易中心的牌子，成为全国首个涵盖市区两级、以市场化方式运作的统一公共资源交易平台；山东产权交易集团正式组建，定位为搭建、运营山东全省统一的综合性要素市场化交易平台；上海联合产权交易所加挂上海市公共资源交易中心的牌子，着力把公共资源交易平台建设成为要素资源市场化配置的新型基础设施。2021年，江西省公共资源交易集团有限公司组建成立，着力构建服务江西、面向全国的集各类公共资源交易于一体的公共资源交易市场；浙江举全省之力推进省、市、县三级国有资产交易资源整合，计划用5年时间将国有资产交易平台打造成为浙江公共资源市场化交易的主平台。从各地实践来看，要素交易市场建设呈现如下几方面的趋势。

（一）地方政府高度重视并大力扶持

多地在省级层面整合全省交易机构，在全省"一平台""一张网"的基础上构建区域一体化全要素综合型交易平台。大部分地方产权交易市场整合都是依托企业性质的产权交易所，而不是事业单位性质的公共资源交易中心。这是因为，由产权交易所对公共资源交易平台进行市场化运作，有利于充分发挥市场配置资源的作用，同时能够保证交易全过程的透明度，做到"公平、公正、公开"，提高资源配置效率。公共资源交易中心的撤并及其职能剥离划转，非政府出面不能解决，因此机构整合往往由省委省政府或市委市政府发文，并妥善处理改革过程中可能出现的"后遗症"。如重庆市2016年在重庆联合产权交易所集团加挂重庆市公共资源交易中心的牌子时，确定了"人事相宜、资源选择"原则，重庆联合产权交易所按照"统一标准、一视同仁"原则，与107名接收人员签订了劳动用工合同，其中55名事业编制人员转为企业身份。深圳市在2020年组建深圳交易集团时，明确改革只涉及平台业务、交易系统、场所设施，不涉及事业单位转企改制，原事业制交易机构在编人员以自愿为原则加入交易集团的，不再保留编制身份，聘用制员工按照双向选择原则，最终深圳交易集团共录用原市区事业制交易机构正式员工205人，占总体录用员工的33.6%。

（二）交易对象全要素化

要素交易领域不断拓展，一般通过两个途径构建全要素交易平台。一方面政府扶持，通过机构整合将公共资源交易相关职能划入产权交易所，有些地方政府还明确不再新设要素交易平台，从而为产权交易所未来拓展要素板块预留了空间；另一方面产权交易所通过市场化方式与其他交易平台或经营主体合建合办要素交易平台，实现跨界发展。如深圳联合产权交易所不断以市场化方式扩展要素板块，先后涉足文化产权交易、排放权交易、金融资产交易、股权交易等业务领域。山东产权交易中心先后发起设立山东文化产权交易所、烟台海洋产权交易中心、山东体育产业资源交易平台、山东省技术成果交易中心淄博分中心、山东产权交易中心（航空资产）分中心、山东省公共资源（国有产权）交易中心知识产权分中心、山东省数据交易公司，不断丰富交易品种。

（三）区域市场一体化

整合地方资源，实现区域市场一体化已是省级要素市场发展的共识。很多省级产权交易所通过控股或参股方式设立地方子公司，或者与当地政府合作设立分中心，或者独立在地方设立分所、办事处。如湖北省武汉光谷联合产权交易所建成"1＋N"市场体系，即光谷联交所加全省17个市州分支机构。目前，内蒙古、湖北、湖南、贵州、青海等地省级产权交易所已经实现了省内地级行政区全覆盖，黑龙江、山东、重庆、四川、甘肃等地省级产权交易所也实现了省内地级行政区绝大部分覆盖。

（四）企业组织集团化

企业集团化可以在更大范围更广领域进行资源整合，充分发挥规模经济效应和范围经济效应，能够更加有效地配置企业资源，实现专业化生产、规模化经营，增强竞争力、提高创新力、扩大影响力。目前已有北京（北京产权交易所集团）、吉林〔吉林长春产权交易中心（集团）有限公司〕、黑龙江（黑龙江省产权交易集团有限公司）、湖北（湖北省联合交易集团）、重庆（重庆联合产权交易所集团）等地的产权交易机构集团化运营。北京产权交易所通过投资设立中国技术交易所、北京金融资产交易所、北京绿色交易所等专业交易平台和北京登记结算有限公司等支撑服务机构，搭建了集团化运营架构，实现了要素交易品种的"全展开"，交易规模从 2004 年成立之初的 214.3 亿元连连跨越，2020 年已高达 9.91 万亿元。集团化运营在帮助产权交易所构建全要素交易平台的同时实现了专业化服务，扩大了交易规模，奠定了市场地位。2020 年以来，深圳交易集团有限公司、江西省公共资源交易集团有限公司、山东产权交易集团相继揭牌，成为要素交易市场中一只只新"航母"。

（五）管理制度标准化

要素交易平台功能的不断完善、业务领域的不断延伸以及地方市场纵向深度整合，都需要一套标准化、规范化的制度来支撑。各地通过一套统一的运营管理体制机制建立统一的市场网络体系。如广东联合产权交易中心按照"六统一"的要求整合广东省内 4 家产权交易机构，形成"1＋4"全省统一的产权交易市场体系；武汉光谷联合产权交易所按照"五统一"的要求与湖北省内 17 个市州、直管市合作设立法人型分支机构体系，建立起"1＋N"全省产权交易大平台；山东产权交易中心按照"五统一"的要求进行纵向发展，与省、市、县三级合作设立分支机构；浙江产权交易所按照"六统一"的要求，纵向整合省、市、县三级国有资产交易资源。管理制度标准化不仅体现在对外扩张，也体现在苦练"内功"。2020 年 7 月，重庆联合产权交易所启动公共资源交易国家标准化试点，按照"标准化＋公共资源交易服务"理念开展标准化试点工作，历时一年，编制完成标准 114 项，交易服务事项标准覆盖率达 100%，全面提升了公共资源交易管理能力和服务水平。

（六）服务手段信息化

基于互联网的广泛应用，各地普遍搭建了交易"一张网"，实现交易数据、交易信息"一网汇聚""一网公示""一网通办"，并与全国公共资源交易平台、地方政务网等对接，实现数据、信息互联互通，不断推动交易从线下走向线上。通过信息化，将线上会员注册、线上发布转让信息、线上路演、线上申请受让、线上报价、线上签约、资金结算等内容与线下服务项目展示、专业市场对接、营销推介、尽职调查、协助交割、竞价策划咨询、系统应用等内容结合，提升客户的获得感。如"浙交汇"App就是浙江产权交易所为交易投资人特别定制的线上交易客户端应用，为用户提供更高效、更便捷、更安全、更个性化的一站式服务，更好地满足不同用户群体需求，让产权交易像"网购"一样方便。

二　江苏要素交易市场发展现状

产权交易市场是要素交易市场的重要组成部分。以产权交易市场为例，江苏产权交易市场建设起步较早，在省、市层面设立了多家产权交易机构，为支持全省经济社会发展作出了积极贡献。

（一）江苏产权交易市场主体架构

江苏省政府在全国较早批准成立了省级产权交易机构，1993年8月，江苏省产权交易所的成立，标志着江苏产权交易市场建设开始起步。随后省级层面又相继成立了金融资产、文化产权、农村产权、知识产权等交易机构。江苏省公共资源交易中心为省级公共资源交易综合管理、行政监管、监察审计提供公共服务。江苏省产权交易所有限公司是江苏省成立最早、资质最全的综合型产权交易机构，致力于打造各种要素有序流转、资本与资源有效对接的区域产权交易资本市场。江苏省股权登记中心有限公司为全省非上市公司提供股权登记服务，服务对象包括拟上市公司、主板退市企业、新三板摘牌企业、商业银行及其他银行业金融机构、其他非银行金融机构、其他非上市公司等。江苏省金融资产交易中心有限公司是江苏省唯一具有金融企业非上市国有资产交易资格的交易机构。江苏省文化产权交易所为文化物权、股权、版权等各类文化产权提供交易流转平台。江苏省农村产权交易信息服务平台为各类农村产权的规范化、市场化流转提供服务功能支撑，目前已形成了覆盖省、市、县、乡四级，"七统一"的全省农村产权交易市场体系。江苏国际知识产权运营交易中心有限公司是综合性的知识产权运营交易平台，为知识产权转让、许可、投资、入股、质押以及其他转化运用活动提供服务。江苏省技术产权交易市场有限公司提供覆盖技术成果对接交易直至产业化全过程的第三方服务，设有覆盖全省所有地级市和南京江北新区的 14 个地方中心以及物联网分中心、人工智能分中心等 12 个行业分中心。江苏省排污权登记与交易管理中心负责建设、管理、维护全省排污权交易网络及交易平台，2021 年 2 月 22 日江苏省排污权管理（交易）信息化平台正式上线，2021 年 3 月 12 日完成首笔排污权交易。这些交易机构形成了江苏省省级产权交易机构基本架构（见表1）。

表 1　江苏省省级产权交易机构

产权交易机构	主管主办单位	业务范围
江苏省公共资源交易中心	江苏省政务服务管理办公室	为省级公共资源交易综合管理、行政监管、监察审计提供公共服务，负责省公共资源交易平台建设、管理和维护，公共资源交易场所、设施服务，全省综合专家库和信息库建设和维护，公共资源交易信息收集、发布和存储，公共资源交易管理制度、交易规则、交易目录制定的具体事务，建设项目招投标，省级矿业权交易，国有产权交易，全省公立医疗机构药品、医用耗材及疫苗集中采购等
江苏省产权交易所有限公司	江苏省财政厅、江苏金财投资有限公司	业务范围涵盖产权交易、资产交易、企业增资、房产租赁、金融资产交易、体育资源交易、企业阳光采购、综合招商、公物仓运营等
江苏省股权登记中心有限公司	江苏省财政厅、江苏金财投资有限公司	为全省非上市公司提供相关股权托管登记和股权管理服务
江苏省文化产权交易所	江苏省委宣传部、江苏省文化投资管理集团有限公司等	为文化物权、股权、版权等各类文化产权提供交易流转平台
江苏省金融资产交易中心有限公司	江苏省财政厅、江苏金财投资有限公司	提供金融企业股权、债权、抵债资产交易，企业融资服务等
江苏省农村产权交易信息服务平台	江苏省委农工办	为各类农村产权流转提供服务
江苏国际知识产权运营交易中心有限公司	苏州产权交易中心有限公司等	为知识产权转让、许可、投资、入股、质押以及其他转化运用活动提供服务

续表

产权交易机构	主管主办单位	业务范围
江苏省技术产权交易市场有限公司	江苏省科技厅、南京市科委	提供技术产权、知识产权、科技咨询、科技金融、检验检测认证、创业孵化等服务
江苏省排污权登记与交易管理中心	江苏省生态环境厅	排污权交易活动的组织实施，排污权交易管理专用账户和排污权交易线上交易平台的运行维护

资料来源：根据各交易机构网站资料整理。

随着省级产权交易机构的设立，江苏各地级市也先后设立产权交易机构。根据《江苏省国资委关于公布全省开展企业国有资产交易业务的产权交易机构名单的通知》（苏国资〔2019〕10号），除了江苏省产权交易所外，全省13个地级市各有1家交易机构有资质在全省范围内开展企业国有资产交易。这些产权交易机构以公共资源交易中心为主，业务领域主要涵盖工程建设项目招投标、土地使用权和矿业权出让、国有产权交易、政府采购等领域（见表2）。

表2　江苏省地级市产权交易机构

产权交易机构	主管主办单位	业务范围
无锡产权交易所有限公司	无锡市国资委、无锡国联金融投资集团有限公司	产权交易、公共资源交易、资产招租、股权登记、农村产权等
常州产权交易所有限公司	常州创业投资集团	股权、债权、农村产权、知识产权、土地房产、车辆、二手设备、粮食等
连云港市产权交易所有限公司	连云港市金融控股集团	跨行业、跨地区、跨所有制性质的各种类型的产（股）权交易
南京市公共资源交易中心	南京市政务服务管理办公室	工程货物、交通水务、政府采购、国有产权、土地矿产、铁路航运等
苏州市公共资源交易中心	苏州市政务服务管理办公室	建设工程、交通工程、水利工程、政府采购、土地矿产、国有产权、农村产权、资产招租、药品耗材采购、农村集体工程等
徐州市公共资源交易中心	徐州市政务服务管理办公室	建设工程、交通工程、水利工程、政府采购、产权交易、国土交易等
镇江市公共资源交易中心	镇江市政务服务管理办公室	建设工程、政府采购、产权交易、国土交易、药品采购等

续表

产权交易机构	主管主办单位	业务范围
盐城市公共资源交易中心	盐城市政务服务管理办公室	建设工程、交通工程、水利工程、政府采购、货物与服务、国有产权、药品耗材采购、土地与矿业权等
淮安市公共资源交易中心	淮安市政务服务管理办公室	建设工程、交通工程、水利工程、政府采购、土地矿业、产权交易、机电设备、药械采购、土地整治、农田建设、农村产权、小型工程等
南通市公共资源交易中心	南通市政务服务管理办公室	建设工程、政府采购、国有产权、土地矿产、交通工程、水利工程、港口工程、机电设备、国企采购、医疗器械、排污权、农村产权等
泰州市公共资源交易中心	泰州市政务服务管理办公室	建设工程、交通工程、水利工程、政府采购、土地交易、产权交易、医疗器械、排污权交易等
扬州市公共资源交易中心	扬州市政务服务管理办公室	房建市政、政府采购、土地及矿业权、产权交易、交通工程、水利工程、农业工程、药品耗材采购、国企采购等
宿迁市公共资源交易中心	宿迁市政务服务管理办公室	建设工程、交通工程、水利工程、政府采购、产权交易、国土交易、担保保险等

资料来源：根据各交易机构网站资料整理。

（二）江苏产权交易市场主要成效

江苏产权交易市场经过近 30 年的发展，市场功能已由单一的服务国资流转演化为服务资本等要素流转，交易市场功能更加完备，交易品种更加丰富，要素领域更加多元，包括产股权、实物资产、诉讼资产、金融资产、环境权益、公共资源、技术产权、企业融资服务、文化产权、林权、矿业权和农村产权交易等，为服务国企改革、提高资源配置效率、支持全省经济社会发展作出了积极贡献。

1. 服务模式创新

交易机构不断延伸要素服务链，提升客户体验。江苏省产权交易所首创项目推介网上路演模式，将传统面对面路演改为屏对屏线上交流，实现供需双方"不见面"、项目推介"不断线";与全国26家产权交易机构共建国企混改项目信息发布平台,与全国20多家省级交易机构达成信息异地同步发布合作,实现"一网发布、全网获取"。特别是吃透相关政策精神,助力国企混改。徐工集团工程机械有限公司是国家"双百行动"综合改革试点企业,也是江苏省首批6家混改试点企业之一,被定位为全国国企改革的示范标杆。2020年徐工集团工程机械有限公司混合所有制改革通过江苏省产权交易所以公开增资方式,同步引入12名外部战略投资者和员工持股,共募集资金156.56亿元,成为2020年全国混改第一大单,也是近3年全国装备制造业混改第一大单。江苏省产权交易所为这一交易金额大、投资方多的标杆项目提供了全流程个性化的综合解决方案,为推动江苏省国企混改探索出一条可推广、可复制的有效路径。

2. 交易方式创新

互联网、区块链等新兴信息技术不断赋能产权交易。"不可伪造""全程留痕""可以追溯""公开透明""集体维护"等是区块链的主要特征。2020年江苏完成国内首笔基于区块链技术的农村土地流转合同"云签约",对原有农村产权流转线上工作进一步延伸,实现了全流程"不见面农村产权交易"。在此基础上,江苏又推出基于区块链的农村金融服务平台,以农村产权交易市场为依托、以土地经营权抵押贷款为先期服务,打造农村产权"区块链+交易鉴证+抵押登记+他项权证"抵押融资链条。江苏农村产权交易市场从信息服务平台"一网通管"发展到基于区块链的"云线相链",打通了农村产权线上交易的"最后一环",为农业农村产业循环、市场循环、经济社会循环提供了要素保障。

3. 市场交易活跃

以技术交易市场为例。全省技术交易保持活跃态势,技术交易总量稳步增长。2021年前三季度全省共登记技术合同43182项,同比增长28.48%,成交额为2250.26亿元,同比增长36.94%。从技术交易类型看,技术开发合同成交额为1021.69亿元,居首位,同比增长23.15%;其后依次是技术服务合同(成交额745.76亿元,同比增长37.51%)、技术转让(含技术许可）合同（成交额 426.82 亿元，同比增长 66.26%）、技术咨询合同（成交额 55.99 亿元，同比增长 283.79%）。从技术交易领域看，成交额居前三位的分别是先进制造、电子信息、生物医药和医疗器械领域，成交额分别是 755.30 亿元、464.71 亿元和 314.62 亿元，分别同比增长 84.69%、29.33% 和 28.19%。从技术交易主体看，企业法人占据主要地位，成交额为 2071.24 亿元，占总成交额的 92.04%；高等院校成交额增长较快，为 77.01 亿元，同比增长 76.50%；科研机构成交额为 72.84 亿元，同比增长 17.59%。

4. 担当社会责任

交易机构在服务市场交易的同时，也勇于承担社会责任。如江苏省产权交易所出台"三免一减"惠企措施，通过免收综合招商业务服务费、国有企业自挂牌房产招租业务服务费和增值服务费，减收大额标的项目服务费，为产权交易主体发展释压，2018 年被中共江苏省委省级机关工作委员会授予"'两聚一高'先锋行动队"光荣称号，2019 年被结对共建社区江苏省南京市浦口区永宁街道大埝社区授予"公益爱心企业"光荣称号，2020 年获得徐工集团授予的"业务精湛、勤勉尽责"、东南大学资产经营有限公司授予的"校企改革产权交易优秀平台"、宁证期货有限责任公司授予的"国资国企混改优质服务平台"等光荣称号，获得长三角产权交易机构党建联建年度优秀组织奖。

三　江苏要素交易市场存在的问题及成因

江苏要素交易市场存在的主要不足是"小、散、弱"。各产权交易机构规模小、竞争力弱，全省交易市场体系散乱，发展不充分，与江苏经济强省地位不匹配。

（一）交易机构规模小、竞争力弱

全省产权交易机构尚未进行有效整合，数量多，规模小，无法形成合力参与市场竞争。北京、广东等省市已建成区域统一的产权交易市场，年交易规模已在万亿级以上。2021年江苏省产权交易所在1月和3月跻身交易金额前10，但其他月份都在10名开外（见表3）。此外，相比于其他省市交易机构不断拓展业务边界，丰富交易品种，呈现明显的专业平台多元投资、业务协同集团运作的发展趋势，江苏的产权交易机构尚没有搭建起多元化平台的协同运作体系。2019年全国已有8家产权交易机构参控股10家以上专业平台，而江苏尚没有1家入围（见表4）。综合来看，江苏产权交易机构的平台整合能力和市场势力与省外大型产权交易机构相比有较大的差距。

表3 2021年月交易总额排名前10的产权交易机构

单位：亿元

序号	1月		3月		8月	
	产权交易机构	交易金额	产权交易机构	交易金额	产权交易机构	交易金额
1	上海联合产权交易所	60.70	北京产权交易所	97.96	北京产权交易所	204.30
2	北京产权交易所	56.04	上海联合产权交易所	33.56	上海联合产权交易所	126.50
3	江苏省产权交易所	26.37	北部湾产权交易所	18.95	北部湾产权交易所	51.25
4	山西省产权交易中心	14.56	江苏省产权交易所	11.73	重庆联合产权交易所	40.20
5	天津产权交易中心	11.92	大连产权交易所	10.09	武汉光谷联合产权交易所	26.63
6	重庆联合产权交易所	10.69	重庆联合产权交易所	5.25	广东联合产权交易中心	26.45
7	广西联合产权交易所	6.34	云南产权交易所	3.99	江西省产权交易所	24.47
8	青岛产权交易所	4.25	广东联合产权交易中心	3.44	安徽长江产权交易所	12.90
9	甘肃省产权交易所	4.02	武汉光谷联合产权交易所	2.65	西南联合产权交易所	12.14
10	内蒙古产权交易中心	3.17	河南中原产权交易有限公司	2.34	深圳联合产权交易所	11.71

资料来源：中国企业国有产权交易机构协会《全国产权交易资本市场国有资产交易月度统计报告》。

表4　2019年参控股10家以上专业平台的产权交易机构

单位：家

序号	产权交易机构	控股专业平台数量	参股专业平台数量	参控股平台总数
1	广东省交易控股集团	18	10	28
2	黑龙江省产权交易集团	21	1	22
3	武汉光谷联合产权交易所	8	9	17
4	天津产权交易中心	5	12	17
5	甘肃省产权交易所	10	2	12
6	北京产权交易所集团	7	3	10
7	昆明联合产权交易所	6	4	10
8	北部湾产权交易所集团	5	5	10

资料来源：根据全国产权行业信息化综合服务平台网站资料整理。

（二）交易市场分割严重，发育不充分

江苏产权交易机构既按地区设立，又按交易品种设立。目前具有从事企业国有资产交易业务资质的产权交易机构全国只有60多家，江苏就有14家，其中省级1家，13个设区市各1家。同时又按交易品种设立了技术产权、文化产权、农村产权等各类交易机构。各地交易机构之间、各类交易机构之间缺乏顺畅的沟通协调机制，全省产权交易市场碎片化严重，发育不充分。以国资三项交易情况为例，广东、山东、北京、上海全面领跑，国资三项交易金额均进入全国前10名，一些经济欠发达地区如内蒙古、青海、云南等也位列全国前10；反观江苏，经济总量与全国排名第一的广东几乎不相上下，位居全国第2，国有企业单位数占全国总数的5.6%，[①] 但只有企业国有产权转让和国有企业增资这两项的交易金额进入全国前10名且仅排第8位，国有资产转让交易金额则没有进入前10名（见表5）。此外，相比于大部分省市已经开展了全要素交易平台建设，如2020年组建的深圳交易集团主营业务涵盖公共资源及各类非标资产等在内的要素交易及交易衍生服

---

① 根据第四次经济普查数据计算。

务，2021 年组建的江西省公共资源交易集团正向知识产权、环境权益、大数据交易等领域进军，江苏仍以传统领域为主，碳排放、大数据等新兴要素交易尚未启动。

表5　2019 年国资三项交易金额前 10 名地区

单位：亿元

省份	经济总量		企业国有产权转让		国有企业增资		国有资产转让	
	全国排名	GDP	全国排名	交易额	全国排名	交易额	全国排名	交易额
广东	1	107671.07	3	203.55	2	318.53	3	34.88
江苏	2	99631.52	8	123.66	8	36.76	—	—
山东	3	71067.53	5	173.90	6	98.80	2	48.26
四川	6	46615.82	4	198.06	—	—	9	19.10
湖北	7	45828.31	7	150.51	—	—	—	—
福建	8	42395.00	—	—	—	—	10	18.53
海南	9	39752.12	—	—	—	—	5	23.79
上海	10	38155.32	2	580.56	5	101.22	1	119.99
安徽	11	37113.98	—	—	4	193.31	—	—
北京	12	35371.28	1	1105.34	1	329.34	8	19.47
河北	13	35104.52	6	152.60	—	—	—	—
辽宁	15	24909.45	—	—	—	—	7	20.50
江西	16	24757.50	—	—	10	26.53	—	—
重庆	17	23605.77	—	—	—	—	6	22.17
云南	18	23223.75	10	104.79	7	53.78	4	26.83
内蒙古	20	17212.53	—	—	9	28.28	—	—
天津	23	14104.28	9	112.27	—	—	—	—
青海	30	2965.95	—	—	3	245.06	—	—

资料来源：经济总量数据来自《中国统计年鉴2020》，国资三项交易数据根据全国产权行业信息化综合服务平台网站资料整理。

造成江苏要素交易市场"小、散、弱"的主要原因，在于要素市场整合度不高，区域一体化程度滞后，交易机构的体制机制僵化。

第一，要素板块分离，协同发展不足，导致业务"组合拳"打不出。江苏的要素板块分属于不同的交易机构，不同的交易机构又隶属于不同的主管部门。要素板块的整合既涉及不同的交易机构，又涉及不同的主管部门，因此各交易机构之间的合作协调成本较高，难度较大，至今尚未建立起市场化合作机制，在业务开拓上单打独斗居多，成团出击较少，导致原有要素交易各自为政，新兴要素市场开拓乏力，无法形成全要素综合型交易体系，难以在全国交易市场中打出有力的"组合拳"。

第二，区域市场分割，一体化程度不高，导致形不成地区合力。全省范围内开展企业国有资产交易的机构呈现"1+13"格局，即包括1家省级交易机构和13家地级市交易机构。这种多地区多机构的布局，固然有基于市场竞争和促进地区发展的考量，但各地的交易机构往往各自为政，抬高了区域市场壁垒，造成了区域市场分割，不利于要素资源在全省范围内的自由流动和有效配置，碎片化的地区市场无法形成合力，进而难以在全国产权交易市场上谋得市场势力。

第三，交易机构的功能定位不清，体制机制不活，导致市场配置资源的决定性作用不能充分发挥。目前省内除了个别产权交易机构实行企业化运作外，大部分产权交易仍归属于公共资源交易中心。全省已有10个地级市取消了产权交易所的独立法人地位，将其并入公共资源交易中心，即"1+13"格局中有10个交易机构为事业单位法人，行政化倾向较为明显。这些事业性质的交易机构既被赋予了公共资源交易的行政管理职能，又直接承担着公共资源交易职能，交易机构定位不清、管办不分的现象较为突出。公共资源交易中心的业务量往往以招投标和政府采购为主，产权交易业务量占比极小，市场化配置资源的决定性作用没能充分发挥。

四　江苏建设高标准要素交易市场的思路与举措

江苏建设高标准要素交易市场，既需要政府的高度重视和大力支持，加强顶层设计，也需要交易机构苦练"内功"，激发内生动力，还需要各类市场主体积极参与，共同营造公平、公正、公开的要素交易市场大环境，从而打造全域全要素综合型交易大平台，实现全省要素交易一体化、市场化、规范化发展，提升在全国乃至全球的行业竞争力。

（一）基本思路

江苏建设高标准要素交易市场，要以习近平新时代中国特色社会主义思想为指导，立足新发展阶段，贯彻新发展理念，以推动江苏经济高质量发展为主题，以改革创新为根本动力，充分发挥市场在资源配置中的决定性作用，更好发挥政府作用，实现全省要素交易一体化、市场化、规范化发展，打造立足江苏、辐射长三角、面向全国的全要素综合型交易大平台，为率先建成高标准市场体系、率先实现社会主义现代化奠定坚实基础。

一是坚持全省一体化发展。凝聚全省各方力量，形成强大合力，打造一个交易平台、共享一个交易系统，形成省域一体化、交易机构一体化、交易平台一体化的全省统一的要素交易市场，从而壮大江苏要素交易机构的实力，提升在全国乃至全球的行业竞争力。

二是坚持市场化配置要素资源。完善要素资源市场化配置是建设统一开放、竞争有序的市场体系的内在要求，是坚持和完善社会主义基本经济制度、加快完善社会主义市场经济体制的重要内容。因此，构建高标准要素交易市场，必须坚持市场化改革方向，改变部分领域、部分地区存在的行政化配置资源的现状，从而实现管办分离，推动各类要素资源的市场化配置，推动有效市场和有为政府更好结合，提升江苏要素交易市场的吸引力和要素资源配置效率。

三是坚持规范化运营。规范是要素交易市场的生命。规范发展是要素交易市场必须遵循的重要理念。积极落实国家关于统一信息披露、统一交易规则、统一交易系统、统一过程监测的"四统一"要求，并在此基础上推进包括结算交割、会员管理、交易鉴证、合同文本、收费标准、标识形象等更多方面的统一。积极贯彻行业标准，对于标准空白的领域自行制定和完善制度性原则性规则，对标2021年10月中共中央、国务院印发的《国家标准化发展纲要》提出的"全域标准化深度发展"目标，通过标准化促进要素交易市场规范化运作，充分保护各类参与者利益，提升江苏要素交易市场的透明度和公信力。

四是坚持企业化管理。企业是最重要的市场主体，也是市场经济的微观基础。实行企业化管理，不仅可以有效实现政企分开、管办分离，厘清政府与市场的边界，使行政监督更公正、更有力；而且有利于激发市场活力，发挥要素交易机构的主动性、创造性，繁荣要素交易市场；还能节约公共预算经费支出，不增加政府机构设置、不增加行政事业人员编制。因此，应巩固要素交易机构公司制法人主体地位，改组改制现有的行政性质、事业性质的要素交易机构，增强江苏要素交易市场的活力。

五是坚持底线思维。统筹发展和安全已成为我国经济社会发展的指导思想和必须遵循的原则。发展是安全的基础，安全是发展的条件。在要素交易领域同样要高度重视安全与发展问题。要素交易市场是我国建设高标准市场体系、促进要素资源高效配置的基础性要件。因此，必须牢固树立底线思维，注重防范化解重大风险，防止市场出现整体性系统性风险，保障江苏要素交易市场行稳致远。

（二）对策建议

1. 加强统筹协调

高标准要素交易市场建设是对全省要素交易市场体系的重新架构，也是对多地、多部门、多交易机构的利益重新调整，牵涉面广，影响力大，非某一地方、某一部门、某一交易机构力所能及，需要从全省高度加强顶层设计，各部门通力合作，各交易机构利益共享。建议成立全省要素交易市场整合领导协调机构，省市县各级成立改革领导小组和改革专项工作小组，加强顶层设计，明确各方职责，统筹规划协调，完善制度保障，确保全省高标准要素交易市场建设稳步推进。

2. 组建要素交易集团

依托交易体量大、交易品种多、企业化管理和市场化运作较为成熟的要素交易机构组建全省要素交易集团。要素交易集团由政府赋能，负责搭建、运营全省统一的综合型要素市场化交易平台，以资源共享为基础，以股权合作为纽带，以合作共赢为目标，整合全省要素交易市场，加快形成全省区域一体化要素交易格局。要素交易集团应完善法人治理结构，建立健全股东会、董事会、监事会和经理层，形成协调运转、有效制衡的决策执行监督机制，提升企业的治理水平；按照"四统一"的要求，通过纵向的区域市场整合和横向的要素板块整合，建立集团管控型组织架构，提升市场竞争力；注重形象塑造，加强企业网站和自媒体建设，主动开展舆论宣传引导，打造服务实体经济发展的品牌形象，提升社会知名度和美誉度，使集团走出江苏，走向全国，走向世界。

3. 搭建全省统一的要素交易信息平台

要素交易信息平台是要素交易市场的重要基础设施，事关全省要素交易市场高效、安全、规范运转。围绕要素交易全过程形成的交易数据也是要素交易机构极其重要的核心无形资产。因此，要素交易信息平台必须做到自主可控，业务数据必须掌控在自己手中。宜选择资金实力强、专业技术优、市场信誉好的软件服务商进行合作，打造全省要素资源市场化配置的新型基础设施，承担撮合交易、配套服务、全程监测等功能。通过强大的平台功能，不断完善价格发现机制，提升撮合效率，提高交易效率，推进各类要素交易规则、服务事项、数据交换等标准化，提升交易服务水平和协同监管水平，为全省要素交易市场高效、规范、安全运转提供基础设施支撑。

4. 深化要素配置市场化改革

高标准要素交易市场必然是要素资源高效配置的交易市场，这就要求破除阻碍要素自由流动的体制机制障碍，实现要素价格市场决定、流动自主。按照"应进必进"的原则，推进要素资源进场交易，不断扩大进场交易的要素品类。结合江苏省委省政府印发的《关于构建更加完善的要素市场化配置体制机制的实施意见》，要素交易市场要积极参与全省高标准市场体系建设，鼓励和吸引土地、人才、资本、技术、数据等要素进场交易，充分发挥要素交易市场的价格发掘、价值发现功能，实现要素资源的高效配置。

5. 拓展要素交易领域

要素交易市场的非标准化特点，使得其具有业务创新的天然优势，可从服务实体经济发展中寻找机遇，开辟业务"蓝海"空间，不断创新交易产品，拓展业务领域。一方面拓展要素资源交易品类，在继续深挖现有交易领域的同时，积极开拓新的要素交易领域，主动融入国家战略和江苏发展大局，在长江经济带建设、长三角区域一体化发展、率先实现社会主义现代化上走在前列中寻找机遇，为各类要素资源的跨所有制、跨地区、跨行业自由流动、优化配置提供更多的市场化服务；另一方面拓展服务对象，由服务国有集体企业和行政事业单位作社会化延伸，为广大中小民营企业服务。2016年习近平主席在全国政协十二届四次会议民建、工商联委员联组会上要求，着力引导民营企业利用产权交易市场组合民间资本，培育一批特色突出、市场竞争力强的大企业集团。拓展服务对象，将极大地激发要素交易市场的潜力，为要素交易市场发展壮大提供更大空间。

6. 打造高素质人才队伍

高标准要素交易市场离不开高素质人才支撑。以市场需求为导向，优化人才结构，培养和引入各类专业技术和管理人才，打造一支适应要素市场化配置、符合高标准市场体系建设要求的专业化、职业化人才队伍。以时代机遇、企业愿景感召人。要素交易市场发展潜力巨大，以高度的责任感和事业心激发从业人员干事创业的激情和为社会发展服务的情怀。以立体多维的教育培训培养人。营造学习和分享的氛围，打造学习型组织，通过举办各类培训活动以及与各类市场参与主体的业务交流，广泛学习先进经验，全面提升从业人员的政治能力、服务意识和执业水平。以有效的考核机制激励人。实行市场化用人机制，建立市场化选聘、契约化管理、差异化薪酬、市场化退出的人力资源管理机制。

7. 严控交易市场风险

处理好创新发展与规范发展的关系，守住底线，防止发生系统性风险。严格遵守国家相关监管规定，杜绝触碰政策红线；严格交易机构内部管理制度，将党建工作、纪检监察工作与交易业务深度融合，从政治立场高度提高对防范风险的认识；建立风险监督管理制度体系，不断完善各交易环节的风险防控机制，从客观上杜绝风险隐患；运用大数据分析等信息技术手段，提前研判、化解风险；加强从业人员业务知识和风险意识培训，避免由主观原因导致失误和相关风险。

8. 健全交易市场监管体系

要素交易市场的良性循环发展既需要行业自律，也离不开外部监督。要素交易市场所涉要素资源种类繁多，一方面要素交易机构需要切实加强与相关监管部门的对接，主动接受行业监管；另一方面相关监管部门也要切实履行行业监管职能，不该管的坚决不管，应该管的坚决管住。此外，要素交易机构还可以通过编制公司年报、及时披露重大事项信息等，主动承担社会责任，接受公众舆论监督，提升要素交易市场的社会影响力和公信力。

9. 涵养交易市场生态

随着要素交易市场服务功能增强、交易规模扩大、交易要素增多，要素交易不再是"一买一卖一竞价"的简单交易行为，而是众多市场主体共同参与的行为，因此仅仅依靠要素交易机构一家难以有效解决市场发育发展过程中的问题，各参与主体需要齐心协力，共同营造和维护良好的市场生态。要素交易机构实行企业化运作管理，可以割断其与行业管理部门、监督部门的行政隶属关系，划清政府与市场的界限，推进要素交易市场"管、监、办"职能分离，有效预防政府干预和交易腐败，保证要素交易活动"公开、公平、公正"。要素交易市场集聚了商业银行、信托、保险、基金、资产管理等金融机构，以及投资银行、律师事务所、审计评估机构、会计师事务所等专业服务中介机构，各参与者应取长补短，打破资源格局"绊脚石"，通过项目资源共享、投资人资源共享、业务经验共享、市场品牌共享、发展机会共享等实现合作共赢，提升交易活跃度，完善交易服务功能，形成要素交易市场命运共同体。

10. 加强交易市场统计监测

良好的数据统计有助于行业内部准确掌握交易业务运营状况，有助于政府部门加强对要素交易市场的监督指导。要素交易市场数据异常丰富，包括交易过程中产生的各类交易数据，以及交易主体、交易客体、中介组织等各市场参与方在交易过程中的留痕数据。党的十九届四中全会已明确"数据"为生产要素之一。这些交易数据就是要素交易市场的生产要素，应充分挖掘交易数据的潜在价值，设计和完善相关统计指标体系，对交易数据进行多维分析，为提升交易平台撮合效率和交易效率服务，为要素交易市场的长远发展服务。条件成熟时，可研发编制江苏省要素交易市场指数体系，分区域、分领域建立交易市场指数，实时反映全省要素交易市场交易行情、趋势变化，为社会公众提供及时可靠的市场信息，为相关决策者提供参考依据，为全省经济发展提供有价值的行业数据。

塑造"江苏服务"品牌影响力建设的目标、思路和重点举措研究

于　诚*

摘　要： 塑造"江苏服务"品牌影响力不仅是推动江苏经济高质量发展的重要行动，也是服务新发展格局的重要抓手。对标国际国内先进标准，"江苏服务"品牌建设在取得显著成绩的同时，仍面临诸多突出痛点难点。塑造"江苏服务"品牌影响力应围绕增强品牌辐射力、发挥品牌引领力、增创品牌区域形象、提升品牌美誉度等多维层面，精准发力，具体举措包括加大数字化应用场景供给、试点示范两业融合发展、树立集聚示范载体的"专精特"品牌形象、健全完善服务业质量标准体系。

关键词： 江苏服务　品牌影响力　品牌建设

推动现代服务业高端发展和能级提升不仅是构建现代产业体系、优化经济体系的重要体现，也是作为经济强省、服务业大省的江苏在践行习近平总书记所赋予的"两争一前列"时代重任的有力抓手。《江苏省"十四五"规划和2035年远景目标纲要》就如何在未来一段时期加快发展现代服务业，明确提出要通过"实施服务标准化品牌化提质工程，构建与国际接轨的服务标准体系，做强江苏服务品牌"。因此，梳理江苏服务的发展成效与关键短板，明确地区服务品牌建设的目标、思路和重点举措，对提升江苏服务能级、塑造品牌经济影响力都具有重要意义。

---

* 于诚，江苏省社会科学院世界经济研究所助理研究员。

一 "江苏服务"品牌影响力的生态内涵

从消费者层面看，品牌影响力是品牌对消费者在认知、情感和行为上产生的影响作用。在激烈的市场竞争中，树立品牌是企业的必然选择，品牌影响力直接影响顾客的感知度。一般而言，品牌影响力越大，消费者越依赖企业提供的产品或服务。从组织的角度看，品牌影响力反映了整体品牌管理的水平，是品牌开拓市场、占领市场并获得利润的能力。"江苏服务"不是局限于江苏省某一地区、某一服务领域、某一服务业态的服务品牌，而是基于当前江苏服务业的发展阶段，整合江苏各区域的企业服务品牌资源，创设出的代表江苏服务业特色和服务形象的综合性服务品牌。具体来看，"江苏服务"品牌影响力的生态内涵应包含以下四个维度。

（一）数字创新是塑造服务品牌影响力的核心驱动力

随着大数据、移动互联网、物联网、云计算等新一代数字技术的崛起，越来越多的创新应用在日常生活中普及。服务业的数字创新发展也成为各国角力点，产业内部新业态、新模式不断涌现，服务业的发展空间和服务半径得到极大拓展。特别是以应用性、系统性、集成性为主要特征的现代服务业，已呈现数据支撑型、知识驱动型发展模式，市场前景愈发广阔。越来越多的服务企业注重线上线下互动，整合标准化的服务资源，探索出了多样化的"互联网＋"跨界合作模式。可以预见，基于数字技术的平台服务模式将成为服务业的主流模式，信息资源、信息技术及信息网络运行平台日益成为塑造服务品牌影响力的核心动能。

（二）两业融合是塑造服务品牌影响力的关键新赛道

在万物互联时代，资源重组与聚合的机遇和形态"野蛮生长"，推动产业经济领域跨入"跨界融合"和"共享协同"新时期，突出表现为产业边界日益模糊、要素重组愈发普遍、交互借力加乘成长等新特点。服务型制造、制造服务业等新模式新业态在此背景下正在不断涌现。面对产业跨界融合发展趋势尤其是先进制造业和现代服务业深度融合的发展要求，江苏需要立足自身制造业基础和先进制造业集群优势，坚持在市场内生驱动和政府主动有为的双重作用下，积极在两业融合业态和融合模式等方面做出新的探索和突破，以推动实现先进制造业与现代服务业耦合共生、相融相长，打造重塑"江苏服务"品牌影响力的新赛道。

（三）载体集聚是塑造服务品牌影响力的重要加速器

服务业集聚区是指在一定地理空间内，以网络和信息技术为依托，以知识密集型服务产业为核心，以共享资源和公共平台为支撑，相互关联的服务企业大量集中分布形成的经济群落。加快服务业集聚区载体建设有利于将江苏省各地区、各领域分散的服务品牌统一到一个共同的品牌和名称之下，有利于整合各地服务业和优质服务品牌的力量，初步构建起一个完整的、具有特色的江苏服务体系。

（四）品质标准是塑造服务品牌影响力的根本性标识

传统服务经济理论认为，由于服务提供者本身存在着较为明显的异质性，加之服务需求者个性化程度较高，在特定服务领域制定公认标准的难度要远远高于制造业。但是，技术进步和商业模式创新正在改变这些认知，现代金融、智慧物流、新零售、家政养老、远程教育等新兴服务领域都在积极开发科学的行业服务标准。"十四五"时期，江苏要对标国际服务业先进地区，通过品质化标准化来开展高质量发展的路径探索和创新实践，最终在整体发展水平和重点领域形成引领性优势，塑造江苏服务业在品牌经济发展中的领先地位，从而更好地融入国内国际双循环，加快服务江苏企业"走出去"拓展海外市场。

二 "江苏服务"品牌建设的现状和难点

（一）可辨识维度

目前，对于如何衡量一个地区的江苏服务品牌影响力尚无统一标准。本文认为江苏服务业应当以一个统一、易识别的形象展现在需求者面前，进而参与长三角地区、全国及全球的现代化竞争，是"江苏服务"品牌影响力的根本衡量标准。因此，本文首先基于国际国内省内视角，从城市与企业可辨识度维度把握"江苏服务"品牌建设的现状。

1. 基于全球化与世界城市研究组织（GaWC）①榜单

GaWC 发表的世界城市排名榜单从人口、经济、就业、文化设施以及旅游等多方面出发，以跨国公司能够获得的服务集中度、便利度和效率情况动态刻画城市在全球经济体系中的角色，能够较好地反映一个城市在以专业服务为主的现代服务方面具有的集聚优势和影响力。江苏省内南京、苏州两市 2016～2020 年常年入围榜单。其中省会南京的榜单排名进步较为明显，由 2016 年的 Gamma 级（全球三线）攀升到 2020 年的 Beta 级（全球二线），城市具体名次从全球第 215 名跃进到第 87 名，居中国城市第 9 位。GaWC 排名的前进，说明省里重点城市与世界一线城市在现代服务业领域差距正在逐步缩小，但也反映出与全球顶级城市和国内一些城市之间仍存在较大差距。

2. 基于"2020中国民营企业服务业100强"榜单

根据全国工商联发布的"2020 中国民营企业服务业 100 强"榜单，从行业分布来看，前 100 强民营企业中，从事房地产行业的企业最多，共计 36 家，还有 17 家零售业企业、13 家批发业企业、8 家商务服务业企业、5 家互联网与相关服务业企业和 3 家保险业企业、1 家软件企业等。由此可见，100 强民营企业中，传统的批发零售业就占 30% 的比例，现代服务业共占 53%，但其中 70% 的为房地产业。从地区分布来看，广东省共计 24 家服务业企业上榜，北京、浙江分别上榜 10 家，江苏、重庆分别上榜 7 家，上

---

① GaWC 自 2000 年以来每 2 年或每 4 年发布一次世界城市排名，至今共发布了 8 次。通过量化世界城市在金融（银行、保险）、广告、法律、会计、管理咨询五大行业的全球连通性，GaWC 将城市划分成 Alpha、Beta、Gamma、Sufficiency 四大类（即全球一二三四线），下设特强（＋＋）、强（＋）、中（／）、弱（－）亚类，以衡量城市在全球高端生产服务网络中的地位及其融入度。

海、福建分别上榜6家，其他地区上榜企业较少甚至没有（见图1）。可见，依旧是东部沿海地区或经济较发达城市上榜频率较高，中西部地区比较少见。聚焦江苏，江苏省上榜的7家企业之中，传统的批发零售业占据4席，此外还有1家房地产业企业、1家互联网和相关服务企业和1家综合集团企业。可见，传统的服务业企业依旧占据大半江山，而现代服务业企业仅有2席，仅占28.6%（见表1）。

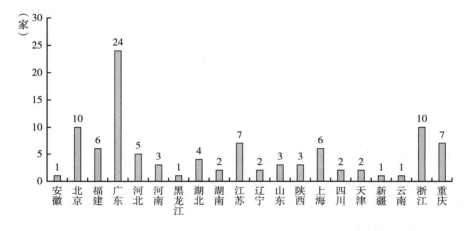

图1　2020年中国民营企业服务业100强地区分布

资料来源：根据"2020中国民营企业服务业100强"榜单整理。

表1　2020年江苏省民营服务业企业100强行业分布

单位：家，%

行业	上榜企业数	企业占比
服务业	7	100
其中:批发业	3	42.8
零售业	1	14.3
房地产业	1	14.3
互联网和相关服务	1	14.3
跨行业综合	1	14.3

资料来源：根据"2020中国民营企业服务业100强"榜单整理。

3. 基于 WIND 数据库服务业上市企业维度

本部分分析数据来源于 WIND 数据库，样本为在沪深两市公开上市的服务业企业。先根据江苏省服务业的行业划分标准，汇总重点服务行业的上市企业的数据，然后根据 2020 年企业营业收入对各个行业的上市企业进行排名，最后根据排名情况进行汇总分析。

（1）信息传输、软件和信息技术服务业

2020 年，在信息传输、软件和信息技术服务业领域，中国上市服务业企业共 362 家。从地域层面来看，362 家上市企业中，北京市 95 家（26.2%），广东省 64 家（17.7%），上海市 46 家（12.7%），浙江省 37 家（10.2%），江苏省仅 21 家（5.8%）（见图 2）。

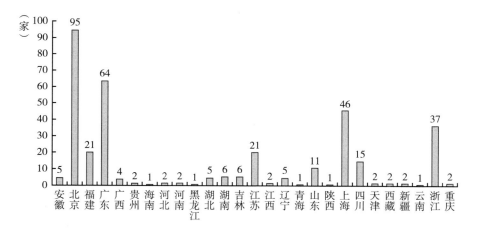

图 2　2020 年信息传输、软件和信息技术服务业上市企业地区分布

资料来源：WIND 数据库。

聚焦江苏省内，从企业属性来看，21 家上市企业中，中央国有企业 1 家，地方国有企业 2 家，公众企业 3 家，民营企业 15 家。从所属地市来看，南京市 8 家，苏州市 6 家，无锡市 4 家，泰州市、盐城市、宜兴市各 1 家。排名前 100 的江苏企业共有 7 家，分居第 3、第 27、第 58、第 64、第 84、第 88 和第 94 位，总体排名靠前（见表 2）。

表2　2020年江苏省信息传输、软件和信息技术服务业上市企业基本情况

公司名称	所属城市	企业属性	排名
国电南瑞科技股份有限公司	南京市	中央国有企业	3
江苏省广电有线信息网络股份有限公司	南京市	地方国有企业	27
吴通控股集团股份有限公司	苏州市	民营企业	58
朗新科技集团股份有限公司	无锡市	民营企业	64
金陵华软科技股份有限公司	苏州市	民营企业	84
无锡宝通科技股份有限公司	无锡市	民营企业	88
江苏润和软件股份有限公司	南京市	民营企业	94
焦点科技股份有限公司	南京市	民营企业	166
无锡线上线下通讯信息技术股份有限公司	无锡市	民营企业	173
金财互联控股股份有限公司	盐城市	民营企业	180
诚迈科技(南京)股份有限公司	南京市	民营企业	195
南京科远智慧科技集团股份有限公司	南京市	民营企业	211
山石网科通信技术股份有限公司	苏州市	公众企业	229
苏州工业园区凌志软件股份有限公司	苏州市	民营企业	244
思瑞浦微电子科技(苏州)股份有限公司	苏州市	公众企业	256
国旅联合股份有限公司	南京市	地方国有企业	262
江苏三六五网络股份有限公司	南京市	公众企业	284
无锡芯朋微电子股份有限公司	无锡市	民营企业	289
苏州麦迪斯顿医疗科技股份有限公司	苏州市	民营企业	315
江苏云涌电子科技股份有限公司	泰州市	民营企业	329
江苏卓易信息科技股份有限公司	宜兴市	民营企业	344

资料来源：WIND数据库。

（2）金融业

2020年，在金融业领域，中国上市服务业企业共126家。从地域层面来看，126家上市企业中，北京市22家（17.5%），上海市18家（14.3%），江苏省14家（11.1%），广东省12家（9.5%），浙江省10家（7.9%）（见图3）。

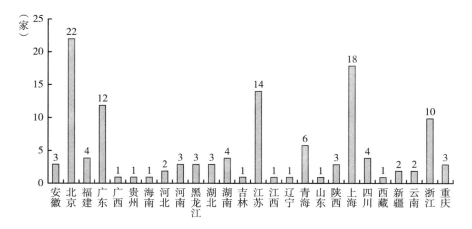

图 3　2020 年金融服务业上市企业地区分布

资料来源：WIND 数据库。

聚焦江苏省内，从企业属性来看，14 家上市企业中，地方国有企业 9 家，公众企业 5 家。从所属地市来看，南京市 6 家，苏州市 3 家，无锡市 2 家，常熟市、张家港市、江阴市各 1 家。排名前 100 的江苏企业共有 12 家，占比 12%（见表 3）。

表 3　2020 年江苏省金融服务业上市企业基本情况

公司名称	所属城市	企业属性	排名
江苏银行股份有限公司	南京市	地方国有企业	22
南京银行股份有限公司	南京市	地方国有企业	29
华泰证券股份有限公司	南京市	地方国有企业	30
苏州银行股份有限公司	苏州市	公众企业	59
东吴证券股份有限公司	苏州市	地方国有企业	70
江苏常熟农村商业银行股份有限公司	常熟市	地方国有企业	74
江苏紫金农村商业银行股份有限公司	南京市	地方国有企业	84
江苏张家港农村商业银行股份有限公司	张家港市	公众企业	87
无锡农村商业银行股份有限公司	无锡市	公众企业	88
江苏金融租赁股份有限公司	南京市	地方国有企业	89

续表

公司名称	所属城市	企业属性	排名
江苏苏州农村商业银行股份有限公司	苏州市	公众企业	90
江苏江阴农村商业银行股份有限公司	江阴市	公众企业	92
南京证券股份有限公司	南京市	地方国有企业	103
国联证券股份有限公司	无锡市	地方国有企业	108

资料来源：WIND 数据库。

（3）租赁和商务服务业

在租赁和商务服务业领域，中国上市服务业企业共66家。从地域层面来看，65家上市企业中，广东省20家（30.8%），北京市、浙江省各12家（18.5%），上海市9家（13.8%），江苏省仅3家（4.6%）（见图4）。

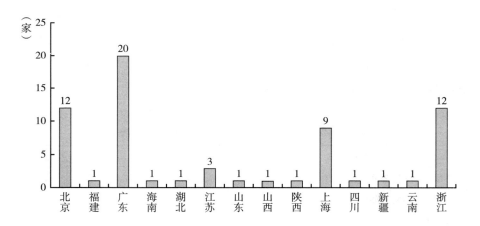

图4　2020年租赁和商务服务业上市企业地区分布

资料来源：WIND 数据库。

聚焦江苏省内，从企业属性来看，3家上市企业全都是民营企业，分别分布于苏州市、如皋市和靖江市，在所有企业中分居第16、第38和第49位（见表4）。

表 4　2020 年江苏省租赁和商务服务业上市企业基本情况

公司名称	所属城市	企业属性	排名
南极电商股份有限公司	苏州市	民营企业	16
江苏紫天传媒科技股份有限公司	如皋市	民营企业	38
江苏万林现代物流股份有限公司	靖江市	民营企业	49

　　资料来源：WIND 数据库。

（4）科学研究和技术服务业

在科学研究和技术服务业领域，中国上市服务业企业共 77 家。从地域层面来看，77 家上市企业中，广东省 20 家（26%），北京市 17 家（22.1%），江苏省 12 家（15.6%），上海市 9 家（11.7%），浙江省 3 家（3.9%）（见图 5）。

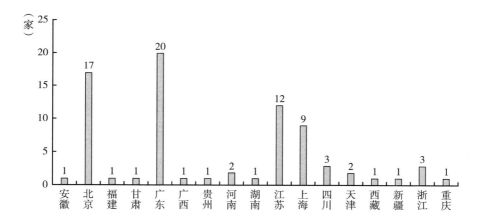

图 5　2020 年科学研究和技术服务业上市企业地区分布

资料来源：WIND 数据库。

聚焦江苏省内，上市企业中，民营企业 10 家，公众企业 2 家。从所属地市来看，苏州市 5 家，南京市 3 家，无锡市 2 家，张家港市和常州市各 1 家。排名前 10 位的江苏企业共有 3 家，分居第 1 位、第 5 位和第 6 位（见表 5）。

表5 2020年江苏省科学研究和技术服务业上市企业基本情况

公司名称	所属城市	企业属性	排名
无锡药明康德新药开发股份有限公司	无锡市	民营企业	1
苏交科集团股份有限公司	南京市	民营企业	5
华设设计集团股份有限公司	南京市	公众企业	6
启迪设计集团股份有限公司	苏州市	公众企业	21
中衡设计集团股份有限公司	苏州市	民营企业	23
江苏利柏特股份有限公司	张家港市	民营企业	27
苏州苏试试验集团股份有限公司	苏州市	民营企业	34
永安行科技股份有限公司	常州市	民营企业	42
苏州市建筑科学研究院集团股份有限公司	苏州市	民营企业	46
苏州电器科学研究院股份有限公司	苏州市	民营企业	48
南京市测绘勘察研究院股份有限公司	南京市	民营企业	56
江苏中设集团股份有限公司	无锡市	民营企业	61

资料来源：WIND数据库。

（5）水利、环境和公共设施管理业

在水利、环境和公共设施管理业领域，中国上市服务业企业共84家。从地域层面来看，84家上市企业中，江苏省12家（14.3%），安徽省和北京市各10家（12%），广东省9家（10.7%），浙江省7家（8.3%），上海市5家（6%）（见图6）。

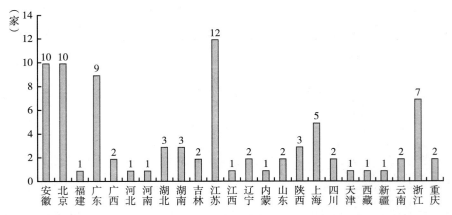

图6 2020年水利、环境和公共设施管理服务业上市企业地区分布

资料来源：WIND数据库。

聚焦江苏省内，从企业属性来看，12 家上市企业中，地方国有企业 1 家，民营企业 10 家，其他企业 1 家。从所属地市来看，南京市 3 家，无锡市 5 家，南通市、常州市、宜兴市和溧阳市各 1 家。排名前 10 的江苏企业共有 2 家，分居第 1 和第 8 位（见表6）。

表6　2020 年江苏省水利、环境和公共设施管理服务业上市企业基本情况

公司名称	所属城市	企业属性	排名
中国天楹股份有限公司	南通市	民营企业	1
无锡华光环保能源集团股份有限公司	无锡市	地方国有企业	8
维尔利环保科技集团股份有限公司	常州市	民营企业	20
东珠生态环保股份有限公司	无锡市	民营企业	26
鹏鹞环保股份有限公司	宜兴市	民营企业	28
美尚生态景观股份有限公司	无锡市	民营企业	34
凯龙高科技股份有限公司	无锡市	民营企业	36
中电环保股份有限公司	南京市	民营企业	44
南京万德斯环保科技股份有限公司	南京市	民营企业	46
无锡德林海环保科技股份有限公司	无锡市	民营企业	62
南京大学环境规划设计研究院集团股份公司	南京市	其他企业	63
江苏天目湖旅游股份有限公司	溧阳市	民营企业	70

资料来源：WIND 数据库。

（6）文化、教育和娱乐业

在文化、教育和娱乐业领域，中国上市服务业企业共 61 家。从地域层面来看，61 家上市企业中，浙江省有企业 12 家（19.7%），北京市有企业 11 家（18%），上海市有企业 6 家（9.8%），广东省、江苏省和湖南省各有企业 4 家（6.6%）（见图7）。

聚焦江苏省内，从企业属性来看，4 家上市企业中，地方国有企业 3 家，民营企业 1 家。从所属地市来看，南京市 2 家，常州市和江阴市各 1 家。排名前 10 的江苏企业共有 1 家，居第 2 位（见表7）。

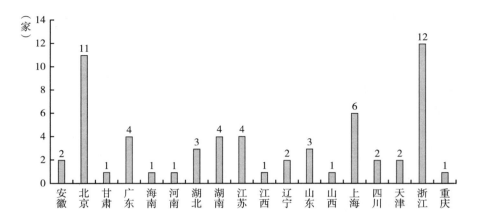

图7 2020年文化、教育和娱乐服务业上市企业地区分布

资料来源：WIND数据库。

表7 2020年江苏省文化、教育和娱乐服务业上市企业基本情况

公司名称	所属城市	企业属性	排名
江苏凤凰出版传媒股份有限公司	南京市	地方国有企业	2
幸福蓝海影视文化集团股份有限公司	南京市	地方国有企业	42
视觉(中国)文化发展股份有限公司	常州市	民营企业	43
中南红文化集团股份有限公司	江阴市	地方国有企业	50

资料来源：WIND数据库。

（二）生态维度

1.服务业创新不断突破，但部分重点领域暂未形成行业领先的品牌标识

"十三五"时期，江苏深入实施互联网平台经济"百千万"工程，围绕网络销售服务平台、大宗商品现货交易网络平台、物流专业服务平台、满足多样化需求的细分服务平台、信息资讯服务平台和互联网金融服务平台等类别，全省累计认定互联网平台经济"百千万"工程重点企业113家，"互联网+"等新兴服务业成为制造服务业发展新的增长点。随着中国特色社会主义进入新时代，人民群众对生活性服务的需要日益增长，对服务品质的要

求不断提高，智慧旅游、远程教育、数字穿戴、数字家庭、智慧社区等一批高端生活性服务业将逐渐成为人民群众的重要消费对象，虚拟现实、人工智能、生命健康、5G等新技术的发展突破也将催生一批新的服务业业态和消费需求，总体上江苏现代服务业新业态新模式发展较快，但在科技研发、软件信息、商务商贸、现代物流等服务业重点领域暂未形成行业领先的品牌标识，竞争优势不够明显。与广东、浙江等兄弟省份相比，江苏省缺乏大型互联网企业所营造的生态圈，杭州与深圳分别依托阿里与腾讯形成了自身生态圈，为关联企业成长提供了强大的资金保障和技术支持。如阿里巴巴共孵化了包括滴滴、美团等在内的14家独角兽企业，其中在杭州的就有5家。引领型标杆企业的缺失，一定程度上加剧了对融资平台、商业模式创新、高成长性研发团队等的制约。

2. 制造服务业高效融合不断加速，但两业融合层次深度不够

在中国服务型制造联盟发布的《服务型制造区域发展指数（2020）》报告中，江苏在全国服务型制造产业生态、发展成效和融合程度等方面位列第2（见图8）。江苏是中国近代制造业的发源地，至2020年底，江苏规上工业增加值增长到4万亿元左右，总量位居全国第一方阵，制造

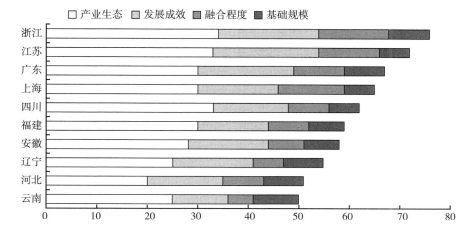

图8　全国部分省区市的服务型制造发展现状评估排名

资料来源：中国服务型制造联盟提供。

业规模约占全国的1/8，成为我国制造业大省。2020年，江苏生产性服务业增加值占服务业的比重达到55%，相较于上海、广东等地，占比较低，与制造大省、强省的制造服务业需求尚不匹配（见表8）。江苏虽然在全国率先推进两业融合试点工作，但仅张家港入选国家级区域试点单位，龙头企业、产业集群等尚无试点单位入选，尚无优秀典型案例在全国形成标杆引领。同时，两业融合试点单位对两业深度融合理解不足，工作内容偏重于提升信息化能力的两化融合，两业融合层次不高、深度不够，试点成效不明显。

表8　江苏、上海、广东生产性服务业增加值占服务业的比重

单位：%

序号	地区	比重
1	江苏	55
2	上海	63
3	广东	74.7

资料来源：江苏省工程咨询中心有限公司。

3. 服务业集聚示范载体成效不断凸显，但发展水平参差不齐

在集聚区发展实践中，各设区市依托生产要素资源优势，厘定优势行业发展方向，着重打造现代物流、科技服务、软件和信息服务、文化创意等专业性集聚区。2020年，省级现代服务业集聚区实现营业收入约32771.1亿元，实现营业利润1876.1亿元，税收贡献760.5亿元，研发投入357.0亿元，吸纳入区企业约18.1万家，就业人员249.3万人。省级生产性服务业集聚示范区实现营业收入26696.1亿元，实现营业利润1486.2亿元，税收贡献547.6亿元，研发投入329.7亿元，吸纳入区企业约13.5万家，就业人员190.2万人（见表9）。但是，集聚区（示范区）中存在部分尚未形成较为明确的主导产业，对自身产业发展定位和思路也不够清晰，存在产业发展规划指导作用不强以及与集聚区发展现状不相适应等情况，如部分文化创意产业园主要依靠当地的文化和旅游资源，发展较为初级的文化展

示和旅游观光产业，缺乏系统性、深入性，持续性低投入与开发。此外，除苏州、南京、无锡等地市集聚区（示范区）数量较多且发展基础较为良好以外，部分设区市存在集聚区（示范区）分布数量较少和发展水平较低等问题，集聚区（示范区）内服务业业态特色不够鲜明，产业链条尚未健全，与第一、第二产业的融合度还不够，发展缺乏有力支撑和带动活力（见表10）。

表9 省级现代服务业集聚示范载体发展情况

年份	营业收入（亿元）	营业利润（亿元）	税收收入（亿元）	入驻企业（万家）	吸纳就业（万人）
省级现代服务业集聚区					
2018	31000.3	1112.0	679.1	16.2	239.2
2019	34132.4	1554.9	787.0	15.7	249.7
2020	32771.1	1876.1	760.5	18.1	249.3
省级生产性服务业集聚示范区					
2018	18469.2	686.5	397.1	8.86	143.5
2019	21300.0	907.4	462.8	10.5	169.8
2020	26696.1	1486.2	547.6	13.5	190.2

注：2020年全省新增省级生产性服务业集聚示范区31家，2019年全省新增省级生产性服务业集聚示范区20家，2018年全省新增省级生产性服务业集聚示范区22家。

资料来源：江苏省服务业公共服务云平台。

表10 2020年江苏各市省级现代服务业集聚示范载体发展情况

城市	省级现代服务业集聚区				省级生产性服务业集聚示范区			
	数量（家）	营业收入（亿元）	营业利润（亿元）	税收（亿元）	数量（家）	营业收入（亿元）	营业利润（亿元）	税收（亿元）
南京	11	10183.0	934.0	266.1	11	6570.2	469	121.3
无锡	16	4890.7	164.8	72.5	3	1912.6	10.1	11.9
苏州	13	11744.5	347.1	205.9	21	10001.4	564.0	185.3
常州	8	974.5	53.0	53.1	9	673.5	62.1	55.5
镇江	3	41.2	3.5	1.4	4	100.1	11.1	4.1
南通	2	3462.0	90.0	41.1	16	4095.2	123.0	71.2
扬州	8	303.5	40.3	39.7	6	213.4	21.1	10.3

续表

城市	省级现代服务业集聚区				省级生产性服务业集聚示范区			
	数量（家）	营业收入（亿元）	营业利润（亿元）	税收（亿元）	数量（家）	营业收入（亿元）	营业利润（亿元）	税收（亿元）
泰州	4	1255.2	37.8	15.1	7	1065.6	21.4	12.0
徐州	2	52.7	31.5	1.3	9	361.3	34.7	5.8
盐城	4	814.0	125.4	36.9	9	709.9	124.1	34.1
连云港	3	363.3	10.2	2.3	4	236.9	12.0	9.7
淮安	6	101.1	26.8	4.5	2	38.2	20.7	1.9
宿迁	2	585.2	11.6	20.5	6	717.8	12.9	24.6
合计	82	34770.9	1876	760.4	107	26696.1	1486.2	547.7

资料来源：江苏省服务业公共服务云平台。

4. 品牌标准化建设力度不断加大，但服务业专业化程度仍亟须提升

江苏加强服务业品牌化建设，大力实施品牌发展战略，按照"标准化引领、第三方认证、市场化运作"的思路，建立"江苏精品"认证制度。加强服务业标杆化建设，以国家、省、市、县四级政府质量奖为抓手，不断完善质量奖评审工作机制、推广工作体系和服务工作平台，培育南京玻璃纤维研究设计院等5家服务业企业获得江苏省省长质量奖。但目前全省省级服务业标准化试点项目仍以生活性服务业为主，生产性服务业、制造服务业企业服务标准化占比较低，且江苏制造服务业企业仍存在低技术替代、核心技术缺乏、整体解决方案不健全、服务业增值部分带来的营业收入占企业总营业收入的比重不高等问题，制造服务业企业标准化、品牌化、专业化程度亟待提高。

三 塑造"江苏服务"品牌影响力建设的目标和思路

（一）增强"江苏服务"品牌辐射力，提升江苏省服务业在长三角地区、全国及全球的竞争力

把提升"江苏服务"品牌影响力与落实和服务国家战略相结合，鼓励

国内外具有引领作用的现代服务业企业落户功能区，发挥服务业企业的规模效应和集聚效应，形成一批知晓度广、信誉度高的服务品牌，带动树立"江苏服务"品牌，进一步增强辐射带动能力。

（二）发挥"江苏服务"品牌引领力，推动江苏实体经济高质量发展

"江苏服务"品牌是引领江苏服务业功能提升、促进江苏服务产业转型的重要方向。以"江苏服务"的智能化、数字化、网络化、个性化、互动式为发展方向，创新江苏服务的供给模式，全面提升服务质量、提高服务效率与服务水平，推动制造业转型升级与发展动力的变革。

（三）增创"江苏服务"品牌区域形象，促进现有服务资源集聚整合

塑造良好的"江苏服务"区域形象，能够有效吸引投资，带动经济要素的集聚，促进现有服务资源的整合。要以国家级、省级服务产业集群示范区为载体，加快集聚区服务品牌建设。以价值链为路径，提升集聚区及所在城市服务产业在产业链中的位置，推动服务环节不断向价值链高端汇集，形成强有力的服务产业品牌基础。

（四）提升"江苏服务"品牌美誉度，增进消费者的体验感和多样性选择

以满足人民日益增长的美好生活需要为根本目的，着力创造高品质"苏新"生活。充分发挥服务标准体系在品牌建设中的支撑和保障作用，打造一批满足消费者数字生活服务需求的高品质生活性服务品牌，体验江苏服务带来的"智惠"服务。

四 塑造"江苏服务"品牌影响力的重点举措

继续实施品牌发展计划，通过加大数字化应用场景供给、试点示范两业

融合发展、树立集聚示范载体的"专精特"品牌形象、健全服务业质量标准体系等手段，鼓励专业化先进制造业集群标杆企业创立集制造与服务一体化的品牌，培育更多品质化生活性服务品牌。

（一）加大数字化应用场景供给

以满足规模化商用需求的广度覆盖和深度覆盖为重点，保证5G网络全覆盖服务业集聚示范区。在重点软件与信息服务业产业园区、大数据产业园区，以及两业融合集聚示范区大力发展云计算中心，鼓励通信运营企业、信息技术企业服务转型，应用分布式存储、动态管理调度等技术，建设弹性提供计算能力、存储空间和软件服务的云计算中心。重点打造人工智能应用、工业互联网和智能制造、在线新经济服务、文娱直播等产业，按需部署边缘计算节点。建设智能物流骨干网络，探索消费需求预测、无人快递配送等新模式，推动新物流和新零售的融合发展。在文创文旅、健康养老等生活性服务行业，支持信息技术创新应用。

（二）试点示范两业融合发展

在江苏省两业融合试点单位工作方案和实施基础上，面向13个先进制造业集群，启动实施江苏省"标杆引领"工程，从但不限于两业融合试点中审定、培育形成100家能够引领行业质态提升、具有国际竞争力和示范作用的两业深度融合标杆，包括龙头骨干企业、产业集群和集聚区域。围绕大数据服务、人工智能服务、科技创新服务、现代金融服务、智慧生活服务、节能环保服务、共享经济平台、现代供应链、人力资本服务、文化创意十大服务业新动能领域，突出研发设计、战略投融资、集成创新等高端环节，不断增强生产性服务业的创新性供给能力。一是以产需互动为导向，推动以生产性服务为主导的反向制造。鼓励生产性服务企业开展个性化定制服务，推动生产制造环节组织调整和柔性化改造，支持服务企业利用信息、营销渠道、创意等优势，向制造环节拓展业务范围，实现服务产品化发展。二是完善包括金融、科技、中介、商务服务在内的生产性服务业协同网络，建立制造企业、生产性服务企业、新兴技术服务机构和地方政府良性互动的产业生态系统，促进科技成果转化，引导新技术向制造业领域渗透，催生制造业新行业、新产品。

（三）树立集聚示范载体的"专精特"品牌形象

鼓励国内外具有引领作用的生产性服务业企业落户功能区，发挥服务业企业的规模效应和集聚效应。适应服务专业化、精细化、特色化、新颖化发展要求，在发挥苏南服务业集聚区先发优势的同时，鼓励各地，尤其是苏中、苏北培育和打造"专精特"服务业集聚示范区。"专精特"服务业集聚示范区主要为制造业产业园区中的"园中园"，也可以是之前规模较大的服务业集聚区的"园中园"，如软件与信息服务业集聚区中的数字服务业产业园。区内企业以中小微企业为主，政策上倾向于推进服务业"小升规"，提高企业市场拓展、品牌运营和融资等能力，支持以专业化分工、服务外包等方式与大企业、行业龙头企业建立稳定的协作配套关系，发展一批专注于细分市场、具有一定创新能力的"专精特新"服务业企业。

（四）健全服务业质量标准体系

尽快出台不同服务领域的标准化管理办法，对相应服务领域的标准化工作进行有效的指导。重点在个性化定制、全生命周期管理、融资租赁服务、系统集成及整体解决方案提供、供应链管理以及工业软件、工业互联网、工业设计、供应链管理、大数据服务、总集成总承包服务等领域，开展品牌示范推广，制定标准化评估、质量评价等相关标准，完善品牌化市场。在养老、家政等生活性服务行业进行服务标准化建设时，鼓励其采用国际标准，不断摸索和总结经验，改进实施方法。积极开展宣传，推动领域内服务业标准化示范，带动该领域内更多的企业进行标准化建设，从而引领江苏省服务业品牌向高质量发展，提升品牌的竞争力与影响力。

江苏以开放创新推动构建新发展格局路径研究

李思慧*

摘　要： "十三五"以来，江苏坚持以全球视野谋划科技创新，主动融入全球创新体系，积极开展国际科技合作，在载体共建、合作研发、协同创新等方面取得显著成效，区域科技创新能力连续多年位居全国前列，为"十四五"在更高层次上推动科技创新奠定了良好的基础。在以国内大循环为主体、国内国际双循环相互促进新发展格局的背景下，江苏开放创新面临新的形势和挑战，通过分析全球创新趋势和江苏开放创新的现状，表明江苏在开放创新理念、引资用资结构、技术引进方式及开放创新制度设计等方面仍面临问题和挑战。研究认为，新形势下江苏要坚定创新自信，紧抓创新机遇，坚持"企业是主体、产业是方向、人才和平台是支撑、环境是保障"的工作理念，坚定创新自信，坚持开放理念；坚持企业主体，提升开放能级；坚持产业引领，着力强链补链；加强平台支撑，集聚高端人才；强化制度创新，营造生态系统等方面创新对外投资方式和营造良好的开放创新环境，进一步推动提升开放创新水平，以创新拓展新的发展空间。

关键词： 开放创新　国际合作　创新网络　新发展格局

---

* 李思慧，江苏省社会科学院世界经济研究所副研究员。

当今世界正处在一个大发展、大变革、大调整的百年变局时代，空前活跃的新一轮科技革命和产业变革正在重构全球创新版图，新机遇层出不穷。江苏作为中国经济、科技最发达的地区之一，科教资源和开放优势明显，已跻身国际产业分工体系之中，具备了在较高平台上开展开放创新的基础和条件。进入新发展阶段，江苏要在坚持科技自立自强的基础上，顺应新一轮全球创新要素流动的趋势，最大限度地集聚和利用全球创新资源，把开放优势转化为创新优势，在更加开放和包容中激发出引领发展的创新动能，拓展新的发展空间。

一　国内外科技创新的趋势和形势

进入 21 世纪以来，以信息技术为引领，生物技术、新材料技术、新能源技术等技术群交叉融合，带动以绿色、智能、泛在为特征的群体性技术突破，重大颠覆性创新不时出现。[①] 综观全球发展形势，国际经济竞争更加突出地体现为科技创新的竞争，2008 年全球金融危机后，美国、日本及欧盟等发达国家和地区进一步认识到实体经济和科技创新的作用，通过实施一系列创新战略强化核心竞争力。2011 ~ 2015 年，美国先后三次发布《美国国家创新战略》，旨在通过实施一系列国家战略，保持美国的全球创新领先地位。2010 年 3 月，欧盟委员会发布了"欧盟 2020 发展战略"，作为 21 世纪第二个 10 年建设欧洲社会市场经济的政策性文件，"欧盟 2020 发展战略"提出三大战略优先任务、五大量化目标和七大配套旗舰计划，其中建设"创新型联盟"是实现 2020 发展战略的核心旗舰计划，突出了欧盟科教支撑、创新引领经济社会发展的战略定位。2014 年，日本政府发布《科学技术创新综合战略 2014》，提出重点推进信息通信技术、纳米技术和环境技术三大跨领域技术发展，并使其成为日本产业竞争力增长的源泉。不论是发达国家还是新兴的发展中国家，都把开放创新作为提升区域发展竞争力的重要

---

① 国家行政学院经济学教研部编著《中国经济新方位》，人民出版社，2017。

战略，印度、巴西等新兴国家也都加大创新资源的引进。

从国内看，经济和社会进入新的发展阶段，在"创新、协调、绿色、开放、共享"的新发展理念下，初步形成了以国内大循环为主体、国内国际双循环相互促进的新发展格局。党的十九届五中全会提出，坚持创新在我国现代化建设全局中的核心地位，把科技自立自强作为国家发展的战略支撑。2021年发布的国家和省"十四五"规划均对科技创新工作做出了战略部署和安排，要求更好发挥科技创新对经济社会发展的支撑和引领作用，提高全球创新资源配置能力。

二 江苏开放创新基本情况

"十三五"以来，江苏省全面落实创新驱动发展战略，以全球视野谋划和推动创新，加大科技创新领域对外开放，深度融入全球创新体系，开放创新环境持续优化，整合和配置全球创新资源的能力不断增强，区域创新能力多年位居全国前列；① 2020年全社会研发投入超过3000亿元，较2016年增加近千亿元，占地区生产总值的比重达2.93%，科技进步贡献率达65%，高新技术产业产值占规模以上工业产值比重达46.5%，万人发明专利拥有量超过35.5件，② 成为我国创新活力最强、创新成果最多、创新氛围最浓的省份之一。

（一）开放创新平台和载体建设深入推进

"十三五"以来，江苏省积极搭建"中国—江苏国际产学研合作论坛暨跨国技术转移大会"等国际合作交流平台，建立了以江苏省跨国技术转移中心、中国—中东欧国家技术转移中心为代表的国际技术转移服务体系。与以色列、芬兰、英国、捷克、挪威等创新强国合作，建立了多个创新园、研

---

① 参见中国科技发展战略研究院发布的相关年度《中国区域创新能力评价报告》。
② 高菲：《2021年江苏省科技工作会议召开》，新华网，http：//www.js.xinhuanet.com/2021-01/22/c_1127013805.htm。

究院、创新研究中心、技术转移中心、合作示范园区等国际化技术开发与技术转移转化载体，在国外则建设了丹麦"中丹创新中心"、瑞典生物医药孵化器、以色列江苏创新中心等离岸孵化器、国际联合实验室、海外农业科技园。截至目前，江苏已建成中国以色列常州创新园、昆山杜克大学智谷小镇等国家级国际科技合作基地 50 余个，吸引高水平外资研发机构 600 多家，成为开放创新的重要平台。①

（二）高新技术产业国际化程度逐步提升

在计算机服务、软件和信息技术服务、知识产权服务等高新技术产业和战略性新兴产业方面，江苏的科技引领作用不断强化，苏州的全球维修保税业务，南京江北新区的服务贸易创新发展中心、创新引导基金等都逐步成为全球创新要素互动平台。2020 年全省实际利用外资 283.8 亿美元，较 2016 年增长 15.7%，其中制造业及信息传输、软件和信息技术服务业利用外资占比超过 60%，外资对高新技术产业投资占比持续提升。"神威·太湖之光"超级计算机等 219 项我国全球领跑的技术中，有 33 项在江苏，占全国的 15.1%。苏州工业园区纳米技术与应用产业集聚企业 500 多家，成为全球微纳制造领域八大研发中心之一；江苏光伏产能占全球 20% 以上，世界光伏企业前 10 强中有 4 个在江苏。②

（三）创新资本国内外双向流动日益活跃

资本是创新的重要资源要素，江苏同国内多数地区一样，开放的优势在于高新技术产品和服务的巨大市场潜力，在于世界范围内行业巨头的优势研发基础、生产制造能力、创新管理理念等。"十三五"以来，江苏积极引导

---

① 黄蒙、亓晨：《开放创新 江苏以全球视野汇聚世界资源》，荔枝网，http：//news. jstv. com/a/20170904/1504522709244. shtml。

② 江苏省统计局：《创新活力竞相迸发 科技成果举世瞩目》，江苏省人民政府网站，http：//www. js. gov. cn/art/2019/9/4/art_ 34151_ 8701464. html？ tdsourcetag = s_ pcqq_ aiomsg。

国外资本进入创新创业领域，加大对科技成果转化、产业化及高新技术产业的投资。"十三五"期间，全省研发活动持续活跃，2020年，全社会研发投入超过3000亿元，占GDP比重达2.93%，其中企业研发投入占比超过80%。2019年全省研究与试验发展（R&D）经费内部支出中境外资金达6018万元，全省研究与试验发展（R&D）经费外部支出中对境外机构的支出为236385万元。境外资本直接投资加大了新能源、新材料、生物医药等高新技术产业领域的投资，引入的创新资本在全部外商直接投资中的占比稳步提升。

（四）创新资源要素引进方式加快转变

"十三五"期间，江苏积极通过引进技术与引进人才相结合、合作研发与成果转化相结合、自主创新与集成创新相结合等多种途径，在光伏、智能化输变电、战略新材料、海洋工程等新兴产业领域突破了一批居国际领先水平的核心技术。2020年，全省货物出口中具有较高科技含量的高新技术产品进出口克服疫情影响，实现逆势增长，其中高新技术产品出口总额达10222.9亿元，突破万亿元大关，较上年增长2.8%，计算机与通信技术、电子技术、材料技术等领域高新技术产品出口增幅均高于全省平均水平；高新技术产品进口总额达7262.9亿元，较上年增长10.1%。除了单纯引进产品，对先进技术的引进力度同样持续加大，2019年全省引进国外技术合同980项，合同金额达42.31亿美元。

（五）开放创新生态环境持续优化

"十三五"以来，全省大力推进科技改革，先后制定出台科技创新"40条"、人才"26条"、知识产权"18条"、科技改革"30条"，以及大型仪器设备向社会开放等改革措施，开放创新的政策和制度环境持续优化，日益成为国际企业和研发机构寻求合作研发、技术转移、创新成果产业化和商业化的首选地区之一。除了开放的对接环境、优惠的科技政策，完善的知识产权保护制度和服务体系也成为江苏吸引国际科技创新资源的重要因素。

在知识产权强省建设过程中，江苏最早发布了企业知识产权维权指引，是与美国国家专利商标局签订知识产权合作协议的首个中国地方政府，同时也是在世界范围内与韩国知识产权局签订开展知识产权保护合作谅解备忘录的首个外国地方政府。

三　江苏以开放创新拓展新发展格局面临的挑战

江苏虽然是全国创新能力最强、创新环境最好的地区之一，但科技对经济增长的贡献还不够高，关键核心技术实现自主可控仍任重道远，对新发展格局构建的引领能力还有待提升。开放创新水平以及利用全球创新资源的能力不及北京、上海、广东等地，与国外发达地区差距更为明显。

（一）区域全面创新能力提升存在瓶颈

2016 年及之前，江苏区域创新能力连续 9 年位列全国第 1，2017 年被广东省超越，此后几年均位列全国第 2。从研究与试验发展（R&D）经费投入强度看，2020 年江苏省为 2.93%，同年北京、上海、广东分别为 6.44%、4.17%、3.14%，而 2018 年韩国、瑞典、日本、德国、丹麦的研究与试验发展（R&D）经费投入强度分别达到 4.53%、3.32%、3.28%、3.13%、3.03%。从绝对数看，2020 年江苏省研究与试验发展（R&D）经费 3005.9 亿元，与广东省（3479.9 亿元）尚有一定差距。从经费内部支出结构看，2019 年江苏省研究与试验发展（R&D）经费内部支出中国外资金仅占 0.02%，而北京、上海分别为 0.34%、0.75%，差距较为明显；从经费外部支出结构看，2019 年江苏省研究与试验发展（R&D）经费外部支出中对境外机构的支出占 16.5%，低于上海的 18.9%。研发经费投入的可持续增长机制尚不完善，利用国外资金的潜力有待挖掘。

（二）高新技术产业领域引资用资水平不高

在外部创新资本引进方面，多年来江苏实际利用外资中进入高新技术领域①的部分占比较低，总体呈下降趋势。2003 年，江苏实际利用外资中进入高新技术产业领域的部分占 85.69％，到 2019 年，这一比例刚过 40％，下降幅度明显，这里虽存在金融危机、全球疫情等客观原因，但从增量规模看外资进入高新技术产业领域的部分还是偏低。从全省高技术产业 R&D 活动经费费用支出看，江苏用于技术引进的支出远高于对引进技术消化吸收再创新的支出，并且引进外资中更多的是用于高新技术产业化项目，对基础性和前瞻性研究、共性关键技术研发、传统技术改造升级投入比例较低，境外创新资金投入结构有待优化。从高技术产业技术引进及技术消化吸收费用支出情况看，2016～2019 年江苏用于高技术产业技术引进的支出远高于对引进技术消化吸收再创新的支出，说明对于引进的先进技术并未实现充分利用。

（三）高新技术产业化领域开放程度不高

从横向比较看，江苏研发经费内部支出中境外资金占比低于北京、上海、天津等国内部分省市，创新资本引进仍处于较低水平，江苏研发经费内部支出中境外资金占比低于北京、上海等国内部分省市，创新资本引进仍处于较低水平，2019 年北京和上海的这一比例分别为 0.34％、0.75％。2019 年江苏省高新技术产品进口总额比上年下降 9.5％，高新技术产品出口额下降 1.8％，而浙江省高新技术产品出口增长 14.0％，上海高新技术产品进口增长 8.5％；在技术引进方面，与上海、广东等地尚有差距；2019 年，江苏省技术引进合同 980 项，合同金额 42.31 亿美元，而上海市分别为 2209 项、65.62 亿美元，表明江苏对国外创新资源的引进更多的还是单纯购买新产品，技术进步主要通过技术引进实现。

---

① 由于外商直接投资进入高新技术产业具体数值统计部门未做出专门统计，研究中使用相关产业代替，将"高新技术产业"界定为第二产业中的制造业，第三产业中的信息传输、计算机服务和软件业及科学研究、技术服务和地质勘查业。

（四）创新要素引进方式与高水平创新不相适应

当前，江苏关键创新要素的供给主要是通过进口国外高新技术产品，尚未实现由引产品向引技术转变，多数还属于简单的技术改进或者模仿。2016年，江苏全省国外技术合同引进数量755项，低于广东的769项，远低于上海的1668项；2016年，江苏全省国外技术合同引进额为30.76亿美元，低于广东的91.69亿美元和上海的42.79亿美元，且仅占全省当年高新技术产品进口额的3%，技术的引进还处于较低的水平。

（五）载体和平台技术外溢作用未充分释放

作为整合全球创新资源的重要组织形式，新型研发机构是创造新知识的主要场所，集聚了高端人才、先进设备及智力资源。但从实际来看，其技术外溢作用尚未充分释放：一是较长的境外投资周期和烦琐的流程往往导致错过最佳市场机会；二是由于参与方在研发组织和成果收益等方面的观念差异，中外合作成立的研发机构中存在较多矛盾；三是外资独资成立的研发机构尚未享受国民待遇，其研发活动的开展未纳入现有的财政和税收政策支持范围，导致其积极性受挫。省内部分地区在境外建立的创新园区和孵化基地多数为城市宣传、招揽人才的窗口，并未实质性开展技术转移、企业孵化工作。

（六）高端人才引进落地后未达到预期效果

近年来，江苏通过各类人才计划引进了一大批国外高层次人才，但由于对引进的人才缺少政策的协同支持，人才的持续性创新未能实现，出现个别人才项目在一个地区结束后，当其他区域提供更加优惠的政策时，就会搬离，高端人才引进不但达不到预期目的，反而造成资源浪费。另外，科技人才队伍大而不强，高端领军人才和高技能人才相对不足，创新型企业家群体亟须发展壮大。创新人才在全球分布广泛，引进一支创新团队不仅在物理空间上成本太高，更重要的是还受制于人力资源和环境方面因素。

四　江苏以开放创新构建新发展格局的
总体思路和对策建议

（一）总体思路

经济增长方式的转变最终体现为投入要素的转变，与改革开放以来单纯的"招商引资"不同，创新型经济发展更多地依赖创新资源要素的投入，在现有创新资源相对稀缺的情况下，只能更多地集聚全球创新资源，推动发展方式向依靠持续的知识积累、技术进步和劳动力素质提升转变，促进经济向形态更高级、分工更精细、结构更合理的高质量发展阶段演进，在科技创新领域加快构建以国内大循环为主体、国内国际双循环相互促进的新发展格局，为进入创新型省份前列和建设科技强省打下坚实基础。

江苏以开放创新构建新发展格局的思路：坚定创新自信，坚持"企业是主体、产业是方向、人才和平台是支撑、环境是保障"的工作理念，以全面提升企业参与全球科技与产业资源配置能力，抢占产业价值链的高端环节为目标，抓住全球创新资源加速流动和经济地位上升的历史机遇，提高全球配置创新资源的能力。支持企业面向全球布局创新网络，按照国际规则并购、合资、参股国外创新型企业和研发机构，提高海外知识产权运营能力。鼓励外商投资战略性新兴产业、高新技术产业，支持跨国公司在江苏设立研发中心等平台，实现引资、引智、引技相结合，创造参与国际科技合作和竞争的新优势，营造更加适应创新要素跨境流动的便利环境。

（二）对策建议

1. 坚定创新自信，坚持开放理念

习近平总书记在参观国家"十三五"科技创新成就展时强调，要坚定创新自信，紧抓创新机遇，加快实现高水平科技自立自强。实施更加开放包容、互惠共享的国际科技开放合作战略，使江苏成为全球科技开放合作的广

阔舞台和创新高地，对江苏来说，要依托以制造业为基础的现代产业体系和区域国际化创新平台，始终坚持全球化理念，拓展新的发展空间。2020年全省货物出口虽然受到部分发达国家的限制以及疫情等影响，但从产品结构来看，全年机电、高新技术产品出口额分别增长2.4%、2.8%。从出口对象国家和地区来看，对美国、欧盟的出口出现下滑，较上年分别下降2.5%和0.9%，对日本出口小幅增长0.1%，对俄罗斯、东盟出口实现较大幅度增长，同比分别增长5.9%和8.4%。从对"一带一路"沿线国家的总体出口情况来看，出口额达到7393.4亿元，同比增长1.5%；占全省出口总额的比重为26.9%，这说明完全可以通过产品的技术革新和升级开拓新的市场。

2. 坚持企业主体，提升开放能级

加强创新型跨国企业培育，提升创新资源整合能力。跨国企业是全球创新要素跨国流动的主体和载体，要加强创新型跨国企业培育，提升获取海外创新资源的能力。鼓励领军企业按照总部经济模式，实现跨区域、跨国并购和联合重组。完善同主要国家的创新合作机制，积极吸引企业参与，在研发合作、技术标准、知识产权、跨国并购等方面为企业搭建沟通和对话平台。加快推动技术创新模式由单纯技术引进向消化吸收再创新转变。企业要更加重视利用并购获取技术创新资源，加强并购过程中的技术管理，在并购前开展技术和知识产权评议，尽早掌握被并购对象的知识产权和核心技术的价值，形成整体的技术吸收和使用方案。支持跨国公司在江苏设立研发中心，鼓励其升级成为参与母公司核心技术研发的大区域研发中心和开放式创新平台，支持其参与江苏研发公共服务平台建设，共建实验室和人才培养基地，联合开展产业链核心技术攻关。加大对跨国公司在江苏设立地区总部和功能性机构的支持，增强江苏开放型经济新优势和吸引力。

3. 坚持产业引领，着力强链补链

持续推行外商投资领域负面清单管理制度，通过深化体制改革鼓励和引导更多的境外创新资本引入江苏创新创业领域。鼓励境外资本通过并购、技术入股等方式对国内高成长性科技企业进行投资。不断拓宽境外创新资本投资领域，鼓励外商投资先进制造、节能环保、新能源、药物研发等高新技术产业领域，提升高新技术产业可持续发展能力。围绕区域性、行业性重大技术需求，实行多元化投资、多样化模式、市场化运作，发展多种形式的先进技术研发、成果转化和产业孵化机构，推动资源配置从以研发环节为主向产业链、创新链、资金链统筹配置转变。

4. 加强平台支撑，集聚高端人才

聚焦重点国家、领域和机构，按照优势互补原则，建立联合实验室、技术转移中心等长效稳定、影响力大、吸引力强的战略支点，逐步构建开放合作、互利共赢的创新骨干网络，把创新体系扩展至全球层面。结合国家重大科技发展需求和合作意愿，对一些科研基础条件较好的国家和机构，充分调动产学研等各类创新主体积极参与，联结优势研发资源，在能源、信息通信、资源、海洋、先进制造、医药健康等重点领域布局一批联合实验室或联合研究中心，集成联合研究、科技人才交流与培养、先进适用技术转移、科技形象宣传与展示等功能。结合江苏区位优势和发展特色，加强与重点国家和地区技术转移中心和协作网络的共建工作，疏通技术资源对接渠道，挖掘企业合作需求，促进科技成果双向转移转化。着力推进科技园区建设，以省级及以上高新区为主体，发挥集聚辐射效应，培育一批集国际化"双创空间"设置，科技企业孵化，自主知识产权技术产品输出、研发及产业化对接等功能于一体的国际科技合作示范园区。加强人才引进，集聚一批站在行业科技前沿、具有国际视野和产业化能力的领军人才和应用型高科技创新人才，支持海外高层次人才（团队）和外国专家享受关于居留与出入境配偶安置、住房、医疗等各项政策待遇，以人才进一步集聚高端创新资源，强化与本地创新体系的匹配度。

5. 强化制度保障，营造生态系统

构建各类创新主体协同互动和创新要素顺畅流动、高效配置的生态系统，形成创新驱动发展的实践载体、制度安排和环境保障。明确企业、科研院所、高校、社会组织等各类创新主体功能定位，构建开放高效的创新网络。一方面，制定和发布高端创新资源分布路线图。依托现有资源，梳理世界主要国家科技资源分布状况，围绕生物医疗、新能源、新材料等战略性新兴产业培育和发展所需的人才、知识、技术等创新要素，省有关部门要加强协同，加快研究制定高端创新资源的分布路线图，降低企业开放配置全球高端创新资源的成本，提高资源整合的针对性。另一方面，加大对合作开发科技项目的支持。扩大省科技合作计划支持范围，鼓励在江苏的外资研发机构等开展高附加值原创性研创活动，参与申报和承担国家和省级科技计划项目，实施外籍科学家参与承担国家科技计划项目实施的试点；在基础研究和重大全球性问题研究领域，发起国际大科学计划和工程，参与大型国际科技合作计划，支持企业参与麻省理工学院产业联盟计划、欧盟"未来新兴技术旗舰计划"等项目。探索通过股权投资、人才引进及产业化载体相结合的国际技术转移新模式，推动重大成果在江苏转化和产业化。

参考文献

［1］陈思萌：《新发展格局下江苏外贸高质量发展研究》，《江南论坛》2021 年第 5 期。

［2］付永红、李思慧：《江苏整合全球创新资源的路径与对策研究——基于京、沪、粤、苏、浙的比较》，《江苏科技信息》2017 年第 5 期。

［3］黄蒙、亓晨：《开放创新江苏以全球视野汇聚世界资源》，荔枝网，http：//news. jstv. com/a/20170904/1504522709244. shtml，2017－09－04。

［4］金伟忻、汪晓霞等：《江苏如何顺应新一轮全球创新要素流动的客观趋势》，《新华日报》2017 年 1 月 21 日。

［5］刘凤朝、徐茜、韩姝颖、孙玉涛：《全球创新资源的分布特征与空间差异——基于 OECD 数据的分析》，《研究与发展管理》2011 年第 1 期。

［6］王维、李思慧：《江苏如何深度融入全球创新网络》，《学海》2020 年第 5 期。

［7］张晔：《江苏跑出创新加速度》，《科技日报》2017 年 10 月 12 日。

全球疫情下江苏外贸持续增长的原因分析与对策建议

陈思萌*

摘　要： 面对新冠肺炎疫情全球肆虐和世界经济增长动力不足的严峻环境，江苏对外贸易却保持了较快增长，进出口都创下新高，外贸结构有所优化，外贸主体活力增强，外贸新业态愈发活跃，但也有部分企业（行业）出现增量不增利的情况。对此进行分析，出口增长可能是由于疫情下的国际产能填补，以及转型升级后出口竞争力的提升，疫情后各类政策支持效应叠加；进口主要是由外部供给恢复和内部需求释放的拉动；而由于物流、采购等成本居高不下，部分企业（行业）增值率反而下降。同样，江苏对外贸易还存在一些短板，包括制造业龙头企业相对缺乏、流通体系还需进一步完善、海外仓等跨境电商发展需加强、民营企业营商环境仍需改善等。为进一步深化外贸高质量发展，江苏需在以下几方面做出更大努力：第一，开拓多元市场，巩固出口优势；第二，提升贸易便利化，加速国内外循环；第三，衔接产业链上下游，疏通双循环堵点；第四，创新商贸运营，打造外贸新业态；第五，对标高标准贸易规则，引领高水平国际竞争新优势。

关键词： 对外贸易　高质量发展　江苏

　　自新冠肺炎疫情在全球蔓延后，世界经济严重衰退，国际贸易和全球产

---

*　陈思萌，江苏省社会科学院世界经济研究所助理研究员。

业供应链受到巨大冲击。在严峻的外部环境下，江苏作为外贸大省，进出口总额却逆势增长，表现亮眼。在超预期成绩的背后，江苏进出口逆势发展的内在原因是什么，江苏外贸是否能够可持续发展，这些问题值得研究。更为重要的是，在国内国际双循环背景下，江苏对外贸易高质量发展仍是社会经济发展的重要工作。在新发展理念指导下，高质量对外贸易既是国内循环发展壮大的体现，又将进一步优化和完善国内循环。江苏仍应稳住外贸基本盘，强化外贸竞争优势，在国内国际发展新环境下迈向外贸强省，更好发挥外贸在国内国际双循环中的作用。

一　疫情后江苏外贸发展的基本情况

在全球贸易下滑背景下，江苏省 2020 年实现外贸进出口额 44500.5 亿元[①]，逆势增长 2.6%。2021 年，江苏外贸持续向好，南京海关统计数据显示，前三季度江苏外贸进出口总额达 3.75 万亿元，同比增长 16.5%，较 2019 年同期增长 17.2%，2020 年和 2021 年两年的平均增长率为 8.3%，占我国进出口总额的 13.2%。其中，2021 年江苏出口 2.32 万亿元，同比增长 18.2%；进口 1.43 万亿元，同比增长 14%。具体来看，疫情后江苏外贸发展有以下特点。

（一）一般贸易进出口占比提升

2021 年前三季度，江苏一般贸易方式进出口达 2.13 万亿元，增长 23.2%，占外贸总值的 56.7%，较上年同期提高 3.1 个百分点。加工贸易和保税物流分别进出口 1.18 万亿元和 4106 亿元，分别增长 2.2% 和 37.4%，分别占 31.4% 和 11%。而全国同期一般贸易进出口增长 25.6%[②]，

---

① 本节中有关江苏对外贸易的数据均来源于江苏省人民政府网站所发布的信息，网址：http://www.jiangsu.gov.cn/。
② 本节中有关中国对外贸易的数据均来源于中华人民共和国海关总署网站所发布的信息，网址：http://www.customs.gov.cn/customs/。

加工贸易进出口增长 12.7%，比较看出江苏外贸结构进一步优化，疫情后仍是一般贸易占主导地位，且与加工贸易相比发展势头更盛。

（二）与主要贸易伙伴进出口增长

2021 年前三季度，江苏对欧盟、东盟、美国、韩国、日本进出口额分别为 5517.8 亿元、5341.4 亿元、5060.1 亿元、3852.9 亿元和 3219.9 亿元，分别增长 17%.0、19.8%、13.2%、9.4% 和 9.4%，共占江苏外贸总值的 61.3%。特别地，江苏省同期与"一带一路"沿线国家进出口达 9472.3 亿元，增长 21.6%，占比较上年同期提升 1.1 个百分点至 25.3%。同时，东盟和欧盟也是疫情之后中国第一、第二大贸易伙伴，同期全国对东盟进出口增长 21.1%，对欧盟进出口增长 20.5%，对"一带一路"沿线国家进出口增长 23.4%，江苏在其中占不少分量。

（三）民营外贸主体活力增强

疫情后江苏民营企业持续释放外贸活力。数据表明，2021 年前三季度，民营企业进出口额为 1.42 万亿元，增长 28.6%，较江苏整体增速高 12.1 个百分点，拉动进出口增长 9.8 个百分点，占比较上年同期提高 3.6 个百分点，达到 37.8%，低于同期全国民营企业的 48.2%。

（四）优势贸易产品增势良好

机电产品和劳动密集型产品是江苏传统优势贸易产品，疫情后仍然保持良好的增长势头。2021 年前三季度江苏出口机电产品 1.53 万亿元，增长 17.7%。其中，集成电路、笔记本电脑、电工器材、太阳能电池分别出口 1707.7 亿元、1292.4 亿元、1049.8 亿元和 453.9 亿元，分别增长 19.7%、17.5%、27.8% 和 22.2%。同期出口劳动密集型产品 3689.5 亿元，增长 7.6%。

（五）外贸新业态愈发活跃

疫情之后外贸生态产生深刻变革，江苏跨境电商也呈"爆发式"增长，海关数据显示，2020 年江苏省实现跨境电商 B2C 出口额同比增长 2.5 倍，新增开启跨境电商业务的企业超万家；[①] 2021 年 2 月的统计发现，江苏跨境电商进出口货值同比增长 3.6 倍。

（六）部分企业（行业）出口利润率低

调研中，有不少外贸企业反映当前面临"订单多、利润低"的问题。表面上看，欧美市场逐步回暖，消费者需求日益增长，大量订单回流，企业接单量明显增长。但由于原材料、海运费用上涨、"双控"限产等，企业利润反而降低。有企业甚至表示与往年相比，在营收持平的情况下利润却下降了 50%。

二　江苏外贸逆势发展的原因

江苏对外贸易在疫情后呈现逆势上扬的发展态势，也出现了"企业增收难增利"的问题，对其进一步分析，可能存在以下几个原因。

（一）疫情影响下的国际产能填补

目前，全球新冠肺炎疫情形势不断变化，多国经济受阻。中国一边坚持防控疫情，一边积极有序推进复工复产，继续维持了"中国制造"在全球供应链中的重要地位。一方面，世界各国对医疗物资的需要急剧增长，口罩、呼吸机等用于防护救治的重要医疗用品在全球范围内供不应求。江苏某医疗设备公司在调研中表示，复工后公司接到海内外巨量订单，生产安排和运转已近超负荷，公司先后数次扩张产能，增加人员和生产线，仍不能完全满足订单数量。另一方面，由于东南亚等多国制造业饱受疫情重创，出现不少东南亚供应链环节回迁中国的情况，更有不少外企表示将考虑在中国扩张产业链。对江苏而言，最为直接的体现就是大量订单回流，这也是 2021 年

---

① 《跨境电商成外贸新亮点》，《新华日报》2021 年 3 月 18 日。

前三季度江苏劳动密集型产品出口保持较高增速的主要原因，中国生产制造能力的稳定扩大了原有的出口优势。

（二）转型升级提升出口竞争力

2020年江苏共有15家基地获批国家外贸转型升级基地，居全国首位，涵盖农轻纺等传统优势产业以及高端装备制造、新能源、新材料、生物医药、节能环保等新兴产业。[①] 以无锡惠山区汽车及零部件产业基地为例，基地与智能制造、数字技术的进一步融合，使得创新能力持续增强，产业链日趋完整，出口竞争力不断提升。尽管面临国际贸易摩擦和全球疫情蔓延，该基地仍然保持了较为快速的出口增长势头。另据报道，江苏先进制造业占制造业比重提升明显，其中高新技术产业与战略性新兴产业的增长速度最为明显，制造业投资结构进一步优化，传统产业持续提质增效，目前船舶、光伏、工程机械、纺织服装等基地都形成了较为完整的产业链和供应链，引领全国乃至全球行业的发展。[②]

（三）政策支持效应叠加

2020年面对疫情冲击影响和复杂严峻的外部环境，江苏着力强化统筹，全力保外贸外资主体，着力稳出口稳供应链，出台多项政策和行动方案。例如，省商务厅及时牵头制定了《江苏推进贸易高质量发展实施意见》、"稳外贸10条"、"出口转内销12条"等系列文件，其中《江苏省外贸外资协调机制关于深入开展"保主体促两稳"行动工作方案》明确提出4个方面20条具体任务，精准服务大型外资外贸企业、多措并举扶持中小微企业，强化对606家重点外贸企业和560家重点外资企业的实时监测，并分期扩展到占全省外贸80%左右规模的重点企业，以强化预警研判和精准服务。同时推动"万户外贸企业金融帮扶专项行动"，助力中小微企业拓宽融资渠

---

① 《稳固产业链，融入"双循环"》，《新华日报》2021年1月20日。
② 《稳固产业链，融入"双循环"》，《新华日报》2021年1月20日。

道、降低融资成本。自 2020 年第四季度开始，稳外资外贸政策效果逐渐显现，全年新增出口实绩企业超万家。

（四）外供内需拉动进口回升

自 2020 年 6 月开始，我国进口数据基本保持快速增长，进口回升十分明显。进口增加一部分是由于海外供给逐渐修复，从 2021 年 4 月美国生产制造数据看，其所有工业及制造业的产能利用率均环比回升，主要经济制造业 PMI 指数保持在较高的扩张水平，美国耐用品生产制造中的运输设备、杂项制造、木制品、机械制造等多项数据显著修复。[①] 更为主要的原因则是国内需求持续复苏，5 月我国制造业 PMI 生产指数和进口指数分别升至52.7% 和 50.9%，国内经济的扩张态势较为明显。大量海外订单回流中国，因此带动了国内制造业对大宗商品的需求大幅增加。我国制造业上游一向对原材料进口较为依赖，直接拉动了大宗商品的进口。随着复工复产的平稳推进，国内居民的生活用品需要也有所释放，内需拉动部分生活消费品的进口迅速增长，特别是医药品、民生消费品如肉类等。[②]

（五）物流、采购等成本居高不下

海运费暴涨、货柜短缺已经成为当前外贸企业面临的最大难点和堵点。从 2010 年下半年开始，由于疫情持续反复加重，国际航运船期面临各种不确定性，海员流失，货物积压。苏州市某纺织企业反映，一个集装箱货柜已经从正常时期的 3000 美元升到 1 万多美元，2021 年以来上涨幅度超过 150%，运费占货值的比重已达 40% ~ 50%。尤其是美国航线的成本涨幅惊人，七月和八月到美国的货柜已经升到 2 万多美元，不断上涨的运费严重影响了企业利润。不仅如此，集装箱柜还异常紧缺，一柜难求，严重影响企业交期和信誉，企业违约风险增大。根据上海航运交易所数据，上海出口集装箱运价指数一

---

① 《我国外贸月度进出口连续一年保持正增长》，《北京商报》2021 年 6 月 8 日。
② 《产能恢复支撑出口，内需拉动进口增长》，《南方日报》2020 年 4 月 21 日。

度涨至4502.65,周涨幅创新高。国际市场复苏引起的全球性通胀也导致多种上游原材料价格迅速拉升,再加上国内人工上涨、人民币汇率升值、"双限"控产,企业的成本不断升高,不可避免地挤压了企业盈利空间。

三 江苏外贸进一步高质量发展面临的问题

由此可见,江苏外贸离真正的高质量发展还有较大距离,特别是在世界经济形势增长缓慢、不确定性增加的情况下,江苏对外贸易还存在一些不足之处。

(一)制造业龙头企业相对缺乏

江苏的外贸发展成就离不开其制造业大省和制造业集群的产业基础,但在制造业基础雄厚的背后,江苏制造业仍缺少产业链领头企业,能在行业细分领域具有一定国际影响力的隐形冠军企业也略有不足。与兄弟省市相比,江苏制造企业整合资源的力量还不强,一些大型国有企业在历史发展阶段受到体制束缚,高效整合资源的积极性不高,后起的民营企业因其规模小、影响力弱,很难成为行业龙头,因而江苏很少出现以自身品牌或技术力量整合国内外资源的"链主"企业,从《中国制造业民营企业500强榜单》看,江苏比浙江入围企业数量占500强比例低2.2%,但税后净利润占比却低了约6%。"独角兽"企业数量与规模远远落后于北京、上海等地。互联网等新兴产业也是江苏的相对短板,深圳市既有以华为、腾讯、大疆、比亚迪等为代表的全球性创新龙头企业,也有数量众多的"独角兽"企业、细分行业的隐形"巨人"企业和中小型创新企业。由于缺少龙头企业的带领,江苏产业集群之间的协同效应还不明显,要素资源尤其是创新要素在产业链、供应链间的优化配置体系还未完全形成,产品在国际市场的竞争力以及企业在国际贸易上的议价权仍有待提升。

(二)流通体系还需进一步完善

江苏需要进一步加强流通体系建设。现代流通体系在国民经济中发挥着基础性作用，可以加速促进商品要素跨区域自由高效流动，有力提升江苏制造业与国内上下游相关产业的本土关联，是江苏对外贸易进一步联结国内外双循环的重要支撑。然而在现代商贸流通体系方面，江苏整体上的物流还未成体系，城乡物流功能还不完善；尽管目前江苏的物流园、电商园等布局越来越密，但体量大、高水平、有影响力的商贸流通企业还不多，核心竞争力也不强，另外物流园区功能重复、同质竞争；并且大部分物流企业还不能承担完整的物流链条，大量物流需求未能得到满足。江苏的老牌知名流通企业在网上零售等现代新型流通方式上已落后于阿里、京东等，流通供应链呈现信息流不畅、需求引导生产不强等问题。浙江、广东、上海等兄弟省市都拥有一流的大型综合展会、专业性展会等国际化大型商品交易平台，因而能够较好地推动内外贸融合、线上线下融合等。

（三）海外仓等跨境电商发展需加强

跨境电商越来越得到国家重视，出口产品海外仓建设蓬勃发展，极大地促进了我国对外贸易增长和转型升级。江苏海外仓仍处于发展的初级阶段，其他兄弟省市则很早开始关注海外仓发展，山东省在 2019 年就认定了 40 多家省级海外仓，福建省亦是如此，较早出台相应政策，积极发动了一大批省级企业建设海外仓。截至目前，江苏省共有 10 个市区入选跨境电商综合试验区（占全国的 9.5%），分别为苏州、南京、无锡、徐州、南通、连云港、常州、宿迁、盐城和淮安，数量上仅次于广东，但是跨境电商的体量与兄弟省市相差不少。江苏现有的大部分海外仓规模相对较小，也缺少跨境电子商务龙头企业的带动。浙江省就因拥有阿里巴巴、唯品会等大型跨境电商平台，其海外仓的规模和发展远超江苏，其民营企业在推进海外仓建设时更为积极，除唯品会、速卖通这种大型跨境电商平台外，绝大部分海外仓经营企业是"一企一仓"。广东在海外仓软件服务方面处于领先地位，如深圳前海四方网络科技有限公司作为一流的电子商务与物流软件及云服务提供商，联合国内数家企业构建海外仓联盟，推动了广东海外仓发展。

（四）民营企业营商环境仍需改善

江苏民营企业营商环境有待改善。在民营企业的运营监管方面，江苏仍存在一些行政体制上的桎梏，一些相关政策配套细则不够完善，牵涉多部门、多环节的政策更难以落实。以海外仓企业为例，为了节省运输成本，海外仓商品大多由多个电商卖家企业拼柜形式出口，使得单个集装箱里边的商品品类繁杂、金额小、数量多，传统出关流程无法操作，只能以买单等方式报关出口。海关总署2014年出台了9610跨境电子商务贸易方式，但仍有企业反映多地海关业务内部流程仍未理顺，流程以及办理的时效仍不能适应电商出口业务，导致海外仓的大部分商品出口仍处在灰色地带。也有企业反映项目落地仍存在不少限制，耗时也长，部分审批许可、资质认可等环节存在对民营企业、中小企业的差别对待或歧视性限制。此外，与浙江、上海相比，江苏金融行业对中小民营企业的支持力度也不够。

五　对策建议

复杂的国内外形势既是机遇也是挑战，江苏对外贸易需充分结合发展环境的新变化和新趋势，进一步深化高质量发展。为此，江苏需在外贸高质量发展方面做出更大努力，通过空间、结构、动力等多维度和多元化的高质量发展，才能有效化解内外环境变化带来的外贸下滑压力，实现江苏外贸发展行稳致远。

（一）开拓多元市场，巩固出口优势

新的国际形势需要坚持国际合作和交流，更大力度地促进互联互通，特别是应对可能出现的贸易壁垒和出口伙伴不稳定等情况，只有加大对外开放力度，开拓多元市场，才能更好地发挥江苏外贸对经济增长的引擎作用，将稳定的外部循环作为推进国际国内要素循环的重要组成。一方面，通过各种方式巩固传统出口市场优势，并多元拓展"一带一路"沿线、拉美和非洲

等新兴市场，扩展对外贸易合作。引导企业参加广交会、华交会等线上展会，提前谋划和组织重点展会。另一方面，支持各产业、各区域和各类型企业合作组团利用外部资源，落实各项管理、监管、信息服务、法律咨询和金融政策，增强外贸主体应对外部环境变化的能力。联合威海市电子商务行业协会、全球贸易通等机构为全省进出口企业提供定制服务和技术支持，全面提升外贸抗风险能力。此外，积极推进同更多国家和地区签订高标准自贸协定和区域贸易协定，积极扩大跨境电子商务综合试验区。鼓励企业完善国际营销网络，推动适应国际市场需求的产品出口。

（二）提升贸易便利化，加速国内外循环

针对江苏在国际货运服务能力方面的不足，应加强建设贸易便利化的相关基础设施，提高国际货运服务企业的物流资源管控力，通过数字化技术在贸易各环节的应用缩短贸易流程，提高贸易效率。特别是配仓企业智能化发展可较为快速地响应需求变化，实现物流资源与供应链的协同。此外，还应进一步完善全球供应链铺设，加快海外仓库和海外运营中心的建设，提高江苏企业在全球配置资源的能力。同样，贸易便利化服务也是培育出口新业态和新模式的重要举措，特别是对一些新涌现的外贸类服务型企业，需要创新监管模式，充分运用互联网、大数据为其提供服务便利，从而降低出口企业贸易成本。以保税维修业务为例，作为一种外贸新业态，该业务无须报出口关、交保证金和商检，既提高了返修退运货物的维修效率，也降低了企业返修成本，① 在对其进行行政服务和监管的时候，应当进一步扩大维修产品目录。对江苏而言，还应进一步完善口岸功能，深化贯彻和落实优化营商环境改革细目，持续提高进出口通关效率，提升企业满意度和认可度。

（三）衔接产业链上下游，疏通双循环堵点

以现代产业集群为载体，实现产业链与创新链的融合发展。在全球疫情

---

① 《如何做强外贸新业态新模式》，《国际金融报》2021 年 7 月 19 日。

的冲击下，国际产业链的纵向分工已经缩短，但在横向分工上或将趋于区域化集聚，形成产业集群式发展。在这种内向化演变的情势下，产业集群与国内市场需求的联系反而会得到改善。我们应该充分发挥举国体制优势，立足重点产业链布局与创新体系对接，促进产业链与创新链融合发展。外贸出口转内销已发展数十年，面临诸多瓶颈，但江苏企业已有不少通过数字化升级、电商平台赋能外贸企业、直播带货等新模式实现转型，其中整体产业链上下游的协同建设是外贸企业对接国内市场的关键点。江苏应积极推动外贸企业与上下游企业对接，一是与下游零售企业的对接，引导企业与大型电商、区域零售商合作，细分区域间消费者需求。二是与上游供应商的对接，鼓励企业与其上游生产厂商以及原材料供应商整合优化生产链，提升生产和经营的柔性，提高外销国际市场和内销国内市场之间的转换能力。传统外贸企业也应进一步技术赋能，提升数字化、智能化水平，可以引导行业协会开展外贸企业线上交易的技能培训，或者在金融支持上优先满足企业对智能工具的采用等。此外，应进一步在全省范围内推广市场采购贸易方式，对于各地现存的贸易集散地，可以鼓励其通过整合和优化，申报市场采购贸易方式。这种方式对于单票报关单金额在 15 万（含 15 万）美元以下的商品来说，有效节约了时间成本和行政管理成本，尤其适合中小外贸企业和民营企业，更有利于企业在内外贸业务间切换。

（四）创新商贸运营，打造外贸新业态

数字化、智能化实则为全球贸易往来提供了进一步降低交易成本的可能，在新技术加持下，对外贸易的各个环节都得到有效优化，也拓宽了企业全球市场渠道，打破了原有的跨国交易信息不对称。同时，数字智能化技术有助于企业更为精准地掌握市场动态、商品库存、需求管理和设计研发等，从而推动传统外贸转型升级。据统计，2020 年我国通过海关跨境电商管理平台的进出口实现同比增长 52.8%，这类新的外贸进出口模式在内化交易成本、扁平化贸易渠道、缩短交易链条等方面都显现了巨大的成本优势。国务院办公厅也印发了《关于推进对外贸易创新发展的实施意见》，对加快推

动外贸创新发展做出了再部署。因而江苏应努力创新国际商务业务模式，充分利用江苏的产业优势、人才优势和市场优势，可进一步借助互联网发展环境，运用大数据和人工智能技术创建线上展会、数字化电商，利用物流大数据和数字化交易平台的市场分析，整合碎片化订单，拓宽获取订单渠道，集成和加强外贸供应链的各部门信息资源共享。发展壮大在线展览、线上体验和网络商贸平台建设，提高业务模式的灵活性，增强应对国际突发事件的能力，为双循环发展注入更多新动能。

（五）对标高标准贸易规则，引领高水平国际竞争新优势

江苏一直走在我国开放发展的前沿，应加快全面对接高标准国际经贸规则体系，为各类优质资源要素流动集聚提供最大化程度便利，持续深化"放管服"改革，培育以技术、品牌、质量和服务为核心的外贸竞争新优势，形成以高标准国际经贸规则为标杆，建成一流营商环境的示范区。政府可以加强国际经济形势研判，着眼于国际贸易新规则的要求，不断调整国内行业和市场相关规定，持续提升制度新优势，特别是发挥自贸试验区的先行先试作用，如可以率先在苏州工业园内全面落实中国在 RCEP 协定中的承诺内容，对标 CPTPP 关于竞争政策及降低技术性贸易壁垒、跨境服务贸易等领域的相关标准在参照 RCEP 规则基础上形成苏州工业园开放新优势。

参考文献

［1］张二震：《以高水平对外开放建设"双向枢纽"》，《群众》2021 年第 5 期。

［2］张二震、戴翔、张雨：《中美经贸摩擦：短期应对与长期机制建设》，《华南师范大学学报》（社会科学版）2020 年第 4 期。

［3］张二震、倪海清、戴翔：《化危为机，稳住外贸基本盘》，《新华日报》2020 年3 月 31 日。

［4］陈思萌：《新发展格局下江苏外贸高质量发展研究》，《江南论坛》2021 年第5 期。

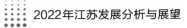

［5］章笑梅、张竞文：《双循环背景下提升贸易便利化水平构建全面开放新格局的思考》,《中国对外贸易》2021年第1期。

［6］沈荣华：《优化营商环境的内涵、现状与思考》,《行政管理改革》2020年第10期。

［7］林小兰：《江苏制造业智能化转型升级政策》,《市场观察》2020年第8期。

金融开放背景下江苏金融业数字化
转型发展趋势分析

焦文婷*

摘　要： 江苏省委十三届十次全会强调，要聚焦数字经济和实体经济深度融合，大力推动数字产业化和产业数字化，以数据要素的高效配置，赋能产业转型升级，提升全要素生产率，把江苏打造成具有国际影响的"数字高地"。江苏金融业数字化转型是大势所趋，数字金融更是金融业未来的发展趋势。与此同时，随着 2020 年我国金融领域外资股比限制的取消，我国金融业迎来了更大范围、更宽领域、更深层次的全面开放。这也意味着江苏金融业面临着外资机构入场带来的机遇与挑战。江苏金融业如何探索以"内需驱动"为主的新发展方向，如何利用金融数字化转型提升自身竞争力，进而落实服务实体经济、深化金融改革、防控金融风险三大任务，都是当前江苏金融业发展迫在眉睫的工作。新时期金融开放背景下，只有金融业的创新稳定高质量发展才能推动江苏向现代化制造业强省迈进。

关键词： 金融开放　数字金融　金融科技

新冠肺炎疫情对我国乃至全球的经济活动造成了不小的冲击，也给我国传统金融行业带来了极大的考验，同时更加明确了线上化、数字化是金融行

＊ 焦文婷，江苏省社会科学院财贸研究所助理研究员，江苏省金融研究院专职助理研究员。

业发展的大势所趋。"零接触"的服务能力将成为金融机构的核心服务能力和竞争能力。金融数字化转型要以金融科技为抓手,我国越来越多的金融机构也意识到了金融科技的战略地位,并开始加快转型的步伐。2021年是"十四五"开局之年,也是《金融科技(FinTech)发展规划(2019~2021年)》实施的收官之年。江苏省位于全国经济发达省份前列,金融业发展应把握金融开放的契机,借助新基建新技术新产业,不断增强自身核心竞争力,为抢占全国乃至全球金融科技制高点奠定坚实的基础,在金融开放背景下为传统金融业转型升级持续赋能。

一 背景介绍

2020年6月23日,国家发展改革委、商务部对外公布《外商投资准入特别管理措施(负面清单)(2020年版)》和《自由贸易试验区外商投资准入特别管理措施(负面清单)(2020年版)》,其中全国外商投资准入负面清单由40条减至33条。主要变化之一是加快服务业重点领域开放进程,金融领域取消证券公司、证券投资基金管理公司、期货公司、寿险公司外资股比限制。新版外商投资准入负面清单总的方向是实施更大范围、更宽领域、更深层次的全面开放。负面清单充分表明,我国坚定不移推进高水平开放,以开放促改革、促发展;坚定不移积极吸引外资,为外商投资提供更加优化的环境;坚定不移支持经济全球化发展,努力实现互利共赢。

2021年,《中华人民共和国国民经济和社会发展第十四个五年规划和2035年远景目标纲要》中提出,必须坚定不移扩大开放,坚持实施更大范围、更宽领域、更深层次对外开放,依托我国大市场优势,促进国际合作,实现互利共赢;全面提高对外开放水平,推进贸易和投资自由化便利化,持续深化商品和要素流动型开放,建设更高水平开放型经济新体制;深化服务领域改革开放,推进产业数字化转型等。此外,中央多次会议均提出扩大高水平对外开放、推进金融高质量双向开放。

市场经济的本质就是一种开放经济，不论在国内还是国际上，开放都体现了经济现代化的鲜明特征。因此，推进各国、各区域、各领域的互联互通，加快融合协同发展，是世界发展的必由之路，也是中国建设社会主义现代化强国的必然选择。而金融是现代经济的血脉与核心，只有金融双向高质量开放，才能使我国乃至全球的经济金融循环更加畅通，才能更好地服务构建新发展格局。

《江苏省"十四五"金融发展规划》中同样强调，要坚持扩大内需战略基点，把实施扩大内需战略同深化金融供给侧结构性改革有机结合起来，促进金融资源要素高效流动，紧紧围绕构建具有世界聚合力的双向开放枢纽，扩大金融业双向开放，积极服务构建以国内大循环为主体、国内国际双循环相互促进的新发展格局。

二　数字金融发展现状

（一）数字支付业务量保持增长态势

2021 年第二季度，我国银行共处理电子支付业务 673.92 亿笔，金额 745.74 万亿元。其中，网上支付业务 251.90 亿笔，金额 605.19 万亿元，同比分别增长 16.42% 和 11.80%；移动支付业务 370.11 亿笔，金额 117.13 万亿元，同比分别增长 22.79% 和 10.32%；电话支付业务 0.65 亿笔，同比增长 20.97%，金额 2.74 万亿元，同比下降 12.27%。非银行支付机构处理网络支付业务 2608.30 亿笔，金额 87.32 万亿元，同比分别增长 28.17% 和 24.37%（见表 1）。①

---

①　中国人民银行：《2021 年第二季度支付体系运行总体情况》。

表 1　2015 年至 2021 年第二季度我国电子支付业务概况

单位：亿笔，万亿元

时间	银行				非银行支付机构	
	网上支付业务		移动支付业务		网络支付业务	
	数量	金额	数量	金额	数量	金额
2015 年	363.71	2018.20	138.37	108.22	821.45	49.48
2016 年	461.78	2084.95	257.10	157.55	1639.02	99.27
2017 年	485.78	2075.09	375.52	202.93	2867.47	143.26
2018 年	570.13	2126.30	605.31	277.39	5306.10	208.07
2019 年	781.85	2134.84	1014.31	347.11	7199.98	249.88
2020 年	879.31	2174.54	1232.2	432.16	8272.97	294.56
2021 年第二季度	251.90	605.19	370.11	117.13	2608.30	87.32

资料来源：中国人民银行。

数据显示，近年来我国数字支付业务规模持续增长，其中非银行支付机构市场规模持续扩大，但增速明显下降（见图 1）。

图 1　2015 年至 2021 年第二季度我国非银行支付机构市场规模及增长情况

资料来源：中国人民银行。

据统计，2019 年江苏省的数字金融产业带来的移动支付达 70% 以上，数字信息消费约为 5600 亿元，其信息产业的业务收入占总产业业务收入的近 40%。[①]

（二）数字人民币研发试点工作稳步推进

2019 年底我国数字人民币试点开始，测试工作相继在深圳、苏州、雄安、成都、上海、海南、长沙、西安、青岛、大连十个试点地区及 2022 北京冬奥会场启动，现已形成"10 + 1"格局。截至 2021 年 11 月，数字人民币试点省市基本涵盖长三角、珠三角、京津冀、中部、西部、东北、西北等不同地区。目前，上述地区基本都已开展数字人民币试点工作，部分城市还推出了数字人民币红包类消费刺激措施，如数字人民币绿色出行、低碳红包等，吸引了一众消费者关注。

江苏苏州作为第一批试点城市，在数字人民币测试过程中已有不少尝试：2020 年 5 月，苏州相城区公务员"吃螃蟹"，收到了数字货币工资，工资中的交通补贴的 50% 以数字货币的形式发放；同年"双十二"，苏州推出 2000 万元的数字人民币消费红包开展公众测试，抽中红包者可通过"数字人民币"App 至苏州地区指定线下商户进行消费，也可进行线上消费；2021 年 2 月 5 日，苏州开启"数字人民币·苏州年货节京东专场"，再次发放 3000 万元数字红包，每个红包金额为 200 元，红包数量共计 15 万个。

中国人民银行最新公布的数据显示，数字人民币个人钱包开立速度明显加快。截至 2021 年 10 月 8 日，数字人民币试点场景已超过 350 万个，累计开立个人钱包 1.23 亿个，交易金额约 560 亿元，覆盖生活缴费、餐饮服务、交通出行、购物消费、政务服务等多个领域。在即将召开的北京冬奥会上，围绕冬奥会推动数字人民币在更多场景的试点应用，目前已顺利落地冬奥场景 35.5 万个，实现交通出行、餐饮住宿等 7 类场景全覆盖。数字人民币离全面推广更近一步。

---

① 蔡慧：《江苏省数字金融现状及政策优化》，《中小企业管理与科技》（下旬刊）2020 年第 9 期。

（三）互联网金融业务逐步溯本正源

虽然国内金融伪创新、P2P等乱象一度将金融科技推上风口浪尖，但随着《金融科技（FinTech）发展规划（2019~2021年)》的出台与推行，以及央行启动金融科技创新监管试点，推动中国版"监管沙盒"落地，中国互联网金融逐渐向一个新的发展阶段迈进。

江苏省按照国家统一部署，开展互联网金融风险专项整治工作，整治对象涵盖P2P网络借贷、非银行支付、虚拟货币交易、ICO、互联网资产管理、互联网外汇交易等业务领域。全省重点开展了P2P网贷机构专项整治，共将216家法人P2P网贷机构纳入整治对象。2020年，江苏成为国内第17个宣告全面取缔P2P的省级行政区。全省216家P2P网贷机构已全部终止新增业务，实现了行业性的全面退出。

近年来，监管部门接连发布《互联网金融从业机构反洗钱和反恐怖融资管理办法（试行)》《网络小额贷款业务管理暂行办法（征求意见稿)》《征信业务管理办法（征求意见稿)》《关于进一步规范商业银行互联网贷款业务的通知》等政策文件，我国互联网金融领域防范化解金融风险攻坚战取得重要阶段性成果。截至2020年末，全国P2P平台已全部清零，网络小贷、联合贷以及助贷逐渐规范，各类蚂蚁集团等高风险金融机构得到有序处置。互联网金融从追求规模扩张向追求高质量发展转型，行业规范发展态势加速形成。

（四）数字金融基础设施建设水平较高

根据《中国新型基础设施竞争力指数白皮书（2020年)》，江苏新基建竞争力指数居全国第3位，仅次于北京和上海，数字金融发展倚靠的新型基础设施建设水平较高。截至2020年末，全省开通4G基站38.9万座，建成并开通5G基站7.1万座，基本实现城市、县城和重点乡镇覆盖；建成南通国家数据中心产业园、昆山花桥经济开发区两大国家级新型工业化产业示范基地（数据中心类）和国家超级计算无锡中心、昆山中心等超算设施。此外，江苏还积极构建区块链基础设施框架，推动区块链技术示范应用工程和公共服务平台项目建设，苏州成为数字货币首批试点城市之一。

2021 年 8 月，江苏省人民政府办公厅发布《江苏省"十四五"新型基础设施建设规划》强调，江苏实体经济发达、科技水平高、人才资源富集，建设和发展新型基础设施具有先发先行优势，迫切需要把系统布局新型基础设施作为推动高质量发展的重要牵引，加快建设具有江苏特色的新型基础设施体系，助力全省"一中心一基地一枢纽"建设。该规划中详细制定了"十四五"期间江苏发展新型基础设施的主要目标（见表2）。

表 2　江苏省新型基础建设的重点领域

指标分类	指标名称	2020 年	2025 年	指标性质
信息基础设施	5G 基站数(万个)	7.1	25.5	预期性
	10G PON 端口数(万个)	55	150	预期性
	大数据中心在用标准机架数	35	70	预期性
	大型、超大型数据中心运行电能利用效率	1.5	1.3	约束性
融合基础设施	工业互联网标识解析二级节点(个)	14	40	预期性
	省级工业互联网平台(个)	86	100	预期性
	车联网覆盖道路(公里)	770	2000	预期性
	各类快速充电终端(万个)	9	30	预期性
创新基础设施	国家级创新平台(个)	14	21	预期性
	省级创新平台(个)	127	246	预期性

资料来源：江苏省人民政府网。

三　江苏金融数字化转型面临的问题与挑战

（一）数字技术自身仍存在一定风险

数字金融发展基于诸如大数据、区块链、云计算、人工智能等新兴前沿技术之上，但这些技术还未完全成熟，仍然存在一定的风险。新兴技术在金融领域的广泛应用在一定程度上加深了金融系统的复杂性、不确定性，与之相伴的数字金融风险也威胁着金融机构的安全。[①] 例如，信息收集、处理、传输以及运用过程中的任何一个环节出现问题，都极有可能引发整体性的危机；以依托互联网金融海量数据为基础的金融科技为例，考虑到信息体量和容量的爆炸式增长，一旦计算机按照给定的错误程序执行，本来可控的技术层面的风险将会被迅速放大，由此可能带来灾难性的后果。[②] 因此，在金融科技的实际应用中，受制于其自身的缺陷和风险，金融机构或者政府有关部门对待金融科技仍较为谨慎。

（二）数字金融立法缺失

数字金融倚赖的技术是新兴事物，虽然国家层面已发布《金融科技（FinTech）发展规划（2019～2021年)》并出台针对部分金融乱象的整治办法，但还没有形成完善完备的针对数字金融的法律法规。经查找江苏省人民政府官方网站，除了有关《江苏省"十四五"金融发展规划》的文件，也没有其他具有代表性的政策指导性文件。此外，《金融科技（FinTech）发展规划（2019～2021年)》旨在给金融科技的发展指明道路，在具体可操作层面无太多内容，在如何约束和规范金融科技发展方面还存在一些不足。

（三）对比成熟金融市场体系仍有差距

完善的金融市场体系是数字金融发展的基础环境保障。金融数字化转型成功很大程度上倚赖于金融科技发展的程度，成熟的金融市场可以引导金融科技企业不断根据市场需求开发新产品，进而反哺金融业实现数字化转型。然而我国金融市场发展的不健全在很大程度上制约了金融科技的发展，不少金融科技企业仍然面临融资难的困境，部分投资者对金融科技不够了解，缺乏对相关技术或企业发展前景的客观认识。与发达国家和地区相比，我国金融市场起步较晚，金融市场的整体发展水平不够高且地区之

---

① 陈彦达等：《我国金融科技监管挑战及应对》，《金融理论与实践》2020年第1期。
② 韩俊华：《大数据时代科技与金融融合风险及区块链技术监管》，《科学管理研究》2019年第1期。

间发展不均衡现象尤为显著，这与金融科技快速发展所要求的完善的金融市场还不相匹配。

（四）数字金融高层次复合型人才匮乏

数字金融的发展对相关人才专业性要求极高。金融科技行业是典型的智力密集型行业，不仅要求从业者掌握技术与金融知识，还要有相当的创新能力，能够根据现实的需要不断更新技术，并在此过程中，严格控制金融风险，规避非系统性风险向系统性风险转变。

由于大数据、人工智能等新一代信息技术的兴起，各行各业对相关专业人才的需求急剧增加。在金融科技发展的关键领域，特别是随着我国金融科技的快速发展，高层次复合型人才的缺口越来越大。而金融科技企业倾向于聘用具有丰富实践经验的专业人才，愿意逐步培养相关人才的相对较少，这也直接导致了人才缺口的长期存在。而高层次复合型人才的匮乏严重制约着数字金融的发展。

四 江苏金融数字化转型发展趋势

（一）金融业与科技产业加速对接，金融服务效率提升

金融与科技产业对接，可以集中内外部优势资源，提升新技术自主掌控能力，更好促进金融科技转化为现实生产力。龙头企业对金融科技产业发展的带动作用不可小觑，江苏省内重点城市要率先培育一批具有全球知名度和影响力的金融科技市场主体、社会组织和专业服务机构，积极扶持龙头企业做大做强，为其创造良好的发展条件，帮助其跻身全国乃至全球金融科技产业前列。科学规划运用新兴前沿技术与互联网资源分析大众金融需求，做强线上服务，丰富和完善金融产品和服务模式，为消费者提供全方位、多层次的线上金融服务。构建以产品为中心的金融科技设计研发体系，打造差异化、智能化的金融产品；并借用科技改进营销策略，改善用户体验，实现资源高度复用，提升服务效率。

（二）金融业务时间空间界限逐渐模糊

随着人工智能、区块链、云计算、大数据等新兴技术的发展与应用，金融科技正在以迅猛的势头通过数字化转型等手段格式化金融产业，重塑产业生态。这些技术打破了传统金融行业空间和时间的限制，突破行政区域以及行业的限制，实现信息和数据跨区域跨时间共享。金融机构跨区域发展在传统技术条件下难以实现，而金融科技的发展可以使金融机构扩大目标客户的选择空间，不但提高沟通操作效率，还能降低各个环节的成本。江苏金融业的数字化发展一定要跨地区跨领域协同合作，借助金融科技继续扩大服务范围并覆盖全国，抢占下一阶段金融业发展的制高点。

（三）监管科技保障金融安全

传统模式下事后的、手动的、基于传统结构性数据的监管范式已不能满足金融科技新业态的监管需求，同时以降低合规成本、有效防范金融风险为目标的监管科技正在成为金融科技的重要组成部分。利用监管科技，一方面，金融监管机构能够更加精准、快捷和高效地完成合规性审核，减少人力支出，实现对金融市场变化的实时把控，进行监管政策和风险防范的动态匹配调整；另一方面，金融从业机构能够无缝对接监管政策，及时自测与核查经营行为，完成风险的主动识别与控制，有效降低合规成本，增强合规能力。监管科技正得到更多关注，将依托监管机构的管理需求和从业结构的合规需求，进入快速发展阶段，成为金融科技应用的爆发点。江苏应该把握先机，以人才和技术为依托，争取在全国范围内率先发展并形成较为完备的监管科技体系，为全国的监管科技发展探路。

（四）利用金融科技加强金融风险管理

基于人工智能与大数据等新基建的交易有利于金融市场稳健性的建设，提高金融市场价格发现的效率，促进金融市场的流动性。例如，监管机构在占有大数据的基础上，运用科学的决策方法，可以分析、预警金融交易的系统性风险，重点预防"灰犀牛"事件的发生。传统的金融风险管理依靠经验或低频的数据，分析结果不具有实时准确性，凭借大数据技术可以获取全方位的数据信息，运用现代数理分析如贝叶斯、逻辑回归、SVM、深度神经网络等方法以及信息分析技术，全面构建金融风险分析的框架，为防范系统性金融风险提供科学决策。区块链技术可以完整记录整个金融交易过程，不需要第三方的背书就能形成公正透明的金融合同，降低了交易过程中的信息不对称性。在识别欺诈交易方面，基于区块链技术，金融交易平台能在较大程度上防止跑路、欺诈等事件发生。金融机构可以利用交易当事人身份信息、社会活动信息、交往人群路径等，综合以往智能规则进行交易反欺诈甄别。而人工智能和机器学习结合，可以给不同客户提供多元化交易策略，让金融产品价格真实反映金融产品的价值，防止金融交易活动过度投机现象的发生，促进金融系统稳定发展。

（五）促进数字普惠金融的导向更加明确

普惠金融的推进其实长期以来一直存在种种难点，受空间、效率、成本等多重因素的影响。但金融科技依托新基建等新一代信息技术，发挥移动互联网的优势，可以搭建金融数字化体系，实现线上经营一体化，实现区域金融信息数据共享，推动金融机构线上跨区域提供金融服务。积极探索金融惠民创新服务模式，面向"三农"和偏远地区提供安全便捷的金融服务，推动数字普惠金融发展。加强"新基建"相关科技成果运用，加快小微企业、民营企业、科创企业等重点领域的信息整合，同时广泛联通税务、工商等外部公共信息，以大数据手段精准分析小微企业生产经营和信用状况，完善信贷流程和信用评价模型，提高贷款发放效率和服务便利度，推动批量精准服务。基于海量数据处理和智能审计等技术，综合分析企业类型、财务状况、偿债能力等，破解信息不对称的难题，加强风险侦测和预警，及时调整融资主体信用评级，防止资金流向经营状况差、清偿难度大的高风险企业，为解决脱实向虚、资金空转等问题提供决策支持。

（六）着力培育专业性复合型人才

在新一轮产业变革中，数字金融基础设施是江苏金融业数字化转型的核心支撑力量。要进一步落实《关于推动基础设施高质量发展的意见》，以"打造集约高效、经济适用、智能绿色、安全可靠的数字化基础设施体系"为导向，进一步完善建立数字金融基础设施体系。未来应将人工智能纳入江苏省"关键领域急需高层次人才培养专项招生计划"支持范围，鼓励和支持大学开展人工智能学科建设。针对数字金融技术专业性强的特点，发挥江苏科教资源优势，大力培养金融业数字化转型急需的专业性、复合型人才；同时，引进一批技术领域"高精尖缺""卡脖子"人才及企业家，构建与金融数字化转型相匹配的人才梯队。

参考文献

［1］巴曙松：《中国金融科技发展的现状与趋势》，《21世纪经济报道》2017年1月20日。

［2］巴曙松、白海峰：《金融科技的发展历程与核心技术应用场景探索》，《清华金融评论》2016年第11期。

［3］曹淼孙：《技术创新背景下金融科技2.0生态体系建设进路研究》，《理论月刊》2020年第8期。

［4］陈彦达、王玉凤、张强：《我国金融科技监管挑战及应对》，《金融理论与实践》2020年第1期。

［5］陈园园：《新加坡金融科技监管创新对我国的启示》，《甘肃金融》2019年第8期。

［6］谷政、石岗然：《金融科技助力防控金融风险研究》，《审计与经济研究》2020年第1期。

［7］韩俊华、周全、王宏昌：《大数据时代科技与金融融合风险及区块链技术监管》，《科学管理研究》2019年第1期。

［8］李文红、蒋则沈：《金融科技（FinTech）发展与监管：一个监管者的视角》，《金融监管研究》2017年第3期。

［9］刘继兵、李舒谭：《中国金融科技发展路径优化研究》，《西南金融》2018年第

3 期。

［10］陆岷峰、徐阳洋：《关于金融科技产业发展战略研究——以江苏省为例》，《金融理论与实践》2019 年第 4 期。

［11］鲁钊阳、张珂瑞：《金融科技研究进展与评析》，《金融理论与实践》2020 年第 8 期。

［12］皮天雷、赵铁：《互联网金融：范畴、革新与展望》，《财经科学》2014 年第 6 期。

［13］粟勤、魏星：《金融科技的金融包容效应与创新驱动路径》，《理论探索》2017 年第 5 期。

［14］孙国峰：《从 FinTech 到 RegTech》，《清华金融评论》2017 年第 5 期。

［15］伍旭川：《金融科技细分领域的研究与实践》，《金融纵横》2020 年第 4 期。

［16］肖泽磊、韩顺法、封思贤：《江苏省科技金融发展现状、问题和对策研究》，《科技与经济》2012 年第 4 期。

［17］杨汉明、刘长进、杨婉君、胡婧哲：《政策支持对科技型小微企业成长的影响》，《统计与决策》2016 年第 13 期。

［18］周韵、郁苗、孙云翔：《FinTech 监管模式的国际经验及对我国的启示》，《金融发展评论》2017 年第 8 期。

［19］朱烨东：《中国金融科技发展的现状与趋势》，《金融博览》2020 年第 2 期。

［20］蔡慧：《江苏省数字金融现状及政策优化》，《中小企业管理与科技》（下旬刊）2020 年第 9 期。

江苏绿色金融助力低碳循环
发展研究

眭　强[*]

摘　要： 构建低碳循环发展的经济体系是"强富美高"新江苏建设的重要抓手，而绿色金融是其发展的重要助力，大力发展绿色金融，畅通绿色金融与低碳循环发展的渠道变得尤其重要。本文通过分析发现，由于金融机构开展绿色金融的动力不足、绿色金融产品创新匮乏、绿色金融人才匮乏等，江苏省绿色金融发展欠缺，并且金融机构、政府与企业存在环保信息不对称、借款人寻租成本高等阻碍绿色金融助力低碳循环发展。针对本文的分析提出以下两个方面建议：一是通过把可持续发展与社会责任提升到金融机构的战略层面，进一步完善激励机制以及培养绿色金融人才，大力发展绿色金融，扩大江苏省绿色金融规模；二是通过进一步完善环保与金融机构的信息沟通与共享机制，构建以政府为主导、企业和金融机构共同设立的绿色金融合作平台，畅通绿色金融助力低碳循环发展渠道。

关键词： 绿色金融　低碳循环发展　江苏

习近平总书记在江苏考察时指出，要把保护生态环境摆在更加突出的位

---

* 眭强，江苏省社会科学院财贸研究所助理研究员。

置，推动经济社会高质量发展、可持续发展，建设"强富美高"新江苏。在此背景下，将绿色金融助力构建绿色低碳循环发展体系作为重要抓手。目前，江苏的绿色金融仍存在供给不足、机制不完善、渠道不畅等问题，因此，对江苏绿色金融发展的现状进行评估，明确问题并提出有针对性的建议就极为重要。

一　江苏省绿色金融发展现状

践行绿色发展理念的江苏，近年来绿色金融基础性制度体系日臻完善，绿色金融市场发展成就斐然。

（一）江苏绿色金融市场发展稳健

截至 2021 年 6 月末，全省绿色融资（包括绿色贷款、绿色债券和绿色表外融资）余额 1.5 万亿元，较年初增长 17.2%。其中，全省依托生态环保项目贷款风险补偿资金池，持续加大对"环保贷"产品的投入，已累计为 347 个项目投放贷款 220.64 亿元。2021 年上半年，江苏省绿色债券共发行 25 支，绿色债券发行额 196 亿元，江苏省绿色债券发行的数量和金额都居全国第 2 位。2021 上半年，江苏省境内上市公司数量为 42 家，与上年同期相比增长 110%；募集金额达 199.21 亿元。截至 2019 年末，江苏省绿色产业上市公司共 124 家，占全部上市公司比重 28.9%，总市值约为 1.2 万亿元，占全省上市公司总市值的30.8%。

（二）江苏绿色金融评价

本文参考中央财经大学绿色金融国际研究院的中国地方绿色金融发展报告，采用表 1 的指标体系衡量地方绿色金融发展情况，主要从政府和市场两个维度衡量政策推动的具体措施以及绿色金融政策实施成果。

表1　地方绿色金融发展指数指标体系

一级指标	二级指标及下属的三级指标举例
（政府）政策推动 具体措施	省级整体性政策推动情况,如是否发布省级综合指导性文件、绿色金融专项规划文件,是否召开政府专题工作会议等
	市县级政策推动情况,如是否发布市级、县级综合指导文件,是否与市场主体开展战略合作
	提出或引入实质性激励约束政策情况,如是否对绿色信贷或债券进行贴息和资金奖励
	提供便利市场主体的措施情况,如是否已经建设绿色金融小镇等大型配套设施、绿色项目信息共享平台等信息化基础设施
	推进能力建设情况,如是否建立地方绿色金融专业协会、生态治理中的投资额及其占比
	风险预警与应对情况,如是否建立金融风险预警及防范机制等
（市场）绿色金融政策 实施成果	银行领域情况,如已加入赤道原则等国际倡议的银行数量、绿色银行分支行挂牌情况、绿色信贷余额等
	证券领域情况,如发行贴标绿色债券数量及规模、已有上市环保企业数量、企业 ESG 评价结果等
	基金与 PPP 领域情况,如私募绿色基金数量、入库绿色 PPP 项目数量等
	保险领域情况,如绿色保险上市险种数量、环境污染责任保险覆盖情况等
	环境权益领域情况,如碳排放交易量,用能权、排污权、水权交易开展情况等
	绿色信托情况,如开展绿色信托机构数量、存续绿色信托产品数量等
	合作交流情况,如加入 UN PRI、绿色金融专业委员会等国际、国内倡议的机构数量等

资料来源：中央财经大学绿色金融国际研究院。

　　根据表1的指标体系,本文对2020年我国各地区的绿色金融发展进行评价。由表2可知,江苏总体评价得分为46.66,高于全国平均分32.01,排名全国第5位,绿色金融发展水平较高,但是与北京的得分还是存在一定的差距。

表2　2020年全国31个省区市绿色金融发展指数评价得分结果

单位：分

省区市	政策推动评价		市场效果评价		总体评价	
	分数	排名	分数	排名	总分	排名
北京	23.37	9	33.73	1	57.10	1
浙江	30.43	3	26.61	3	57.04	2
广东	29.29	4	27.27	2	56.56	3
江西	31.62	2	18.36	5	49.98	4
江苏	26.97	5	19.69	4	46.66	5
四川	31.7	1	14.43	14	46.13	6
福建	23.35	10	15.44	11	38.79	7
贵州	23.49	8	12.72	16	36.21	8
甘肃	26.91	6	8.89	23	35.80	9
新疆	23.6	7	10.83	19	34.43	10
安徽	19	14	14.92	13	33.92	11
内蒙古	22.66	11	11.01	18	33.67	12
山东	15.51	18	16.56	6	32.07	13
上海	16.34	16	15.64	9	31.98	14
湖南	19.69	12	12.17	17	31.86	15
河北	14.59	20	16.07	7	30.66	16
湖北	14.87	19	15.78	8	30.65	17
重庆	19.51	13	10.22	20	29.73	18
山西	14.29	21	15.3	12	29.59	19
河南	12.97	25	15.52	10	28.49	20
陕西	14.29	22	13.66	15	27.95	21
广西	18.61	15	7.93	26	26.54	22
青海	16.08	17	6.93	29	23.01	23
黑龙江	13.97	23	8.28	24	22.25	24
海南	13.06	24	7.87	27	20.93	25
云南	10.11	30	9.93	21	20.04	26
天津	10.27	28	9.16	22	19.43	27
辽宁	10.13	29	8.13	25	18.26	28
吉林	11.07	26	6.64	30	17.71	29
宁夏	10.41	27	6.97	28	17.38	30
西藏	7.28	31	1.04	31	8.32	31

资料来源：中央财经大学绿色金融国际研究院。

本文将全国31个省区市按照总体得分进行分类，其中高于33分的为第一梯队，低于27分的为第三梯队，其余为第二梯队。第一梯队中浙江、广东、新疆、贵州、江西以及甘肃为绿色金融改革创新实验区所在的省份，而江苏虽然没有设立绿色金融改革创新试验区，但依然位列第一梯队，足以证明江苏的绿色金融发展在全国处于前列（见图1）。

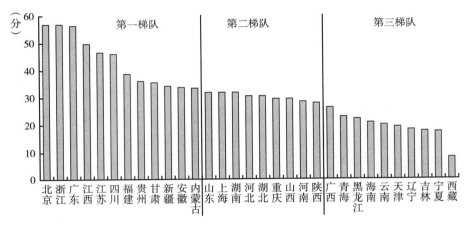

图1　全国31个省区市评价总体得分及梯队分类情况

资料来源：中央财经大学绿色金融国际研究院。

2020年江苏省的绿色金融政策推动实施得分为26.97，排名全国第5，与前四位相比存在一定差距，但是前四位中的江西、浙江和广东都有绿色金融改革创新试验区（见图2）。2020年江苏不断推出绿色金融发展政策，并且不断推动政策实施，已经取得一定成果。在省政府层面，省级政策不断出台实施，如《江苏省生态环境厅　江苏省地方金融监督管理局　江苏省财政厅等七部门关于印发〈江苏省绿色债券贴息政策实施细则（试行）〉等四个文件的通知》《江苏省生态环境厅　江苏省财政厅关于组织申报江苏省绿色金融奖补资金的通知》等提出引入实质性奖励约束政策；各地方积极颁布指导文件如江苏省常州市公布《2021年常州市深入打好污染防治攻坚战工作方案》，健全气候投融资机制，积极探索绿色金融和碳金融服务创新；政府积极参与绿色环保投资如江苏省财政厅与兴业银行南京分行签署"绿色创新投资业务"合作协议，引入金融机构实施风险分担，三方共同发起，用于支持地方绿色低碳发展、节能减排等有利于产生应对气候变化效益、以项目为载体的债权投资业务。

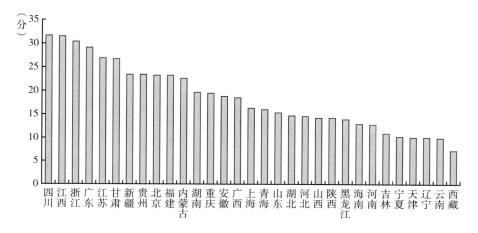

图2 全国31个省区市政策推动措施得分情况

资料来源：中央财经大学绿色金融国际研究院。

2020年江苏省地方绿色金融市场效果得分为19.69，排名全国第4，江苏省的绿色金融政策实施效果与政策推广力度排名较为相符，但是与前三名的得分（北京33.73、广东27.27、浙江26.61）差距较大，这可能是因为政策实施效果与地方经济发展水平、金融市场活跃程度等有关（见图3）。虽然江苏绿色金融市场效果与前三位存在一定差距，但是其2020年呈现出蓬勃的生机。2020年江苏绿色债券发行数量为21个，占全国的12.07%，排名全国第3，绿色债券发行额排名全国第4，已经接近200亿元。国家为防范金融风险颁布《关于规范金融机构资产管理业务的指导意见》，我国新增绿色基金数量自2018年起逐年下降，2020年新增96只，江苏省新增2只，占比只有2.08%，排名全国第12。江苏省积极推动与强调社会效益的绿色项目高度契合的PPP项目建设，推动绿色项目高质量发展，2020年江苏新入库绿色PPP项目17个，占全国的4.96%。绿色保险是实现环境风险成本内部化的重要功能，伴随着生态文明建设的不断推进，江苏省持续推进绿色保险产品的创新，如江苏推出 8 项气象指数保险种类（大闸蟹气温指数保险、鱼虾气象指数保险、桃梨气象指数保险、池塘水产气象指数保险等）及农业大灾保险、环境污染责任保险、森林保险、船舶污染责任保险等。虽然与碳排放权交易市场相比，用能权、排污权及水权交易的发展较为缓慢，但是江苏省积极进行相关权益交易探索，已经在全省开展排污权交易，污染指标包括化学需氧量、氨氮、总磷、二氧化硫、氮氧化合物、总氮以及挥发性有机物；江苏省水权交易在全国范围内开展较好，2020 年区域水权/取水权交易成交 46 笔，排名全国第 2；江苏根据《关于构建绿色金融体系的指导意见》积极参与绿色金融国际合作，江苏银行成为全国 6 个采用赤道原则框架的银行之一。

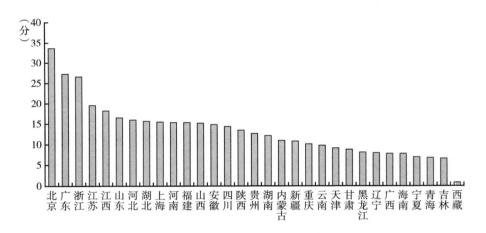

图 3　全国 31 个省区市绿色金融政策实施效果得分情况

资料来源：中央财经大学绿色金融国际研究院。

二　低碳循环发展现状

2020 年江苏省深入贯彻有关绿色低碳循环发展战略思路，综合施策、精准发力，低碳发展取得积极成效。

（一）能源生产结构优化

2020 年，能源领域生产结构持续优化，新增电源能力清洁化水平高。全省发电装机容量 14146.4 万千瓦，年度新增 991.7 万千瓦，新增装机容量中，风电、核电、太阳能发电、分布式占比合计 82.4%。全省规模以上工业新能源发电量比上年增长 10.4%，占规上工业发电量的比重达 14.7%，较上年提高 1.9 个百分点。新能源发电中，田湾核电站发电量比上年增长 8.1%，连云港市新能源发电量占比达到 75.3%，较上年提高 2.4 个百分点，远高于全省水平；盐城市风力发电量占全省的六成以上，该市风力发电量较上年增长 22.5%，新能源发电量占比达到 39.0%，较上年提高 6.5 个百分点。

（二）环境质量提升

2020 年江苏省紧盯环境质量目标不动摇，先后部署一系列专项行动，环境质量改善明显。2020 年全省 PM2.5 浓度 38 微克/立方米，同比下降 11.6%；优良天数比率为 81.0%，同比提升 9.6 个百分点；地表水国考断面优 Ⅲ 比例 87.5%，同比提升 8.7 个百分点；太湖治理连续 13 年实现"两个确保"；省生态环境状况指数为 65.2，13 个设区市生态环境状况指数等级均为"良"，水生态环境质量状况均为"健康"；全省生态空间管控区域保持稳定，植被覆盖度达 77.6%，生态环境状况持续改善。

（三）绿色产业蓬勃发展

2020 年江苏工业大力推进传统产业高端化、智能化、绿色化改造，新增 12 个省智能示范工厂、27 家国际绿色工厂、3 家绿色园区。推动化工钢铁煤电行业优化布局转型升级，全年关闭退出低端落后化工生产企业 700 家，其中沿江两岸超过 550 家，化工园区定位由 40 个减少到 29 个。目前，全省 447 个重点工业项目完成全年计划投资，超时序推进；已竣工省级工业重点项目近百个，为江苏工业增长提供了新动力。

三 江苏绿色金融助力低碳循环发展存在的问题

（一）绿色金融发展欠缺

1. 金融机构开展绿色金融的动力不足

一是绿色金融产出相对较少。现阶段由于环境规制、企业主要绿色项目为环保设备投入及节能改造等，企业一定程度上增加了生产成本，并且此类项目的收益较低甚至为负，企业动力不足。对于金融机构来说，现有企业的绿色项目存在高投入低收益的特点，部分金融机构在推进绿色金融过程中遇到还款来源匮乏、现金流无法覆盖贷款本息等问题，金融机构风险防控难度增加，金融机构的资本收益相对于其他项目明显较低，并且由于此类企业可提供担保的有效资产较少[①]，金融机构资金难以得到有效安全保证。

二是缺少对金融机构推进绿色信贷的鼓励政策。现有的财税政策针对的对象主要是节能环保企业，然而提供资金的金融机构却缺少政府部门的鼓励或扶持措施，包括税收减免、政府贴息等，金融机构在开展业务时，仍然要以成本—效益为主要考虑标准，无法为环保企业提供优惠信贷，导致绿色信贷的激励效应不能显著体现。此外，由于内部考核机制的不完善，金融机构的工作人员缺乏推动绿色金融业务发展的动力。

2. 绿色金融产品创新匮乏

江苏省绿色金融产品体系不断完善，绿色信贷、绿色保险以及绿色债券等不断推出，全国碳交易市场也于 2021 年 7 月 16 日上线，然而江苏省的绿色金融产品还是较为匮乏，在绿色金融产品总量、类别、服务等与国外发达国家存在较大差距[②]，如世界最大的碳排放交易市场欧盟排放交易体系，

① 王康仕、孙旭然、王凤荣：《绿色金融、融资约束与污染企业投资》，《当代经济管理》2019 年第 12 期。
② 翁智雄、葛察忠、段显明、龙凤：《国内外绿色金融产品对比研究》，《中国人口·资源与环境》2015 年第 6 期。

2020 年交易额为 2290 亿欧元，碳交易总量为 103 亿吨，欧洲碳交易占据全球碳交易总额的近 90%，碳期货和碳期权在欧盟碳交易市场中占据较大比重，而江苏省在全国碳排放市场中的交易相对较少。

3. 绿色金融人才匮乏

伴随着绿色发展不断推进，江苏对绿色金融的需求也日渐迫切，绿色金融行业也呈现蓬勃发展的趋势，然而绿色金融人才储备与之并不相匹配，这是因为绿色金融人才与传统的金融人才有着较大的区别，绿色金融人才不仅需要懂得传统的金融，更需要了解碳市场相关政策，熟悉碳核算方法学，熟练使用碳资产管理相关工具，懂得绿色金融认证评估等，因此绿色金融的人才培养还需要一个过程。[1]

（二）绿色金融助力低碳循环发展渠道不通畅

1. 金融机构、政府与企业存在环保信息不对称

目前政府并没有建立规范的企业环保信息发布制度，更是缺乏共享的环保信息平台，[2] 企业不愿也无法提供详尽的环保信息或提供的信息不真实、不及时、不详细，环保部门掌握的企业环保信息不公开、不透明、不及时、不全面，企业向金融机构申请绿色项目融资时，由于金融机构环保信息渠道以及风险识别能力有限，金融机构内部环境和社会风险评估缺失，金融机构内部对于客户的环境和社会风险目前尚无明确和完善的评判标准，而环境评估主要依赖各级环保部门的外部评判，因此会缩减相应业务，这对江苏绿色项目的发展不利。

2. 借款人寻租成本高

由于金融机构、政府与企业存在环保信息不对称的情况，企业从金融机构获得绿色资金的难度增加，为获得金融机构的支持，企业在某些项目需要

---

① 李淑文：《低碳发展视域下的绿色金融创新研究——以兴业银行的实践探索为例》，《中国人口·资源与环境》2016 年 S1 期。

② 傅京燕、原宗琳：《商业银行的绿色金融发展路径研究——基于"供给—需求"改革对接的新视角》，《暨南学报》（哲学社会科学版）2018 年第 1 期。

第三方评估机构的介入,[①] 从而确保项目符合绿色原则,进而保证其环保效益真实且可衡量,在这过程中所产生的费用需要由借款人承担,无形中增加了企业的融资成本,在一定层面上对绿色金融的推动造成了一些障碍。

四　政策建议

（一）大力发展绿色金融

1. 把可持续发展与社会责任提升到金融机构的战略层面

"高污染、高能耗"的粗放式生产方式对生态环境造成了损害,深化绿色发展既是保护环境的重要方式,也是我国深化供给侧结构性改革转型发展的重要路径,金融机构作为我国绿色发展、转型发展的重要"活水"提供者,不仅要承担关注环境与社会问题的社会责任,也是金融机构业务活动开展和可持续发展的重要保障。因此,金融机构要将原有的追求利润最大化或股东财富最大化的目标进行转变,积极探索将可持续发展和社会责任作为现代金融行业的核心经营理念和价值导向,积极推广绿色信贷、绿色保险、绿色债券等,支持江苏省绿色低碳循环体系的建立。

2. 进一步完善激励机制,创新金融产品和风险分担机制

应当积极探索建立制定激励机制,推动金融机构进行"绿色金融机构"建设,如实施优惠利率、贴息贷款和提供担保等政策,以调动并确保金融机构创新绿色金融产品、业务模式等的积极性,[②] 从而通过金融机构贯彻国家"绿色金融"政策,配合相关部门控制高耗能、高污染企业,推动产业结构调整。

银行具有风险厌恶特点,尤其是现有绿色项目投资存在高风险特点,由

---

① 郭朝先、刘艳红、杨晓琰、王宏霞:《中国环保产业投融资问题与机制创新》,《中国人口·资源与环境》2015 年第 8 期。

② 于冬菊:《金融机构发展绿色金融的影响因素研究——基于先行国家的实证检验》,《财经问题研究》2017 年第 12 期。

此导致银行并不愿意对企业尤其是中小微企业的绿色改造项目放款，可以通过设立政府性融资担保机构，进一步地发挥政府性融资担保机构的作用，建立一个风险分担机制。①

3. 培养绿色金融人才

绿色金融人才的培养是一个长时间的系统过程，绝不能仅仅依靠金融机构，江苏应该积极支持高校进行绿色人才的培养，高校拥有完整的学科以及扎实的理论基础，可以通过开设绿色金融课程，深化绿色金融研究，为学生打造扎实的绿色金融理论基础，同时鼓励学生参加企业、金融机构以及政府部门的实习，将理论知识与实践相结合；同时，金融机构也要加强现有工作人员的培训以及引进相关专业的人才，运用好金融机构作为"一线"的优势，扩充人才储备；鼓励学者、政府官员以及金融机构工作人员前往发达国家访问学习，通过与高水平地区的交流提升自身的水平以及引进先进的管理、经营等理念，加快绿色金融人才培养速度，推动绿色金融发展。②

（二）畅通绿色金融和低碳循环发展的通道

1. 进一步完善环保与金融机构的信息沟通与共享机制

信息不对称是制约绿色金融发展的重要原因之一，建立畅通的信息渠道有助于加快地区绿色金融发展，环保、安全生产、工业和信息化等主管部门建立企业环保信息系统，并公开、透明、及时地向金融机构提供企业的全部环保信息，为信贷决策提供依据。同时，金融监管部门需发挥纽带作用，建立完善金融机构、环保部门和监管机构信息沟通交通机制，确保信息的传递通畅。

2. 构建以政府为主导、企业和金融机构共同设立的绿色金融合作平台

绿色金融的发展和绿色低碳循环体系的建立绝不是依靠金融机构、政府以及企业任何单方的努力，而是需要全社会的协作。可以构建以政府为主

---

① 侯亚景、罗玉辉：《我国"绿色金融"发展：国际经验与政策建议》，《经济问题探索》2016 年第 9 期。

② 潘锡泉：《绿色金融在中国：现实困境及应对之策》，《当代经济管理》2017 年第 3 期。

导、企业和金融机构共同设立的绿色金融合作平台，平台主要提供相关绿色金融政策法规、环保信息、企业最新环保情况以及金融机构提供绿色金融服务情况，能很好地对企业环保情况进行监督，在金融机构提供绿色金融服务过程中提供有力保障。在江苏省综合金融服务平台单独设置绿色金融项目板块，以便对接。同时，金融主管部门加强政策宣传与业务指导。

江苏新型消费发展现状及对策研究

李　慧*

摘　要： 培育和壮大新型消费对于推动江苏高质量发展，为人民创造高品质生活，全面开启现代化新征程，具有十分重要的意义。本文分析了当前江苏新型消费发展现状，阐释了江苏新型消费发展的短板和制约因素，并在此基础上提出发展江苏新型消费的对策建议：提升新型消费产品供给质量，创新服务消费供给，加快新型消费基础设施和载体建设，构建适应新型消费发展的监管方式，培育壮大新模式新业态。

关键词： 新型消费　新业态　新模式

一　江苏新型消费发展现状

（一）商品消费趋于品质化、智能化、高端化

1. 食品消费更加注重品质

《江苏统计年鉴》数据显示，当前，随着居民收入水平的提高，食品需求已从单纯地满足温饱向追求食品安全、营养价值和均衡健康的方向发展，其表现为，近年来，江苏城乡居民粮食、蔬菜消费量有所降低，对于禽类、水产品、蛋类及蛋制品、奶和奶制品、干鲜瓜果类食品的消费量均有大幅度

---

*　李慧，江苏省社会科学院经济研究所副研究员。

增加，说明江苏居民越来越关注饮食营养搭配，膳食结构更加均衡合理。除此之外，有机食品、餐饮消费也增长迅速。根据江苏省商务厅数据，2021年1~7月，全省实现社会消费品零售总额25109.5亿元，同比增长25.5%，其中餐饮消费增长速度较快。据统计，1~7月，全省限额以上餐饮收入同比增长46.4%。[①]

2. 耐用消费品消费更加追求智能化、高端化

根据江苏省消保委2021年上半年消费投诉及舆情数据，江苏个性化家电掀起热潮、绿色消费深入人心，消费呈现年轻化、多样化、品质化趋势。[②] 江苏省商务厅数据显示，1~7月，江苏限额以上汽车零售额同比增长27.9%。其中新能源汽车（约占汽车销售总量的7%）在上年同期增长119.7%的基础上，2021年1~7月再次大幅增长115%。国庆期间，2021（第二十届）南京国际车展开幕，其中有新能源车型的品牌展台达到31个，占整个总展台数的45%，凸显新能源汽车的推广力度和消费者对绿色环保汽车的需求程度。家具家电方面，1~7月，江苏限额以上家具、家用电器和音像器材零售额同比分别增长28%、29.1%。可穿戴智能设备、计算机及配套产品等中高端商品同比分别增长55.1%、30.5%。苏宁易购在国庆假期推出家电特惠活动，向南京市发放亿元家电消费券，继续开展家电以旧换新活动，助推节能环保绿色家电；海尔、美的等国货品牌高端家电销售同比增长明显，智能类家电同比增长更超300%。五星电器开展"京彩十一、潮趣焕新"等系列活动，净水器、新风空调、真空保鲜冰箱等健康家电持续热销。

（二）服务消费快速兴起，呈多元化发展趋势

1. 文化旅游消费逐渐恢复

受新冠肺炎疫情影响，2020年旅游消费出现大幅下滑，江苏全年接待

---

① 江苏省商务厅市场运行和消费促进处：《1~7月江苏消费品市场持续增长》，江苏省商务厅网站，2021年9月2日。
② 江苏省消保委：《2021年上半年江苏省消保委系统投诉和舆情分析》，江苏省消费者权益保护委员会网站，2021年7月28日。

境内外游客 4.7 亿人次，比上年下降 46.3%；实现旅游业总收入 8250.6 亿元，同比下降 42.4%。为此，江苏文旅部门采取了多种措施，在抓紧疫情防控的同时积极促进文旅消费市场恢复，如按照"限量、预约、错峰"要求，推动旅游景区、演出场所、上网服务场所、娱乐场所、文博场馆等有序恢复开放；推出线上文旅产品，让人们足不出户就可以享受到文化大餐和旅游体验；采取省市联动、线上线下融合方式，创新举办"水韵江苏·又见美好"主题游、第 11 届乡村旅游节、首届文旅消费季等活动，丰富旅游市场产品供给。江苏省文化和旅游厅发布的数据显示，2021 年国庆期间全省接待游客总人数 3896.58 万人次，实现旅游总收入 424.26 亿元，按可比口径分别恢复到上年同期的 95.5%、94.6%。文化消费方面，博物馆、科技馆、美术馆、图书馆等文化休闲场所人潮涌动。CBNData 消费大数据显示，江苏 2021 年上半年天猫考试/教辅类消费规模跃居全国第 1，文学艺术类消费规模占比排名全国第 5。[1]

2. 体育消费总体规模不断增长

江苏省体育局数据显示，"十三五"以来，江苏体育产业不断完善政策、搭建平台、夯实基础，实现了快速发展，产业总规模年均增长 13.6%，2019 年全省体育产业总规模达 4620.4 亿元，约占全国的 1/7；2019 年江苏城乡居民体育消费总规模 1971 亿元，人均体育消费 2442 元，占居民人均生活消费支出的 9.15%；不仅体育用品的消费稳步发展，体育培训、健身休闲、参赛观赛等体育服务消费也在快速增长，2019 年江苏城乡居民人均体育服务消费占人均体育消费的比例已经达到 75%。自 2017 年以来，江苏省体育局连续 5 年从省级体彩公益金中安排资金，专项用于发放体育消费券。据统计，2019 年江苏省 5000 万元体育消费券拉动了体育消费 12.3 亿元。2021 年，江苏省体育消费券增加到 6000 万元，扣除发行费外，发放 3901.5 万元普通消费券、1000 万元社会体育俱乐部消费券、500 万元青少年游泳培训券、300 万元苏北青少

---

[1] 第一财经商业数据中心（CBNData）：《2021 上半年图书消费报告》，中文互联网数据资讯网，2021 年 8 月 3 日。

年健身培训券、180万元慢病运动干预消费券、20万元健身达人消费券。体育消费券的发放，有力地促进了江苏体育消费回补和潜力释放。

3. 医疗保健消费更加受到重视

2020年的新冠肺炎疫情让人们更加意识到身体健康的重要性，四成以上（41.4%）的江苏居民在消费时表示会更加注重健康、养生（见图1）。疫情期间，基于大数据、人工智能等数字技术大量的服务消费迁至云端。在线问诊、在线教育、在线健身、远程办公开始成为疫情期间的生活日常。疫情防控常态化时代，消费者线上服务消费的习惯得以延续。江苏省卫健委数据显示，截至2020年底，江苏已建成105家互联网医院，全省互联网医疗服务达7400万人次。医院专家在互联网"云诊室"轮流坐诊。这些专家，有很多是从前"一号难求"的名医，通过互联网的平台，"挂号难，挂名医号更难"的困境得到了有效化解。

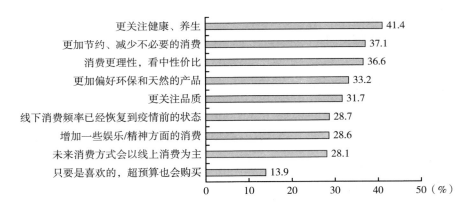

图1　新冠肺炎疫情对江苏居民消费观念的影响

资料来源：江苏省消保委《2020年江苏省消费意愿及舆情分析报告》。

（三）网络消费快速发展

1. 网络消费规模不断增长

2021年以来，江苏省线下店铺通过与互联网结合，销售不断增长。1~7月，全省限额以上通过公共网络的实物零售额同比增长27.8%。

与其他省市比较来看，江苏省 2020 年网上零售额和实物商品网上零售额位居全国第 4，仅次于广东、浙江和上海。江苏网上零售额约占全国的 9.0%，其中实物商品网上零售额约占全国的 9.5%（见表 1）。

表 1　2020 年全国网上零售额前五省市情况比较

单位：亿元

省市	网上零售额	其中：实物商品网上零售额
江苏	10602.4	9232.6
北京	9704.3	7704.4
上海	11991.9	10128.9
浙江	17799.9	14068.1
广东	25782.2	22321.0
全国总计	117601.3	97590.3

资料来源：《中国统计年鉴 2021》。

2. 直播电商不断拓展网络消费空间

直播电商作为新兴业态，已经成为电商平台增长的新引擎，为网络经济增添了新的活力，也对消费发展作出了重要贡献。随着直播新形态的崛起，直播电商与江苏各地的特色产业结合成为江苏电商新模式的突出亮点。2021年上半年，常熟、睢宁、沭阳农村电商居于全省前 3 位，其共同特点是依托传统服装、家具、花卉绿植类商品等本地优势产业，借助线上平台与直播等新零售模式实现快速发展。连云港是全国知名的直播电商之城，赣榆海头镇从 2016 年开始发展海鲜电商，被称为中国海鲜电商第一镇，2020 年以来，海头镇电商日活跃直播账号超过 6000 个，年销售额过千万元电商近百户，带动相关就业人员 2 万余人。2020 年底，淘宝直播发布 2020 年十大直播之城，其中苏州依托发达的产业基础，成为全国知名的母婴直播之城。

（四）消费新业态新模式蓬勃发展

1. 沉浸式、体验式消费成主流

以新场景、新空间、新体验营造"沉浸感"，以方便消费者在互动过程中感受商品使用效果，已经成为江苏消费新的增长点。沉浸式场景体验，表现在视觉、听觉、嗅觉、味觉、触觉等全方位。通过提供优质产品和服务互动，更能调动消费者的全方位感官，因此消费者的黏性更强。如南京十一期间以节日假期为媒介，打通商旅文体不同消费场景，一站式满足消费者"吃住行游购娱"需求。消费者进入购物中心打卡、观影、赏展、健身、竞技成为假期休闲的主要方式。建邺吾悦广场贯穿内外的400米秦淮水岸沉浸式空间成为新晋"网红"打卡点。金鹰湖滨天地举办水幕电影节，环亚凯瑟琳广场北丘当代美术馆展出《天才之外：毕加索的激情与创造》。景枫KINGMO举办2021年"鱼跃而上"大学生田径挑战赛，金茂览秀城举办"N-LINE电竞嘉年华"，让消费者在购物之余，参与感受体育竞技的乐趣。

2.夜间消费兴起

2020年初，江苏省政府办公厅出台《关于促进文化和旅游消费若干措施的通知》，提出到2022年，建设30个以上省级夜间文化和旅游消费集聚区、10个以上国家级夜间文化和旅游消费集聚区。同年，江苏省文化和旅游厅印发《江苏省省级夜间文旅消费集聚区建设指南（试行）》《江苏省省级夜间文旅消费集聚区评价指标（试行）》，组织申报评选出30家省级夜间文化和旅游消费集聚区建设单位，并给予每家100万元建设引导资金支持。在政策指引下，江苏各地积极打造各类夜间文化和旅游消费集聚区，南京"夜之金陵"、苏州"姑苏八点半"、常州"龙城夜未央"等一批具有地方特色的夜经济品牌相继涌现。以扬州瘦西湖"二分明月"文旅集聚区为例，该集聚区打造了"运河文化嘉年华·瘦西湖夜市"，实现了夜游、夜市、夜演、夜展四位一体，并吸引了近200家商户进驻，汇聚传统美食、非遗体验、文创展销、亲子互动等适合各类人群的消费场所，满足游客"食游购娱"全方位消费需求。"二分明月忆扬州"唐诗主题大型沉浸式夜游项目自推出后一个月内购票人数已突破9万人次，瘦西湖风景区夜间各项营业收入超400万元。

3."首店"经济激发消费潜力

所谓"首店经济"，是指一个区域利用特有的资源优势，吸引国内外品牌在区域首次开设门店，使品牌价值与区域资源实现最优耦合，由此对该区域经济发展产生积极影响的经济形态。首店不仅成为引领消费潮流、提升消费体验的新场所，也日益发展成为激发消费的新动能。以南京为例，2020年南京共引进首店品牌71家，其中全国首店9家、省级首店16家、市级首店44家。"首店经济"的推进使得南京的消费吸引力日益增强。

二　江苏新型消费发展的短板和制约因素

（一）新型消费供给质量有待提升

江苏省消保委发布的2021年上半年消费投诉数据显示，以校外教育培训、网络直播带货、新能源汽车消费、迷你家电为代表的新型消费成为消费者投诉的热点问题。[①] 网络直播带货多集中在购买后发现实物与宣传不符、商品存在质量问题或为三无产品、带货主播夸大甚至虚假宣传等方面，新能源汽车的问题多集中在新能源汽车电池容量衰减、续航里程下降等问题上，迷你家电主要有质量参差不齐、维修困难或成本高、发生事故索赔困难等问题。

（二）服务消费有效供给不足

近年来，随着居民收入水平的提升，城乡居民对于健康、医疗、养老、托育、文旅等服务消费的需求很大，然而，江苏仍存在部分消费性服务行业的有效供给不足的情况。以健康服务业为例，根据江苏省民政厅的统计数据，截至2020年底，全省已有养老床位74.3万张，每千名老年人拥有床位40张。尽管如此，与"百名老人5张床位"的国际标准相比，江苏省养老床位的供给仍然不足。同时由于一些市场化养老机构

---

① 江苏省消保委：《2021年上半年江苏省消保委系统投诉和舆情分析》，江苏省消费者权益保护委员会网站，2021年7月28日。

床位收费高，存在高价位的养老床位空置率相对较高、普惠型养老机构床位供不应求的现象。另外，虽然国家放开了三胎政策，但实际上江苏的0~3岁托育服务供给依然严重滞后，传统家庭在照料婴幼儿上显得越来越力不从心，市场上的托育机构也不能满足需求。根据江苏省妇联2017年的调查，有62.3%的受访者有0~3岁托幼的需求，但同时有高达35.5%的受访者居住地附近没有托幼机构，0~3岁托幼难普遍存在。

（三）新型消费基础设施存在短板

一方面是与网络消费等新型消费密切相关的信息基础设施问题。在项目建设上，江苏省部分信息基础设施资源占用率高，重复投资、重复建设等现象依然存在，集约化建设水平有待加强；在技术突破方面，新一代信息基础设施关键技术攻关力度还亟待加强。同时，信息技术设施建设还存在发展不平衡的现象，苏北、苏中地区信息基础设施等仍存在明显短板，不少城镇老旧小区迫切需要通信基础设施改造。另一方面是江苏商贸流通基础设施仍存在短板，如农村商贸物流基础设施薄弱、运营效率低，城镇商业设施分布不合理，影响了消费潜力的释放。

（四）部分新业态新模式监管有待完善

根据商务部发布的《中国电子商务报告（2020）》，2020年江苏电子商务市场主体进一步增加。从网络零售店铺数量看，江苏的网络零售店铺占全国比重达8.3%，仅次于广东和浙江。但由电子商务带来的虚拟性和创新，不断给监管带来挑战。一是刷单炒信等虚假宣传行为。某些网店通过刷单、虚假评论相配合，制造产品受欢迎、销售旺盛等假象，诱导不知情的用户下单。二是利用互联网仿冒混淆行为。某些运营商或卖家在网络平台擅自使用与知名App、微信公众号等相同或者近似标识的行为，或者将他人有一定影响的商业标识设置为关键词，通过搜索引擎等推广其链接，足以误导消费者。三是互联网平台"二选一"行为。一些具有优势的电商平台通过协议或技术手段要求平台内经营者一旦选择通过该平台提供商品或服务，则不能再选择其他平台。这些网络消费领域存在的不正当竞争行为，给监管提出了更高的要求。

三　发展江苏新型消费的对策建议

（一）提升新型消费产品供给质量

1. 提升新型消费产品品质

发展新型消费的关键在于提升产品和服务的体验和品质。当前产品品质提升的突出表现是产品的科技含量高、智能化程度高。对于江苏而言，一是要大力推动智能化技术创新与融合应用。不断壮大智能产业，推进人工智能、云计算、大数据、区块链等技术的发展创新和在各种消费场景中的应用。鼓励江苏本土企业与高校、科研院所合作，研发智能家居、可穿戴智能设备、智能化电子产品、虚拟现实产品、医疗电子产品、服务机器人等智能消费品。二是要加强企业内部标准体系建设。全面提高标准化水平，以更严的标准和监管强化企业主体责任，促进消费品质量的提升。三是要强化企业质量意识。企业应建立健全从产品设计、生产制造、储运销售到售后服务全过程的质量管理体系，加强全员、全过程、全方位的质量管理。

2. 加强新型消费产品品牌建设

品牌建设是提升江苏新型消费产品供给质量的重要举措。一是加强品牌培育。开展江苏新型消费品生产企业品牌培育，推动知名品牌创建，引导企业增强质量品牌意识，加强从原料采购到生产销售的全流程品牌管理。二是提升江苏现有的新型消费品品牌形象。要以江苏优势企业和品牌为依托，提高品牌在研发、设计、生产、销售、物流、服务以及宣传推广各环节的整合能力；支持有实力的企业瞄准国际知名品牌标杆开展对标，推进品牌国际化，形成国际化品牌。三是集聚优质品牌繁荣首店经济。依托重点商圈和载体，为首店品牌落地、首发、首展等提供优惠政策支持。构建品质高端、品位独特的优质新型消费产品供给体系，吸引更多客流，释放更大消费潜能。

（二）创新服务消费供给

1. 升级文旅休闲消费

一是发展旅游休闲消费。按照江苏《关于加强旅游服务质量监管促进旅游高质量发展的实施意见》要求，高标准建设江苏智慧旅游景区、度假区。在南京、苏州、无锡等国家文化和旅游消费试点城市、示范城市优先建设一批新型文化和旅游消费集聚地，形成以"水韵江苏"为主题的产品集群。加强文创商店、特色书店、小剧场、文化娱乐场所、艺术展览、沉浸式体验型项目等多种业态集合。引导市民开展家庭式、个性化、分散型旅游活动。二是深入发展在线文化消费。支持江苏互联网企业打造数字精品内容创作和新兴数字资源传播平台，利用互联网平台发展线上数字化的文化产品供给，推出"云演出""云看展"等新型文化消费，引领新兴文化业态和传统文化业态升级，推动以线上消费为代表的新型文化消费发展。

2. 加快发展体育消费

一是大力推进智慧体育建设。利用互联网、大数据、云计算及物联网技术，推广智能体育公园、智能健身房、智能健身步道等体育健康新产品。加大对线下体育场馆的智慧化改造，引入自助服务机、人脸识别设备、无人值守闸机、智能更衣柜、智慧灯控等智能化硬件。培育发展数字体育、在线健身、网上赛事、线上培训等体育消费新业态。二是加大对全面健身的宣传力度。借助微博、微信、今日头条、抖音、街头多媒体、动漫等新媒体渠道以直观、互动的形式进行健身健康观念广泛宣传，鼓励"骑行＋公共交通"通勤方式，培育居民健康生活习惯。

3. 完善医疗健康消费

大力发展智慧医疗服务。推动医疗卫生、药品、医保、养老、体育等健康医疗相关领域的数据资源共享开放。依靠人工智能、知识图谱、智能硬件、大数据等技术，提升远程医疗服务水平。强化智慧医疗的法律监管，完善相关法律法规，加强信息安全监管，维护好患者隐私权。同时，鼓励发展前沿医疗服务，稳妥推动精准医疗、个性化医疗等服务发展。

4. 优化"一老一小"服务消费

一是增强养老服务。鼓励发展具备全托、日托、上门服务等综合功能的社区养老机构，在房租、用水用电价格上给予政策优惠。支持居家养老服务机构开发养老服务平台，为老年人和家属提供在线咨询、预约申请、充值消费、服务查询、远程关怀、远程照护等线上综合服务。聚焦老年人日常生活涉及的高频事项和服务场景，研究解决老年人在运用智能技术方面遇到的困难，让老年人更好地共享信息化发展成果。对符合条件的老年人开展养老服务需求调查，定制服务清单，实现供求信息对接，有计划地为老年人提供个性需求服务。二是加大托育服务。建立和完善0~3岁婴幼儿托育服务体系，明晰政府管理职责，加快推进社区服务机构、市场托育机构、幼儿园拓展机构等多种形式的托育服务机构建设，促进托育从业人员队伍建设。

（三）加快新型消费基础设施和载体建设

1. 推动新型基础设施建设

充分发挥江苏专家学术领军、技术领先优势，加快重大创新平台建设，推动新基建领域产业链、技术链、人才链、资金链、政策链的深度融合。各地区可根据产业、城市化发展阶段，有重点、有先后地推进新基建。在苏南的南京、苏州等经济规模大的、城市化率高的城市加大智慧城市、物联网的建设力度；对于城市化率相对较低的苏中、苏北部分地区，统筹推进传统基建和新基建，在推进传统基础设施建设的同时，加快推进5G、大数据、人工智能建设，搭建好新基建落地应用的数据平台，支持和承接5G、物联网等新基建向农村延伸覆盖。在城镇老旧小区继续推进通信基础设施改造，并适度超前试点部署"双千兆"网络。

2. 完善商贸流通基础设施

在中心城市、重点乡镇加快布局数字化智能化消费网络。完善社区便民消费服务圈，拓展无接触式消费体验，引导传统商圈、街区、门店等进行数字化改造，建设智慧超市、智慧商店、智慧餐厅、智慧驿站、智慧书店。鼓励农村商贸流通升级发展。补齐农产品冷链物流设施短板，提升农产品流通现代化水平。

（四）构建适应新型消费发展的监管方式

1. 强化新型消费领域监管

落实和完善包容审慎监管要求，引导新型消费健康有序发展，重点打击互联网不正当竞争行为。为此，要强化跨部门协同监管，推动市场监管与行业监管联动、线上线下互补。组织平台企业开展自查自纠和依法规制，压紧压实企业的主体责任；充分运用大数据等手段，对各类不正当竞争行为加强预警、分析；指导平台经营者建立竞争合规制度，引导经营者依法合规开展市场竞争，为经营者提供合规培训指导服务，提高经营者竞争合规意识和能力。

2. 维护消费者权益

充分发挥消费者协会、行业协会、法院和仲裁机构的作用，提升消费纠纷处理速度与和解效率，切实降低消费者维权成本，畅通维权渠道，提升服务效能。组建由行业主管部门、行业协会、相关成员单位组成的专家队伍，为解决消费争议问题提供专业咨询、技术鉴定，并提出专业性建议，提升消费维权的专业水平。

（五）培育壮大新模式新业态

1. 大力发展"互联网＋"消费

发展完善"互联网＋"消费生态体系，鼓励线上线下融合消费，深化虚拟现实（VR）技术应用，促进消费新业态、新模式、新场景的普及应用。加快实现服务业信息化、智能化，继续在智能家居、智慧健康、智慧养老、智慧旅游等领域，提升移动互联网技术的应用和支持能力。加快发展平台经济，建设一批综合类、商品销售类、消费服务类和跨境贸易类电商平台。

2. 促进线上线下深度融合

依托新供应链，大力推进线上线下深度融合，重构人、货、场，满足消费者需求。加快传统线下业态数字化改造和转型升级，培育垂直电商供应链平台，形成数字经济新实体。鼓励实体商业借助新技术或第三方平台开展带货直播、社群营销等，积极开拓线上业务。加快推进农村电子商务提质增效，推进互联网下沉、农产品上行，扩大江苏农村特色产品网络销售，实现线上线下协同发展，助力乡村振兴。

参考文献

［1］郑毅：《沉浸式、体验式消费成主流　2021 年国庆南京实现销售额 21.2 亿元》，龙虎网，2021 年 10 月 7 日。

［2］卞益斌、彭程等：《国庆黄金周江苏实现销售额 131.4 亿元，日均同比增长 14.9%》，新华报业交汇点客户端，2021 年 10 月 7 日。

［3］宋谊青：《"假日经济"彰显消费新业态、新理念》，《中国品牌》2019 年第 11 期。

江苏省城乡建设用地市场特征及推进策略

高 珊 李 丹*

摘 要： 2021 年前三季度江苏省各地区城乡建设用地市场总体运行良好。宗地交易方式、价格、用地主体、分布等特征基本遵循市场发展规律。与国有土地相比，农村集体建设用地市场既有挂牌交易和以设备制造用地为主的单一化共性特征，也存在规模小、价格低、布局散等现实问题。当前城乡建设用地市场的体制机制与功能实践等方面还不完善，存在法律规划未衔接、主体诉求不一致、转型创新有阻力、落实执行难度大等障碍。"十四五"时期，江苏省要率先构建城乡统一的建设用地市场，提出秉持同权同价的原则，建设城乡交易平台、完善政策配套体系、给予金融财政支持、建立利益共享机制等建议。

关键词： 城乡建设用地 入市改革 同价同权

　　党的十八届三中全会明确提出"建设城乡统一的建设用地市场"。2019年新的《土地管理法》修正案将允许农村集体经营性建设用地入市纳入国家法律。2021 年《江苏省土地管理条例》于全国率先出台，其中第 5 章第 61 条阐述了具体实施建议。从中央到地方该项体制改革的基本框架已经形成，为多年来全国范围的土地制度试点改革做出了圆满的阶段性总结。2021年是"十四五"开局之年，也是各项制度落实的起始之年，系统分析城乡

---

　　* 高珊，江苏省社会科学院农村发展研究所研究员；李丹，江苏省社会科学院农村发展研究所助理研究员。

建设用地市场改革特征，发现亟待突破的现实问题，进一步提出未来发展思路和可行路径十分必要。

一 2021年前三季度江苏省城乡建设用地市场特征分析

根据江苏省国土资源厅发布的土地市场实时交易数据，以2021年1月1日到2021年9月30日为统计时间范围，即当年的前三季度为节点，鉴于农村集体经营性建设用地市场交易92%以上为工矿用途，进一步筛选工矿用地的城乡建设用地市场成交地块进行对比分析。

（一）城市国有建设用地市场特征

1.市场交易总量平稳，地区发展较为均衡

总体上看，全省国有建设用地市场交易有序开展。该时段共计交易2185块国有建设用地，出让土地总面积达0.83亿平方米，成交总金额267.52亿元，平均单位面积价格为338.11元/平方米。分地区看，南中北差距呈现缩小态势。全省交易地块在13个地市均有发生，苏南和苏北地区基本持平，高于苏中地区10个百分点左右。出让面积则以苏北地区占比最高，达到43.31%，苏南和苏中地区分别为33.58%和23.11%。成交金额无论是总价或单价都以苏南地区为最高，苏南地区成交总金额分别为苏中和苏北地区的2倍左右，平均地价分别为苏中的1.45倍和苏北的2.38倍（见表1）。

表1 2021年前三季度江苏省城市国有建设用地出让规模

地区	地块数量（块）	出让面积（亿平方米）	成交总金额（亿元）	出让单价均值（元/平方米）
苏南	813	0.28	131.62	478.62
苏中	570	0.19	70.31	329.89
苏北	802	0.36	65.59	201.34
全省	2185	0.83	267.52	338.11

全省国有建设用地市场供求交易相对稳定。虽然受新冠肺炎疫情和逆全球化贸易保护主义等不利因素影响，全省经济社会发展态势向好，尤其是实体经济势头不减。据江苏省统计局估算，2021年前三季度全省实现地区生产总值84895.7亿元，第二产业增加值同比增长12.5%。全省固定资产投资同比增长6.7%，特别是项目投资同比增长7.4%。[①] 苏北比苏中和苏南建设用地交易市场更为活跃，苏南因地理区位及政策环境等优势保持较高的土地交易价格。

2. 交易以挂牌方式为主，交易双方预期稳定

总体上看，全省国有建设用地交易以挂牌出让为主要方式。该时段挂牌出让地块共计2147幅，占总量的98.26%；协议出让地块33幅，占总量的1.51%；划拨地块5幅，占总量的0.23%。地块出让年限以工业用地上限50年为主，占总量的78.72%；其次是30年和40年，分别占总量的12.71%和3.26%。分地区看，苏南协议出让比例最高，占同类型的42.42%；苏北地区的划拨比例最高，占同类型的60%。

全省国有建设用地市场交易机制运行较为规范。随着国家征地制度改革，划拨、协议等出让方式明显减少，出让程序更加公开透明。交易双方用地预期较为稳定，企业愿意对地块持有最长可利用年限。疫情反复、能耗双控等因素导致工业增速回落，但是全省支柱型主导产业能够正常运营。据江苏省统计局估算，2021年前三季度全省工业投资和制造业投资同比分别增长12.6%和15.9%，全省规模以上工业行业利润增长面达到85%。[②]

3. 用地主体类型多样，新兴业态蓄势待发

总体上看，全省国有建设用地市场主体类型较多，遍布工业各行业。排名前三的用地主体行业为设备制造、物流建设和科技企业，分别占总量的29.98%、14.69%和7.96%。新材料、新能源、生物医药以及废弃物处理四类新兴行业发展较快，占比达到17.67%。分地区看，产业类型地区特色

---

① 郭艳：《全省经济稳步恢复，发展基础更加巩固》，江苏省统计信息网，2021年10月23日。
② 郝思军：《投资增势平稳，结构继续改善》，江苏省统计信息网，2021年10月23日。

显著。苏北农业企业和四类新兴行业最多，分别占同行业总量的49.53%和40.16%；苏南设备制造和物流建设行业最多，占比分别为46.11%和41.43%；苏中则以纺织企业为最多，占同行业总量的44.14%。

全省国有建设用地市场主体来源较为广泛，高新技术企业不断壮大。据江苏省统计局估算，2021年前三季度全省工业生产增长较快，先进制造业做出了有力支撑。其中，高新技术产业产值同比增长25.0%，新能源、新材料及电子通信设备分别增长了43.8%、25.6%和25.0%。新兴产业投入增速加快，全省高新技术产业拉动全部投资增长3.9个百分点。[①]

4. 用地出现集中态势，地价因区位和产业不同而不同

总体上看，全省国有建设用地分布相对集中。出让地块位于各种开发区的共有849块，占总量的38.86%。其余地块因产业类型相似而集中在相邻地区。就地价而言，国家级园区地块价格更高，平均地块出让价格达到435.54元/平方米；生物医药类的企业用地价格次之，平均地价为410.28元/平方米。分地区看，苏中和苏南地区进入开发区的地块比例比苏北地区高出2个百分点左右；苏南以废弃物循环处理行业用地价格最高，苏中以综合性工业行业用地价格最高，苏北以物流建筑等行业用地价格最高。

国土空间规划中产业用地集聚是合理布局工业用地的重要方向，也是提高土地集约节约利用水平，形成产业规模效应的必要手段。引导企业进园入区的"三集中"战略在苏南和苏中地区实行较早。近年来，苏北地区的后发赶超速度加快，地域空间相对广阔，各类企业用地需求较为旺盛。

（二）农村集体经营性建设用地市场特征

1. 市场交易活跃，规模持续扩大

总体上看，全省农村集体经营性建设用地市场交易进入活跃期。该时段共计交易203块农村建设用地，出让土地总面积达499.16万平方米，成交

---

① 江苏省统计局：《经济运行稳健复苏，发展韧性持续增强》，江苏省人民政府网，2021年10月23日。

总金额16.25亿元，平均单位面积价格均值为342.25元/平方米。分地区看，苏中、苏北地区比苏南交易活动更为频繁。出让数量以苏中最多，占比为42.36%；出让面积以苏北最大，占比达47.01%，分别是苏南和苏中2.37倍和1.42倍。成交总金额以苏北为最高，占比达到38.11%；成交单价以苏南为最高，达到487.84元/平方米，分别比苏北和苏中高出102%和50%以上（见表2）。

表2　2021年前三季度江苏省农村集体建设用地出让情况

	地块数量 （块）	出让面积 （万平方米）	成交总金额 （亿元）	出让单价均值 （元/平方米）
苏南	55	98.80	5.26	487.84
苏中	86	165.71	4.80	323.84
苏北	62	234.64	6.19	240.97
全省	203	499.16	16.25	342.25

2020年开始农村集体经营性建设用地从隐性市场转为显性市场，全省经过以点带面进入普遍探索的发展阶段。农村集体经营性建设用地入市已经彰显出巨大的市场价值和交易潜力。苏中、苏北地区在众多战略机遇叠加下，农村建设用地存量和增量空间比苏南地区更大，参与市场交易的热情也更加高涨。

2. 交易方式趋同，交易期限待定

总体上看，全省农村集体经营性建设用地交易方式绝大多数采取了挂牌出让。该时段挂牌出让地块共计201幅，占总量的99.01%；协议出让地块1幅，占总量的0.49%；挂牌租赁地块1幅，占总量的0.49%，后两种类型分别发生于苏南和苏中地区。地块出让年限仅在苏南地区有38幅地块的记录，其中50年的有35幅，30年的有3幅。

挂牌出让是基于公开市场竞争的最主要形式。在全面推广初期，全省农村集体经营性建设用地较为一致地采用了这种交易方式。另外，农村建设用地市场交易信息登记要求不统一，导致不同地区发布的信息内容详细程度不同。苏中和苏北地区缺失出让年限的统计信息。

3. 用地主体多元，地区差异明显

总体上看，全省农村集体经营性建设用地市场主体也呈现多元化态势，涉及各主要行业。占据前三位的行业用地主体是设备制造、科技和新材料企业，占比分别为 30.54%、8.87%、7.88%。包括农纺木化金在内的传统工业行业占比 25.10%，超过包括废弃物处理、新材料和新能源及生物医药等在内的新兴产业行业 10 个百分点以上。分地区看，苏南新兴行业占比超过传统行业 3.80 个百分点，苏中和苏北传统行业占比分别超过新兴行业 15.10 个和 20.10 个百分点。

产业兴旺是乡村振兴的基石。在乡村建设行动扎实推进的过程中，乡村基础设施和环境建设水平不断提升，全省乡村地区因企业就近原则同样涌现出新的用地需求。相比来看，苏南地区高新技术企业发展比苏中和苏北地区更加快速。

4. 用地布局分散，地价差异显著

总体上看，全省农村集体经营性建设用地分布较为分散。出让地块位于各种开发区的共有 20 块，仅占总量的 9.85%。97.54% 的宗地分布在非行政中心的村镇中。就地价而言，国家级园区的地块价格更高，平均地价达到了 519.50 元/平方米；废弃物处理类的企业用地价格更高，平均地价为 525 元/平方米。分地区看，苏南地区以物流建筑企业用地价格最高，苏中地区以热力电力行业用地价格最高，苏北地区以农业企业用地价格最高。

为在提高土地利用效率的同时控制国土开发强度，对乡村地区非农产业布局管理严格。全省乡村工业相对零散的分布格局不仅是规划管控的结果，也是长期以来隐性市场"暗箱"发展的历史产物。宗地价格大体因设施水平、区位环境等随行就市上涨。个别类型因企业量少而显得价格更高。

（三）城乡建设用地对比特征

1. 城市建设用地交易规模明显大于农村市场

同时间段内，城市建设用地市场交易宗数、交易面积和总价分别是农村集体经营性建设用地的10.76倍、16.71倍和16.47倍。城乡地块单位面积成交价格基本持平，但是城市地块单宗成交价格高于农村地块53.34%（见图1）。分地区看，苏南比苏中和苏北的城乡建设用地市场交易规模差异更悬殊。苏南城乡建设用地的交易宗数、交易面积和总价分别相差13.78倍、27.35倍和24.04倍，明显高于全省平均水平。地区经济越发达，城乡建设市场规模差别越明显。

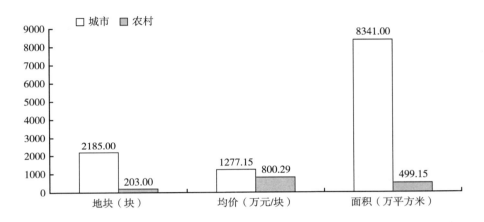

图1　江苏省城乡建设用地市场交易规模对比

2. 城乡建设用地交易方式均以挂牌为主导

同时间段内，城乡建设用地市场的挂牌出让方式占比均为98%以上，占据绝对优势，其他方式仅有零星发生。农村集体经营性建设用地没有划拨的方式，城市建设用地没有租赁的方式。分地区看，苏南地区比苏中和苏北地区的城乡建设用地市场交易方式更灵活，租赁、协议、划拨都有所涉及。城乡建设用地交易方式较为规范单一，市场化探索较早的地区方式更多样。

3. 城乡建设用地主体均以设备制造业为主

同时间段内，城乡建设用地的市场交易主体主要为设备制造企业，均占总交易量的30%左右。农纺木化金等传统行业企业占农村总交易量高出城市地区4个百分点左右，而新材料、新能源、生物医药以及废弃物处理等新兴行业的占比情况刚好相反。分地区看，苏中和苏北比苏南地区的城乡建设用地市场主体传统行业占比更高，表明传统企业用地因成本产出等因素，更趋向布局在经济水平相对不高的地区，新兴企业则更趋于经济设施更完善的地区。

4. 城市建设用地分布集中程度高于农村用地

同时间段内，城市建设用地交易地块进园入区的比例比农村地块高出近30个百分点。城市没有进入各级开发园区的同行业地块主要分布在相邻街道，农村则主要分布在同一个镇上。分地区看，苏南和苏中地区比苏北地区的城乡建设用地更具有集中趋势。用地企业的空间集聚度，一方面是由各级空间规划指引程度不同导致的，另一方面与地区经济社会发展阶段差异直接相关。

二　江苏省城乡建设用地市场发展的主要障碍

城乡建设用地市场在顶层设计上已经突破法律障碍，为"同价同权"的最终目标迈出了实质性的步伐。但是，城乡建设用地市场仍将有很长时期处于各自平行封闭的发展阶段，二者自身及互动成效还存在许多难以回避的难题。究其根源，主要存在以下四个方面的障碍。

（一）体制障碍：规划法律未衔接

从城乡建设用地市场的外部因素看，一直存在土地利用管理法律与顶层上位空间规划及地方其他相关条例之间的不配套、不衔接问题。

一方面，"多规合一"的国土空间规划将成为我国今后一个时期各级政府空间管理的法律准则。截至目前，省市级国土空间规划基本编制完成，面广量大的镇村级国土空间规划仍在编制进行中。特别是2021年8月公布的第三次全国国土调查数据将成为制定重大发展战略的重要依据。另一方面，地方相关条例有各自出台修订的进度安排。例如，《江苏省不动产登记条例》在2019年5月开始实施。上述规划、数据及条例与2020年新修订的《土地管理法》及实施条例形成了时间落差，关于集体土地权属等细节表述，也存在不协调、不一致的地方。

相关法律标准等提前或者后续出台，不仅导致历史遗留问题的产生，而且在新的规划或者措施落地过程中产生新的冲突。主要表现为用地需求以及实际功能与空间管制、登记管理等方面的不匹配。例如，现有规划中农村集体土地大多数被限定为农业用途，增量建设用地本身不足，入市空间范围难以界定，而现状与规划用途不一致，这部分用地因不符合规划而无法流转入市。

（二）机制障碍：主体诉求不一致

从城乡建设用地市场的内部因素看，城乡地区、资源财政部门、地方政府、用地企业、集体和农民都是参与主体，他们因诉求不同而产生矛盾。

一方面，"以地谋发展"的土地财政难以破除。20 世纪 90 年代中期以来，国家分税制及征地制度改革形成了地方政府以土地工具推动经济发展的模式。[1] 目前全省土地出让金收入占地方一般公共预算收入的比重可观，仍是财政收支缺口的主要补充。扣除通货膨胀因素，20 年间土地市场价格上升 10 倍左右，城市建设用地市场出让热情不减。另一方面，"城市偏向"的土地财产收益分配格局依然存在。据核算，全国土地出让非成本性支出用于农业农村的比例明显低于城市建设，约占土地出让总收益的 1/3，不到土地出让总收入的 10%。[2] 江苏情况也大抵如此。

城乡建设用地市场改革涉及范围广、牵涉主体多。它们各自目标不一致，例如，中央政府对用地结构管控、促进地方发展的初衷，地方政府对增减挂钩指标及经济增长、财政收入的期盼，企业对城乡建设用地融资的需求，村社集体对地区自主发展权的支配要求，农户对集体权益长久持有的愿望，这些交织在一起，难以在短期内形成"放之四海而皆准"的范式解决方案。

---

① 刘守英：《"以地谋发展"模式的衰竭——基于门槛回归模型的实证研究》，《管理世界》2020 年第 6 期。
② 黄晓芳：《"十四五"末土地出让收益用于农业农村比例将达 50% 以上》，《经济日报》2020 年 9 月 25 日。

（三）功能障碍：转型创新有阻力

从城乡建设用地市场的功能布局看，用地企业、交易类型及空间分布等受到地区工业产业结构及用地效率等客观条件制约。

一方面，江苏省以制造业实体经济为主，偏重的工业产业结构仍未改变。通用及专用设备制造始终占绝对分量，新兴高科技行业也集中在这个大类，决定了城乡用地企业的主要类型偏向单一化、重型化。另一方面，江苏省城乡建设用地表现出增长趋势，城乡用地效率有待提升。根据最新三调数据，近十年间，村镇建设用地和城市建成区同步扩张，但是乡村人口和城市人口密度均呈下降趋势。农村劳动力和人口非农化带来农村建设用地效率不高、城市土地城镇化快于人的城镇化速度同样带来城市建设用地效率损失。

城乡建设用地主体类型局限、企业更新及占地不集约的现实问题依然存在。据统计，城乡建设用地 60% 以上的企业广泛地分布在开发区之外和中心地以外的地域。这既是国土空间功能布局的结果，也符合企业就近落地的需求，但同样会加剧用地无序扩张的不利局面。

（四）实践障碍：落实执行难度大

从城乡建设用地市场发展的实践过程看，因体制、机制、功能等不完善以及基层理解落实不到位，都加大了操作执行的实际难度。

一方面，城乡建设用地市场信息平台互相独立，农村集体经营性建设用地市场平台建立时间短，很多内容亟待完善。一些重要基础性的平台信息缺失，例如土地等级、土地用途、出让（租赁）年限、出让面积等时有空缺。另一方面，农村集体用地的不动产权证在金融行业认可度不高，贷款抵押仅限于本地政府指定的金融机构。企业因正规融资途径被阻断，极大地降低了对这类用地的需求。除非政府下达指令性任务，大多数金融机构对集体用地的实际接受意愿较低。因权能不匹配产生的"有市无门"现象普遍存在。

农村集体经营性建设用地的市场价格形成机制及交易规则尚未建立。

例如，交易价格往往参照土地征收价格及相邻地块成交价格来协商确定，没有规范的基准地价，难以体现真实价值，更没有区位价及等级价的划分。另外，因集体土地本身权能缺陷，长期影响金融抵押贷款业务的开展。这些与建设用地指标的稀缺性相比，集体土地自身的资产属性还未充分体现。

三 江苏省构建城乡统一建设用地市场的推进路径

建立统一的城乡建设用地市场不仅为破除"土地财政"弊端提供新的思路，而且为保障农民财产权益、实现共同富裕激发新的动力。"十四五"时期，江苏省要进一步解放思想，提高站位，把握总体方向，加强部门联动，坚持用整体性、系统性和协调性思维谋划工作，以全面确立城乡建设用地平等地位为前提，为确保城乡建设用地市场改革顺利实施，着力从市场体系、管理效能、配套改革、利益分配等方面，推动全省城乡建设用地市场发展迈向新台阶。

（一）建立同权同价市场体系

江苏省要率先建立起更大范围的城乡统一的建设用地市场体系，关键点在于从试点经验向面上推广的过程中，真正确立市场机制的决定性作用。

建议以国有土地交易平台为参照，加快制定农村集体经营性建设用地市场价格形成机制和规范交易规则。摸清农村集体建设用地存量资源，尽快形成农村集体土地价格评估技术体系，解决农村集体经营性建设用地使用权定价难题。各级地市主动对接省级城乡土地交易市场平台，提供信息化与智能化技术支持。城乡出让宗地发布信息保持规范一致。对城乡建设用地出让金实行统一管理。

构建城乡统一的建设用地价格管控机制和基准地价体系，建立起较为完善的农村集体经营性建设用地二级市场交易平台。严格把控新增农村集体经营性建设用地规模，探索将其一并纳入城乡建设用地总量控制体系。

（二）提升有为政府管理效能

2021 年 5 月《江苏省土地管理条例》在全国率先出台。在贯彻落实新的城乡用地管理理念过程中，加强省域各相关政策法规的配套支持。

建议修改完善省级层面不动产登记、自然资源产权制度改革、国土空间规划编制等方面的相关规定和表述。在产权清晰的前提下，创新城乡建设用地管理方式。正向激励企业绿色发展，通过集约利用评价体系促进低端企业改造提升和转移腾退，加快低效城乡建设用地有机更新。改变城乡工业用地出让年限和支付方式的传统路径，推广弹性出让、差别化地租等形式，完善城乡建设用地使用权续期制度。

进一步打破"有市无门"状态。在全省率先推进城乡建设用地跨区域、跨行业、跨领域交易。在县（区）级国土空间规划编制中设置城乡开发边界缓冲区，减少城乡边界的刚性定位约束，用地指标优先满足农业农村绿色发展。

（三）加大金融财税支持力度

江苏省要以金融财税联动改革逐渐破除土地财政依赖，为城乡建设用地市场提供权能一致的资金保障，不断拓展城乡财政收入来源。

建议加快构建农村集体经营性建设用地入市配套金融机制。鼓励人行、银保监局及各商业银行为农村集体经营性建设用地开办使用权抵押贷款业务，针对农村集体经营性建设用地入市涉及的土地整治、开发建设和产业运营等不同阶段推出专项融资产品，给用地企业和供地集体发出良性信号。构建多方合作平台和风险共担机制，设立农村集体经营性建设用地使用权抵押贷款风险补偿基金。

参照国有用地使用办法和出让金管理方式，降低企业取得农村集体用地使用权的支付成本，核减企业所得税税前列支和转让增值税基数。允许已办理不动产登记的农村集体经营性建设用地整体转让或分割转让。

（四）完善利益分配共享机制

江苏省已经具备进一步缩小城乡差距的物质条件和组织支持。秉持"人民导向"，构建起兼顾代际公平及区域公平的入市土地增值收益分配机制。[①]

建议以保障各类主体充分享受入市的经济红利为目标，积极探索兼顾国家、企业、集体、个人利益的分配机制。改革城乡用地"增减挂钩"使用方式，避免因换取指标产生新的低价供地与驱赶农民上楼的冲动。各地政府根据自身发展阶段，做好规划与计划，在明确产业支撑的前提下争取建设用地指标，进行合理化土地储备。严惩用地企业因逐利而随意变更土地用途的行为。

政府与集体公益项目向城乡居民个体收入、就业能力、生活品质等方面给予倾斜和考量。鼓励引导企业部分收益用于提升用地周边公共服务水平。妥善解决历史遗留问题，切实保障当代及后代的权利和权益。

---

① 邹旭、石晓平、马贤磊：《中国共产党建党百年来的土地增值收益分配：政策演进、理论辨析与改革逻辑》，《中国土地科学》2021 年第 8 期。

江苏耕地"非粮化"基本态势、成因及政策优化

金高峰*

摘　要： 当前，遏制耕地"非农化"防止"非粮化"，切实保障粮食安全，已成为"三农"工作的重要任务。江苏省粮食生产总体形势是好的，但"非粮化"的诱因仍然存在，还存在着"非粮化"蔓延的可能风险，影响未来省域内粮食基本自给水平。调查发现，引致"非粮化"的诱因主要有思想上对耕地保护和粮食安全的认知偏差，政策上约束力不强、支撑力不够，各地政府间利益难平衡，经济主体缺乏预期收益激励。防止"非粮化"，需要充分把握好粮食产品的"准公共品"和"私人物品"双重属性，综合运用政策、经济等措施：一是提升认识水平，理性区别看待"非农化""非粮化"行为；二是进一步细化粮食生产区划，完善监测预警机制；三是落实地方生产责任，完善区域补偿机制；四是提升粮食生产现代化、规模化经营水平，增强粮食直补的精准性。

关键词： 耕地"非农化"　耕地"非粮化"　粮食安全　江苏

近年来，随着工业化、城镇化的深入推进和农村经济增长方式的逐步转变，土地流转中耕地"非农化""非粮化"情况日益严重，第二、第三产业占用耕地现象时有发生，经济作物取代粮食作物态势蔓延。与此同时，新冠肺

---

* 金高峰，江苏省社会科学院农村发展研究所副研究员。

炎疫情使粮食等大宗农产品贸易链、供应链受到较大冲击，增加了国际市场供给的不确定性。2020年下半年以来，各级政府都对粮食安全问题给予了高度关注。中央连续出台了《关于坚决制止耕地"非农化"行为的通知》（国办发明电〔2020〕24号）和《关于防止耕地"非粮化"稳定粮食生产的意见》，提出全面加强耕地保护和用途管制，切实遏制耕地"非农化"乱象，防止过度"非粮化"特别是"非食物化"，坚决守住耕地红线。全国不少省份也相继出台配套工作方案。江苏省是经济强省、全国粮食主产省，2020年，全省粮食产量达到3729万吨，占全国总产量（66949万吨）的5.57%，更应高度关注耕地"非农化""非粮化"的问题，守护国家粮食安全。

从概念上看，"非粮化"是指农地流转后，将原来用于种植稻、麦、玉米等传统作物的土地转为种植经济作物，诸如蔬菜、果树、花卉等，也有将土地的种植用途改为养殖业，如水产养殖或畜禽养殖。"非农化"的评定界限是土地用于农业还是非农业，土地流转后用于农业生产以外的其他产业上，如建设加工厂房、物流仓库、开发小产权房等。① 从影响程度看，相比"非农化"直接造成土壤质量根本性改变，带来不可逆影响，"非粮化"则是基于农业内部比较收益的结构调整，不同经济作物对耕作层的影响程度有差异。一般来说，基于"非粮化"后恢复粮食生产的难易程度，可对"非粮化"行为的损害作如下排序，挖塘养鱼 > 绿化花卉苗木 > 速生杨或速生桉等根系发达的树种 > 种植茶叶或果树等根系相对不发达的灌木树种或中药材 > 蔬菜、饲料、油料或糖料等经济作物。另外，"非粮化"因为经济效益较高，还会产生巨大的示范带动效应，有进一步蔓延的可能，值得警惕。

一　江苏耕地"非粮化"的基本态势研判

江苏耕地面积基本保持在4575千公顷左右，"非农化"受耕地红线的严格限制，"非粮化"则主要通过减少粮食生产，种植具有更高经济价值的

---

① 刘洋：《流转农地中的"两非"问题研究》，博士学位论文，湖南农业大学，2018。

农作物。为此，重点通过粮食作物播种面积、粮经比等指标的分析，可以在一定程度上对一地"非粮化"的形势做出判断。

（一）粮食作物播种面积总体平稳，呈均值回归现象

自 2000 年特别是 2010 年以来，全省农作物与粮食作物播种面积总体保持平稳。从农作物播种的总面积看，呈现先下降后上升再下降的态势，但年份间变化幅度不大，最高时播种面积为 2000 年的 7944.87 千公顷，最低的是 2007 年的 7362.79 公顷。相比来看，粮食作物播种面积除 2007 以前波动较大外，此后变化趋势与农作物总播种情况基本一致，总体上围绕均值线波动，最高年份为 2016 年（5583.28 千公顷），最低年份为 2003 年（4659.47 千公顷），2016～2019 年逐年下降，从 2016 年的 5583.28 千公顷下降到 2019 年的 5381.48 千公顷，减少了 201.8 千公顷，平均每年下降 1 个百分点（见图 1）。从粮食作物播种面积占比看，2007 年以来维持在 0.7 以上，2017 年时最高为 0.73，有力地保障了粮食生产的稳定供给。

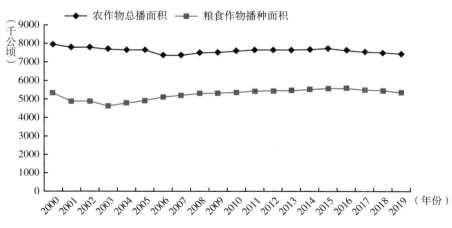

图 1　2000～2019 年江苏省粮食作物播种面积变化趋势

（二）粮食产量持续增长，但增长率连续下滑

整体上看，江苏粮食产量多年来保持增长势头，2010～2019 年，全省

粮食总产量从 3284.99 万吨增加到 3706.2 万吨，增长了 12.82%，年均增长 1.35%。但从每年的增长率来看，自 2014 年以来呈总体下滑趋势（2016 年为负），从 2.39% 下降到 1.25%（见图 2）。看粮食产量的增长是否能满足需求，还要考虑人口因素。最新的七普数据显示，江苏省常住人口达到 8474.8 万人，比 2010 年（六普）的 7866 万人增加 609 万人，十年间增幅为 7.74%。据此进一步分析发现，人均粮食产量从 2010 年的 417.62 公斤增加到 2019 年的 437.32 公斤。全省的土地总量是一定的，随着耕地资源禀赋的相对匮乏与用地需求不断增大，在粮食生产技术难有大的突破的情况下，粮食安全形势将越来越严峻。

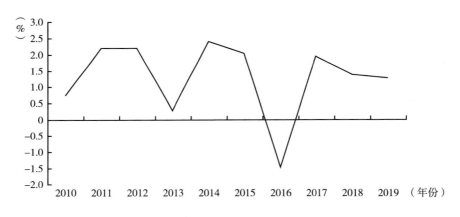

图2　2010～2019 年江苏省粮食产量增长率

（三）各市"非粮化"程度不同，粮食生产进一步向苏北集中

江苏省粮食生产主要分布在苏北 5 市，近年来有进一步集中的趋势，值得关注。2019 年，苏北 5 市粮食作物总播种面积达 3526.41 千公顷，占全省总播种面积的 65.53%，其中盐城市粮食作物播种面积最高，达 982.85 千公顷；苏南 5 市粮食作物播种面积均不超过 150 千公顷，总播种面积仅 560.72 千公顷，占全省的 10% 左右，其中无锡市最少，为 79.51 千公顷。与 2010 年相比，有一半市的粮食作物播种面积有所减少，且主要集中在苏

南、苏中地区，分别是南京市（－27.38千公顷）、无锡市（－39.22千公顷）、常州市（－65.81千公顷）、苏州市（－42.86千公顷）、扬州市（－24.13千公顷）、泰州市（－59.05千公顷）、镇江市（－44.33千公顷）（见表1）。进一步分析发现，这些地区的粮食作物播种面积减少主要用于增加经济作物种植，其粮食作物播种面积占比（除南京市外）均比2010年有不同程度下降，"非农化"经营的现象需要引起足够的重视。

表1 2010年、2019年江苏各市粮食作物播种面积、占比及其变化情况

市	2019年		2010年		变化率（个百分点）
	粮食作物播种面积（千公顷）	占比（%）	粮食作物播种面积（千公顷）	占比（%）	
南京	133.73	53.15	161.11	48.05	5.10
无锡	79.51	57.65	118.73	65.63	－7.98
徐州	761.81	64.67	714.05	64.97	－0.29
常州	95.67	56.77	161.48	69.90	－13.13
苏州	118.86	56.97	161.72	59.91	－2.94
南通	534.02	67.83	528.78	61.85	5.98
连云港	505.89	80.74	485.11	81.96	－1.22
淮安	678.48	84.51	646.34	82.91	1.59
盐城	982.85	71.68	949	64.99	6.69
扬州	386.2	81.98	410.33	82.04	－0.07
镇江	132.95	72.32	177.28	74.40	－2.08
泰州	374.13	72.16	433.18	75.73	－3.57
宿迁	597.38	80.84	570.68	81.07	－0.23

（四）未来粮食作物播种面积需求将进一步增加

一般来说，在耕地水平一定的情况下，影响粮食产量的主要是粮食作物实际播种面积和单位面积产量。在短时间内，技术水平很难有大的突破，即粮食单产水平趋于稳定，对粮食产量的影响不大，因此，粮食作物播种面积的大小决定了一个地区粮食产量的多少。可用公式表示，粮食作物播种面积占比＝人口数×人均粮食需求量×粮食自给率/（粮食作物播种面积单产×

耕地面积×复种指数）。

到2030年，全省人口数按过去10年的增长率预计约9130万人，人均粮食需求量根据世界银行《中国经济简报》预测数据达491公斤，自给率按90%计，粮食作物播种面积单产在技术水平不变的情况下以2019年的491公斤/亩计，全省耕地面积基本保持在4575千公顷左右，复种指数按2019年的1.63计。据此粗略预测，到2030年全省粮食如果还要保证90%的自给率，粮食作物占农作物的播种面积比需提高到0.78左右。因此，要提早谋划布局全省粮食安全生产工作。

二　耕地"双非化"的主要原因剖析

从前述分析可以判断，建设粮食生产总体形势是好的，但未来需求将进一步增长，"非粮化"的诱因也仍然存在，还存在着"非粮化"蔓延的可能风险，对未来省域内粮食基本自给形成冲击。为此，要准确把握江苏现阶段"非粮化"的深层次成因，分析其影响程度，有针对性地提出有效防范措施。

（一）思想认识层面：对耕地保护与粮食安全认知偏差

一是对粮食安全的重要性认知缺失。粮食安全的问题一直以来都是学术界争论的焦点，不少人认为粮食缺口完全可以通过利用国内国外两个市场进行调节，且中国目前是能够基本自给的，安全问题根本不存在。一些地方政府干部缺乏粮食安全的大局观，过度追求短期、局部的经济利益，对粮食产业基于国家安全的长期价值认知不足。而对于农村干部群众而言，他们本身对粮食生产的概念还很模糊，认识不到耕地"非粮化"给国家带来的影响，要求他们拥有国家粮食安全的大局观意识也不太现实。

二是错误地将一切从事可食用农产品生产的行为都理解为粮食生产。调查发现，对农业生产用途的认知或界限模糊是造成耕地"非粮化"的一个重要原因，不少干部和群众认为耕地只要一直从事的是农业产业生产，不搞开发房地产等非农产业就是政策许可的，加上近年来不少地方政府对耕地用于发展高效设施农业、特色农业等项目予以更高的财政补贴政策，存在一定的误导效应，农村基层干部和农户想当然地以为，耕地只要没有变成建设用地，继续从事大农业生产范畴，甚至可以用于农村旅游和畜牧养殖业等。这种对耕地用途的片面理解成为"非粮化"的重要诱因。此外，也有一部分同志谈粮色变，过度强调粮食安全，一刀切地认为农用地只能种植稻、麦、玉米等粮食作物，任何其他项目都是不允许的。

（二）宏观政策层面：约束力不强、支撑度不够

一是法律和政策规定对土地用途不清晰。此前的《土地管理法》，仅对农村土地"非农化"使用做了较为明确的限制，而对"非粮化"使用的规定较为笼统，导致实践中无政策依据依法实施农村土地流转用途监管。依据相关规定，"土地承包经营权流转，不得改变土地集体所有制性质，不得改变土地用途，不得损害农民土地承包权益"[①]，"国家保护耕地，严格控制耕地转为非耕地"，缺少"粮田必须种粮或必须保证一定比例从事粮食生产"等对"非粮化"的硬性规定，这是造成耕地流转后过度"非粮化"倾向的重要原因之一。此外，粮食生产规划缺失。目前全省粮食生产除了一些总体性发展规划外，区域性粮食生产布局规划欠缺，不少县市（特别是苏南地区）虽然划定了粮食生产主导区域，但执行中增减挂钩政策过度使用，导致粮食生产布局分散，粮食生产规模化、机械化难以推进，种粮户与非种粮户区分困难，粮食补贴等惠农政策难以有效实施。

二是监测与预警机制待加强。其一，监管主体不明。调查发现，当前对涉及农村土地用途监管的部门包括了国土资源、农业农村等部门，对全省的土地使用情况究竟怎样认识上还比较模糊，对土地用途的监管、使用及执行上更多关注"非农化"情况，对"非粮化"行为缺乏明确的管理规范。对既定的"非粮化"现象很难加以处罚。而且，实际土地承包户只考虑收益

---

① 《农村土地经营权流转管理办法》，中华人民共和国农业农村部令2021年第1号。

是否有保障、租金是否有提高，对一些社会资本租地种什么从不过问。其二，准入机制、监测技术支撑还不够。大数据、农业物联网技术及遥感技术等基础设施发展还需加快，相关技术普及使用率不高，很难对耕地质量情况实行动态化监测，导致对耕地种植情况的底数及变化情况掌握不足，无法实施有效调控。

（三）中观地方政府层面：区域利益难平衡

一是过度偏向地区经济发展。一直以来我国都是以 GDP 等经济指标为主的地方政府领导考核指标，该考核指标体系也更容易显现，导致了地方政府领导在实际工作中不太重视地方经济社会的健康发展，而过于注重经济指标。为了加快当地经济发展，推进脱贫减贫，纷纷出台政策加快农村产业结构调整，鼓励支持农地用于种植高效农作物，以便获得更高收益。近几年为应对经济增长放缓的态势，各地纷纷出台多样化的优惠政策，吸引包括工商、龙头企业、合作社等社会资本前来投资，对这些资本进入后的"非粮化"现象听之任之，对粮食安全造成一定的危害。

二是区域利益补偿还不够。对地方粮食生产产量和质量的选择性激励还很缺乏，制止农地"非农化""非粮化"趋势，与城市化建设、地方经济发展和农民增收目标存在不一致情况。往往粮食生产大县就是财政穷县，得到的转移支付经费不足，导致地方政府不能有效地承担起合理配置耕地资源、保障地区粮食生产稳定的责任，往往为了摆脱地方经济贫困而默许土地流转中的"非粮化"甚至"非农化"现象，给"非粮化"种植留下了灰色空间。

（四）微观市场层面：缺乏收益预期激励

一是种粮比较效益低。种粮比较效益低下，无疑是推动大户"非粮化"种植的关键因素。实地调研发现，假定苏北地区农民仅在自有承包地上种植小麦和水稻，以每亩可收获 450 公斤小麦和 600 公斤水稻为例，分别按市场价 2 元/公斤和 2.4 元/公斤计，除去种子、肥料、劳动力等耕作成本（约占一半）大致每亩地 1200 元，那么每亩地利润不到 1200 元。然而相对于种植粮食作物来说，种植经济作物收益明显较好，种植一亩葡萄的利润有 4000 元以上，一亩苹果的利润可达 3500 元，至少是稻麦两季的 3 倍。

二是农地租金上涨倒逼"非粮化"。近年来，全省农地流转从事规模经营的比例越来越高，数据显示，截至 2020 年底，全省土地流转面积超过 3000 万亩，土地流转率达 60%。据了解，目前流转土地中有不小比例是政府行政推动的，为提高农民转出积极性，土地租金少则每亩 800 元，多的高达 1200 元，且每过几年还要上调一定额度。据了解，如果在农户间自发流转，一般仍沿袭以种粮为主的传统种植方式，因此，流转价格很低，不会超过每亩 500 元，多数还是无偿的。在粮食作物收益较低的情况下，工商资本如果投资农业，还需支付雇佣劳动力以及土地流转租金等费用，盈利空间极小，导致不少企业种植粮食作物只能获得很少的收益（包括每亩 200 元的适度规模经营补贴），可持续性差，有的转而从事收益较高的经济作物，使农田逐步"非粮化"。

三是惠农补贴政策存在目标偏差。基于国家粮食安全的需要，中央年年加大农业补贴奖励力度，实施了一系列种粮相关补贴政策，以适度的收益激发农民种粮积极性，如农资综合补贴、种粮直补、良种补贴等，但这些政策并没有达到预期的目标。据课题组调查了解，在执行过程中，各地采取方式不一，较多地区出于节约政策执行成本等考虑，采取了普惠制方式，直接以承包土地面积发放，农民无论种不种粮食，复种指数怎样，都能获得该项补贴，有违国家鼓励粮食生产的初衷。

三 防止过度"双非化"的总体思路与政策建议

基于前述分析，我们应该看到"非粮化"来自多因素的综合作用，有其必然性。站在确保国家粮食安全、经济安全和社会稳定的高度，我们要对过度"非农化""非粮化"高度警惕，采取一系列切实可行的措施，防止过度"非粮化"趋势。

（一）总体思路

遏制农地"非农化"、防止"非粮化"，需要充分把握好粮食产品的双重属性。一方面，在粮食从生产到加工销售等不同环节，均由农户个体完成，是收益归私人所有的产品；另一方面，粮食安全保障体系关乎国计民生和国家安全，需要进行战略储备、救灾救济、平抑市场、维持社会稳定，具有准公共产品的性质。

1. 准公共产品属性决定了粮食安全离不开政府参与

粮食具有准公共产品属性，其价格不能充分反映社会边际收益，也难以获得社会平均利润。保障国家粮食安全，既不能简单用法律与行政手段强制农民种粮，也不能听之任之，完全用市场经济的手段来调节，要求必须有政府相关的经济导向与政策支持。为此，一是必须把粮食生产和耕地保护纳入地方政府绩效考核，要兼顾粮食主产区贫困的现实利益；二是必须加大对粮食生产公共设施的投入，加大农田灌溉和水土保持、水利和交通设施、土地和河流整治、农业科研和农技服务等方面的政策支持力度。

2. 私人产品属性决定了粮食生产离不开一定的经济激励

种粮大户以及粮食种植地区作为市场经济主体，追求经济利润最大化是其利益诉求，在粮食价格不能放任由市场调节的情况下，必须多渠道进行利益补偿，弥补市场失灵。一方面，要坚持规模化、优质化、机械化和数字化战略，推动粮食生产高质量发展；另一方面，适度的"非粮化"是农民自愿选择的结果，有利于农民收入增长，在承认其合理性的同时，密切关注其发展趋势，寻求一种平衡机制，防止过度"非粮化"。

3. "压舱石"地位决定了要有底线思维意识

突如其来的新冠肺炎疫情，在给我国人民的生产、生活带来冲击的同时，也对国际农产品进出口贸易带来不确定性。正因为我们始终坚持"把中国人的饭碗牢牢端在自己手中""中国人饭碗主要装中国粮"策略，才保证了我国的粮食稳定供给，保障了人民的基本生活需求，可以说国家粮食储备就是"压舱石"。因此，要根据人口增长和经济发展需要，保证一定的粮食产量、一定的可用耕地，"藏粮于地、藏粮于技"，这是应对大灾大难等不确定风险、维护社会稳定的基础。

（二）主要政策建议

基于以上思路，作为当前农地"非农化"和"非粮化"可持续治理的首要与迫切需求，为实现土地资源的高效管理和保护的双重目标，提出如下建议。

1. 区别对待"双非化"行为

粮食生产涉及多个利益主体，要调动社会参与，自觉执行国家的各项规章制度。在保证自给自足和国家储备的情况下，辩证地看待耕地"非粮化"问题。

首先，提升对粮食安全重要性的认识。粮丰则农稳，农稳则国安，江苏是粮食主产省份之一，时刻不能放松粮食安全这根弦。一方面，加强对地方领导粮食安全形势的教育与宣传，完善考核与激励制度，使各级政府自觉承担起监管、引导重任；另一方面，采取线上讲座、线下发放宣传手册等多样化方式，提升广大农民群众对粮食生产的认知水平，使其知晓相关法律法规和政策要求，充分认识到"非粮化"对国家粮食安全等的严重危害，增强其责任感、荣誉感及"良地粮用"的守法意识，进而从根本上避免过度"非粮化"。

其次，理性看待适度"非粮化"。总体上，随着城乡居民膳食结构的升级换代，人们的食物结构逐步向主粮比例降低化、结构多样化转变。为此，我们的粮食生产应顺应这一变化规律，形成"大粮食"观，其目标应更多地关注食物安全保护，允许一定程度耕地"食物化"利用。要区别对待"非农化"与"非粮化"。"非农化"彻底改变了土地法中规定的土地用途，是明确禁止的，对于违规的要严格惩罚。"非粮化"更多的是由市场引导的行为，应当理性看待，不必将其视为洪水猛兽。耕地经营者在不破坏耕地或对耕作层影响较小的前提下，允许其因地、因时制宜地进行种植业结构调整，实行"非粮化"轮作，以发挥市场配置资源的决定性作用，如种植蔬菜、草莓等，在粮食需求上升时，可随时用于粮食生产，即"藏粮于地"。但要禁止利用耕地挖鱼塘、种树等严重破坏耕地的"非粮化"行为，或者利用流转耕地大面积从事"非食物化"生产。

2. 完善宏观政策体系

参照"非农化"的禁令，完善"非粮化"的法律法规，细化耕地用途限制，提升监管的精准性与可行性。

首先，细化粮食生产区划。要坚持靠法治来维护粮食安全，要严格贯彻落实农业农村部 2021 年出台的《农村土地经营权流转管理办法》，确保农地流转后农用，优先用于粮食生产，将经营项目是否符合粮食生产等产业规划纳入审查内容，从制度上遏制工商资本圈地"非粮化"。建议对全省划定的 3700 万亩粮食生产功能区、500 万亩重要农产品生产保护区等工作任务进行全面摸查，不足部分给予补齐，全面掌握"非粮化"的类型、面积及分布。并且以县（区）为单位确定粮食产量底线，据此对农村土地要求进行细分，依据土壤肥沃程度以百亩为单位对土地进行分级、编号，优先保护种粮耕地数量和质量，直接保证粮食产量安全。同时，尽快研究制定江苏耕地"非粮化"后质量破坏认定标准，对耕作层损坏的具体情形进行界定，分类别给出明确统一的指导，从而对一些"非粮化"违规行为给予有效监管，切实保护稀缺优质耕地资源。

其次，完善监测预警机制。一是加强对社会资本准入的监管。建立农业准入和监控制度。流转前，详细了解农地转入方的信誉、涉农经营能力、资金状况及转入农地后的用途规划等情况，尽可能防范可能出现的问题，引导企业发展适合的种养业项目，避免后续给土地造成不可逆的损失。流转后也要进行全程监督管理，严格按照合同约定从事农业生产。二是加强耕地食物化生产的监管。加强对耕地食物化生产后的土质、养分、土体构型及 pH 值等指标的监管和预警，确保不破坏耕地优质耕作层。建议探索"非粮化"流转税征用制度，成立耕地"非粮化"复垦专项储备金，经费上由省市政府给予部分适当配套，主要用于耕地"非食物化"种植或特殊时期"非粮化"种植地块的复垦，从而保障能在短时间内恢复"良田粮用"，确保一定技术条件下的粮食安全水平①。三是加强对粮食生产面积的预警。以省域内粮食基本自给为底线，健全"非粮化"预警机制，综合运用卫星遥感影像和全球定位信息化技术、资料审核、实地核查等手段，对各地的耕地种植状况实行动态监控，根据粮食种植比例设置不同等级，对超出设定阈值的情况，督促尽快恢复规定的粮食种植比例。

3. 平衡粮食主产区与主销区利益

首先，落实粮食生产地方责任。落实各级政府责任，提升粮食生产与耕地质量保护等指标在干部职位晋升中的权重，各级政府应根据历史情况与发展前景严格细化并落实粮食生产目标，完善粮食安全目标责任考核办法，提高地方政府严格审批种粮耕地的意识。要进一步推进政府职能改革重组，着重明确国土资源、农业农村等关键部门的监管职责，充分利用好网络等现代技术，随时跟进土地开发与利用情况，建立健全农村流转土地的用途审批和监督体系，加大对农地"非农化""非粮化"行为的查处力度。

其次，完善区域间利益补偿机制。一是将粮食补贴向苏北粮食主产区集中。严格切实落实《江苏省关于进一步加强耕地保护和改进占补平衡的实施意见》（苏发〔2017〕15 号）文件中提出的进一步完善对产粮大县的奖补政策，将财政支持与耕地面积、粮食作物播种面积、产量、商品量和调出量挂钩，在农业基础设施建设、农业机械化发展、粮食产业链延伸等各类惠农项目中给予侧重，充分调动地方政府重粮、抓粮的积极性。二是完善区域间利益补偿机制。加强省内粮食产销衔接，按照"谁受益谁补偿"的原则，加大苏南粮食主销区对苏北产粮大县发展性补偿力度，持续推进南北共建工业园区，帮助其培育新经济、新业态与新模式，增强自我造血功能。同时，积极探索建立"非粮权"交易制度。可以参考碳排放、非农建设用地指标、股票交易等方式，确定各地区粮食产量任务和最大的非粮种植比例，将其转换成若干"非粮权"，建立"非粮权交易市场"，完善交易程序，推进这一权利在省域内进行交易，实现地区利益最优化配置。

---

① 孔祥斌：《耕地"非粮化"问题、成因及对策》，《中国土地》2020 年第 11 期。

4. 多措并举提升种粮效益

提高种粮收益是提升农户种粮积极性，也是防止耕地过度"非粮化"的重要举措。要着力提升粮食生产的现代化水平，提升劳作效率；要精准化粮食补贴制度，提升政策效果；要积极发展适度的经营主体，提升规模效益。

首先，提升粮食生产现代化水平。防止过度"非粮化"，保证粮食安全，与"藏粮于地、藏粮于技"战略目标是一致的。为此，一要进一步加强中低产田改造和农业基础设施建设。建立农田水利设施等基础性投入的稳定增长机制，着力提升"两区"高标准粮田建设标准，增强抗御水旱灾害的能力，继续加大测土配方施费推广力度，提高耕地基础地力和产出水平，切实做到"藏粮于地"。二要进一步加大对粮食生产技术的推广力度。搭建创新平台，推进农业技术集成创新，将研究成果及时、广泛地运用到粮食生产中，提高"高产、优质、多抗"粮油品种覆盖率，有效降低种粮成本，提高种粮效益。三要延长粮食产业链，加快完善"两区"冷藏烘干与仓储物流设施，积极发展多样化的粮食生产社会化服务体系，鼓励社会资本引入现代化生产加工技术，开展精细加工、储藏、包装，提升农产品品牌附加值，提高种粮收益。

其次，精准化粮食种植补贴方式。着力纠正普惠制粮食直补的执行偏差，完善粮食直补操作办法，按照"谁种粮、谁受益"原则，真正补贴到粮食种植大户手中。一是要在精准识别与精准管理上下功夫，建立健全粮食种植户信息网络系统，实施动态管理，发挥粮食直补的宏观调控效应。二是要形成产量与奖补挂钩政策。根据各市的实际情况，依据种粮规模，实施差别化补贴，相关经费由省市共同筹集，使规模以上粮食种植户能够得到特别的政策扶持，以逐步缩小种粮与其他经济作物（包括养殖业、花卉苗圃等）的效益剪刀差，稳定粮食种植户的收益预期，真正调动他们的种粮积极性。三是要不断拓宽农机、仓储等补贴领域，进一步完善与物价相挂钩的补贴增长机制。

最后，突出发展以家庭农场为主的粮食经营主体。从调研情况看，较多社会资本进入农业大规模承包土地，由于本身没有直接从事农业经营的经验，凡事都需要雇佣农村劳动力，很难从种粮中获取持续经营的利润，而家庭农场的经营模式则不存在这方面的问题，是最稳定、最有效的。为此，一是加强对家庭农场主的引导与培育。支持经营者通过多种形式的教育培训提升经营能力，使其成为真正的新型职业农民。要引导家庭农场从事粮食生产适度规模经营，一般在 150 亩左右为宜，在农业生产条件改善、技术装备提高等方面给予特殊扶持。二是加大对规模化粮食生产信贷、保险等方面的支持。落实中央《关于金融支持新型农业经营主体发展的意见》，推动发展信息贷，拓宽抵押物范围，探索以土地经营权抵押融资，推出符合大户需求的金融产品。健全政策性农业保险和大灾风险分散机制，逐步推进粮食作物收入保险，为新型粮食经营主体保驾护航。此外，进一步健全农地流转平台，杜绝行政强行推动，逐步形成农地流转价格的合理市场化定价机制，抑制农地租金过快上涨，避免因耕地流转费用过高导致的"非粮化"现象蔓延。

社会类

推动城市资源要素下乡促进城乡
均衡发展的思路与对策

徐志明　张立冬　顾纯磊*

摘　要： 作为东部沿海发达地区，江苏城乡发展差距相对较小，但城乡发展失衡的现象依然存在，主要表现为乡村产业发展内生动力与创新活力不足，乡村基础设施发展分化且有效管护缺失，乡村优质公共服务匮乏且利用效率不高，城乡居民收入比与国际合理水平尚有差距。其主要原因是城市资源要素下乡仍面临诸多障碍，包括农村资源的市场化程度不足，政府对城市资源要素下乡扶持不足。应加快农村资源市场化改革步伐，加大城市资源要素下乡的政策扶持力度，激发农业农村发展内在活力，包括推动产业下乡，加快农村一二三产业融合发展；推动要素下乡，激发农村要素、主体、市场活力；推动服务下乡，实现城乡公共服务均衡发展；完善政策体系，强化城市资源要素下乡土地资金保障。

关键词： 资源要素下乡　城乡均衡发展　体制机制创新

　　作为东部沿海发达地区，江苏城乡发展差距相对较小，但城乡发展失衡

---

　　* 徐志明，江苏省社会科学院农村发展研究所所长、研究员；张立冬，江苏省社会科学院财贸研究所所长、研究员；顾纯磊，江苏省社会科学院农村发展研究所助理研究员。

的现象依然存在。深入实施乡村振兴战略，加快农业农村现代化步伐，是促进城乡均衡发展的途径。乡村振兴的动力既来自农村内部，也来自农村外部。促进城市产业、要素、服务等资源要素下乡，以外部资源的输入激发农村发展内在活力，是深入实施乡村振兴战略、促进城乡均衡发展的关键。

一　江苏城乡发展失衡的表现

城乡均衡发展是指在城乡生产要素合理配置和有效利用的前提下，城乡联系日趋紧密，发展相互促进，差距不断缩小，最终实现城乡产业、基础设施、公共服务以及民生保障等同步协调发展以及各类生产要素获得合理报酬的最佳状态。党的十九大以来，江苏着力构建城乡发展新格局，在取得一定成效的同时，在城乡产业发展、基础设施、公共服务、居民收入等方面依然存在比较明显的失衡。

（一）乡村产业发展内生动力与创新活力不足

在乡村振兴战略的指导和引导下，江苏省积极推动乡村产业发展，但是目前江苏乡村产业发展的现状与产业兴旺的目标相比尚有较大差距，乡村产业发展的内生动力与创新活力依然不足。大部分本应布局乡村的涉农企业扎堆挤在城市，分布在农村的农产品加工企业数量不足且规模偏小，乡村服务业特别是生产性服务业发展严重不足。

一是农业接二连三的水平不高。2020年江苏省农产品加工产值与农业总产值之比为3.2，但农产品绝大部分仍处于初加工阶段，精深加工不足，尚未实现从第一产业向第二产业的深度转化。农业的多功能性发挥不充分，休闲农业、观光农业、生态农业发展仍以"盆景"点状模式为主，尚没有成为江苏省农业发展的常态。

二是乡村产业组织化程度较低。江苏省家庭农场等新型农业经营主体发展较快，但起步较晚，生产经营的组织化程度还不够，造成家庭农场等新型农业经营主体适应市场竞争的能力还不强。为了提高乡村产业发展的组织化程度，把农民尽可能地组织起来，共抗市场风险，提高市场竞争能力，江苏省积极推进各类农村合作社和综合社的发展，但受乡村各类人才匮乏的制约，合作社以及综合社发展水平还较低。例如，徐州沛县2019年在工商注册登记的农民合作社共有2207家，其中国家级示范社和省级示范社占比仅分别为0.3%和0.7%。

三是乡村产业品牌有而不响。江苏省农林牧渔业品种资源丰富，具有进行农产品品牌建设和农产品精深加工的优良基础，但是目前全省乃至全国知名的农产品品牌以及农产品加工企业还不多。

四是城乡产业质量效益差距悬殊。2020年，江苏省全员劳动生产率为21.6万元/人，而农业劳动生产率只有6.4万元/人，全员劳动生产率是农业劳动生产率的3.38倍，农业的劳动生产效率以及由此决定的效益与全省平均劳动生产率水平差距悬殊，乡村第二和第三产业对乡村整体劳动生产率的拉升作用有限，江苏城乡产业发展的质量和效益存在巨大鸿沟。绿色优质农产品比重只有60%，农业经营主体发展水平还比较低。

（二）乡村基础设施有而不优且有效管护缺失

基础设施是一个地区经济社会发展和民生保障的重要支撑，江苏省积极顺应供给侧结构性改革、农业农村优先发展要求，大力补齐乡村基础设施短板，乡村基础设施建设取得显著成效，但依然存在乡村基础设施质量不高且有效管护缺失等突出问题。

一是乡村基础设施有而不优。通过大力实施乡村基础设施"补短板"工程，江苏省乡村基础设施获得较快发展，2020年乡村通行政村双车道四级公路覆盖率基本达到100%，农村生活污水处理率达到74.6%，苏南、苏中、苏北县乡公交直通建设水平分别达到90%、85%和80%。但乡村基础设施的质量不高，乡村大部分基础设施建设质量标准低于城镇，如公路等级、网络带宽、污水处理效能等与城镇基础设施质量差距明显。乡村基础设施在建设过程中主要还是为了缓解乡村基础设施短缺和空白的问题，对质量等级要求不高，只是解决了乡村基础设施"无"的问题，尚没有解决乡村基础设施"好"的问题。

二是建设资金缺口巨大。虽然国家和省级财政对于乡村基础设施建设均有不同程度的财政补贴支持，但是国家和省级的财政补贴支持与实际建设所需资金缺口较大，对地方财政构成巨大压力，特别是对于经济发展相对落后的苏北地区，地方政府往往无法及时拿出充足的基础设施建设配套资金，这同时影响了乡村基础设施的建设进度和质量。如高标准农田建设资金缺口大，国家立项的高标准农田补贴标准为1750元/亩，但要完全达到高标准要求，一般需要至少投资4500元以上，高标准池塘改造则需要1.2万~1.5万元。

三是乡村基础设施管护机制尚不健全。乡村基础设施管护缺乏专门机构和专业人员，乡村基础设施管护资金的承担主体不明，对经济薄弱的乡镇来说基础设施使用和管护的资金缺口较大，建而不管的情况还比较严重，导致乡村基础设施损耗折旧较大，制约了乡村产业发展的动力和潜力。

（三）乡村优质公共服务匮乏且利用效率不高

在省委省政府的不断推进下，近年来江苏的基本公共服务和社会保障体系逐步完善。2020年农村基本公共服务均等化程度已经达到95%，但是依然存在乡村优质公共服务匮乏且利用效率不高等突出问题。

一是乡村优质基本公共服务匮乏。江苏省积极推动城乡基本公共服务均等化，但是优质公共服务资源紧缺和集中分布于城市的状况依然比较严重，乡村优质公共服务资源匮乏，表现为乡村优质教育和医疗资源匮乏。2020年农村义务教育学校专任教师本科以上学历比例只有80%，而城市这一比例已经接近100%；2019年乡村医生中执业（助理）医师比例仅为47%。而且乡村教师和乡村医生老龄化严重、知识老化，如南通市乡村医生60岁以上占41%，部分地区甚至高达50%以上；苏北乡村教师大多在50岁左右，年轻医生和教师不愿下沉乡村。乡村优质教育资源的匮乏导致乡村学生极为排斥在村镇上学，而是想尽办法到县城上学，甚至已经形成了在村镇上学就是没有前途和希望的观念，不得已留在村镇上学的学生都是成绩相对较差或家庭条件相对较差的，进一步导致年轻教师不愿到村镇工作，并形成恶性循环。

二是乡村已有的基本公共服务设施利用效率不高。这种情况在苏中、苏北地区比较普遍，由于青壮年劳动力的大量外流，特别是宿迁、连云港和淮安等经济在全省相对落后的乡村，以留守儿童、留守老人和留守妇女为主，长期以来缺乏参与公共服务活动的观念和氛围，如果因此而需要一定的费用支出，村民就更不愿意参与了，2020年农村居民教育文化及信息化消费占比仅为9.3%。乡村基本公共活动缺乏组织，村民的参与积极性调动不起来，导致乡村已有基本公共服务设施利用效率不高，如农家书屋，很少有村民会去阅读；部分行政村综合性文化服务中心无人问津等。

（四）城乡居民收入比与国际合理水平尚有差距

江苏省城乡居民收入比已连续10年保持稳步下降趋势，在国内省份中属于城乡居民收入差距最小的省份之一，但是与国际上公认的城乡居民收入差距的合理水平以及发达国家城乡居民收入差距的现实相比还有较大差距。

一是江苏省城乡居民收入差距国内较低，但在国际上仍然较高。江苏省2020年的城乡居民人均收入比大幅下降到2.19∶1，而浙江、广东、福建省分别为1.96∶1、2.50∶1、2.26∶1，在以上四个东部沿海发达省份中，浙江省城乡居民收入比差距最小，江苏省次之，广东省最大（见表1）。虽然江苏省的城乡居民收入差距与国内其他沿海发达省份相比较小，但与国际合理水平1~1.5尚有不小差距。另外，江苏省城乡居民收入差距的绝对值依然在扩大，2020年城乡居民人均收入差距的绝对值比2019年进一步扩大532元，扭转城乡居民收入差距的压力依然较大；如果进一步考虑到城乡居民社会保障水平的差距，城乡居民收入差距会更大。

表1 2020年东部沿海部分省份城乡收入差距情况

单位：元

省份	城镇	农村	城乡收入比	城乡收入差绝对值
江苏	53102	24198	2.19∶1	28904
浙江	62699	31930	1.96∶1	30769

省份	城镇	农村	城乡收入比	城乡收入差绝对值
广东	50257	20143	2.50:1	30114
福建	47160	20880	2.26:1	26280

资料来源：2020年江苏、浙江、广东、福建四省《国民经济与社会发展统计公报》。

二是城乡居民收入差距区域分化特征明显。江苏省长期以来形成的区域发展差距一直未能得到很好解决，也造成了江苏省内苏南、苏中、苏北三个区域城乡居民收入的显著差异，城乡居民收入差距区域分化特征明显。2020年，13个设区市中城乡收入比最大的为南京（2.28），最小的为宿迁（1.64），说明不同设区市之间城乡收入差距很明显。另外，苏南地区除南京的城乡收入比较高外，其他四市城乡居民收入比在1.81～1.92，苏中三市城乡居民收入比在1.90～2.01，苏北五市城乡居民收入比在1.64～2.04，除苏北五市城乡居民收入差距呈现比较分散的特征外，苏南和苏中的城乡收入比都呈现比较集中的趋势，显示出江苏省城乡居民收入差距区域分化的特征（见表2）。

表2　2020年江苏13个设区市城乡居民人均收入情况

单位：元

城市	城镇	农村	城乡居民收入比	城乡收入差距绝对值
南京	67553	29621	2.28	37932
苏州	70966	37563	1.89	33403
无锡	64714	35750	1.81	28964
常州	60529	32364	1.87	28165
镇江	54572	28402	1.92	26170
南通	52484	26141	2.01	26343
扬州	47202	24813	1.90	22389
泰州	49103	24615	1.99	24488
徐州	37523	21229	1.77	16294
盐城	40403	23670	1.71	16733
淮安	40318	19730	2.04	20588
宿迁	32015	19466	1.64	12549
连云港	36722	19237	1.91	17485

资料来源：2020年江苏13个设区市《国民经济与社会发展统计公报》。

三是城乡居民收入差距过大制约了乡村消费的提振。城乡居民收入差距过大进而也造成了城乡居民消费的巨大差距，2020 年江苏省城乡居民人均消费支出分别为 30882 元和 17022 元，城镇居民人均消费是农村居民人均消费的 1.8 倍，而且城乡居民消费分别下降了 1.4% 和 3.9%，这对于通过提振消费特别是农村居民消费进而打通城乡经济循环和实现城乡均衡发展是非常不利的。

二　城市资源要素下乡的主要障碍

由于农村资源的市场化程度不足，加上政府对城市资源要素下乡扶持不足，城市资源要素下乡仍面临诸多障碍，农村资源要素进城仍是主要现象，并成为城乡发展失衡的重要原因。

（一）政府与市场合力促进城市资源要素下乡的体制机制亟待健全

乡村振兴既要发挥政府的力量，又要发挥市场的力量。推动城市资源要素下乡，需要有为政府与有效市场的合力。当前二者在促进城市要素资源下乡的体制机制上亟待健全，具体表现在以下三个方面。

一是政府对城市资源要素下乡的针对性扶持偏少。目前对城市资源要素下乡的措施以宏观政策支持为主，而针对性的可操作可落地的财政税收扶持较少。省内只有少数几个地区专门出台了针对城市优质要素下乡的支持政策，比较典型的有泰州市姜堰区和徐州沛县。姜堰区先后出台《关于鼓励"要素聚乡、乡贤回乡、市民下乡"助推特色田园乡村试点村建设的意见》《关于集聚"三水田园英才"推进乡村振兴的若干政策意见》及"1＋6"实施细则等政策支持文件；沛县则利用"三乡工程"农村改革试验区的契机，通过政策和资金扶持来引导和推动各类生产要素向农村集聚。

二是农村对城市优质要素的内生性吸力不强。江苏较早就开始推进城乡发展一体化战略，加快推进城乡规划、产业发展、基础设施、公共服务、就业社保、社会治理"六个一体化"进程，取得了丰硕成果。但是从更高的标准来看，农村对人才、资本、科技等先进要素资源的吸引力还远远不如城市，农业农村依托市场机制对城市优质要素的内生性吸力不强，反而出现农村地区的资金、人才、土地等要素被城市虹吸的现象，尤其在苏北地区体现得更为明显。

三是政府和市场双向互动的机制不健全。总体而言，行政方式居多而市场化办法较少。例如，在推进人才下乡方面，当前更多地采用制度性安排的方式，而通过收入待遇、上升空间、服务配套等方式来鼓励引导城市优质人才下乡的方式较少。典型的如科技人才职称互通互认存在障碍，省外部分人才职称省内不承认，导致省外人才难引进；兼职兼薪存在法律规定上的冲突，农业科技人员入乡推广技术成果的动力不足。

（二）农村资产资源市场化的巨大潜力亟待释放

农村资产资源市场化的水平直接关系农村发展活力，是农业农村对城市资源要素吸引力的关键支撑。虽然江苏省通过农村改革极大盘活了农村资产资源，但是整体上其巨大潜力仍亟待释放。

一是集体经营性建设用地入市的集约盘活仅局限于少数地区。农村集体经营性建设用地入市，既有利于通过市场化的方式合理配置城乡之间的建设用地，也有利于促进强村富民。目前，对于农村集体经营性建设用地入市，江苏省仍只有少部分承担国家和省级改革任务的地区才有权实施，省内大部分地区难以推进此项工作。此外，对于承担此项改革实验任务的地区，农村集体经营性建设用地目前也仅仅是存量成熟地块的入市，通过盘活零散地块实现集约利用的手段不多。

二是农村闲置房屋的盘活潜力尚未得到充分挖掘。有效盘活农村闲置房屋，既有助于提高农户的财产性收入，还能充分发挥乡村的生活、生态等特有功能，并为返乡入乡人员提供创业和居住场所。除苏南部分地区外，省内其他地区在农村闲置房屋的盘活上尚处于点状分布状态，大部分地区对于农村闲置房屋盘活政策、数据库查询平台建设、多元化利用模式等尚未有系统性谋划，无法有效激发将农村闲置房屋这一"死资产"变为"活资产"的潜力。

三是涉农贷款抵押物变现存在难度。近年来，江苏省出台一系列关于金融服务乡村振兴的政策，各地积极推进农村承包土地的经营权贷款，开展农民住房财产权抵押贷款和农业生物资产抵押试点，在一定程度上缓解了融资难的问题。然而对于家庭农场、农民专业合作社等新型农业经营主体而言，依然面临着一定程度的融资难问题：一方面缘于流转土地的经营权抵押需经承包农户同意，导致承包土地经营权抵押权能受限；另一方面缘于抵押物处置机制不完善，一旦发生借款人不履行到期债务，农户承包地经营权和农民住房财产权的变现存在难度，无法有效维护农业经营主体和农户的权益。

（三）加速农村产业发展的"堵点""痛点"亟待打通

农村产业是实现城乡要素融合的关键载体，其发展水平决定着能否有效地将城市资源要素"留下来"。当前，江苏省农村产业发展以及城市资源要素与农村产业的融合仍面临诸多"堵点""痛点"。

一是农产品优质优价的机制尚未健全。城市优质要素下乡从事农产品生产的主体较多，凭借有见识、有能力、有技术、有抱负、有情怀的优势和特征，该类群体适应城乡居民消费结构升级的需要，顺应从过去的"有没有"到"好不好"的转型升级，在农产品的生产上更加突出质量与品质导向。但由于信息不对称、品牌打造的长期性，以及产品销售中缺乏中高端市场渠道的渗透能力，优质农产品无法实现优价，进而产生劣币驱逐良币的现象，对城市资源下乡产生负面影响。

二是农村产业建设用地难以得到有效保障。各地普遍存在建设用地非农偏好，"重城镇、轻农村，重工业、轻农业"现象屡见不鲜。对于无法进入开发园区、农业产业园等创业投资强度相对较低，创造的财政收入、财税收入比较少的项目，建设用地审批难度大。对于新型农业经营主体的农业生产设施用地，以及农村一二三产业融合发展项目的产业链环节涉及的冷链服务、初加工、仓储打包、物流配送、产品展示、网店运营等公共配套设施所需的建设用地指标更是难以得到有效保障。农村新产业新业态用地监管过于复杂，不同性质土地的审批程序、用途管制要求不一样，成为制约农村产业发展的主要因素。

三是基层对返乡入乡创业的服务能力偏弱。为了大力推进返乡入乡创业，省内很多地区将创业公共服务机构延伸到乡镇乃至村（社区）一级，如创建创业型村（社区）等。基于某县对乡镇一级创业服务机构（村一级创业服务机构）的抽样调查，发现48.2%的服务人员对如何促进创业缺乏业务认知，32.4%的人员对县级创业扶持政策含糊不清，19.4%的人员根本找不到促进创业的发力点。可见，在建立机构和配备人员之外，更重要的是要进一步夯实为返乡入乡创业的服务能力。

（四）乡村宜居宜业的环境氛围亟待提升

江苏省城乡一体化发展基础较好，但是与吸引城市优质资源要素下乡的客观需求来看，当前农村"硬件"和"软件"环境氛围均有待提升，尤其是苏中和苏北地区。

一是宜居乡村占比有待提高。当前乡村宜居程度与城市优质要素对良好产业生态和高品质生活服务的需求还不匹配。虽然江苏省农村建设取得了显著成就，但是当前美丽宜居乡村建成率仅为20%，与城市优质资源要素下乡对良好产业生态和高品质生活服务的需求还不匹配。一方面，农村基础设施建设标准不高，村内道路设施落后，生活配套设施不足，信息化水平相对落后。部分地区农村人居环境依然薄弱，如村庄生活污水处理相对滞后等。另一方面，农村公共服务水平亟待提升，义务教育优质均衡比例不高、卫生室"缺医少药"问题突出。各种文化设施相对落后，休闲、娱乐等满足不了人才需求。

二是农村尚未形成良好的营商环境氛围。首先，农村法治氛围有待提升。农村各经营主体法律地位并不相对应，造成城乡资本合资办实体、共建共享等过程中，面临较大法律风险。农村执法队伍建设相对滞后，农村市场假冒伪劣违法现象依然存在，对农村合法经营者权益和维护农产品正常流通的保护需要加强。其次，农村政务服务环境与城市差距较大。城乡要素流动的隐性壁垒和制度门槛较多，部分地区通过准入制度、备案管理、强制工商企业二次分红等办法，对工商资本下乡设置过多、过高门槛，影响企业下乡的积极性。最后，诚信文明意识有待增强。农村社会信用体系建设总体滞后，工商企业与农户合作时常面临农户的违约风险。此外，乡村是人情社会，办事等人情因素占有很大成分，外来人员融入需要一定的时间。

三是城乡资源要素利益共享理念尚未得到充分重视。一方面，农村人才等要素与城市优质要素的融合能力较弱。仅从产业维度来看，农业从业人口老龄化现象突出，对城市优质要素带来的先进理念和技术的吸收能力偏弱。调研还发现，部分地区返乡入乡创办企业的就业人员缺乏自主学习意识，先培训后就业的意识相对淡薄。另一方面，城乡资源的利益联结机制不完善。以农村产业为例，当前城市资源与农村要素主要以松散型利益联结为主，而半紧密型、紧密型利益联结较少，尚未构建形成让创业者有信心、让投资者有利可图、让农民得到实惠、让乡村得到可持续发展的共同利益理念和机制。

三　促进城市资源要素下乡的对策建议

加快农村资源市场化改革步伐，加大城市资源要素下乡的政策扶持力度，健全以工促农、以城带乡的体制机制，激发农业农村发展内在活力，促进城乡均衡发展。

（一）推动产业下乡，加快农村一二三产业融合发展

加强城乡之间产业的合理分工，加快发展农产品加工业、乡村旅游、农村电子商务等乡村产业，推动农村一二三产业融合发展。

一是大力建设一批一二三产业融合发展项目。结合资源禀赋条件、产业发展特色，鼓励各地积极探索适合当地的农村产业融合模式。加强农业产业融合主体培育力度，重点支持新型农业经营主体发展加工流通、休闲旅游和电子商务等新产业新业态。创新利益联结形式，创新发展订单农业、股份合作等利益联结模式，让农民成为农村产业融合发展的利益共享主体，增强农村产业融合发展的后劲。

二是大力建设特色产业园区。积极借鉴工业园区经营理念，创新优化园

区管理、项目招商、人才引进、市场营销等运行机制，有效提升农业园区建设管理水平。加大农业项目招商力度，支持引导工商资本按照五大园区规划布局、发展定位和项目设计，发挥其在资金、管理、市场等方面优势，积极投资建设现代农业项目，为农业现代化打造优质载体、培植创新动能。鼓励各地坚持因地制宜、整合优势资源、实现差别发展，建设一批优势独特、效益显著、行业领先的特色产业园区。

（二）推动要素下乡，激发农村要素、主体、市场活力

营造良好营商环境，推动城市资本、技术、人才等高端生产要素更多向农村流动。

一是推动资本下乡。加快完善乡村振兴投融资政策体系，为乡村构建多元化投入机制。试点农村承包土地经营权、农民住房财产权、集体经营性建设用地使用权抵押贷款。支持农村经济主体以农产品生产、加工、销售为纽带开展农业供应链融资。完善金融服务激励政策，运用奖励、贴息、补偿等多种手段，加强货币政策工具运用，引导金融机构加大涉农领域信贷投放。推动乡村发展振兴投资基金实质性运作，设立合作子基金，对重点项目进行投资。出台针对农村一二三产业融合发展及休闲农业、设施农业等项目税费的减免政策，鼓励引导工商资本参与乡村振兴。

二是推动人才下乡。进一步完善城乡户籍制度改革，改变城乡二元结构，为人才要素在城乡之间自由流动清除制度约束障碍。根据农业农村发展需求，支持各类经营主体有计划地引进农业高端人才。开展新型职业农民职业资格试点，培育有一技之长、带动能力强的"土专家""田秀才"。提高乡村匠人的生存与发展条件，培育"乡村振兴技艺师"。建立稳定的人才补充渠道，解决农业技术人才老龄化问题。针对回乡创业的全日制大中专院校毕业生，试点将其纳入职工基本养老保险体系。

（三）推动服务下乡，实现城乡公共服务均衡发展

建立农村基本公共服务多元投入机制，提高农村公共服务软、硬件

水平。

一是推动教育下乡。持续提高基本公共教育服务均等化水平，提升优质资源供给，加快完善现代教育体系。全力优化基础教育供给，推动学前教育优质普惠发展，促进义务教育优质均衡发展，推进普通高中优质特色发展。完善城乡一体的义务教育发展机制，逐步弥补教育设施和师资缺口，缩小区域、城乡间教育差异。

二是推动医疗下乡。合理规划设置乡村医疗卫生机构，加快推进农村区域性医疗卫生中心、紧密型县域医共体建设，推动优质医疗卫生资源下沉，健全"15分钟健康服务圈"。持续提升县级疾控机构应对重大疫情及突发公共卫生事件能力，做好农村疫情常态化防控工作。推进基本公共卫生服务向健康管理转型，逐步建立由家庭医生提供基本医疗、基本公共卫生服务的综合健康管理服务模式。

三是推动文化下乡。加强村庄公共文化场所建设，打造集图书阅览、影音放送、集会比赛等于一体的文化新平台，满足村民健身、休闲、娱乐、公共交往等需求。丰富繁荣乡村文化产品及节庆活动，健全群众性文化活动机制，弘扬传统节日文化和民俗活动，支持乡土特色的群众文艺活动，深入实施乡村文化惠民服务项目。加大政府购买公共文化服务力度，定期组织书籍、戏曲、影视等喜闻乐见的文化形式走进乡村。

（四）完善政策体系，强化城市资源要素下乡土地资金保障

强化政策扶持，为产业、要素、服务下乡提供土地、资金保障。一是加强土地保障。支持开展土地综合整治试点，积极探索"点状供地"政策，允许设施农用地发展休闲农业。吸引农户、社会资本、乡贤、退伍军人、专家学者、大学毕业生、农创客等多元化主体，采取自主经营、委托出租、合作开发、集体收储、入股经营、有偿退出等模式，盘活利用农村闲置宅基地和农房。

二是加强财政扶持。坚持把农业农村作为财政支出的优先保障领域，公共财政更大力度向"三农"倾斜，健全投入保障制度，拓宽资金筹措渠道，

确保投入力度不断加大、总量持续增加，确保财政投入与乡村振兴目标任务相适应。将补齐农村基础设施和公共服务短板以及鼓励人才、技术和资本下乡作为财政重要投资方向。

三是加强金融扶持。筹措城乡融合发展省级专项资金，用于符合条件的产业园区、特色小镇等城乡融合发展典型项目。支持和鼓励有条件的开发区、产业园区整体上市融资。健全政银企对接机制，加大对符合条件企业的中长期贷款投放规模和力度。支持开发性、政策性、商业性金融机构设计开发城乡融合发展类产品或业务，实施绿色信贷制度。

参考文献

［1］宗锦耀主编《农村一二三产业融合发展理论与实践》，中国农业出版社，2017。
［2］孔祥智、周振：《我国农村要素市场化配置改革历程、基本经验与深化路径》，《改革》2020 年第 7 期。
［3］周振、涂圣伟、张义博：《工商资本参与乡村振兴的趋势、障碍与对策——基于 8 省 14 县的调研》，《宏观经济管理》2019 年第 3 期。
［4］张立冬、罗启东、杨群力：《推动返乡入乡创业高质量发展——基于试点县的调研报告》，《群众》2020 年第 4 期。

在高质量发展中推进共同富裕的江苏实践与探索[*]

赵锦春[**]

摘　要： 率先建设全体人民共同富裕的现代化是"十四五"时期江苏实践"六个率先走在前列"美好图景的路径之一。近年来，江苏围绕实现全体人民实现共同富裕的发展目标，在解决相对贫困、深化农村改革、促进城乡融合发展、创新区域联动发展模式等领域持续出台一系列政策举措，推进全体人民共同富裕的现代化取得显著成效。当前，经济发展的富民效应仍需提升，区域经济发展差距依然存在，城乡公共服务均等化水平有待提升，社会慈善产业体系不完善是江苏实现共同富裕的主要制约因素。在高质量发展中推进江苏共同富裕应坚持效率与公平包容发展，重塑经济强民共富的新发展动力；完善收入再分配制度，扩大中等收入群体规模；推动经济高质量发展，夯实区域共同富裕的制度基础。

关键词： 高质量发展　共同富裕　江苏

[*] 江苏省社科规划基金"国家治理能力专项"重点项目"构建城乡居民增收长效机制研究"（项目批准号：20ZLA010）、2020 年江苏省社会科学院首批自组学科项目"城乡融合视角下益贫式增长实现路径研究"（项目批准号：2020ZZ010）、2020 年江苏省社会科学院首批重点学科项目"农村经济学"（项目批准号：2020ZD001）、2021 年江苏省社会科学院蓝皮书项目"在高质量发展中推进共同富裕的江苏实践与探索"。

[**] 赵锦春，经济学博士，江苏省社会科学院农村发展研究所副研究员，研究方向为金融经济学、经济理论与政策。

一　江苏推进全体人民共同富裕的
创新实践

（一）开展解决相对贫困与动态帮扶长效机制试点

2021 年是"十四五"开局之年，也是江苏全面开启现代化建设新征程的第一年。随着脱贫攻坚向乡村振兴战略任务的转变，江苏逐步将减贫任务重点由消除绝对贫困转为解决相对贫困上来。一是积极开展解决相对贫困与动态帮扶试点工作。2020 年底，江苏在全省范围内建立"1 + 6"县区开展建立解决相对贫困的试点工作。其中，宿迁作为国家级扶贫改革试验区，开展全域试点。同时，在苏中、苏南、苏北各选择两个县区，开展解决相对贫困试点工作。二是完善防返贫工作机制。据江苏省乡村振兴局统计，截至 2020 年 6 月底，全省排查出 2.5 万户易返贫户和易致贫户将近 7.8 万人，全部纳入信息库，落实相关帮扶政策。省乡村振兴局开展实施全省防返贫保险，夯实低收入农户防返贫的政策保障。三是持续开展产业扶贫，突出产业发展与低收入农户之间的利益联结。长期以来，江苏始终把产业扶贫作为脱贫致富的根本保证，大力实施产业富民工程。2020 年，根据省确定的八大千亿级产业发展规划，江苏对 12 个重点帮扶县每个县安排 1 ~ 2 个主导产业，发展特色产业。同时，积极开展消费扶贫和电商扶贫，帮助经济薄弱地区搭建消费扶贫和电商扶贫的平台。

（二）深化农村改革推进城乡融合发展

1. 加大现代农业经营体系扶持力度

现代农业经营体系是现代农业经营主体、组织方式、服务模式的有机组合。加快构建现代农业经营体系，有利于解决农业小生产与大市场不协调的矛盾，增强新型农业经营主体"以需定供"的意识和能力，推动各类农业生产要素有机重组和优化配置，促进农民增加收入，保障农产品有效供给，提高农业创新力、竞争力、生产效率和比较效益。2021年江苏省委一号文件发布《关于全面推进乡村振兴加快农业农村现代化建设的实施意见》要求2021年省级以上农民合作社示范社达1700家，各级示范家庭农场达1.5万家，培育3万个农业科技示范主体。省委一号文件再次将大力发展现代农业经营体系摆在实现乡村振兴的重要位置，体现了江苏省委省政府对现代农业发展的重视。"十四五"时期，江苏将重点围绕家庭农场示范创建、农业生产性服务业发展，乡村基层创业三大领域开展对现代农业经营体系的支持工作。通过科技支撑、智力支撑、政策扶持、资金支持等多种形式促进乡村"三新"经济发展，以乡村三产融合推动农业产业体系变革，以发展农业生产性服务业优化农业生产经营模式，增强农村产业发展与农民的利益联结，带动农民增收。

2. 多举措鼓励引导城乡要素双向流动

城乡要素自由流动是实现经济发展成果向乡村地区辐射的重要环节，也是推动城乡包容性发展，提升经济发展成果向乡村地区"溢出"的重要手段。在全体人民共同富裕的背景下，资源要素的过度集中不利于乡村地区和欠发达地区内生发展动力的积累。因此，城乡融合发展是在高质量发展中推动江苏共同富裕的关键。土地是乡村地区发展的重要资源。2021年江苏省委省政府出台《关于构建更加完善的要素市场化配置体制机制的实施意见》，明确指出要破除阻碍要素自由流动的体制机制障碍，实现要素价格市场决定、流动自主有序、配置高效公平，为率先建成高标准市场体系和实现社会主义现代化提供体制机制保障。未来江苏在推进土地要素市场化配置领域有如下创新举措：一是完善建设用地转让、出租、抵押二级市场；二是新编县乡级国土空间规划应统筹增量与存量空间，安排不少于10%的建设用地指标用于保障农村产业发展用地；三是市县每年安排不低于5%的新增建设用地计划保障农村产业融合发展。持续推进跨区域补充耕地和城乡建设用地增减挂钩节余指标交易。

（三）区域联动发展创新模式

长期以来，苏南地区凭借良好的区位优势和完备的市场化理念，实现省域范围内的率先发展。区域之间经济联结度较低、产业结构差异化程度较高、地级市间商品和要素市场分割严重等问题造成江苏省内苏南、苏中、苏北地区的发展差距逐步扩大。江苏历来重视省内三大经济板块之间的发展差距问题。21世纪初至今，江苏在南北共建园区、土地增减挂钩、全局性基础设施建设、省内主体功能区发展以及都市圈融合发展等促进区域协调发展领域陆续出台多项相关政策。自2019年长三角区域一体化上升为国家战略之后，"一带一路"交汇点、长三角区域一体化、自贸区、强跨境人民币业务试点等多重国家战略汇聚江苏。2021年，《江苏省国民经济和社会发展第十四个五年规划和2035年远景目标纲要》提出，抢抓国家重大战略叠加机遇，全面融入国家发展总体格局，深化"1+3"重点功能区建设，加快江海河湖联动发展，以城市群为主体提高区域竞争力，构建形成推进省域一体化发展和新型城镇化建设的区域协调发展新格局。

二 推进全体人民共同富裕的现代化的江苏成效

（一）居民人均收入和储蓄稳步提升

居民人均可支配收入和人均储蓄余额显著提升。首先，居民人均可支配收入保持逐年增长的趋势。"十三五"期间，江苏居民人均可支配收入从2015年的3.0万元稳步增长至2020年的4.3万元。其次，江苏人均储蓄余额呈现更为快速的增长。"十三五"期间，江苏人均储蓄余额由2015年的5.1万元增长至2020年的7.8万元，年均增幅达到10.1%。这表明江苏居民人均可支配收入在经济增长和经济发展水平提高的同时实现了同趋势增长，并且居民储蓄余额和财富水平也有大幅度提升（见图1）。

图1　2009～2020年江苏居民人均可支配收入及住户人均储蓄余额

注：人均储蓄余额＝金融机构储蓄存款余额/总人口数。

资料来源：金融机构储蓄存款余额及总人口数据来自《江苏统计年鉴》。江苏统计局未公布2009～2012年居民人均可支配收入数据，笔者使用当年度城乡居民人均可支配收入的均值近似计算。2013～2019年江苏居民人均可支配收入数据均来自《江苏统计年鉴》。

（二）收入分配格局日趋合理

1. 工资提高，就业稳定

在岗职工平均工资与劳动者报酬占GDP比重不断提升。首先，在岗职工平均工资保持持续增长。2009年，江苏在岗职工平均工资为3.59万元，2020年，在岗职工工资水平快速增长至10.6万元，2020年是2009年的2.9倍，年均增长率达16%以上。其次，城镇登记失业率保持稳定低位。2011年以来，江苏城镇登记失业率从3.22%快速下降至2018年的2.97%（见图2）。截至2021年8月，江苏拥有市场主体1334.5万家，其中企业385.1万家，江苏市场主体总量、增量均居全国前列。在"放管服"以及"六稳""六保"政策保障下，城镇失业率保持稳定，为推动经济长期持续平稳健康发展提供了坚强的支撑和保障。

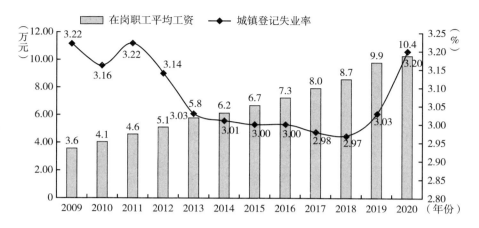

图2　2009～2020年江苏在岗职工平均工资和城镇登记失业率

资料来源：在岗职工平均工资与劳动者报酬数据来自2010～2020年《江苏统计年鉴》，2020年在岗职工平均工资和城镇登记失业率数据均来自《2020年江苏省国民经济和社会发展统计公报》。

2. 城乡收入差距逐步缩小

江苏城乡居民人均可支配收入差距逐年缩小。2009年，江苏城镇居民人均可支配收入为2.1万元，同期农村居民人均纯收入为0.8万元，城乡收入比在2.6左右。进入"十三五"以来，城乡收入比逐步缩小至2.3以内。城镇居民人均可支配收入同比增速均小于农村居民人均纯收入的同比增速。在农村居民人均纯收入更高增幅的背景下，城乡收入比缩小至2020年的2.19，城乡收入比较低，在沿海发达省份中仅次于浙江。

（三）脱贫致富奔小康工程成果突出

1. 高标准完成脱贫攻坚任务

"十三五"以来，江苏以缓解相对贫困、缩小收入差距、实现共同富裕的定位，围绕低收入农户、经济薄弱村、"6+2"片区以及12个重点帮扶县，实施脱贫致富奔小康工程。2016～2018年脱贫人口占全部调查样本户的比重达79.3%，仅两成低收入户是在2019～2020年度脱贫。江苏绝大部分农村低收入农户在"十三五"中前期就已经实现脱贫，江苏低收入户脱贫进程较快。江苏建档立卡低收入人口年人均收入均达 6000 元以上，低收入人口脱贫率达 100%。2016～2020 年全样本抽样低收入农户家庭人均可支配收入均值为 11050.2 元，显著高于人均可支配收入 6000 元以上的江苏贫困线标准（见表 1）。

表 1　脱贫户家庭人均可支配收入

单位：个，元

脱贫年份	样本数	人均收入均值	标准差	最小值	最大值
2016	1102	11259.3	5254.8	6776.5	103000.0
2017	1168	11156.7	4842.1	6653.3	78746.7
2018	967	10788.8	3989.1	6000.0	33298.7
2019	833	10314.4	4321.0	6750.4	74194.8
2020	9	11732.1	3803.0	6774.0	19481.5
均值	816	11050.2	4442.0	5190.9	61744.3

注：原始数据来自 2019 年《苏北 12 个扶贫开发重点县区"十三五"实施脱贫致富奔小康工程情况评估报告》以及 2020 年《苏中苏北八市"十三五"实施脱贫致富奔小康工程情况评估》调研数据，经作者整理后所得。

2. 低收入村集体经济收入显著提升

调查发现，苏中苏北经济薄弱村总收入均值由 2016 年的 46.5 万元上升至 2020 年的 86 万元，增幅高达 85% 左右，全面稳定达标省定市定标准①。经营性收入成为村集体收入的主要来源。扶贫资产类收入占村集体总收入的占比则由 2016 年的 8.7% 上升至 2020 年的 17.8%。直接经营性收入占比也由 2016 年的 0.8% 上升至 2020 年的 5.0%，且自有资源资产的增收幅度更大（见表 2）。

---

① 江苏省内市定经济薄弱村主要集中在扬州、泰州和南通三个设区市。省定经济薄弱村则主要集中在苏北五市，省定经济薄弱村标准为经营性收入 18 万元以下。市定经济薄弱村标准略有差异：扬州沿河地区 45 万元、沿江地区 55 万元。泰州和南通标准则分别为 35 万元和 30 万元。

表2 经济薄弱村集体经济收入均值及分项占比

单位：万元，%

年份	样本数	收入均值	经营占比	资源类占比	扶贫资产占比	股权类占比	直接经营占比	其他占比
2016	54	46.5	47.0	18.1	8.7	1.5	0.8	10.3
2017	59	72.9	43.8	13.5	12.4	1.4	2.2	8.5
2018	182	45.5	22.1	9.5	37.6	4.7	5.1	3.8
2019	184	57.3	23.0	11.2	35.5	7.2	4.9	1.7
2020	77	86.0	41.3	8.7	17.8	3.1	5.0	3.7
均值	111	61.6	35.4	12.2	22.4	3.6	3.6	5.6

注：原始数据来自2019年《苏北12个扶贫开发重点县区"十三五"实施脱贫致富奔小康工程情况评估报告》以及2020年《苏中苏北八市"十三五"实施脱贫致富奔小康工程情况评估》调研数据，经作者整理后所得。

三 推进全体人民共同富裕现代化的重点领域

（一）经济发展的富民效应仍需提升

1. 居民收入水平仍需提升

尽管江苏实际GDP总量以及人均GDP处于国内发达省份的首位。但居民可支配收入占人均GDP的比重处于较低水平。2015～2020年，江苏居民人均可支配收入占人均GDP的比重明显处于发达省份末位。江苏在"富民"方面与浙江仍存在一定的差距。2020年，浙江、上海、广东、山东居民可支配收入占人均GDP比重分别为47.6%、45.4%、42.7%和45.0%，均明显高于同时期江苏的34.2%，表明江苏经济发展的成果惠及普通民众的程度不足（见表3）。

2. 城乡收入差距仍有缩小空间

江苏城乡收入差距较小，但始终高于浙江。自2013年始浙江城乡收入比快速下降至2.12，拉开与江苏的差距。2020年，江苏城乡收入比为2.19，

表3 部分省市居民人均可支配收入占人均GDP比重

单位：%

年份	江苏省	山东省	广东省	浙江省	上海市
2015	33.6	35.5	41.5	45.9	48.2
2016	33.7	36.6	41.9	46.3	47.8
2017	32.7	37.1	41.0	45.9	47.3
2018	33.1	38.4	41.8	46.8	47.6
2019	33.5	44.8	41.7	46.8	44.2
2020	34.2	45.0	42.7	47.6	45.4

注：用各年份各省市居民人均可支配收入除以人均GDP表示居民收入占经济增长的份额，人均GDP和居民可支配收入数据均来自各省市统计年鉴和统计公报。

浙江仅为1.96（见图3）。① 浙江城乡收入差距的快速缩小得益于省内较高的市场化程度与发达的民营经济。2013年以来，浙江制定了更加维护市场主体权利平等的制度安排，如率先全面推行户籍制度改革，率先建立农村宅基地"三权分置"制度体系，率先全面推进办事"一窗受理"向县、乡、村延伸②，最大限度消除城乡间不合理的制度差别。

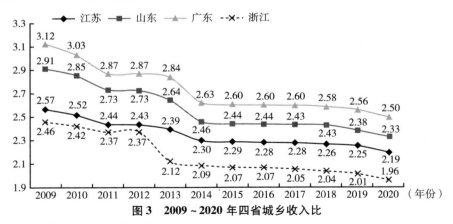

图3 2009~2020年四省城乡收入比

资料来源：各省统计年鉴。

① 城乡居民人均收入数据来自2010~2020年江苏和浙江统计年鉴，城乡收入比=城镇居民可支配收入/农村居民人均纯收入。
② 参见陈文文、许雅文《全国城乡收入差距最小的省为何会是浙江?》浙江在线，http://biz.zjol.com.cn/zjjjbd/cjxw_11149/201909/t20190909_10975863.shtml。

3. 城乡居民收入结构仍需改善

江苏与浙江城乡居民收入来源有较大差异。首先，江苏城镇居民工资性收入占比明显高于浙江，但经营净收入和财产净收入占比显著低于浙江（见表4）。可能的原因是，浙江民营经济发达。作为中国市场经济先发地，浙江的民营经济有"六七七八九"的特征，民营经济贡献了浙江60%左右的GDP、70%以上的税收、70%以上的出口、80%以上的就业、90%以上的企业数量。2020年，中国民营企业500强榜单中，浙江占96席，连续22年居全国各省份之首。[①] 2020年江苏民营经济占全省GDP比重则为56.8%[②]，略低于浙江。近年来，随着互联网经济的兴起，浙江民营经济在互联网经济的助力下快速发展。据统计，2020年，浙江数字经济核心产业实现增加值7019.9亿元，同比增长13%。电子商务继续引领全国，网络零售额规模稳居全国第2位，杭州、湖州入选国家信息消费示范城市。[③] 民营企业尤其是中小民营企业的发展能够吸纳更多的社会就业，互联网经济和数字经济的发展则进一步提升了浙江民营经济的发展活力。因此，浙江民营企业主的经营和财产性收入水平也较高，提升了浙江居民经营和财产的收入份额。

表4　2015～2019年江苏与浙江城镇居民分项收入占比

单位：%

年份	工资性收入		经营净收入		财产净收入		转移净收入	
	江苏	浙江	江苏	浙江	江苏	浙江	江苏	浙江
2015	60.4	57.1	11.1	15.2	9.9	13.8	18.6	13.9
2016	60.3	56.4	11.0	15.1	10.3	13.5	18.4	15.0
2017	60.3	56.2	10.7	15.0	10.6	13.5	18.4	15.3
2018	59.6	56.0	10.7	15.0	11.3	13.7	18.4	15.3
2019	61.2	55.9	10.7	15.1	10.7	13.6	17.5	15.3

资料来源：江苏和浙江统计年鉴。

---

① 《民营经济兴则浙江兴——"重要窗口"建设中工商联的力量》，中国新闻网，http://www.zj.chinanews.com.cn/jzkzj/2021-03-04/detail-ihaihcas2675113.shtml。

② 《2020年度江苏民营经济运行报告》。

③ 《2020年浙江省互联网发展报告》。

其次，从农村居民可支配收入的对比看，江苏农村居民的工资收入明显低于浙江，而农村居民的转移净收入则高于浙江（见表5）。尽管江苏城镇化水平较高，但江苏城镇化与工业化同步协同程度不足。农村居民在"离土不离乡"的条件下实现当地就业必然需要工业化发展的支持。浙江发达的民营经济和较好的城乡工业基础对于农村居民获得稳定的制造业或服务业部门就业有良好的推动作用。因此，浙江农村居民的劳动报酬占比较高。此外，对于江苏农村居民而言，转移净收入占家庭收入比重明显高于浙江，说明江苏农村居民对于政府财政转移支付的依赖程度较高，农村居民家庭收入可持续增长机制和内生增长动力仍有待完善。

表5　2015~2019年江苏与浙江农村居民分项收入占比

单位：%

年份	工资收入		经营净收入		财产净收入		转移净收入	
	江苏	浙江	江苏	浙江	江苏	浙江	江苏	浙江
2015	49.3	62.0	31.0	25.4	3.4	2.9	16.3	9.8
2016	49.6	62.1	30.0	24.6	3.4	2.9	17.0	10.4
2017	49.7	61.9	29.3	24.5	3.5	2.9	17.5	10.7
2018	49.0	61.9	28.9	24.5	3.7	2.9	18.4	10.8
2019	48.9	61.9	27.7	24.4	3.6	2.9	19.8	10.9

资料来源：江苏和浙江统计年鉴。

（二）区域经济发展仍存差距

当前，苏南、苏中、苏北的发展差距依然存在。2014年，苏南、苏中和苏北人均GDP分别为11.7万元、7.8万元和5.1万元。2019年苏南、苏中、苏北人均GDP分别为17.0万元、12.4万元和7.4万元，省内三大经济板块经济发展水平差距较大。尽管苏北和苏中在较多年份人均GDP增速均超过苏南，但2019年苏南、苏中和苏北的人均GDP增速分别为6.1%、7.7%和5.5%。苏南、苏中和苏北区域经济发展差距有所扩大。[1] 2019年，

---

[1] 2015~2020年《江苏统计年鉴》。

苏北第一产业增加值占 GDP 比重仍高达 10.3%，远高于苏南的 1.6%；第一产业就业人口比重达 25.3%，高于苏南和苏中的 6.1% 和 17.2%。区域间产业布局的差异可能是造成苏南和苏北经济发展差距的重要原因。在区域经济较大差距的影响下，大量高端制造业、生产性服务业及科技金融等高附加值产业更多集中在苏南地区，产业间工资收入差距也必然导致区域间居民收入差距持续扩大。①

（三）城乡公共服务不均等依然明显

一方面，江苏城乡教育资源分布不均等突出表现为乡村优质教育资源的匮乏。2020 年江苏农村义务教育学校专任教师本科以上学历比例只有 80%，而城市已接近 100%，江苏城乡正规教育方面存在较大不平衡。另一方面，乡村社会保障的水平与乡村振兴和共同富裕的要求还有较大差距。2021 年江苏省城乡居民基本养老保险基础养老金最低标准由每月 160 元上调至 173 元，涨幅为 8.13%。乡村兜底性社会保障水平低已成为国内普遍现象。甚至江苏农村不少老人由于参保意识不强，过去并未缴纳保费，如今只能领取最低的养老金标准，而这部分老人成为实现共同富裕需要特别关注的人群。

（四）社会慈善产业体系不完善

2019 年，江苏省慈善组织和红十字会共接受慈善捐赠 53.73 亿元，仅占当年江苏省 GDP 的 0.05%，也仅占 2019 年我国社会捐赠总量的 4% 左右，显示出江苏公益慈善事业发展的水平依然较低，相关法律以及社会公共扶持政策缺失，导致各类慈善公益组织发展不充分，各类慈善主体参与积极性不高，距离形成完整的社会慈善产业链尚有许多断点与堵点，严重影响三次分配在推动江苏率先实现共同富裕现代化中的功能发挥。

---

① 范从来、秦研、赵锦春：《创建区域共同富裕的江苏范例》，《江苏社会科学》2021 年第 3 期。

四 在高质量发展中推进江苏共同富裕的思路与对策

（一）坚持效率与公平包容发展，重塑经济强民共富的新发展动力

1. 提升全生命周期人力资本

全面贯彻预分配理念，提升政府公共服务精准度，确保低收入和相对贫困阶层群体的子女从生命周期伊始，参与社会竞争之前就能获得良好的营养、认知与社会技能训练，阻断人力资本贫困的代际传递和恶性循环。[①] 探索将学前教育和高中教育纳入江苏义务教育范围的政策体系。增加财政对一线劳动者所构成的相对贫困主体子女的入学推介、教育补贴、助学贷款等政策扶持。[②]

2. 促进竞争机会均等

加强政府对企事业单位招聘流程的监督，为"公开、公平、公正"的招聘环境保驾护航。提供多样化的就业培训及就业引导服务，消除创新创业中的信息不对称。同时，创造公平竞争的市场环境，为中小企业公平参与竞争提供公开、透明的市场环境，保障中小企业和个体私营经济公平获得市场资源和信息的权利，促进中小企业和个体民营经济获得合理的市场地位。

3. 推动分配机会均等

一方面，积极探索生产要素的混合所有制。鼓励劳动者可以技术、知识、数据等入股的形式，参与生产要素收益权分配。[③] 优化员工参与企业利润分配机制，构建企业资本所有者和劳动所有者的利益共同体。[④] 另一方

---

① 参见刘培林、钱滔、黄先海、董雪兵《共同富裕的内涵、实现路径与测度方法》，《管理世界》2021 年第 8 期。

② 参见葛永波、翟坤、赵国庆《机会不平等如何影响家庭财富不平等——来自 CHFS 数据的经验分析》，《东岳论丛》2021 年第 5 期。

③ 参见刘丽辉、孙丹、刘睿《员工持股计划、代理成本与企业创新绩效研究》，《宏观经济研究》2021 年第 6 期。

④ 参见罗丽娟《混合所有制企业员工持股论》，博士学位论文，中共中央党校，2019。

面，多渠道增加农民财产性收入。2019 年，江苏城乡居民财产性收入比为 7.52∶1，显著高于同期工资性收入比的 2.25∶1。[1] 应深化农村土地制度改革，完善"两权"抵押贷款创新模式，让农村居民合理分享土地升值收益，增加农民财产性收入。[2]

（二）完善收入再分配制度，扩大中等收入群体规模

1. 扩大直接税征收种类，合理设置税率

当前，我国收入再分配政策的调节力度有限。居民再分配前的市场收入和再分配后可支配收入前后对比的基尼系数仅下降 8% 左右。[3] 目前，直接税中个人所得税仅包含基于工资收入的税收，针对财产的课税较少。间接税则因其税种属性，较难发挥再分配的收入调节功能。应探索适当增加所得税、财产税、房产税、遗产税、社会保险税等直接税种类的合理方案，科学设置调整直接税税率门槛标准，更好发挥直接税收对社会财富的再分配调节功能。

2. 完善稳定扩充中等收入规模的社会保障体系

在 2020 年抽样调查的 218 户扬州农村建档立卡低收入户中，政府转移性收入占已脱贫家庭总收入比重仍高达 58.1%。2020 年，昆山低收入人口常态化帮扶试点中的低收入标准已接近当地农村人均纯收入中位数的 70%。[4] 未来应坚持因地制宜、逐步提高的原则开展各区县市农村低收入人口标准划定，夯实帮扶政策的兜底保障作用。同时，提高教育、医疗、养老、住房保障等领域的财政公共服务投入，减轻中低收入群体的支出消费负担。健全多层级、多领域的城乡社会救助体系。完善帮扶残疾人、孤儿等的社会福利制度。

---

① 城乡居民分项收入原始数据来自《江苏统计年鉴》，经作者计算后所得。
② 参见赵锦春《"十四五"时期江苏金融改革创新争当表率研究》，《金融研究专报》，2021。
③ 参见李实、杨修娜《中等收入群体与共同富裕》，经济导刊网，https://www.jingjidaokan.com/icms/null/null/ns：LHQ6LGY6LGM6MmM5ZTg1YTE3ODY4MTQxNzAxNzhjOWY3Y2Q3NjAwMTcsc DosYTosbTo =／show. vsml。
④ 参见包宗顺、张立冬、赵锦春《江苏"十四五"时期扶贫减贫前瞻性研究报告》，2021。

3.构筑社会慈善产业链

鼓励企业积极开展"可持续社会价值创新计划""共同富裕专项计划"等慈善公益活动。完善公共慈善机构和私人基金会组织建设，引导慈善机构资助教育、卫生保健、社会服务、环保等各种公益事业。推动政府、企业和慈善机构、社会服务组织的协调合作，形成社会慈善产业链。加强媒体舆论引导，通过各种媒体多渠道积极宣传文明道德风尚，激发全社会共识与参与动力，营造"先富帮后富"的"共富"舆情氛围，将参与慈善事业回报社会塑造为个人与企业成功的重要标志。

（三）推动经济高质量发展，夯实区域共同富裕的制度基础

1.扎实推进城乡融合发展

立足"宁锡常"接合片区国家城乡融合试验区建设，持续开展针对农村集体经营性建设用地入市机制、城乡产业协同发展平台、科技成果入乡转化机制、生态产品价值实现机制和农民持续增收体制机制等专项改革。推动乡村与城市对等的交通、信息技术与生态环境等基础设施建设。鼓励农民以土地承包经营权入股，为一二三产业融合探索更多可行共赢模式。[①] 同时，从农村居民的基本公共服务需求出发制定较为完善的质量标准体系，以市场为导向及时更新并完善城乡基本公共服务，提升农村优质基本公共服务供给质效。

2.缩小城乡居民生活品质差距

第一，深化户籍制度改革，加快在全省范围内落实常住人口登记制度，打破市民、农民的身份界限以及由此确立起来的差别福利制度。特别是要以常住人口为依据提供教育、医疗、就业等公共服务。第二，打造省域范围内城乡一体化的消费市场。加强农村消费市场监督和治理，全面消除假冒伪劣商品在农村的生存空间。在拓宽农民增收渠道的基础上，持续提升农民消费品质和福利水平。重点建立"靶向消费"补贴制度，对农村居民特别是相对贫困群体的品质类消费给予适当精准补贴，多措并举，让农民"敢消费"

---

① 范从来、赵锦春：《向共同富裕目标不断迈进》，《群众》2021 年第 15 期。

"能消费",加快缩小城乡居民生活品质差距。

3. 重塑农民内生发展动力机制

第一,积极发展新型农业经营主体,实现"小农户与大市场"对接。鼓励支持农民优先发展专业大户、家庭农场、农民合作社、农业企业等新型农业经营主体。更好发挥江苏供销系统的传统优势,依托现代化农机装备应用与农业生产社会化服务试点示范,推动新型农业经营主体高质量发展。第二,提升农民创新创业和职业技能水平,激发农民创新创业活力。建议加大对广大农民在农业生产技术、职业技能和人力资本积累等方面的培训力度。制定专项培训和扶持计划,加强农民对于农村电商、企业管理、农业物联网、农机装备应用、农机化操作等领域的专业技能培训,壮大职业农民群体规模,有效提升农民参与分享高质量发展成果的内生动力。

4. 探索区域联动发展创新模式

首先,建立匹配主体功能定位的省域内利益补偿机制。优化省域内"1+3"主体功能区定位,依照地区发展定位,探索完善与地区中长期发展规律相适应的省域内利益补偿机制。通过土地、财政、税收、资本、人才等多维度政策引导,完善实现全域一体化发展的政策制度保障。其次,有效提升"南北挂钩"和省内产业转移质效。坚持"产城融合、产业集聚、功能合理"的规划原则,推进"工业向园区集中,人口向城镇集中,住宅向社区集中"。充分发挥南北共建园区等"飞地经济"示范效应,优化政策制度"软环境",实现苏北后发展地区跨越式发展。

参考文献

[1] 刘培林、钱滔、黄先海、董雪兵:《共同富裕的内涵、实现路径与测度方法》,《管理世界》2021年第8期。

[2] 葛永波、翟坤、赵国庆:《机会不平等如何影响家庭财富不平等——来自CHFS数据的经验分析》,《东岳论丛》2021年第5期。

[3] 刘丽辉、孙丹、刘睿:《员工持股计划、代理成本与企业创新绩效研究》,《宏

观经济研究》2021年第6期。

［4］ 赵锦春：《"十四五"时期江苏金融改革创新争当表率研究》，《金融研究专报》，2021。

［5］ 包宗顺、张立冬、赵锦春：《江苏"十四五"时期扶贫减贫前瞻性研究报告》，2021。

［6］ 范从来、秦研、赵锦春：《创建区域共同富裕的江苏范例》，《江苏社会科学》2021年第3期。

［7］ 范从来、赵锦春：《向共同富裕目标不断迈进》，《群众》2021年第15期。

江苏"医养康养"养老模式的推进问题研究

张春龙*

摘　要： 医养康养相结合是医养结合的理念深化，是新时代医养结合走向高质量发展的内在要求，也是老龄化加速、老年健康状况堪忧的现实需要。江苏"医养结合"的进展为"医养康养"养老服务体系的建立奠定了一定的基础，但仍然面临一些医养、康养的整合困境及多方面的问题。推进"医养康养"养老模式的建立，需要以社区为核心的服务体系整合与重塑，促进医养康养资源的整合与协调发展，打通医养康养供需对接的"最后一公里"。

关键词： "医养康养"　养老模式　老龄化

党的十九届五中全会《决定》提出"加快建设居家社区机构相协调、医养康养相结合的养老服务体系"，为协调推进我国养老服务体系建设指明了方向。2019 年的《关于建立完善老年健康服务体系的指导意见》明确提出，医养康养相结合，是老年健康服务的一个重要顶层设计，要求不仅为老人提供医疗保障、建立医养结合服务体系，还要为健康老人提供更好的康养服务。医养康养相结合是医养结合的理念深化，是新时代医养结合走向高质量发展的内在要求。通过几年的努力，江苏养老在医养结合方面已经取得了显著进展，为医养康养的

---

* 张春龙，江苏省社会科学院社会政策研究所所长、研究员。

推进奠定了一定的基础。但医养康养作为现代养老服务体系，目前无论是概念理解，还是框架布局、体系构建，都还有很多需要努力的地方。

一 "医养康养"提出的背景及特征

人口老龄化的趋势往往会与高龄化、失能化的趋势相伴。医养康养相结合是为了积极应对人口老龄化、提高养老质量，对养老服务体系建设提出的一种新的构建，是大势所趋。从单纯的机构养老、社区养老到"医养结合"，再到"医养康养"的提出，既反映了人们日益增长的对养老品质的要求提高，也是从养老看病的传统模式向提前健康维护模式的转变。[①]

（一）老龄化加速且健康状况堪忧

1. 江苏较早进入老龄化社会

由于生育率的迅速下降和平均预期寿命的延长，我国的人口年龄结构正在发生快速的变迁，呈现"速度快、规模大、持续时间长、未富先老、边富边老"等特征，老龄化呈现加速态势。[②] 七普数据显示，我国 60 岁及以上老年人口超过 2.53 亿人，65 岁及以上人口 1.9 亿人。江苏是全国较早进入老龄化社会的省份，全省 60 岁及以上常住老年人口数超过 1850 万人，老龄化率达到 21.84%，较全国高出 3.14 个百分点，其中 65 岁及以上人口占比为 16.20%。与 2010 年六普数据相比，60 岁及以上人口的比重上升 5.85 个百分点，65 岁及以上人口的比重上升 5.32 个百分点。

2. 老龄人口健康状况不乐观

在老龄化加速的同时，老龄人口健康状况也不容乐观。慢性病甚至失能失智，不仅影响老年人的生活质量和幸福感，也给医疗系统、家庭照料带来

---

① 《专家：推进医养结合向健康维护模式转变》，《中国经济报》2017 年 7 月 17 日。
② 《张瑾访谈（一）：播撒中国老龄化社会新的春天》，中宏网，2020 年 1 月 20 日。

压力。我国有 1.8 亿以上的老年人患有慢性病，患有一种及以上慢性病的比例高达 75%，失能和半失能老年人约 4200 万人。[①] 目前，江苏已经全面进入"深度老龄化社会"。因此，健康老龄化的核心就是老年人身体功能的维持和自理期的延长。江苏 60 岁及以上老年人患有慢性病的比例为 77.4%，80 岁及以上高龄老人患慢性病的比例达 85.3%。全省共有失能失智老年人 64.19 万人，半失能老年人 69.69 万人。患病、失能或半失能老人的治疗和护理问题困扰着千家万户，养老服务中的医疗康复需求愈加明显。然而，与之对应的传统养老机构医疗康复能力欠缺，医院又无法提供基本的养老服务，医疗、康复、养老三者需求与供给矛盾愈演愈烈。以维持老年人的身体功能和日常活动为目的的医养康养结合型服务需求巨大。

（二）积极应对老龄化的政策与举措

1. 国家宏观层面对医养康养的重视

2019 年 11 月，党中央和国务院印发的《国家积极应对人口老龄化中长期规划》，将应对老龄化战略分三步走，即近期至 2022 年、中期至 2035 年、远期展望至 2050 年，同时明确了各阶段具体任务。在 2020 年 11 月的《中共中央关于制定国民经济和社会发展第十四个五年规划和 2035 年远景目标的建议》中明确提出，推动养老事业和养老产业协同发展，构建居家社区机构相协调、医养康养相结合的养老服务体系。应该说，养老服务上升到国家层面进行战略部署，在很多领域，比如疾病诊治、康复护理、健康教育、预防保健、长期照护、安宁疗护等，为养老服务范围的拓展和质量的提升提供了难得的机遇和条件。

2. 省部级层面"医养康养"的目标

2021 年 10 月，人社部等五部门联合发布的《关于实施康养职业技能培训计划的通知》提出了明确的目标任务，到 2022 年，培养培训各类康养服

---

① 《我国超过 1.8 亿老年人患有慢性病 晚年生活质量如何提高》，《人民日报》2020 年 11 月 13 日。

务人员 500 万人次以上，其中养老护理员 200 万人次以上，并在全国建成 10 个以上国家级（康养）高技能人才培训基地。专业人才量的快速增多，专业人才供给能力的增强，势必推动养老服务行业的快速发展。2021 年 10 月，《江苏省"十四五"养老服务发展规划》发布，提出了"全面构建居家社区机构相协调、医养康养相结合的养老服务体系"的发展目标，进一步明确了养老服务向医养康养发展的目标。

（三）"医养康养"养老模式的特征

"医养康养"养老模式通过融合多种养老主体形成综合连续的养老服务体系，对老人提供预防、医疗、照护全方位综合服务。需要以老年人的生活照料服务为基础，既针对有医疗需求的老年人，为其提供相应的医疗服务，又为健康老年人提供教育、旅游、养生和社会参与等有益身心健康的服务项目。[①]

1. 从服务体系来看，强调综合、协调、连续

"医养结合"养老模式旨在促进养老机构和医院之间的紧密衔接，通过护理团队、理疗机构以及养老机构等多方力量的参与，提升养老服务水平。而"医养康养"养老模式与居家社区机构相协调的养老服务体系，就是要发挥家庭、社区和机构的各自优势，促进各种养老服务方式融合发展。

2. 从服务内容来看，强调医、康及生活照护

"医养康养"要兼顾服务对象的共性和个性，根据不同健康状况的活动能力提供不同服务项目，充分考虑到老年人健康状况的动态变化，向全体老年人提供可以满足他们不同需求的整体解决方案。

3. 从运行体系来看，强调构建支援网络体系

医养康养相结合的养老服务系统是一种综合连续的养老服务体系，由社区综合支援网络体系负责将医养和康养服务资源进行整合。综合服务系统、社区生活支援中心与信息共享系统共同合作构建医养康养结合平台。

---

① 《协调推进养老服务体系建设》，《人民日报》2020 年 8 月 4 日。

总体来看，医养康养结合主要是考虑到养老服务对象共性和个性的需求特征，希望能够有针对性地为健康状况不同的老人服务。这些服务能够充分考虑到服务对象健康状况的动态变化，根据这种变化提供一些可选择性、具有个性特征的养老服务项目。

二 江苏在"医养康养"方面的推进状况

"医养康养"作为一种升级的全新的养老模式，除了少数城市开始纳入规划外，并没有省级范围内的整体推动举措。江苏也是如此，但作为"医养康养"的基础，江苏养老服务在"医养结合"方面取得了良好进展。

（一）多维度推进医养结合的发展，提出医养康养发展方向

1. 在政策制定方面

江苏先后出台《关于深入推进医疗卫生与养老服务相结合的实施意见》《江苏省健康老龄化行动计划（2018～2020 年)》，系统谋划推进医养结合。2020 年 11 月，为深入推进医养结合发展，省卫健委印发《关于深入推进医养结合发展的若干措施》。地方上，苏州市出台《苏州市护理院优质服务三年行动计划（2018～2020）实施方案》，南通市在 2021 年 4 月制定《南通市机构养老服务提升发展三年行动计划（2020～2022 年)》，较早提出要开展医养康养融合发展行动。

2. 在财政支持方面

主要是通过财政支持、金融贴息、建设和运营补贴等方式促进医养结合发展。省级成立养老产业投资基金，首期规模 20 亿元，重点投向老年人医疗护理、康复保健等领域，提升医养结合大型项目的投融资能力。仅 2017年，全省社会资本投入健康养老产业就超过 100 亿元，社会力量举办或经营的护理型床位占护理型床位总数的一半以上。

3. 长期护理险试点

作为医养结合的支撑，江苏一直在开展探索长期护理保险试点工作。到

2020 年 10 月，全省开展建立长期护理保险制度试点的设区市为 7 个。试点地区在覆盖范围、筹资标准、筹资方式、保障范围、享受条件和待遇水平等方面加强探索、完善政策，积累试点经验。

（二）构建医养结合服务体系，为医养康养打下坚实的网络基础

医养结合服务体系主要是构筑了"三网"，即上门服务网、社区服务网、融合发展网。

1. 在居家上门服务网方面

江苏以家庭医生签约为抓手，为行动不便的居家老年人提供预约上门服务。结合国家基本公共卫生服务项目，为 65 岁及以上老年人建立健康档案并动态管理。2018 年，全省包括老年人在内的重点人群家庭医生签约率达到 66.4%，65 岁及以上老年人健康管理率达到 72.4%。

2. 在社区医养结合网方面

江苏依托社区各类网络化服务平台，构建"15 分钟健康养老服务圈"。截至 2019 年底，全省有社区居家养老服务中心 1.82 万个、街道老年人日间照料中心 589 家，为 3.82 万户老年人家庭开展适老化改造，为 229.41 万名老年人提供居家上门服务。

3. 在机构融合发展网方面

江苏鼓励社会力量新建护理院、康复医院等，支持养老机构按规定内设医疗机构，鼓励医疗机构与养老机构开展多种形式的合作，逐步形成 3 种"医养一体"模式，即医养协作体、医养融合体、医养综合体。目前全省 275 家养老机构依法设置了医疗卫生机构，全省 38 家非建制镇乡镇卫生院转型为医养结合机构。

（三）各地因地制宜，加紧探索"医养康养"养老服务模式

1. 泰州兴化市的老年健康养老中心

2019 年，泰州开工建设兴化市老年健康养老中心。该中心是集医疗、康复、养老等于一体的综合体，根据老年人健康状况实行"医""养"相互灵活

转化。主要是满足"医养结合"的养老需要,着力打造"先治后养、医养结合、兼顾康复、全程照料"的养、护、医、康一体化医养结合养老模式。

2. 无锡的"医养护联合体"服务模式

近年来,无锡经开区积极探索推进该养老模式,整合养老和医疗资源,打造无锡首个"医养护联合体"服务模式,满足老年人养老和医疗康复双重需求,让老年人乐享晚年。目前该区已有6家护理院携手无锡市第二中医医院组建了医养护联合体。

3. 苏州市不断做大做强健康养老产业

2021年9月,苏州市健康养老产业发展集团有限公司揭牌,组建苏州市属一级国有企业苏州康养集团,这是苏州旨在进一步发挥国企示范带动效应,做大做强养老健康产业,助推苏州市养老事业和养老产业高质量协调发展的重要举措。"十四五"期间,苏州市提出要全面提升综合养老服务水平,推动养老事业和养老产业协同发展,不断为苏州市乃至长三角区域老年人提供优质的健康养老服务。

4. 镇江推动居家、社区、机构融合发展

作为深化全国居家和社区养老服务试点工作的镇江市,积极推动居家、社区、机构融合发展。全市建成社区嵌入式"居家+社区+机构"的综合性养老服务中心3家,为社区老年人提供"上门+日托+全托"的综合性养老服务。为了解决居家老年人的就医难题,实现养老服务模式多元化发展,镇江探索推动居家和社区养老与医疗服务融合发展。全市社区居家养老服务中心与基层医疗卫生服务机构签约服务率和建立绿色就诊通道率达到67.1%。[①]

三 "医养康养"推进中面临的主要问题

医养结合在江苏已经推进多年,虽然有所进展但仍然困难重重。在这种

---

① 《"苏适养老有点甜"(镇江篇)| 三个融合打造居家和社区养老"标杆"》,澎湃江苏民政,https://www.thepaper.cn/newsDetail_forward_15017715。

情况下，"医养康养"养老服务体系的构建必然面临更多的问题，特别是在基层社区、农村地区推进更是有相当的难度。

（一）医疗和养老机构的结合面临实践困境

"医养结合"是重要的改革创新，但是由于"医养结合"养老模式在中国起步较晚，缺乏充足的理论支撑，且中国老龄人口众多，"医养结合"养老模式的发展困难重重。

1."医"与"养"的资源衔接不足

无论是目前存在的大众化的养老机构，还是已经开展名义上"医养结合"甚至"医养康养"的养老机构，其实在相当程度上仍然是以"养"为重心，缺乏"医"的资源融合。另外，三级医院动力不足、基层医院能力缺乏、高端和中小型养老机构空置分化、共建机构医保支付障碍、政府监管乏力、人员调度不畅等，都使"医"与"养"缺乏足够的动力去结合。[①]

2.医养等服务机构的目标定位偏离

从现阶段各地实践来看，虽然一些医疗与养老机构具备了"医养结合"甚至"医养康养"的服务基础，但是大多数服务机构为了更好地生存和发展，大多将目标市场定位为高收入人群，没有充分考虑地区的整体消费水平和经济负担能力，使得收入较低的老年人无法真正入住"医养结合"养老机构。

3.缺乏比较健全的医疗保障体系

目前还有相当多的地区医保定点覆盖并不能做到全面，特别是一些农村地区，缺乏健全的长期护理险以及医护险。再加上一些地区本身医疗保障的资金来源单一，完全依靠政府财政支持，缺少用于老年人长期护理险的一些专项支出费用，导致老年人的医疗保障后续存在严重问题。

（二）"医养康养"还需解决多方面的问题

总体来看，目前缺少老年医院及护理院，医养结合机构服务人员医疗护

---

① 程雁、孙志明：《供给侧改革视角下基于社区的"医养＋康养"新路径思考》，《卫生软科学》2021年第3期。

理能力不足，且社区、居家、农村地区医养融合发展缓慢，难以构建起"医养康养"服务体系。

1. "医养康养"的概念和框架尚未统一

"医养康养"概念提出的时间较短，虽然相关文件中已经提出要构建相关的服务体系或服务模式，但不论是学术界还是实践部门、操作机构，都缺少对医养康养结合体系以及整体框架统一的界定，一些机构提出了自己的"医养康养"构想，但行之有效的"医养康养"实践模式并没有得到广泛的认同。已经有人提出了基于社区或基层医疗机构的整合模式，但对"康养"以及医、康、养如何结合，从供需角度还需进一步明确和细化。

2. "医养康养"存在供给不足与供需错位

由于以前的养老服务主要注重日常生活的照护，这一定位离医养康养存在相当的差距。这也导致目前的养老机构提供医养康养的能力严重不足。供需错位情况也比较严重，这种错位主要体现在，失能、半失能老人的数量与各类养老服务机构及能容纳的数量差额巨大，不仅如此，失能、半失能老人的增长数量、增长速度也远远大于养老机构服务能力的增长。不仅机构不够，专业服务人员特别是护理人员与老年人群及其中的失能失智群体数量增速也非常不协调。

3. 居家、社区、机构存在结构性失衡

主要表现为家庭的养老功能日渐弱化，一些独生子女家庭如果出现一位或两位老人住院或失能需要照顾，即使在市场能够找到照护人员，子女也是不堪重负，更不用说照护的专业程度、照护费用等问题了。总体来看，人口流动和居住分散化使空巢、独居加剧；社区服务能力不足，大部分社区及乡镇养老服务供给不足；机构供需失衡，定位高端的养老/医养机构，只面向少部分富裕老人，而收费较低的中小型养老机构医疗功能欠缺或不规范，空床率很高。[1]

---

[1] 程雁、孙志明：《供给侧改革视角下基于社区的"医养＋康养"新路径思考》，《卫生软科学》2021年第3期。

（三）农村养老离"医养康养"差距巨大

1. 全国及江苏农村普遍存在养老服务不足和水平不高的问题

"十三五"期间，江苏以满足广大农村老年人尤其是经济困难的高龄、失能、留守等老年人群体为重点，持续加大农村养老服务供给力度，促进城乡间养老服务资源和要素的自由流动，广覆盖、保基本、多层次的农村养老服务体系初步建成。[①] 但江苏的农村区域，除了苏南部分发展较好的地区外，和全国绝大部分农村一样，面临老龄化明显、养老机制不完善、养老体系不健全、空巢化老人严重的问题。随着越来越多的农村年轻人进入城镇，以及部分打工者老年回归农村，农村老年人口比例会进一步加大，养老问题会进一步严重。

2. 卫生资源不足和农民收入不高难以支撑老人"医养康养"

江苏省农村地区也存在卫生资源配置不均衡、作为主流的社区居家养老服务内容普及度不够高、农村老年人精神慰藉需求需重视、专业老年护理人员数量不足、居家养老服务质量仍需提高等问题。一些农村地区特别是苏北区域，农民流动迁移到苏南城镇打工挣钱，常年在外，大量老人在农村无人照顾。就目前的情况来看，无论是苏南还是苏中、苏北，农村老年居民社会养老服务覆盖面不足。尤其是一些分布非常分散的农村，由于服务成本高，很多的养老服务组织难以进入，再加上农村居民经济收入低，即使是低成本的养老开支他们也不愿支出，这就造成老年农民很难享受到基本社会养老服务，更不用提"医养"甚至"康养"了。

四　推进"医养康养"养老模式的对策建议

目前已基本形成了养老机构设立或内设医疗机构、医疗卫生服务延伸至社区或家庭等"医养康养"结合模式，推进这一养老模式的形成和发展，

---

① 《江苏：建构农村养老服务体系　开创发展新格局》，《社会福利》2020 年第 11 期。

需要以社区为基本单元，重新整合医养、康养资源，使其能够真正服务基层老百姓。

（一）以社区为核心的服务体系整合与重塑

社区作为社会治理、社会服务最基本的单元，被认为是"医养康养"结合的最佳载体。"医养＋康养"力图重塑社区服务体系，形成以社区卫生服务中心为主体，有效衔接家庭和机构的整合照料。

1. 明确社区服务中心的枢纽地位

就目前的情况来看，基层社区卫生服务中心的医疗功能及其医保资质是能够满足大部分老年人基本医疗需求的，赋予其的健康档案管理、家庭医生签约等职能，与先前提出的"医养结合"的要求也是契合的。"医养＋康养"养老模式中，作为社区，一方面，要承担常见病、慢性病的日常诊疗和健康管理；另一方面，要为疾病恢复期和半失能的老人提供社区或居家服务。也就是说，社区服务中心应该通过"社区医养康养大数据平台"发挥枢纽功能，通过双向转诊和绿色通道等顺畅的转介机制，形成社区、医院、养老机构互联互通的"养老联合体"，根据老人健康状况，按需切换、无缝对接。

2. 探索建立社区预防照护体系

将社区初级预防照护融入健康促进，鼓励社区组织参与初级预防照护服务工作，尽可能减缓老年人生理功能退化，让老年人能自立自主地生活，提升老年人的生活质量，有效降低社会长期照顾需求和负担。可借鉴其他国家有益经验，积极推动预防照护服务落地，比如日本的"介护预防事业"规划、"社区整体支持中心"建设，有需求的老年人可向地方政府申请介护预防服务。值得一提的是，介护预防服务在服务理念上倡导"自立"观念，不仅是"帮老人做"，更是"教老人做"，不是"限制老人出门"，而是"鼓励老人外出"。

3. 提供社区长期康复照护服务

聚焦提高老年人长期照护质量，在日常生活照料和关心支持的基础上，面向失能失智老年人提供维护身体功能的护理康复和延缓慢性病发展的服务，让老年人尽可能地延续和维持原有生活模式及生活质量，同时教育老年人对急性医疗服务的适当使用，尽可能地降低医疗费用负担。特别重要的是，要在制度上建立长期照护体系和急性医疗的衔接，规划好生病老人出院后的追踪管理和服务，协助病患与社区服务机构和养老机构等建立联系，为老年人出院后能够获得必要的照护及康复服务创造条件，尽量减少出院后短期内急诊及再住院，使他们最终顺利回归家庭生活。①

（二）促进医养康养资源的整合与协调发展

"医养康养"服务，就是把大量专业性的康复护理服务送上门，整合社会资源，激活社区的养老服务资源。

1. 进一步促进医养康养资源的整合

增强体系化思维，有效整合医养康养资源，合理配置人力、资金和设施，以医养康养相结合促进养护康一体化，提升长期照护的可及性和专业性，同时，在生活照顾、社会参与等服务的基础上，增强非治愈性的健康管理、康复护理的服务能力，满足失能失智老年群体及其照顾者在生活支持、协助、照顾及康复护理方面的综合性需求。在建立健全长期照护项目清单、服务标准以及质量评价等行业规范的同时，注意纳入医养、康养的相关要求，构建居家、社区、机构相衔接的专业化长期照护服务体系。优先为特困、低保、低收入等困难失能老年人提供兜底性长期照护服务保障时，要注意全面整合养老服务补贴津贴等经费政策。②

2. 将医疗和康复更好融合到养老

一是健全医养康养融合服务体系，强化城乡、居家、社区、机构全覆盖，促进医疗资源与养老资源深度融合，比如在社区嵌入性医养结合机构完成康复期和日常照料状态下的老人。二是进一步做好政策保障和政策衔接。

---

① 《树立积极老龄观，全面推进健康老龄化》，"城市观察员"官方账号，2021年10月16日。
② 江苏省民政厅：《关于进一步推进养老服务高质量发展的实施意见》，2020。

由于医养康养融合发展涉及养老、医保、医药和保险等诸多政策，这就需要适度扩大纳入基本医保支付范围的项目，如康复、护理等。三是充分运用互联网、物联网、智能呼叫和云技术等先进的信息技术，推动建设智慧医养康养信息化平台，对社区养老服务中心进行智能化改造，通过发展可穿戴设备和健康医疗移动应用技术等提升智能化服务水平，创新"医养康养"服务模式。[1]

3. 在社区中创建医养康养联合体

以社区为单位推进医养康养资源的整合和优化组合，创建起社区医养康养联合体。通过医养康养联合体可以增强社区医养康养服务能力，可以通过实施居家照护项目式，发挥家庭护士或居家保姆等在家庭照护中的作用。支持一些条件较好、需求较为强烈的社区养老服务机构设置护理站，提升其在社区居家养老服务的照护专业性和能力。一般来说，护理站可同时实现"社区护理＋居家护理＋医疗衔接"三大服务功能。可以以患慢性病老年人及一般老年人为对象，加大政府购买健康养老服务的力度，为老年人提供适合社区养老机构开展的健康咨询、健身辅导、身体机能训练、慢病运动干预等特色服务，让更多老年人享受到就近就便的康养服务。

（三）打通医养康养供需对接的"最后一公里"

1. 促进"医""养"资源有效衔接

"医养康养"中首先是"医""养"资源的有效结合与衔接。医养的结合主要是提升养老服务机构的医疗服务水平。养老机构中大多是患病的或失能的老年人，卫生医疗资源进入养老机构，必然会增强养老机构的吸引力，有助于提高养老机构的入住率。作为医疗需求和养老需求最为集中的区域，医疗资源进入养老机构能够促进医疗与养老资源之间的互动与结合。医养资源的融合，一方面，可以在不同机构如社区服务机构、卫生医疗机构、养老

---

[1] 《省政协委员赵俊：推进医养康养融合发展，提升养老服务质量》，荔枝新闻，2021年1月27日。

院等中建立起畅通的转承渠道，使相关机构之间的资源能够相互衔接；另一方面，可以通过构建智能化、网络化老年人健康管理信息平台，为居家养老和社区养老服务提供有效的医疗资源，解决居家与社区养老服务中的医疗资源不足问题。

2. 建立医养康养深度融合机制

要注意统筹推进医疗卫生服务与养老服务的融合发展。一是将医疗融入养老，比如现在正在推行的家庭病床与居家养老相结合的情况，就是对符合家庭病床建床条件的老年患者提供医疗卫生服务。二是将养老融入医疗，如鼓励医疗卫生机构开设老年医学科，提供康复、护理、安宁疗护和养老床位。三是养老医养相结合，如社区养老机构、健康服务机构等应当为老年人建立老年人健康档案，提供疾病预防、健康管理、慢性病管理等服务。四是推进健康养老，比如搭建一些老年人的学习、社交生活的平台，推动在老年疾病防治、心理健康、老年保健、老年健身、康复等方面开展教育活动。

3. 推动医养康养服务落到实处

首先，减少养老服务资源、医疗康复资源等在配置上不同程度的分割。要进一步加强对社区在政策和人财物等资源的支持，在社区自身能力建设方面要多给予指导，不断强化一定区域内比如街道、社区医养康养资源的统筹支配和整合使用。其次，进一步发挥市场在调动医养、康养资源方面的作用，科学规划和充分利用居住区内的一些配套设施，充分发挥现有的商业服务设施和社会服务设施，通过市场盈利服务和社区公益服务提供医养康养的服务需求。最后，不断提高智能化、信息化水平。注意以居民个人为中心、以老人家庭为中心，打破数据信息采集和使用的壁垒，建立起能够共享的基础性的老人、家庭数据库，构建起以社区、街道乃至区县的老年人生活状态数据库，从而能够有效地满足老年人医养康养需求，避免无效应对和资源浪费。

江苏"一老一小"保障体系的建设成就与对策建议

苗 国[*]

摘　要： 老有所养、幼有所育，是与千家万户息息相关的民生问题。保持人口均衡发展是江苏实现"强富美高"战略的必然前提。《中华人民共和国国民经济和社会发展第十四个五年规划和2035年远景目标纲要》提出，"制定人口长期发展战略，优化生育政策"，以"一老一小"为重点完善人口服务体系，促进人口长期均衡发展。中共中央政治局2021年5月31日召开会议通过《关于优化生育政策促进人口长期均衡发展的决定》，并做出"全面三孩"政策的重大部署。江苏涉老涉幼基本公共服务均等化、标准化水平已经达到了较高水平，特别是面向城乡特困、低保等特殊人群的兜底性基本公共服务体系已经基本建立，保障水平也越来越高，但人口老龄化叠加少子化，"一老一小"是我国未来一段时期民生发展的重点，江苏顺应这一国家战略，既要兜牢社会保障制度的网底，又要拓展民生经济的边界，通过建立"一老一小"整体解决方案达到惠民生、扩内需、振经济的发展目标。

关键词： "一老一小"　人口发展　保障体系

---

* 苗国，江苏省社会科学院社会政策研究所副研究员，主要研究方向为人口社会学。

一 2050年前江苏人口发展趋势

（一）江苏省第七次人口普查资料分析

1. 江苏早已完成"政策性低生育"向"内生性低生育"的转变

2020年江苏出生人口约57万人，死亡人口约63万人，死亡人口首次大于出生人口。① 自2016年国家实施"全面两孩"政策以来，江苏户籍人口出生数并未增长，反而呈现不断下降的趋势（见表1）。无论全国还是江苏，婚育适龄人口生育意愿低，生育水平早已跌破警戒线，目前生育主力人口已经演进到以"85后""90后"独生子女为主的群体，育龄妇女人数大幅锐减且生育意愿可能继续低迷，"十四五"期间，江苏大概率进入人口自然负增长阶段，并长期维持人口自然负增长趋势。

表1 1990～2019年江苏省人口自然变动情况

年份	总人口数（万人）	出生		死亡		自然增长	
		人数（万人）	出生率（‰）	人数（万人）	死亡率（‰）	人数（万人）	增长率（‰）
1990	6766.90	137.96	20.54	43.86	6.53	94.10	14.01
1991	6843.70	116.03	17.05	44.23	6.50	71.80	10.55
1992	6911.20	108.04	15.71	46.49	6.76	61.55	8.95
1993	6967.27	96.94	13.97	45.87	6.61	51.07	7.36
1994	7020.54	96.38	13.78	47.98	6.86	48.40	6.92
1995	7066.02	86.77	12.32	46.20	6.56	40.57	5.76
1996	7110.16	85.84	12.11	46.64	6.58	39.20	5.53
1997	7147.86	81.47	11.43	48.76	6.84	32.71	4.59
1998	7182.46	78.60	10.97	49.01	6.84	29.59	4.13
1999	7213.13	75.58	10.50	49.95	6.94	25.63	3.56

---

① 由于各种原因，自2020年起，江苏统计局不再公布年度出生人口数据，最新统计年鉴数据仅更新到2019年。

续表

年份	总人口数（万人）	出生		死亡		自然增长	
		人数（万人）	出生率（‰）	人数（万人）	死亡率（‰）	人数（万人）	增长率（‰）
2000	7327.24	66.01	9.08	47.40	6.52	18.61	2.56
2001	7354.92	66.28	9.03	48.60	6.62	17.68	2.41
2002	7380.97	67.56	9.17	51.50	6.99	16.06	2.18
2003	7405.82	66.83	9.04	51.98	7.03	14.85	2.01
2004	7432.50	70.11	9.45	53.42	7.20	16.69	2.25
2005	7474.50	68.84	9.24	52.40	7.03	16.44	2.21
2006	7549.50	70.31	9.36	53.18	7.08	17.13	2.28
2007	7624.50	71.08	9.37	53.64	7.07	17.44	2.30
2008	7676.50	71.44	9.34	53.86	7.04	17.58	2.30
2009	7810.27	74.36	9.55	54.43	6.99	19.93	2.56
2010	7869.34	75.89	9.73	53.64	6.88	22.25	2.85
2011	7898.80	75.61	9.59	55.03	6.98	29.50	2.61
2012	7919.98	74.67	9.44	55.29	6.99	19.38	2.45
2013	7939.49	74.86	9.44	55.59	7.01	19.27	2.43
2014	7960.06	75.13	9.45	55.81	7.02	19.32	2.43
2015	7976.3	72.11	9.05	56.02	7.03	16.09	2.02
2016	7998.6	77.96	9.76	56.15	7.03	21.81	2.73
2017	8029.3	77.82	9.71	56.34	7.03	21.48	2.68
2018	8050.7	74.93	9.32	56.52	7.03	18.41	2.29
2019	8070.0	73.51	9.12	56.74	7.04	16.77	2.08

资料来源：（1）《江苏统计年鉴2020》电子版，http：//tj.jiangsu.gov.cn/2020/nj03/nj0303.htm；（2）《2020年江苏省国民经济和社会发展统计公报》；（3）《新中国50年统计资料汇编》。

2.江苏"少子老龄化"趋势高于全国平均水平

第七次人口普查数据显示，江苏65岁及以上人口占16.20%，已进入深度老龄化社会（见表2）。江苏作为经济大省强省，就业与发展机会使得年轻人口大量迁入，相比重庆、四川等人口迁出大省（市），老龄化得到一定程度缓和，但是仍呈现老龄化程度高、速度快、空巢化比例大、区域差异明显等典型特征。随着第二次出生高峰时期出生的"60后"逐步进入退休年龄，江苏老年人口增长速度将明显加快，年均增量将维持在50万人以上。

伴随着社会经济的快速发展，人口老龄化、高龄化已成为影响江苏全面现代化不可回避的现实问题。

表2　第七次人口普查部分省份老龄化排名（前十位）

单位：%

省份	年龄结构			排名
	0～14 岁	15～64 岁	≥65 岁	
上海市	9.80	66.82	23.38	1
黑龙江省	10.32	66.46	23.22	2
辽宁省	11.12	63.16	25.72	3
吉林省	11.71	65.23	23.06	4
北京市	11.84	68.53	19.63	5
浙江省	13.45	67.86	18.70	6
天津市	13.47	64.87	21.66	7
内蒙古自治区	14.04	66.17	19.78	8
江苏省	15.21	62.95	21.84	9
重庆市	15.91	62.22	21.87	10

（二）江苏省"十四五"人口变动趋势预测与分析

1.江苏省出生人口预测分析

江苏省第七次人口普查0～14岁人口比重相比第六次人口普查高2个百分点，少子化情况排名下降4位。但人口预测模型仍显示"十四五"期间，江苏青少年人口将持续减少，全面二孩政策带来的生育堆积效应已大幅衰减，江苏出生人口将步入下跌通道。近40年的持续低生育水平导致全国乃至江苏年轻人口基数不足，"十四五"期间人口自然负增长将成为江苏人口新常态，人口预测模型显示，江苏人口规模会在2020～2025年达到顶峰后呈现明显的下降态势，人口再生产功能萎缩导致养老保障体系承压、劳动力短缺以及经济发展动力不足问题。同时，经济活力不足和区域城乡发展不平衡导致适婚人口性别比失衡的结构扭曲，反过来也会进一步抑制生育水平，从国际发达国家经验来看，少子老龄化或将成为影响"强富美高"新江苏战略的最大短板。

如图1所示，不同生育率方案下，江苏省每年的出生人口呈现如下两大特点：一是2010～2050年出生人数呈波动下降趋势，二是不同生育率方案下每年的出生人数悬殊。由于婚育年龄人口的婚龄推迟、离婚率上升以及家庭生育意愿低迷，出生人数不断下降，甚至存在出现"断崖式"下降的可能性，在人口数量低预测方案中出生人口只有当前水平的一半左右。2022年将达到"全面二孩"托幼入园的高峰期，这对江苏学前教育资源的供给规模、教育经费的投入数额以及师资队伍的供给数量等方面都具有重大影响。

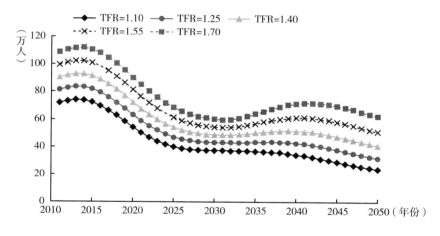

图1 江苏出生人数变动趋势

注：TFR表示总和生育率。

2. 江苏省劳动年龄人口预测分析

"十三五"时期，中国青壮年劳动力减少约4000万人，江苏青壮年劳动力减少约350万人，预计"十四五"后期，江苏老龄化的急剧形成与青壮年劳动力减少会产生叠加效应——劳动年龄人口比例大幅下降，人口抚养比随之也会上升。通俗来讲，就是劳动年龄人口的负担更重。江苏人口增长速度放缓、人口结构变化，意味着非劳动年龄人口比例的上升，劳动年龄人口总量减少成为长期趋势，人口红利因素逐渐减弱（见图2）。欧洲和亚洲部分国家见证了人口负增长带来的社会冲击：经济增长速度大幅下降，政府财力资源枯竭，移民社会的族群冲突。西方老龄化国家刺激生育率的政策普遍效果不佳，东亚国家日本与韩国等更是"回天乏力"，低生育率陷阱因其"自我强化机制"导致人口负增长情况持续恶化。

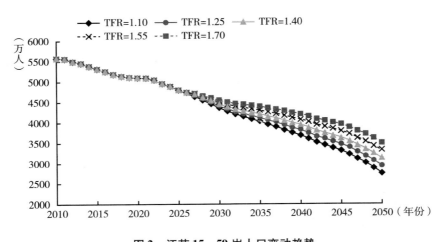

图2　江苏15~59岁人口变动趋势

注：TFR表示总和生育率。

（三）江苏省人口老龄化预测分析

如图3、图4所示，"十四五"时期，江苏老龄人口增长放缓与劳动年龄人口减少存在"速度放缓"叠加时间窗口，这为缓解老龄社会的三条"递减曲线"（劳动参与率下降、人力资本递减、消费能力递减）赢得一段宝贵时间。

由于2011年及以后新出生的人口在2050年前还未进入老年人口的行列，2050年前不同生育率方案下的江苏省老年人口数量在2030年前呈现快速增加的态势，呈现"十四五"期间高龄（65岁及以上人口）老龄化增长短暂的平缓期。老龄人口增长在"十四五"前期会出现短暂放缓。因此，未来五年养老资源需求特别是护理需求的压力还不是非常突出，给我们留出了宝贵的制度建设和资源调动的时间窗口。

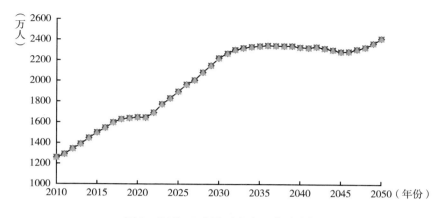

图3 江苏60岁及以上人口变动趋势

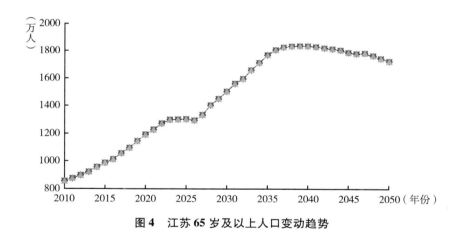

图4 江苏65岁及以上人口变动趋势

党的十八大以来，党中央根据我国人口发展变化形势，先后做出了实施"单独两孩"、"全面两孩"再到"全面三孩"等重大决策部署，取得了一定成效。但由于我国已从"政策性低生育"进入"内生性低生育"阶段，与日本、韩国类似，出现了显性与隐性化并存的年轻人口亏损问题。全面三孩政策标志着抑制性生育政策的彻底转向，其意义并不在能增加可观的新生人口，而是国家已意识到持续超低生育水平导致的人口风险，"一老一小"相关配套措施出台将有助于"全面三孩"政策发挥更好成效，也助力积极应对老龄化战略的实施。

二 江苏"一老一小"服务需求变动趋势

（一）托幼育儿服务需求变动趋势

1. 普惠托育机构需求增加

由于我国女性劳动参与率普遍较高，托育服务的刚性需求较西方国家更高。随着国家"全面二孩"到"全面三孩"等系列生育优化政策的实施，婴幼儿早期照料人手与精力不足的矛盾日益凸显，广大人民群众对带娃儿成本高、双职工家庭幼儿缺人照看、影响女性职业发展等方面的后顾之忧反响强烈，这对"全面三孩"政策传导构成无形阻力，同时，家庭与社会对科学育儿、优质托育服务认知度、认可度不断上升，婴幼儿的高质量入托需求也在日益增长。

2019 年以来，江苏建成普惠托育机构 187 家，有效增加了普惠托育服务资源供给。为扎实做好托育服务高质量、广覆盖、惠全民，江苏各地积极因地制宜探索创新。其中，省会南京在全国率先打造市、区、街、社区四级婴幼儿早期发展指导服务体系，通过购买服务、金融补贴、场地出租优惠吸引国内外优质托育资源，通过市场化运作积极培育专业托育机构；出台多项配套政策文件，全面提升婴幼儿照护服务能力，促进机构规范管理、安全运行；在建邺区、栖霞区、江宁区储备一批普惠性的标杆示范项目，并把建设高标准社区婴幼儿照护服务机构列入 2020 年南京市民生实事项目，实际完成 52 个。江苏其他地市如苏州、无锡等地也通过财政补贴购买服务、提供场地、减免租金、税费优惠等措施，鼓励社会力量兴办普惠托育机构，培育发展社区服务型、托幼一体型、单位服务型等多种模式托育服务，不断满足群众多样化需求。

2. 市场供给大幅上升

发展普惠性托育服务不仅是降低生育、养育、教育成本的民生工程，与此同时，发展普惠性托育服务也是扩大内需、增进就业，满足人民群众婴幼儿早期照护不同消费层次服务的市场工程。目前国内现存"托育"相关企业 3.3 万家，其中 2020 年新增 1.2 万家，同比增长 237%；2021 年上半年

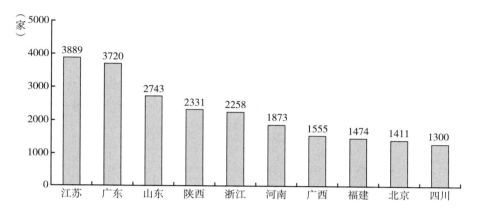

又新增 1 万多家。从地域分布来看，江苏省以 3800 余家企业排名第 1，广东、山东分列第 2、3 位（见图 5）。

（家）

图 5　全国托育相关企业地域分布情况

注：1. 仅统计关键词为"托育"的相关企业；

2. 统计时间为 2021 年 7 月 12 日。

资料来源：企查查。

发展高质量的托育服务体系，降低儿童照料家庭成本，不仅有利于优化儿童成长发育环境，机构托育与家庭照料以及科学养育配合得当，还从源头上提高全民人口素质。从女性怀孕到孩子出生后的两年是新生儿的第一个 1000 天，这一时段是儿童脑和神经系统发育最快速的时期，在专业托育机构或家庭接受辅导，对全面提高下一代的身体素质、心理素质做好储备，如果介入得当，良好的儿童早期发展利国利民。但发展突飞猛进又质量良莠不齐的托育机构是否能承担起如此重任，家长是否能送得安心、管得放心、教得舒心，既考验托育机构自身的内功，也对相关部门的管理能力提出了更高要求。①

---

① 中国民生调查（2020）数据显示，"周边没有公办园（或普惠性民办园）或学位不足"和"想进公办园（或普惠性民办园）进不去（受户籍、房产等限制）"排在子女没有上普惠性幼儿园的原因前两位，占比分别为 38.4% 和 23.2%；而"在私立园能学到更多东西，保育和教育质量更高"、"私立园设施条件更好"和"私立园教师能力更强，服务更周到"分列第 3、4、5 位，占比依次为 17.2%、15.3% 和 12.7%。这表明，未来十年仍需继续增加普惠性学前教育资源供给，但同时也要注意满足多样化的学前教育服务需求。

3. 优质托幼服务供给侧提升空间较大

江苏在"十四五"期间新生儿数量或将大幅下降，目前大举扩张的托幼服务产能存在总量过剩的市场风险，如常州等地托育资源供给过剩问题已开始凸显。一方面，托幼服务供给不平衡依赖市场的自发调节机制，但也应与政府前瞻性的专业规划进行耦合匹配，在新生儿数量增加较多的人口流入地投放更充足的公共资源，对包括托幼在内的其他全生命周期教育资源也应根据当地实际的人口发展态势进行布局调整；另一方面，提升托育存量机构的质量与水平，特别是提高普惠型托幼机构的吸引力与竞争力变得迫在眉睫。

（二）养老服务需求变动趋势

第七次人口普查数据显示，江苏65岁及以上人口占16.20%，江苏已进入深度老龄化社会。《江苏省"十四五"养老服务发展规划》显示，"十三五"期间，江苏养老机构总数达到2374家，床位数46万张，其中护理型床位29.32万张，占比63.74%。全省智慧养老服务平台实现县域范围全覆盖。南京、苏州、南通入选国家医养结合试点城市，全省80%的养老机构与医疗机构建立了预约就诊、双向转诊等合作机制。截至2020年底，江苏已建成街道日间照料中心589个，居家社区养老服务中心1.82万个，社区助餐点7300余家，2020年接受政府购买居家上门服务老年人达到257万人，覆盖城乡、规模适度的居家社区养老服务网络让江苏为老服务能力得到显著提升。与托幼服务需求总量下降、质量需求提升不同，随着老龄化步伐加快，失能、半失能老人快速增多，未来江苏养老工作的压力将越来越大。由于江苏老龄化的加速发展以及人民生活水平的大幅提高，江苏养老服务需求不仅总量需求上升，质量需求也会更上台阶。进一步做好养老服务规划，让每位老年人都能安度晚年，这是政府义不容辞的责任。只有把这项民生工作考虑周全、做细做实，才能有效应对银发浪潮。

（三）"一老一小"服务体系发展机制探索

"十三五"以来，江苏省委省政府坚持把"一老一小"服务体系建设作为积极应对人口老龄化、保障和提升人民生活水平、推动经济结构转型升级的重要内容，着力强化制度设计、优化政策环境、健全体制机制、深化改革创新，全省"一老一小"服务体系不断健全、服务质量持续提升、服务能力显著增强，广大老年人与育儿家庭享有更多的获得感和幸福感。

2020 年省委省政府出台了《江苏贯彻〈国家积极应对人口老龄化中长期规划〉实施方案（2020～2022 年)》，提出 9 个方面 22 项重点任务，在坚持政府主导作用的同时，江苏积极发挥市场配置的基础性作用，营造"一老一小"服务社会化的发展环境，取得了一系列丰硕成果。一是探索对机构运营改革，通过采取承包、租赁、合作经营等多种形式引入专业化团队运营，融合社会力量"提质保量"，通过良性竞争给公益性机构注入新的活力。二是各地政府出台优惠政策措施，积极引导、扶持、鼓励社会力量兴办托育以及养老机构。据测算，2020 年江苏省老年服务业以及衍生的潜在市场规模将达到 500 亿元左右，托育、养老服务以及衍生的相关就业岗位潜在需求将超过 80 万个，江苏大力发展养老托育产业，拓展相关产业链，建立高质量人才体系，不仅有利于深化"放管服"改革，也是拓宽就业、鼓励创业的重要增收途径。三是对标"争当表率、争做示范、走在前列"的使命要求，以"一老一小"为重点完善人口服务体系，积极推进生育友好型社会示范区建设。

三 江苏"一老一少"体系建设存在的问题

江苏高质量构建"一老一小"保障体系，把积极应对人口老龄化上升为与科教兴国、乡村振兴、健康中国等并列的最高层级的国家战略，使之成为党和国家的中心工作之一，聚焦"一老一小"，在提质增效中增进民生福祉，是省委省政府的重要任务。

（一）"一老一小"服务体系建设中政府资源投入存在的问题

"一老一小"作为一项民生工程，其领导体制、工作网络和运行机制已基本形成。但要看到现行"一老一小"一盘棋工作机制还未形成，当下"一老一小"工作机制存在的主要问题，一是日常工作机构作为办事机构，缺乏专业统领部门实施综合协调、督促检查工作。二是部门条块分割，缺少协作。现有工作机制采取部门分工负责的方式，但由于条块分割，造成各职能部门对实际问题新情况反应不敏感或不予重视，新的工作内容不断产生而不能及时明确分解到相应部门，导致工作出现职能缺位。三是上下贯通、横向协调、纵向有序的管理格局仍需适应涉老、涉幼事业发展的新需要，相关顶层设计需要统筹协调。

（二）"一老一少"服务体系建设中社会资源投入存在的问题

"一老一小"制度体系建设方面需要破解碎片化、内卷化问题。当前，不论是养老还是托育，都存在一定程度的供需矛盾和失衡。例如，在精准对接家庭需求，加强家庭科学育儿指导服务方面，托育机构的区域发展不平衡性导致供需对接不畅，在托育资源配置高的大城市，生育水平反而偏低，而人口老龄化重度区域，养老资源配置往往不足，这导致区域差异间发展存在"碎片化"错配，作为兜底的普惠型服务，既要解决"服务难"，也要防止"服务贵"，推进城乡养老与托育发展，既考虑有效供给不足的共性问题，又要结合城乡需求的不同特点，分类施策、差异化发展，在优价优质的基础上充分体现城乡不同区域与不同社会阶层的普惠性。

（三）"一老一少"服务体系建设中市场资源投入存在的问题

从人口预测角度来看，养老和托育市场潜在需求在"十四五"时期会朝两个相反的方向发展，但养老与托育行业都面临短期回报率较低、投入年限长、运营风险大的共性难题。社会资本投入不足的情况下，相应的政府投入支持必不可少，其公共服务供给既要克服地方"财力不足、难以作为"的消极思想，也要防止片面追求过高目标而超越财政承受能力的"口惠而实不至"承诺。勇于打破壁垒、创新模式，探索互联网、大数据及人工智能等前沿技术在其中的深度应用，努力让这两个市场发展得快、发展得好，把"普惠"二字落到实处，扎扎实实地变成"一老一小"的福利。

四 江苏儿童与老年友好型社会建设的对策建议

（一）对标国内外优秀经验，加强顶层设计

随着我国老龄化进程的不断加深，未富先老、未备先老逐渐成为对全生命周期美好生活向往的难题。托幼以及学前教育对人生轨迹有着重要影响，实现幼有所育，不仅关系亿万儿童的健康成长，更关系党和国家的未来。要积极调动社会各方力量参与其中，拿下这块短板，让孩子们能入园、入好园。借鉴国内外优秀经验，在制度层面完善产假、育儿假、生育津贴、个税扣除以及弹性工作安排等相关政策。从大力发展普惠性养老机构、构建社区居家养老网络、强化对特困老人兜底保障等各个方面完善养老服务体系，加强对家庭婴幼儿照护的指导，加大对社区婴幼儿照护服务的支持力度。按照儿童优先的原则，鼓励地方政府采取政府补贴、行业引导和动员社会力量参与等方式，加快建立婴幼儿照护服务发展的政策法规体系、标准规范体系和服务供给体系，逐步满足人民群众对婴幼儿照护服务的需求。同时，摸底、盘活现有及可转化的养老资源，提高老年人健康素养，培养健康生活方式，努力在实现健康老龄化的同时，争取让老年人成为持续创造社会财富、推动社会进步的"银发力量"。

在经济增长速度下行压力加大的背景下，托育与养老服务业正在成为扩大消费、促进就业，推动江苏省产业结构优化升级，拉动江苏省经济增长的基础性产业和未来服务业的先导型产业，提升公共服务供给的效率与质量。发展家庭托育，建立家庭托育点登记备案制度，研究出台家庭托育点管理办法，鼓励开展互助式服务。省内新建居住（小）区按标准配建养老托育服务设施；老旧小区没有养老服务设施或者现有设施未达到配建指标的，按标准由所在地政府通过购置、置换、租赁等方式逐步进行配置。确保对新建住

宅小区与配建养老托育服务设施同步规划、同步建设、同步验收、同步交付使用。

完善政府部门养老与托育服务机构设立办事指南，制定养老托育政务服务事项清单，优化办事流程，推进"马上办、网上办、就近办"，力争实现"最多跑一次"。推进养老托育政务服务"好差评"工作，加强评价结果运用，改进提升政务服务质量。认真做好养老产业重要指标年度统计，探索构建托育服务统计指标体系。借助第三方力量开展人口趋势和养老托育产业发展前景预测，通过发布年度报告等形式服务"一老一小"产业发展。

（二）托幼与养老必须综合施策

托幼与养老保障体系不健全时，二者的家庭成本就会发生"隔代转移"。"释放生育政策潜力"方面，托幼与养老必须综合施策，将婚嫁、生育、养育、教育一体考虑，积极打造生育友好型社会，尽力解除家庭生育的后顾之忧，才能同时解决人口老龄化与少子化的问题。

一是对"十四五"时期及至2035年发展相关趋势进行研判，制定江苏总体方案，培育"兜底性""普惠性""市场化"养老托育服务。甄选"一老一小"优质项目，在增持导向方向，积极支持养老托育普惠性服务发展，强化相关用地保障和存量资源利用，推动专项财税支持政策落地，提高人才要素供给能力，使之成为提振地方经济的有力推手。

二是扩大多方参与营造良好的发展环境。鼓励各地采取政府补贴、行业引导等办法，通过公建民营、民办公助等方式，引导社会力量参与，支持建设嵌入式、分布式、连锁化、专业化的社区婴幼儿照护服务设施，提供全日托、半日托、计时托、临时托、亲子活动等多样化、多层次的普惠性服务。

三是实行生育补贴，降低生育成本。设立专项减税与多育子女奖励基金，完善生育保险制度，探索实行生育基金，政府通过孕期保健补助、住院分娩补助、婴幼儿托管机构补贴、延长义务教育等更多承担养育和教育子女的支出，共同降低生育成本，托儿所与幼儿园成本则需要通过财政补贴政策实现社会分担，比如，在托儿所与幼儿园的收费标准上，一孩全价收费，二孩半价收费，三孩免费。

四是加强保障非婚生育平等权利，在落户、入学等方面，不得进行歧视。修正不合时宜的政策条款，提高公共政策、文化舆论、社会环境对人口生育的支撑能力。

（三）助力发展从单纯照料到整合性服务

加强家庭养育能力建设，巩固家庭育幼基础地位，有赖于政府、市场和社会力量等多方面支持。托育问题不仅是机构自身工作专业性的问题，要结合托幼社会工程以家庭能力建设为中心提供完善全面的科学养育指导，营造良好的社会氛围，更要做好规划、布局，在社区层面建设示范项目并进行设施和部位改造，通过发挥引导和带动作用，以购买服务的方式，鼓励和支持社会力量依托社区提供普惠服务。市场和社会力量既可按照市场规则提供专业化的托育服务，也可承接政府普惠托育与养老服务项目，通过多种形式广泛参与托育资源供给，满足家庭多层次、多样化的老人与小孩照护需求。

除增加城市养老托育服务供给外，综合利用农村社区服务中心（站）及社区卫生服务站等公共服务资源，拓展婴幼儿照护服务功能。以农村互助幸福院、邻里互助点等为依托，发展互助性养老，组织身体健康的老人成立志愿者服务队伍，通过邻里之间互帮互助，将机构养老与城乡社区养老、居家养老有机结合，探索农村养老新模式。针对特殊困难家庭适老化改造，强化对特困老人兜底保障，支持农村社区新建或利用闲置公共服务设施改扩建养老托育服务设施。提高老年人健康素养，培养健康生活方式，完善服务网络，发展集中管理运营的社区养老和托育服务网络，支持具备综合功能的社区服务设施建设，引导专业化机构进社区、进家庭。

总之，无论是托育还是养老，发达国家的服务职能都经历了从单纯照料再到整合性服务的演变过程。以"一老一小"为重点减轻家庭生育、养育、教育负担，江苏应"争当表率、争做示范、走在前列"。

江苏统筹发展和安全的进展、短板及战略举措

孙运宏*

摘　要： 在全面建设社会主义现代化国家新征程的重要历史阶段，要深刻认识到统筹发展和安全是实现江苏"争当表率、争做示范、走在前列"的底线所在、基石所在，要建设更高水平的平安江苏，为"强富美高"新江苏建设营造安全稳定的环境。江苏统筹发展和安全要深入实施"六大战略"：实施党建引领的组织化战略，以党的政治引领把握统筹发展和安全的方向；实施部门协同的一体化战略，以部门协调谋划统筹发展和安全的运行体系；实施科学治理的专业化战略，以专业化的治理主体和科学化的治理方法提升效能；实施科技赋能的智能化战略，以公共安全协同治理的智慧数据平台驱动治理创新；实施多元融合的社会化战略，以政府主体、市场主体和社会主体的有效协同形成合力；实施制度建设的法治化战略，以法治建设推动统筹发展和安全的全面开展。

关键词： 发展　安全　江苏

《中华人民共和国国民经济和社会发展第十四个五年规划和2035年远景目标纲要》深刻体现了统筹发展和安全的理念，不仅体现在"十四五"时期经济社会发展指导思想中明确提出"统筹发展和安全"，而且还设置了专

---

　* 孙运宏，江苏省社会科学院社会学研究所助理研究员。

门的篇章对统筹发展和安全进行了全面谋划部署，强调"把安全发展贯穿国家发展各领域和全过程，防范和化解影响我国现代化进程的各种风险，筑牢国家安全屏障"。同时，在"十四五"时期经济社会发展主要目标中，提出"防范化解重大风险体制机制不断健全""发展安全保障更加有力"；在到2035年基本实现社会主义现代化远景目标中，提出"平安中国建设达到更高水平"。通过规划梳理可以发现，"十四五"时期的统筹发展和安全工作在国家层面被提到了空前的高度。在全面建设社会主义现代化国家新征程的重要历史阶段，要深刻认识到统筹发展和安全是实现江苏"争当表率、争做示范、走在前列"的底线所在、基石所在，坚持统筹发展和安全，建设更高水平的平安江苏，为"强富美高"新江苏建设营造安全稳定的环境。

一 深刻认识统筹发展和安全的时代价值

统筹发展和安全这两件大事，着力增强风险防范意识，是我们党治国理政的重要议题，也是保持经济发展和社会稳定的一个重要原则。统筹发展和安全所涉及的内涵和外延不断丰富拓展，涵盖的空间和领域日益宽广，所面临的国内外不确定因素空前复杂。

（一）统筹发展和安全有利于系统应对错综复杂的国际形势

当今世界正面临百年未有之大变局，全球新一轮的科技革命和产业变革推向纵深，各国间的力量对比发生重大变化，国际关系处于深刻调整期。虽然和平与发展仍然是时代发展的主题，人类命运共同体理念也逐步深入人心，但是国际环境日趋复杂多变，国际交往的不稳定性不确定性愈发凸显，经济全球化遭遇单边主义、保护主义的逆流，世界发展进入动荡变革期。面对错综复杂的国际形势，坚持总体性的思维框架统筹发展和安全，才能有效应对日益复杂的国际形势挑战。

（二）统筹发展和安全有利于呼应"双循环"新发展格局

新冠肺炎疫情给人类社会和世界发展格局带来广泛深远的影响，深刻影响了经济社会发展的格局。虽然我国疫情渐趋稳定，疫情防控成效显著，经济社会发展逐步复苏，但是国内的总体居民消费需求仍没有恢复到原有水平，进出口贸易的增长速度仍然较为缓慢。党中央适时提出"以国内大循环为主体、国内国际双循环相互促进的新发展格局"，重构我国国际经济合作的新格局，培育国际竞争能力的新优势。在这一背景下，保持居民就业稳定、强化消费驱动、增强创新发展以及做好常态化防控疫情，都必须要统筹好发展与安全这两件大事。

（三）统筹发展和安全有利于防范化解发展中的重大风险

改革开放以来，我国经济社会发展取得了举世瞩目的成就，特别是党的十八以来，我国逐步迈向高质量发展的新阶段，社会主义制度优势越发彰显，经济社会发展的治理效能不断提升，经济行稳致远的态势逐步巩固，社会秩序和谐稳定的韧性初显强劲。但是，同时也要看到，我国发展不平衡不充分问题仍然较为突出，自主可控、安全可靠的产业链有待强化，现代化的安全生产治理存在弱项，公共安全体系建设尚有短板，这都需要进一步统筹发展和安全。

（四）统筹发展和安全有利于满足人民美好生活的需要

安全是人类生存和发展的基本需求，进入新时代，人民群众的民生诉求已不再满足于吃饭、穿衣等物质层面的需求，而是普遍要求公平正义与改善生活品质，特别是安全的生产条件、平安的生活环境、安宁的生态环境等诉求不断高涨。但总的来看，当前统筹发展和安全的水平尚未完全适应新时代经济社会形势发展变化的需要，涉及人民群众切身利益的公共安全体系建设还存在短板，传统的公共安全体系难以适应新时代的发展要求，亟待进一步统筹发展和安全，构建面向人民群众民生诉求的公共安全体系。

二 江苏统筹发展和安全的主要进展

近年来，江苏各级党委政府始终把统筹发展和安全融入经济社会发展的全局中来谋划，提高政治站位，强化责任担当，筑牢底线思维，推动精准落实，为经济社会发展营造和谐稳定的环境。

（一）强化统筹发展和安全的组织领导

严格落实公共安全体系建设领导责任制，省委主要领导与设区市及省级相关部门"一把手"签订综治和平安建设责任书。2021年省国民经济和社会发展计划在延续经济发展、创新驱动、民生福祉、生态环境这四类指标的基础上，新增"安全保障"大类，增加"生产安全事故发生数下降"指标，保障安全生产形势持续向好的态势。同时，健全经费保障长效机制，各级政府将平安建设经费纳入财政预算，并建立动态调整机制。着力推进党政领导干部安全生产责任制的相关规定，安委办协调各方、齐抓共管的格局初步形成。此外，大力加强综治中心规范化、城乡社区网格化建设，全省所有县（市、区）、乡镇（街道）、村（社区）基本建成实体化的综治中心，全省30万网格员在新冠肺炎疫情期间筑起了基层社区疫情防控的坚实防线。

（二）着力打造自主可控、安全高效的现代产业体系

聚焦产业安全，重点培育一批"链主企业"和"隐形冠军"，形成更大的比较优势，拉长"江苏制造"长板。面对疫情中暴露的"产业链"风险，省政府办公厅印发《江苏省"产业强链"三年行动计划（2021～2023年)》，以打造自主可控、安全高效的现代产业体系为目标，着力提升产业链供应链的稳定性、安全性和竞争力，特别是针对省级重点产业链的核心基础零部件和元器件、先进基础工艺、关键基础材料、产业技术基础等"四基"和工业基础软件的薄弱环节，开展50个以上的工程项目筑牢基础，补齐重点产业的短板，推动产业链基础再造。同时，实施产业链重构行动，鼓励企业增强自主创新能力，增强国产要素替代进口要素的能力。创新产业备份系统，积极参与长三角产业链协同互补，不断构筑重要产品的多元化供应渠道，增强重点产业链的持续抗风险能力。

（三）依法打击各类违法犯罪行为

在为期三年的扫黑除恶专项斗争中，全省法院一审审结涉黑涉恶案件1125件，判处8063人；严惩黑恶势力保护伞，审结案件270件，判处290人。依法惩治各类刑事犯罪。2020年，一审审结刑事案件7.7万件，其中故意杀人等暴力犯罪案件4999件。省人民检察院、省人民法院、省公安厅联合出台《惩治妨害疫情防控违法犯罪会议纪要》，依法严惩涉疫犯罪。同时，采用远程提审、线上办案多种方式，对疫情期间暴力伤医，生产销售伪劣医用器材、口罩等犯罪，依法从快从严打击，批准逮捕363人，提起公诉976人，维护疫情防控秩序。依法保障美丽江苏建设，起诉破坏环境资源犯罪3137人，办理环境公益诉讼案件3262件。

（四）开展安全生产专项整治行动

全面分析安全生产重点难点问题，扎实开展专项整治，严厉打击各类违法违规行为，强力推进企业主体责任落实，有力促进了全省安全生产形势的稳定好转。2021年1～6月，全省各类生产安全事故起数和死亡人数同比实现"双下降"。截至2021年6月30日，国务院安委会、省、市、县四级督导组发现移交的问题隐患整改率为99.77%。着力强化责任落实，增强统筹推进专项整治的成效。深入开展专项整治三年行动，推动"1+2+10"专项整治三年行动方案落地落实，稳步推进专项整治各项目标任务。强化巡查督导，2021年上半年，累计查找发现100项涉及责任不落实的问题和137项各类生产事故风险隐患。紧盯事故频发、易发、高发的重点行业和企业，完善安全生产监管执法倒逼机制，截至2021年6月30日，全省完成风险报告工业企业193443家，规上企业完成率100%。

（五）加强公共安全监管体系建设

全面深入推进消防安全网格化管理、重点单位户籍化管理，率先推广物流寄递"网点系统+手机App"录入模式，坚持落实实名寄递、收寄验视、过机安检"三个100%"。着力构建立体化、智慧化社会治安防控体系，以智慧警务引领平安江苏建设，不断推进大数据智慧指挥、专业化打击、应急处突、巡处一体化等警务实战改革。例如，无锡市通过推进街面警务工作站建设，以警务工作站实体运行深化巡防处置一体化改革，平均接处警时间减少了6分钟；宿迁市全部居民小区建成智慧安防小区，2021年上半年传统案件发案下降了近40%；苏州市打造"六星科技·纵横警务"。同时，充分利用大数据、云计算、物联网等信息化技术手段，搭建覆盖全省安全生产监管、隐患排查治理工作的综合信息管理平台，初步形成"纵向到底、横向到边、多部门协同联动"的监管新格局。

三 江苏统筹发展和安全存在的短板

近年来，江苏在统筹发展和安全方面的实践探索成效显著，但相对于开启全面建设社会主义现代化国家新征程的要求而言，与中央对统筹发展和安全的要求、人民群众对安全稳定社会环境的期盼相比，仍存在一些短板，主要表现在以下几个方面。

（一）统筹发展和安全的部门统筹协作有待提升

部门条块关系是我国政府治理体制的结构性关系，这一顶层设计也对统筹发展和安全工作带来深刻影响。以江苏的网格化治理综合信息化平台建设为例，目前，大数据信息化平台的应用已经成为绝大部分城市提高社会治理能力和效率的选择。但社会治理综合信息平台建设并不均衡，信息平台的统一兼容问题突出，共建等方面依然有较大的发展潜力。

（二）统筹发展和安全仍存在较大的风险和盲区

产业安全、产业链安全和供应链安全有待进一步强化，尚未形成全产业链优势和自主可控的供应链体系。黑恶势力犯罪手段和方式趋于隐蔽，加大了案件侦办、起诉和审判的难度。国道、省道穿境而过的现象比较普遍，给城市交通安全带来大量风险隐患。一批大型商业综合体、高层建筑纷纷建成，火灾防控难度不断增加。轨道交通（地铁）成为城市交通安全隐患的风险多发领域，客运量大、乘客密集等特点增加了风险防控的难度。

（三）安全生产的风险迫切需要系统化解

企业本质安全水平不高、主体责任不落实等突出问题较为普遍存在，"安全系数"较高的中高端产业比重较低。化工园区安全监管比较薄弱、专业技术力量不足，常态化监管机制不够健全。危险化学品运输、储存、管理存在不足，信息化建设推进不快，尚未建成危险化学品生产、经营、使用、运输、处置的全流程信息化管控平台。安全生产执法的精准度和规范化水平有待提升，有的地区检查内容针对性不强，检查重点不够明确。

（四）统筹发展和安全的多元参与机制有待完善

企业、社会组织、民众参与不足的问题较为突出，大多认为自身是公共安全治理的客体，习惯于把自身作为公共安全事件的受助者和旁观者，主动参与意识不足，没有将自身作为公共安全治理主体的重要组成部分。这导致在面临突发公共安全事件时，大部分民众、社会组织甚至生产企业在突发事件应对方面惊慌失措，在统筹发展和安全中的主体作用有待进一步挖掘提升。

四　江苏统筹发展和安全的战略举措

江苏统筹发展和安全是实现社会和谐稳定、开启全面建设社会主义现代化国家新征程的重要基础，建议推进以下几个方面的战略举措。

（一）党建引领的组织化战略

江苏各级党委和政府要始终把统筹发展和安全摆在重要位置，加强组织领导，以党的全面领导把握统筹发展和安全的方向，纵向延伸党的组织和工作触角，充分发挥党组织的战斗堡垒作用和党员先锋模范作用。一是党政领导干部要牢固树立统筹发展和安全的理念。把贯彻新发展理念同统筹好发展和安全有机结合起来，始终践行人民安全的根本宗旨，坚决扛起政治安全首要责任，保证经济行稳致远、社会安定和谐。二是组织开展党政领导干部统筹发展和安全能力的提升培训。打造专题课程培训与演练基地培训相结合的模式，增强统筹发展和安全培训的效能，注重教育培训与体验，创新应急演练演示、危机情境处置等培训内容。三是制定统筹发展和安全的中长期发展规划。围绕统筹发展和安全中存在的短板弱项，加强前瞻性思考、全局性谋划、战略性布局、整体性推进，精准施策，有效防范化解各类风险挑战。例如，规划建立产业备份系统，锻造"杀手锏"技术，形成全产业链优势，构建自主可控、安全可靠的生产供应体系，保障产业链安全和供应链安全，确保在面临极端形势下经济的正常运转。

（二）部门协同的一体化战略

在统筹发展和安全过程中要注重统筹谋划、部门融合，推动各行动主体之间形成紧密配合的协作关系，谋划统筹发展和安全的运行体系，提升综合处置安全风险和事故的能力。一是以机制创新推动统筹发展和安全的信息共享、资源整合。建议在省市两级建立推动资源整合的协调机制，成立信息共享和组织协调领导小组，党委主要领导任组长，政法委书记任副组长，职能部门主要负责人为成员，共同商议和推动各类资源有效流通，突破数据的区域、部门和层级限制。二是以考核推动公共安全信息共享、资源整合。建议将信息共享和资源整合纳入年度考核，提高区（县）、街道党政领导的关注度。同时，注重公共安全体系建设中新媒体的应用，充分发挥新媒体互动式、开放式的信息交流优势，更好地帮助民众建立科学的风险认知和应对模式。三是以网络技术实现公共安全信息共享、资源整合。整合条块分割的安全发展数据资源和监管平台，进一步建立和完善大数据处理中心，对缺失数据进行补充，对冗余数据进行剔除，依托高位推动，实现信息资源的自由流动和多方资源的有效整合。

（三）科学治理的专业化战略

进一步完善统筹发展和安全的相关制度规范，将重点风险领域进行科学的环节分类、强度分级，根据各领域和各环节的特点甄别应对风险。一是提高统筹发展和安全的科学研判。当前的安全应对机制大多仍是灾难驱动型的模式，事故发生的风险短期内会得到控制，但是随着时间的推移，重视程度下行到谷底时，统筹发展和安全的治理能力也会呈现谷底运行的态势。因此，要注重利用专业化的技术手段，科学应对"浴盆曲线"的挑战，加强对风险生成的分析和研判。二是提升公共安全事件应急处突能力。完善省、市、县三级自然灾害综合风险和综合减灾能力数据库，推动建立省级应急物资保障基地，健全统一的应急物资保障体系。着力构建以综合性消防救援队伍为主力、以地方专业队伍为协同、以志愿者队伍等社会力量为辅助的应急救援工作格局。三是推进"大数据＋网格化＋铁脚板"的有效做法，创新覆盖基层的统筹发展和安全的网格化管理模式。把基层社区网格、企业网格打造成安全发展采集信息、发现风险的第一感知触角，化解风险、消除隐患的第一前沿阵地，实现统筹发展和安全从被动应对处置向主动预测预警预防转变，从单纯静态监管向精准动态化监管转变。

（四）科技赋能的智能化战略

树立统筹发展和安全智能化的理念，利用大数据、云计算和人工智能等现代科技与安全发展的深度融合，着力提升统筹发展和安全的效能。一方面，要构建公共安全协同治理的智慧数据平台。推动构建公共安全大数据指挥中心，充分利用大数据、云计算技术整合分散在公安、交通运营、应急管理、卫生健康、社会保障等部门的相关数据，实现公共安全基本信息资源的共享互通，打造数据精准支撑、研判科学合理、预警前瞻高效的公共安全协同治理新平台。另一方面，要依托智慧数据平台驱动公共安全协同治理。探索将公共安全大数据平台建设与公共安全的事前、事中、事后全流程治理紧密结合，在治理内容、治理过程、治理结果及目标等方面实现一体化治理。

例如，在出现重大突发公共卫生安全事件时，为了有效防范疾病的区域性传播扩散，需要由公安、交通、通信运营商等多部门运用大数据分析人口流动的轨迹，卫生健康、医药科研院所等部门协同共享大数据同期开展疾病传播的流调、疾病的病理分析、疾病诊疗方案的确定等工作，网络信息管理、公安等部门依托大数据分析应对网络舆情影响，从而构筑科学系统有效的公共安全体系。

（五）多元融合的社会化战略

随着统筹发展和安全面临问题的高度复杂化，单一治理主体已经难以实现有效统筹发展和安全这一议题，必须推动政府主体、市场主体和社会主体的有效协同，充分释放统筹发展和安全中多元参与的效能。一是加强企业主的安全生产责任感。引导企业主注重加强社会责任建设，特别是要强化苏北地区一些小微企业主的安全责任意识，督促他们绷紧安全生产这根弦，严抓安全生产责任落实，杜绝违法经营、违规作业。二是着力提升城乡居民应对突发公共安全事件的能力。由省级层面统一编写公共安全教材，将公共安全教育纳入江苏中小学教育体系，通过科学专业、生动管用的形式推进全社会的公共安全教育，全面提升城乡居民的公共安全意识和科学应对风险危机的能力。三是动员社会力量积极参与公共安全治理。引导公共安全治理类的社会组织发展，通过政府购买社会组织服务的形式引入社会组织参与公共安全体系建设。建立政府、社会组织、企业和人民群众协同共治的合作网络，动员社会力量加强公共安全风险的防范，协同推进政府公共安全体系建设。

（六）制度建设的法治化战略

法治化是统筹发展和安全的重要保障，要加快地方法律法规建设，形成法治建设与统筹发展和安全的有效配合。一是推动统筹发展和安全的科学立法。全省的设区市要善于运用地方立法权，制定权责明晰、便于操作的地方性法规规章，确保统筹发展和安全的法律规范体系的科学性，进一步完善各类突发事件的应对处置、恢复建设、媒体沟通、队伍建设和应急保障等方面的法律法规及配套规定。二是建立健全公共安全风险评估制度、重大灾害事故调查机制，推动应急管理工作纳入法制化、规范化、制度化的轨道。要针对关系民生福祉利益、关乎社会和谐稳定的重大安全生产风险，健全落实依法决策机制，做好公众参与、风险评估、合法性审查等工作。三是分类指导开展安全法制宣传教育。根据不同地区、不同行业和不同对象的特点，确定安全法制宣传教育的重点内容，让普遍的安全法律理念和法律制度家喻户晓，让专门的安全法律制度进入专门的高危行业企业，让劳动保护纪律和有关技术规范融入劳动者的生产活动，形成守法可以保障企业可持续发展、保障个人安全和健康的良好局面，使人民群众自觉养成自我保护、关心他人和保障安全的意识。

江苏深化"放管服"改革的创新实践

孙肖远*

摘　要： 为推动江苏高质量发展走在前列，江苏以优化营商环境为目标深化"放管服"改革，积极探索构建"不见面审批"政务服务模式取得明显成效，形成以"加减乘除法"方式提升政务服务效能，以"集成式"改革打造政务服务品牌，以优化营商环境为导向强化事中事后监管等特色和经验。"十四五"时期，江苏将持续深化"放管服"改革，通过继续简政放权、坚持放管并举、提供优质高效服务和加强数字政府建设，推进政府治理体系和治理能力现代化，为建设一流营商环境提供有力保障。

关键词： 政府职能　"放管服"改革　服务型政府　营商环境

"放管服"改革既是全面深化改革的重要内容，也是新形势下转变政府职能的主要抓手。在统筹疫情防控和经济社会发展的形势下，以优化营商环境为目标深化"放管服"改革，对实现"六稳""六保"具有重要的保障作用。近年来，江苏积极探索构建"不见面审批"政务服务模式，着力打造区域性市场化、法治化、国际化的一流营商环境，"不见面审批"已成为江苏"放管服"改革的一张亮丽名片。2020年12月以来，江苏各级政府在已有基础上紧

---

*　孙肖远，江苏省社会科学院马克思主义研究所所长、研究员。

扣服务"六稳""六保"出台了一系列深化"放管服"改革的创新措施，形成了具有江苏特色、富有实践成效的"放管服"改革，江苏营商环境总体水平持续保持全国前列，为推动高质量发展走在前列提供了重要保障。

一　江苏深化"放管服"改革的创新措施

为深入贯彻党中央、国务院对深化"放管服"改革优化营商环境做出的部署，推动江苏高质量发展走在前列，江苏坚持问题导向、聚焦重点难点，结合江苏实际，提出了一系列深化"放管服"改革的创新措施。

（一）以深化"一件事"改革为着力点，推进政务服务便利化、实效化

省政府办公厅于 2020 年 12 月印发的《关于加快推进政务服务"省内通办""跨省通办"实施方案》，不仅要求按照业务协同、高效办成"一件事"标准，推动高频"一件事"省内通办，而且要求定向建立政务服务事项"跨省通办"机制，便利企业群众跨省办事创业，推动"一网通办"从"能办"向"好办""智办"转变。省政府有关部门于 2021 年 8 月印发的《关于深化"一件事"改革为民办实事的实施方案》，要求将办一件事所涉及的事项"打包"，通过流程优化、系统整合、数据共享和业务协同等手段，实现"一件事一次办"。"一件事"改革主要涉及就业登记、不动产登记、企业开办、工程建设项目审批以及新生儿出生、结婚、退休等高频事项，是落实为民办实事的具体措施。

（二）坚持简政放权、放管并重，持续优化市场主体的营商环境

为激发市场主体活力、增强发展的内生动力，省政府办公厅于 2020 年 12 月印发《关于进一步优化营商环境更好服务市场主体若干措施的通知》，提出降低市场准入门槛、降低企业经营成本、提升融资便利度和优化知识产权业务服务等一揽子措施，进一步完善优化营商环境长效机制。省政府又于

2021 年 1 月取消 57 项行政权力事项，其中 18 项为国务院要求取消，另外包括行政许可 2 项、行政确认 7 项、行政奖励 3 项、行政其他 27 项等共计 39 项由省级部门提出取消，并要求对取消和下放的事项加强事中事后监管，以科学有效的监管促进更大力度的放权。2021 年 9 月，省政府在第一批赋予自贸试验区 273 项省级管理事项的基础上，第二批又赋予自贸试验区 30 项省级管理事项，同时首次赋予 54 个开发区 14 项省级管理事项，进一步放权赋能，增强自贸试验区改革的示范带动作用。

（三）以改革的办法和直达的方法，更好服务"六稳""六保"

省政府办公厅于 2021 年 8 月 30 日印发《关于深化"放管服"改革着力服务"六稳""六保"的实施方案》，立足新发展阶段，紧扣服务"六稳""六保"，提出"放管服"26 条政策措施，具有很强的针对性和可操作性。围绕促改革稳增长，通过持续提高投资审批效率、优化工程建设项目审批，进一步推动扩大有效投资；通过推进通关便利化、优化外商投资环境，进一步促进稳外贸稳外资；通过清除消费隐性壁垒、便利新产品市场准入，进一步激发消费潜力。围绕惠民生保稳定，通过降低就业门槛、提升职业技能、壮大发展新就业形态，进一步优化就业环境；通过优化涉企审批服务、健全惠企服务机制，进一步减轻市场主体负担；通过创新养老和医疗服务供给、提高社会救助精准性和便民服务水平，进一步优化民生服务。围绕强监管优服务，通过提升事中事后监管效能、突出重点领域依法监管、严格规范行政执法和推动"无接触服务"，进一步加强事中事后监管和服务。

江苏政府职能转变聚焦"不见面审批"，持续推进"放管服"改革，已取得阶段性成效，具体表现在以下几个方面。一是政务服务能力得到明显增强。开发上线全省政务服务可信身份认证系统"苏证通"，建立了由 App、支付宝小程序、微信小程序、微信服务号等构成的江苏政务服务平台生态体系；江苏政务服务网可提供"好差评"、事项管理、身份认证、电子证照、查询服务、咨询投诉、支付平台 7 个方面全省统一服务；建成汇聚 42 个省级部门 388 类基础数据、满足 327 个场景数据需求的全省一体化大数据共享交换体系；建成五级"互联网＋政务服务"体系，92.5%的审批事项可在网上办理，90%以上的事项实现"一窗"分类综合受理。二是政务服务制度保障日益完善。推动政务服务事项标准化，实现全省事项数据统一同源，同一事项在不同地域无差别受理、同标准办理；出台政务服务"省内通办""跨省通办"的实施方案，实现长三角地区116项政务服务事项"一网通办、异地可办、就近办理"；制定全国第一部促进政务服务便利化的地方性法规《江苏省促进政务服务便利化条例》，从法治层面破解政务服务"不见面"持续深化中遇到的难点问题。三是"不见面审批"场景在疫情防控中得以充分应用。为应对新冠肺炎疫情带来的冲击，江苏政务服务网开设疫情防控专题、开通"苏政50条"专栏以及企业开办、投资项目审批、企业涉税服务等事项网上办，充分发挥了"不见面审批"改革形成的综合优势。在全国率先开创公共资源交易"不见面"交易，提高了公共资源配置效率和交易主体满意度。

二　江苏各地深化"放管服"改革的创新实践

江苏政务服务系统以"苏服办"为龙头，鼓励各地充分运用省市县乡村五级政务服务平台资源，结合实际进行"放管服"改革创新，打造与省级品牌相衔接、独具特色的地方品牌，发挥"苏服办"政务服务品牌集成效应。

（一）长三角政务服务异地通办取得新进展

为推进"长三角政务一体化"发展，如皋市积极探索"一件事"服务异地通办，解决外来务工子女出生后面临的上户口回原籍、社保、医保参保缴费来回跑等一系列问题，让外来务工人员享受"出生一件事"服务的同城待遇，不断推进"如皋如意"政务服务品牌的场景应用。苏州市姑苏区进一步拓展长三角"一网通办"事项清单，新增内地居民婚姻登记、信用信息查询两项个人事项，现有51个高频事项实现长三角跨省市"一网通办",并有"惠服务"能手随时提供代办帮办服务,极大地便利了群众异地办事。泗洪县通过"长三角一网通办"平台,与江苏、浙江、安徽、上海等地线上线下企业设立登记、变更等事项全域通办,申请人可以直接线上申请,实现省内、跨省市一网通办,大大缩短办事用时,降低企业开办成本。连云港市实现了长三角跨省医保关系转移接续"一网通办",只需实名登录连云港旗舰店,填写基本信息后提交即可完成转移申请,参保人员垫付资金、跑腿奔波、耗时较长等难点痛点问题得到了有效解决。

(二)群众对"一件事"改革的满意度不断提高

海安市从企业和群众"办成一件事"角度出发,着力推进政务服务事项"一窗受理,集成服务",将涉及的相关审批事项打包,提供套餐式、主题式服务,在各级服务大厅设置"一件事"综合窗口40多个,做到"一件事、一次办",以全面的"流程再造"让服务更加优质高效便捷。泰州市海陵区率先在餐馆、药店、便利店、超市、书店等行业领域开展"一业一证"改革试点,将行业经营涉及的"多事项多流程多证照"压减为"一行业一流程一证照",整合行业准入涉及的多张许可证为一张许可证,各证信息以二维码的形式加载在行业综合许可证上,消除了群众办证多头跑的烦恼。常熟市以企业便捷高效办成"一件事"为目标,将便利店、餐饮、酒吧、咖啡店等10个与旅游供给相关的行业纳入"一业一证"改革范围,通过优化再造行业准入业务流程,大幅压减审批环节和时限,为旅游供给侧各行业的准入准营提供便利。

(三)让"数字跑路"替代"人工跑腿"

在靖江市政务服务中心婚姻登记分中心大厅上线的首台婚姻登记自助终端一体机,具备自助拍照、人脸识别、自动扫描身份证户口簿、智能信息采集、婚史审查等功能,还能实现"跨省通办",让办事群众充分体验到"互联网＋"带来的便捷服务。南通市推出"居住证办理一件事"便民措施,"房屋租赁""自购房""自主创业""稳定就业"四类居民在手机上就能完成"居住证"的申办服务。申请人只要提供身份证号码，即可自动抓取房屋租赁、房屋产权等相关信息，实现了"让数据多跑路，让群众少跑腿"。苏州工业园区加强"园区电子证照库"建设，整合区内各业务部门数据系统，实现已有电子证照、证明等材料统一入库、实时更新，方便申请人通过线上申请直接调用相关材料，免于来回奔波办理。泰兴市推出市场准入准营"云复验"服务项目，制定"云复验"服务事项清单，对清单内的事项通过视频连线方式进行远程核实，不再另行现场核查，当日接收当日发证，助力企业开办再提速。

（四）推行"家门口好办事"实事项目

淮安市清江浦区推进政务服务事项向镇街下沉，优先下移群众办件量大的社会保险、医疗保险、开办企业等 26 个服务事项，打造长西、水渡口 2 个街道为民服务中心示范点，实行"上下联动、区街同权"，最大限度方便企业、群众就近办事。南京市溧水区多个街道为民服务中心主动与相关部门对接协调，率先实现水电气报建一体化，居民和企业用户一次申请，同步办理就可获得用水、用电、用气服务，实现水电气业务报装一窗办结。常州市武进区牛塘镇推动人社、民政、卫健、医保、残联等与群众生产生活密切相关的民生事项向村（社区）下沉，由网格员代办帮办，打通服务企业群众的最后一公里。江阴市以打造企业全生命周期"一件事"为目标，将投资建设类权力事项全链委托开发区行使，通过流程再造，实行综合受理、分类审批，实现园区内从立项到施工许可 14 个事项的全链条闭环审批。

三 以"最多跑一次"改革为抓手的浙江"放管服"改革的特点和经验

"最多跑一次"改革是浙江省为全面落实"放管服"改革要求而提出的，要求政务服务事项尽量在网上办理，必须到现场办的事项也要做到"只进一扇门""只能跑一次"。浙江省首创的"最多跑一次"改革，要求实现政府减权限权治权和优化服务的有机统一，是对行政审批制度改革和"四张清单一张网"改革的一次系统性跃升。为总结和推广"最多跑一次"改革的经验做法，浙江省以地方立法形式发布《浙江省保障"最多跑一次"改革规定》，巩固拓展"最多跑一次"改革的成果，推进政府治理体系和治理能力现代化。

（一）以"最多跑一次"改革为牵引，推进环境治理体系和治理能力现代化

环评是环境治理的一项基础性工作，依托政务服务网、"浙里办"App等平台，探索环评审批和排污许可"一个名录、一套标准、一次审批、一网通办"模式，不断拓展网上、掌上办事功能。监管是环境治理的重要环节，依托"基层治理四平台"，构建乡镇（街道）网格化环境监管体系，建立健全生态环境标准、监测和执法"三统一"体制。科技是环境治理的重要手段，依托在线监控、卫星遥感、无人机等科技手段，开展环境污染问题风险预警评价，形成非接触、智慧化环境污染问题发现机制。数据是环境治理的重要资源，依托新能源云数字经济平台，归集整合相关部门数据，形成包括碳排放量、碳排放强度、能耗总量、能耗强度等指标的工业碳效码，浙江近九成规上工业企业获得专属碳效码，碳效水平一"码"了然。浙江各地还在"数字环保"改革上大胆探索，桐乡市创建了具有排污许可身份证功能的环保"健康码"，挂在涉污企业大门口随时接受群众监督，发现问题可进行"码上投诉"，既增强了涉污企业持证守法意识，也转变了环境监管方式。

（二）以政府数字化转型为依托，推进政务数字资源供给侧改革

浙江经过 20 多年的政务信息化建设，现已建成"一体化数字资源系统"。该系统基于统一的标准，归集全省三级 3430 个单位的 10129 个政务类数字，涵盖信息化基础设施、公共数据、应用系统、算法组件等数字资源，打破了原先各类政务信息系统的属地化、层级化管理界限，形成了浙江省政

务数字资源"大超市"。进入"大超市",既可一站式浏览全省数字资源,也可进行"购物车"式申请,促进了数字资源跨部门、跨地区、跨层级的高效共享和开发利用。浙江省政法系统推行"综合查一次"改革,嘉兴市于 2021 年 6 月探索建立了数字化行政执法联合指挥系统,通过整合 32 个行政执法相关部门数据,涉及民生、安全、秩序、服务、公益、环境 6 大类 60 多个跨协同场景,对应生成 1156 个检查事项,行政执法监管一件事全流程闭环运行。系统应用上线后,根据其"智能预警"功能的提示,线上任务清单自动派发,线下相关部门联合行动,行政执法实现了"进一次门,查多件事,一次到位",治理效能大大提高。

(三)以惠民利民为导向,运用数字化手段提升基层治理效能

浙江经过多年农村集体经济数字管理系统建设,现已有 87 个县(市、区)、1 万多个村社上线,基本覆盖所有涉农县(市、区)。农村集体经济数字管理系统启用后,所有账目、流程一目了然,点点手机就能报销,极大地方便了群众。而且让群众随时能参与监督,监督起来也更及时灵敏,有效解决了村级财务流程不透明、"微权力"监督难、报账效率低等问题。针对政策性利民补助金发放过程中,由于民生补助项目分管的部门多、各级财政部门审核流程不一,存在补助金兑现率低、到款速度慢、补贴发放不到位等情况。温州市探索以社保卡为载体的利民补助"一键达"数字化改革,通过搭建"温州利民补助"平台,横向打通数据壁垒,纵向贯通审批职能,为不同人群细分具体补助事项,将 1000 余个民生补助项目纳入"一键达"办理清单。通过大数据精准分析,补助对象与补助项目实现"一对多"匹配,从"人找政策"改为"政策找人",使民生财政资金真正惠民利民。

四 江苏深化"放管服"改革的特色与不足

"十三五"以来,江苏持续深化"放管服"改革,吸收借鉴兄弟省市"最多跑一次""马上办网上办一次办""一枚印章管审批""一门式一网

式"等经验做法,形成了具有江苏特色的"不见面审批"。"不见面审批"改革是指申请人通过实名注册、网上申请,就可实现全过程不见面不跑腿办成事。这项改革推动形成的"网上办、集中批、联合审、区域评、代办制、不见面"办事模式和"不见面审批 + 强化监管服务 + 综合行政执法"管理体系,是"放管服"改革的一大突破。

(一)以"加减乘除法"方式提升政务服务效能

按照线上"一网通办"和线下只进一门、只对一窗、只跑一次的"一件事一次办"要求,通过"加减乘除法"打造一站式政务服务平台。通过拓宽申报途径,推行一般情况"线上办理",特殊情况"窗口办理",全域通办"就近办理",在申报方式上做"加法"。为精简申报材料、缩减审核周期,对多部门所涉及的流程和环节进行全流程再造,实现业务全链条线上协同办理,在审批环节上做"减法"。推动窗口整合,实现部门间业务数据的实时共享,并创新引入人脸识别和电子签章,在资源整合上做"乘法"。申请人只需输入一次信息,从"线上登记"到"线下领证"实现全流程无纸化办理,在办理流程上做"除法"。

(二)以"集成式"改革打造政务服务品牌

全省政务服务系统以"苏服办"品牌建设为龙头,各地结合实际围绕"集成式"改革,打造富有地域特色的品牌亮点工程,形成全省上下贯通、亮点纷呈的政务服务品牌集聚效应。完善大厅服务功能,各部门通过设置"综合性窗口"、委托接件受理、云端在线指导、跨区域通办等方式,实现服务事项集成式。采取"前台综合受理、后台分类审批、窗口统一出件"无差别受理服务模式,用"全科全能"服务提升审批效率,实现服务方式集成式。不断拓展办事场景,变"现场办"为"网上办",用"数据跑路"代替"群众跑腿",实现服务端口集成式。聚焦企业群众眼中的"一件事",采取"一份服务指南、一张申请表单、一套申报材料、一次完成一事"的"全链条"审批模式,实现服务流程集成式。

（三）以优化营商环境为导向强化事中事后监管

江苏始终坚持放管结合并重，省政府于 2020 年 7 月印发《关于加强和规范事中事后监管的实施意见》，把更多行政资源从事前审批转到加强事中事后监管上来。制定部门联合随机抽查事项清单，将更多事项纳入跨部门联合抽查范围，在市场监管领域全面推行"双随机、一公开"监管方式。根据市场主体生产经营活动风险程度和企业信用等级，综合考量安全生产、质量安全、生态环保、守法履约、社会责任等，推行信用分类分级监管。加强各部门证照管理信息互通，切实履行"双告知""双反馈"职责，强化部门监管协同联动。建立简明易行的地方监管规则和标准体系，依法依规主动向社会公开，引导市场主体严格执行相关领域国家标准和行业标准。建成覆盖全省重要产品生产经营企业的全过程追溯体系，引导企业将追溯体系与检验检测体系、质量管理体系对接，加强全过程质量安全管控。强化大数据支撑，发挥"大数据＋网格化＋铁脚板"机制作用，构筑全方位市场监管新格局。

江苏以深化"放管服"改革为突破口，加快政府职能转变取得明显成效，但相对于人民群众的期待，仍然存在一些不足。其主要表现，一是数字政府建设不平衡不充分。全省一体化大数据共享交换体系运用不全面，数据融合共享应用还不充分，与浙江相比还存在一定的差距；在社会治理方面存在智能感知体系不健全、风险预警不精准、协同处置不及时等问题，基层治理政务运行效能还不高；政务信息化多头管理缺乏统筹规划，数字人才队伍支撑不足。二是"不见面审批"标准化工作进展不均衡。有的地方建立了完整的"不见面审批"区、镇、村三级标准化体系，还建成了相应的一体化信息平台，全面实行集成化、套餐式服务。但也有一些地方标准化建设进程滞后，政务服务信息平台"效率低"，群众对相关信息知晓率不高，办事时间没有真正缩短。三是事中事后监管尚需进一步完善。"双随机、一公开"监管所需数据库建设缺乏整体统一性，内容交叉重叠，部门间联合检查机制不健全，还没有真正实现有效监管。

五 "十四五"时期江苏"放管服"改革的发展趋势

"十四五"时期，江苏将以建设一流营商环境为目标，持续深化"放管服"改革，通过继续简政放权、坚持放管并举、提供优质高效服务和加强数字政府建设，推进政府治理体系和治理能力现代化，为推动高质量发展提供有力保障。

一是继续简政放权。把简政放权作为培育和激发市场主体活力的关键举措，继续清理没有法规依据的政务服务事项办理条件和环节，推动涉企审批持续简化。进一步深化投资审批制度改革，简化、整合投资项目报建手续，优化交通、水利、能源等领域重大投资项目审批流程。深化工程建设项目审批制度改革，继续清理规范工程建设项目全流程涉及的事项，工程建设项目实行分级分类管理，优化工程建设项目审批。

二是坚持放管并举。把有效监管作为简政放权的基础和保障，推进跨部门综合监管改革，充分运用互联网、大数据等现代信息技术，优化跨部门现场监管方式，探索跨部门远程监管模式，全面提升协同监管、信用监管、智能监管水平，实施更加精准更加有效的监管。根据下放审批监管事项实行同步下沉专业人员和技术力量，优化配置监管力量，提升基层承接能力。加快"双随机、一公开"监管与信用风险分类管理等结合，建立健全监管协调机制，逐步制定完善监管规则和标准，切实提高监管效能。

三是提供优质高效服务。聚焦企业和群众办事创业的难点堵点，推动数据供需精准对接，持续提升政务服务标准化规范化便利化水平，切实提高市场主体和人民群众办事便捷度。着力清理对市场主体的不合理限制，矫正资源要素失衡错配，立足全生命周期、全产业链条推进集成改革，不断激发市场主体活力。推行网上办、掌上办、预约办、帮代办、一次办等多种办理方式，畅通 PC 端、移动端、自助端等多种办理渠道，推动政务服务"无接触服务"，不断提升利企便民服务水平。

四是加强数字政府建设。"十四五"期间，江苏将推进全省五级政务服务体系、公共资源交易、政府采购等公共服务领域信息公开，开展依申请政务服务事项实施清单及办事指南标准化建设，迭代升级江苏政务服务网事项管理平台，对全省各地各部门政务服务事项目录清单和办事指南进行动态运维，促进政务服务与政务信息公开有机结合。完善五大基础数据库建设，推动设区市基础库数据清单确认和对接联动，加快目录注册和资源推送，推进基础库服务应用，进一步深化政务数据开放共享。建立省级层面政务数据共享议事协调机制，建设省政务中台，推动数据对接更加精准顺畅，进一步提高市场主体和人民群众办事便捷度。

江苏城市基层治理现代化的实践与探索

王　里*

摘　要：　基层治理是国家治理的重要组成部分，实现基层治理现代化是推进国家治理体系和治理能力现代化的重要方式，当前江苏各城市积极进行基层治理现代化的实践与探索，涌现出常州、南京和盐城等各具特色的典型经验，梳理这些城市在推进基层治理现代化过程中的典型经验，以便为全省乃至全国治理现代化提供经验，但是江苏城市在基层治理现代化的实践中，也遇到治理理念不够先进、体制机制不够科学和资源要素供给不足等问题。解决这些问题，应从转变治理理念、优化体制机制和保障资源要素充分供给等方面努力。

关键词：　城市基层治理　现代化　治理体系　治理能力

基层治理是国家治理的重要组成部分，实现基层治理现代化是推进国家治理体系和治理能力现代化的重要方式，当前江苏各城市积极进行基层治理现代化的实践与探索，涌向出常州、南京和盐城等各具特色的典型经验，梳理这些城市基层治理现代化的典型经验，以便为实现全省乃至全国治理现代化提供经验，但是江苏城市基层治理现代化的实践中，也遇到治理理念不够先进、体制机制不够科学和资源要素供给不足等问题。解决这些问题，应从转变治理理念、优化体制机制和保障资源要素充分供给等方面努力。

---

* 王里，江苏省社会科学院马克思主义研究所助理研究员。

一 江苏城市基层治理现代化的实践

（一）常州的实践

1. 健全政社互动的新机制

常州市委市政府积极发挥各级党组织在基层社会治理中的领导作用，将党的领导嵌入基层社会治理的方方面面。制定并实施《关于推进城乡社区服务型党组织建设的意见》，积极推动街道党委、社区党员、驻区单位党委以及志愿者深入社区，在宣传好党的社会治理政策的同时做好百姓的服务工作。设立专门资金和制定专门办法。依托党群服务中心和社区综合服务中心，通过召开恳谈会、议事会和理事会等会议形式，找到社会治理中的难题，了解百姓的困难，找到解决办法，以凝聚社区治理的共识，涌现出天宁区社会管家、溧阳百姓议事堂等先进经验和典型做法。规范群众基层自治组织和基层政府的权力边界，制定居委会和村委会履职的责任清单，以签订契约的方式确保双方履职尽责，实现政社有效互动。

2. 探索服务为民的新模式

通过设立社区组织专项资金、简化审批流程和建立培训孵化阵地等方式，促进社区社会组织的健康发展。2021 年以来通过举办政府项目的洽谈会和推进会，共投入资金 1.3 亿元，落实项目 500 个。举办公益创投项目，以基层社区和百姓需求为导向，提升社区服务水平。认真落实社区福利待遇的自然增长制度，推行三岗十八级薪酬管理机制，健全基层社工职业体系，激发了基层治理主体的热情。这些有效措施促进了"三社"深度融合，有效提升了基层治理水平和质量。武进区南夏墅街道南河社区积极发展社区组织，创新灵活多样的体制机制，发挥社工专业优势，有效服务社区困难人员。联合常州大学志愿者为小升初的学生提供辅导，将感恩教育和生命教育融于一体，让学生在快乐中成长。

3. 打造社会治理的新样板

常州市按照规模适度和便于管理的原则，设置网格的规模和范围，初步划定网格 7851 个，实现城乡网格服务和管理全覆盖。注重循序渐进的原则，将社区党建、平安建设和文明城市创建纳入网格化管理之中，最终形成全要素的网格化治理格局。同时聚焦重点领域和关键环节，推动力量、资源和职责等全要素统筹，目前全市全要素网格设置了 25 个项目，以重点领域突出带动全方位创新。加强网格员队伍建设，实行"1 + 3 + X"机制，包干到户，责任到人，积极开展志愿服务和网格管理。网格服务时间做到日检查、月结清，服务对象实行八必访制度，每年访问对象不得少于 300 户。创建"八个一"制度，并在全市范围内推广城乡信息管理系统，创建市、区、街道和社区四级服务机制，构建网格化联通应急处置机制，形成对外一个口径、对内一张大网的新型治理模式。

（二）南京的实践

1. 坚持党建引领，凝聚协调力量

基层治理尤其是街道治理异常复杂、社会结构迥异等，如何凝聚基层治理主体，将其整合成一个有机整体是提升基层治理绩效的关键。南京江北新区构建起"街道大工委、社区大党委和网格党支部"的党建格局，充分发挥基层党组织的统筹资源和协调各方的作用，将党组织的制度有效转化为基层社会的治理效能。统筹各方资源，打造治理共同体。在街道工委和社区党委，把基层社区不同领域的治理主体，通过双向服务、资源共享等机制，为街道治理提供党建引领的要素保障。以南京市泰山街道为例，由社区党组织牵头，构建党支部、社区居委会、小区居委会、共建单位和物业公司五方联动的工作机制，通过这种机制，畅通业主、物业和网格员之间的信息交流，有效化解矛盾。同时，围绕网格治理做好文章，创新治理模式，实现党组织对综合网格的全覆盖。

2. 实施改革导向，激发机制活力

南京充分发挥制度先行先试的创新优势，加强顶层设计、资源下放和强

权赋能，探索出"大职能、宽领域和少机构"的基层治理的新路径。南京市以转变政府职能为导向，在基层突出公共服务和社会治理职能，推动基层政府由管制型向服务型转变。并且充分发挥绩效考核指标作用，突出民生和社会事业等，赋予基层政权如街道对职能部门的考核权限，以此倒逼街道和职能部门全面转型。通过网格实施服务全覆盖。比如南京江北新区在7个街道和82个社区建成987个综合网格和180个专属网格，配备了994个专职网格员，实现基层社会治理的全覆盖，形成了一网运行和多网合一的治理格局。

3. 加强科技创新，提升治理绩效

2021年以来，南京加强科技创新，激发数据红利，推进数字城市建设，把科技要素融入基层社会治理中去。一方面，打通模块部门和业务部门的数据渠道，整合互联网数据、政务数据和网格员采集数据等信息，并通过归纳、分析和整合等手段，为基层治理提供有效数据，探索大数据精准治理的新路径；另一方面，积极打造数字化治理平台，构建有效的工作平台，通过线上线下有效互动，实现全民参与全民共享，提升基层社会治理绩效，由被动处置向预警预防与联动处置的新转变。比如，南京市丁山街道利用大数据、云计算、区块链和互联网等先进技术来建设智慧小区，推动小区由治理向智理转变。

（三）盐城的实践

1. 坚持系统思维，加强顶层设计

出台了城市基层治理、社区党建、街道单位和社区服务工作者等规范文件，构建科学合理的组织体系、运行机制和保障制度。围绕基层治理中存在的难点与问题，确定了"街道党工委书记如何实施有效治理""共驻共建服务机制"等50个重点课题，有组织部门和"两新"工委牵头，创新开展"四季行动"，组织相关部门评比，从中选出优秀经典案例加以推广，总结基层治理现代化中的优秀案例和经典经验，保障基层治理的持续而深入。设计专门的结构表格，全面采集有关基层治理现代化的数据资料，对13类37项数据进行有效统计，先后召开基层治理经验交流会，社区党建推进会等，加强综合研判分析，推进城市基层治理现代化的高质量发展。

2. 坚持区域协调，优化体制机制

实施社区党委和街道工委全覆盖，制定并实施《关于推动街道社区与驻区单位党组织共驻共建、融合发展的实施意见》，推动建立区域党建联盟，通过签订责任书，让 1471 名驻区单位党组织成员担任兼职委员，社区兼职委员和驻区单位兼职委员分别有 7 人和 9 人。完善党建联盟会议等相关制度，推动市属国有企业与街道社会共建党建联盟。探讨以"问题导向、项目为抓手和资源为保障"推动街道社区和驻区单位共同建设党组织。2021 年以来，驻区单位帮助街道社区筹集资金达到 890 万元，增加场地 2.6 万平方米，2.1 万名党员进入社区开展工作，开展就业帮扶、政策宣传和法律指导活动等 1.7 万场。

3. 坚持组织引领，强化长效保障

加强干部队伍建设，选优配强街道党工委书记、社区党组织书记，以夯实基层社会治理的主体力量。结合党史学习教育活动，认真开展街道党工委书记大走访活动，找到基层社会治理中的疑难杂症，分析其深层缘由，提供有效治理对策。以现场讲学和专家授课等方式，对社区党组织书记、街道党工委书记等进行信仰、知识、能力和方法培训，以提高基层治理带头人的能力和素养。制定并实施《城市社区专职工作者管理办法》，明确规定城市社区专职人员的工作职责，强化社会专职人员的素质并严格加以管理形成基层治理样板。制定"3 + X"项目清单和参考目录，采取自选项目和规定项目相互结合的方式，2021 年以来完成服务项目 2891 个，使用资金 6891 万元，提高了资金的使用效率。

二 江苏城市基层治理现代化存在的问题

（一）城市基层治理观念理念不够先进

1. 以管理代替治理

管理与治理虽然只有一字之差，但内涵却相差很大。管理主要存在于上下级之间，上级主管部门对下级部门进行监督和管理。根据相关法律和法规，上级主管部门根据任务要求和管理权限，依法对下级有关部门的工作予以指导、规范和监督。管理更侧重于监管，治理则不同，它强调不同治理主体之间相互协调、配合，共同把任务予以完成。治理更多强调协调与配合。① 但在调研过程中我们发现，有些城市基层政府及其官员官本位思想严重，对本部门或本辖区事务偏重于管理，为了完成上级政府要办的任务或发展本地区经济需要，一味地强调管理、执行，导致管理为上，致使本地区的经济发展失去了活力。受属地化、网格化管理影响，过多的政府职能和部门事项被"延伸"至城乡社区，把很多社区不该管、管不了、管不好的任务转嫁到社区，远远超出其法定职责。与此同时，由于社区事务准入制度尚不完善，相关人、财、物没有同步落实到位，无法做到"权随责走、人随事动、费随事转"。据统计，目前无锡社区工作涉及28个部门76个事项，条线工作占社区人员工作总量的70%～80%，社区人员每周半天的社区走访计划基本无法实现。同时，街道、社区分工不够明确，社区承担的职责超出其权限和能力范围，存在"接不住、管不了"的现象。例如群租房、停车难等问题，社区没有执法权；城市精细化管理中的道路、黑臭河道整治等问题，具有综合性特征，往往需要由市级、区级处理协调，仅仅依靠社区，问题往往很难解决。

2. 法治意识严重淡薄

法治是治国安邦的基石，良好的法治不仅需要政府官员及其民众具有强烈的法治意识，而且还需要健全法制制度和机制。在调研过程中我们发现，一些基层政府领导干部法律知识欠缺，法治意识淡薄，比起法治，更偏重于人治。比如，《居委会组织法》《物权法》等重要法律出台有一段时间了，但是基层官员对其知之甚少，在治理过程中，习惯于传统的人治方式，很少按照有关法律来治理基层社会，致使基层政府在治理社会中违法或违规现象

---

① 范逢春、谭淋丹：《城市基层治理70年：从组织化、失组织化到再组织化》，《上海行政学院学报》2019年第5期。

比较严重，基层社会治理不仅需要健全的法律法规，更需要治理主体包括基层政府官员有法治意识，要懂法和知法，才能切实执法，最终实现法治治理和法治社会。

3. 基层百姓认识不够到位

基层治理有序推进不仅需要基层政府指导，更需要广大民众积极参与。而普通民众参与基层治理也同样需要提高认识水平。在调研过程中我们发现，一些城市社区百姓和社会组织受传统管理思想的影响，对基层治理理念认识不够到位，认为基层治理是基层政府的事情，与自己无关，这种认识无疑把自己看成被管理对象，主动参与治理的能动性不够，不仅与现代治理理念背道而驰，也会大大影响基层治理的绩效。比如，共有水电的修理和恢复等，本来可以由社区居民和驻区单位共同协商解决，但是最终由政府来解决。

（二）城市基层治理的体制机制不够科学

良好的体制机制是基层治理有序推进的关键，只有构建科学合理的体制机制，城市基层治理才能产生很好的绩效，治理的效果也才能得以彰显。①

1. 治理主体存在越位现象，管理了很多不该管理的事项

很长时期以来，城市基层治理在权限划分和机构设置等方面，主要遵循属地管理或垂直管理等原则，对基层事务进行分割式或条块式管理，这种管理方式使得治理主体和管理权限不分，对很多基层事务大包大揽，管理了很多不该管而又管不好的事务。比如，在城市基层治理中，普遍存在社区居委会，这是社区居民自治的组织，是由小区业主选举产生，充分反映小区居民的意愿，负责监督物业公司服务的民间自治组织。但是街道委员会又被赋予了指导、监督和管理业主委员会或业主大会的选举、成立、召集等有关权限，在实践运转过程中，由于小区业主委员会与物业公司矛盾很多，作为管

---

① 王尘子：《新时代城市基层治理体制机制改革：创新与挑战——基于地方政府实践的分析》，《求实》2019 年第 9 期。

理业主委员会的上级主管部门夹在其中，左右为难，在这里街道委员会就存在越位现象，管理了很多不该管理的事务，应该将该事务交给业主委员会自己管理，让群众自治组织发挥自我管理和自我服务的功能。

2. 治理主体存在缺位现象，很多该管理的没有管理好

有些应有基层政府管理，但是基层政府作为重要治理主体存在缺位现象，兜底事项、稀缺公共产品的供给和优质公共服务的提供，人民群众的利益诉求得不到体现或表达等，对于这些事项，基层政府就应该好好管理。比如，在南通市某县，一栋违建房屋由于各种因素没有被拆除，导致县城交通受到极大影响。通过调研发现，违建房屋迟迟没有被拆除原因很多，房屋主人对政府补偿不满意，作为政府方面担心其走极端，闹成群体性事件，影响社会和谐与稳定，面对这一难啃的"骨头"，有关部门及领导选择躲避态度，采取能推则推的方式，致使该违建房屋迟迟得不到拆除，在这里该县有关职能部门存在缺位现象，该管理的没有管理到位。又如，盐城市某县整治流动摊贩事情，多年以来，该县流动摊贩一直没有得到很好的治理，不仅影响该县的城市面貌，也不利于当地百姓的出行。作为主管部门，该县的城管局认为，流动摊贩不好管理，如果强制管理，不仅影响该县居民的就业情况，也会影响该县社会和谐稳定，因此，该县城管对流动摊贩采取"睁一只眼闭一只眼"的做法，致使该县流动摊贩情况没有得到很好的解决，当地居民意见很大。总而言之，基层城市社会治理明显滞后于城市建设发展，存在职责不清、运转不畅等体制机制不够科学等方面问题。

（三）城市基层治理的资源要素不够充分

良好的城市基层治理不仅需要先进的治理理念和科学的体制机制，而且还需要充足的资源要素有效供给，如果说先进的治理理念是前提，科学的体制机制是关键，那么充足的资源与要素供给则是其保障。

首先，要素体系不够健全。一是法律体系不够健全。面对基层治理主体的多元化和基层事务的繁杂性，亟须有关部门制定相应的法律法规及实施细则，但是目前有些地区在法律法规制定方面明显滞后，导致基层治理主体在

推进社会治理时无法可依或者缺乏相应的实施细则，导致在基层治理人治现象较为突出。二是组织架构不够明晰。城市基层治理是一个复杂的系统工程，涉及很多职能部门相互协调与配合。应由明确的法规文件规定组织领导机关及其分支机关，形成职责明确和功能合理的治理组织架构。以城市小区自治组织为例，有的以政法系统牵头为主，各有关部门相互配合和相互协调；有的以组织部门牵头为主，基层党建引领社会治理创新，构建区域发展的"四项清单"；还有的以政法系统和组织部门共同牵头，政法部门和组织部门干部共同参与，共同构建法治、德治和自治相互融合的基层社会治理体系。但是在实践治理运作过程中，由多头管理导致分工不明，组织协调和配合不力，各司其事和各自为政的现象比比皆是，极大地影响了城市基层治理绩效。三是权力与责任不相互匹配。在基层社会治理中，比如社区或街道，事务繁杂，统统由综合治理办公室来牵头，既缺乏相应的职权，又缺乏充足的资源，综合治理办公室人员应付起来非常吃力。加上基层政府下拨的财政经费有限，比如苏北某县每年拨给其街道只有几万元，除了办公室人员日常开销之外，基层社会治理中的基础设施问题等就没有相应的经费支持，城市基层社会治理面临着经费的约束，极大地限制了基层治理的成效。

其次，资源供给不够充分。一是部门与部门之间互动不强。基层事务烦琐、任务繁重，既有公共服务体系建设、城市规范发展建设和人口流动服务管理，也有基层社会矛盾化解和群体性事件解决等，这需要不同部门相互联动与配合。但目前由于条块分割的影响，基层治理主体存在各自为政的现象，牵头部门比较积极，而参与部门敷衍了事。二是部门之间信息不畅通。各部门任务重点不同和统计标准不一样，造成了基层社会治理中各治理主体统计数据不一致，平台不关联和信息不一样。调研发现，扬州市某区政务系统办公方面，社区录入信息的各种系统多达 18 个，这些系统都是各职能部门开发、管理和运用。很多基层百姓的信息都录入到不同系统中，极大地造成了基层治理中的资源浪费，也增加了基层治理主体的工作负担，更为重要的是，彼此信息不明确和不准确。三是基层资源利用效率不高。主要是服务于基层社会治理的公共资源利用率不高。一方面许多基层政府投资建设的公共资源利用不高，比如很多地方的"24小时书房"，后来成为流浪汉的居住之所；另一方面，社会公共服务资源没有被充分利用，没有实现经济效应和社会效应的双赢。比如机关、事业单位和学校建设的公共服务设施、停车场等没有向社会公众开放，导致其在平时和周末闲置，极大地浪费了基层社会资源的使用效率。

三 江苏城市基层治理现代化的对策

（一）转变治理理念

理念是行动的先导，只有拥有正确的治理理念，才能在社会治理中取得实实在在的成效。

1. 提升基层政府和领导干部的法治意识和法治水平

基于基层政府和领导干部的法治意识薄弱的情况，要大力培养其法治意识，通过党校学习、专家讲座和交流学习等方式，大力培养基层领导干部的法治素养和法治意识，尤其是与基层治理中所要运用的紧密相关法律如《居委会组织法》《物权法》等，要请有关法治专家来讲解，只有知法和懂法，才能有效执法，严格按照法律办事。

2. 提升基层民众的参与意识和治理水平

基层治理水平的提升和治理绩效的改善，不仅是基层政府和领导干部的事情，也与广大基层民众的认识水平息息相关。如果基层民众都有强烈的主人翁意识，积极主动参与基层社会治理，不是把自己看成被管理对象，而是把自己看成治理主体，这样会极大地提高基层社会治理绩效。要通过群众大学堂、普法知识宣讲和基层经验交流等形式，提高基层民众的参与意识，切实让民众体会参与基层治理的价值。

3. 塑造治理理念

基层政府和领导干部在加强社会治理的同时，要切实转变观念，改变官本位思想，重新树立民主理念和责任思想，在基层治理的实践中，政府、民众和社会组织等治理主体，都是平等参与主体，应就基层治理中的实践困难和实际难题，进行平等协商和有效交流，形成共识，找到解决问题的办法，共同推动社会治理绩效的改善和提高。

（二）优化体制机制

体制机制是提升社会治理绩效的关键，也是社会治理持续改善的基石。

1. 让党建引领，构建社区治理"一核多元"的领导体制

当前基层治理面临着突出问题，应当推动党组织向基层延伸，健全基层党组织体制，强化党组织在基层社会治理中"主心骨""领头雁"的作用，为提高基层社会治理水平提供坚强的政治保障。就城市社区而言，当前业委会、居委会和物业公司之间矛盾突出，要发挥党组织引领作用，让社区居民积极参与其中，通过社区党组织作为主要负责者来沟通协调各方，采取党建引领"社区治理合伙人"机制，团结协调多方面主体——社区居委会、社区居民、物业服务企业、上级业务职能部门、参与社区服务保障的其他社会单位共同参与社区治理。给社区党组织赋权，构建"一核多元"领导体制，巩固提升社区党组织在社区服务、疫情防控、垃圾分类、物业管理和矛盾化解等重点工作上"把舵定向"的核心地位。同时，要确保社区其他治理主体应有的地位，以农村带头致富，城市做好服务为切入点调动多主体参与积极性，形成区域化党建共同体。

2. 发挥法治作用，构建凝聚社会治理的法治机制

坚持依法治理，综合各方力量，加强日常管理和公共危机治理领域的地方立法工作。首先，完善基层法治体制机制建设，强化基层法律服务体系建设，推动法律服务下沉，引导社会公众形成自觉守法、遇事找法、解决问题靠法的法治思维和法治习惯。其次，配齐配强基层法治队伍。招录具有法律专业背景的公务员以及街道公职律师，进一步充实基层法治队伍。同时，在街道机关开设法治微课堂，有针对性地进行法律知识培训，提高机关干部学法用法意识。最后，营造基层浓厚的法治氛围。严格落实"谁执法谁普法"责任制，制定街道普法工作实施方案，建立部门年度普法责任清单，对社区

治理中的突出矛盾、居民法律案件等问题，定期组织法官、律师开展法治会诊。社区通过居民或者村民议事会制订和修订村规民约，把风险防控等内容纳入社区"居民公约"和"村规民约"中去，坚持用法治规范自治，提高居民自我防范的自觉性和积极性。

（三）保障要素资源有效供给

健全的要素体系和充足的资源供给是实现基层治理现代化的保障。要完善和健全要素体系，积极构建和健全基层社会治理的法律法规及实施细则。只有健全和完善法律体系，基层社会治理才有法可依，有章可循。要在宪法和基本法的框架下，制定有关适应基层社会治理的法规和制度，在这里，可以采取先试点后制定，最后再推广的办法，也就是说，可以现在通过政策等形式在基层社会治理中实施，如果政策切实可行并符合基层社会治理实际，可以上升到法律，将这种法律应用到基层治理中，如果切实有效，然后再在城市基层治理中加以推广。明确基层社会治理的组织架构，在城市社会治理中，应该由哪个部门牵头、哪些部门配合、哪些部门协调，要分工明确，各司其职，而且各个部门既要有权力，也要有相应的责任，权力的大小与责任的大小相互匹配，不能权力大而责任小，也不能权力小而责任大。这些都要通过相应的法律法规加以明确，只有形成明确的组织架构，谁是领导者，谁是协调者，才能各司其职，最终形成德治、法治和自治相协调的治理格局。明确基层治理主体的职责权限，理清街道与社区、条线与社区的职责权限，推进社区工作准入制度有效落地，建立社区协助政府履职的"清单"，坚决禁止清单以外的事项转移到社区。现有事项中不该归社区的全部移出。相关条线工作进社区时，要将对应的人、财、设备都下沉，切实落实费随事转，并加强业务指导与培训。配强、配足社区治理力量，适当考虑辖区内的流动人口。网格员与社区工作站人员要分开，专职社工可以兼任网格长，外聘网格员，财政兜底。有效整合协管员、计生员、社区民警等力量，尤其要发挥社区民警作用，要确保其不被其他事务挤占，能够真正进入社区、深入群众、发挥作用。注重社工队伍建设，将社区工作者职业化队伍建设纳入干部人才队伍建设规划，推动待遇保障、培训体系、奖惩机制尽快落到实处，想方设法强保障、提待遇、卸压力，切实提升社区工作人员薪酬待遇，畅通发展空间。要充分保障基层社会治理资源的有效供给，主要包括加强部门与部门之间的联动，共享部门与部门之间的信息以及提高基层社会治理公共资源的使用效率。

江苏突发公共事件应急管理的现状检视及愿景展望

曹晗蓉*

摘　要： 自然灾害、事故灾难、公共卫生事件和社会安全事件等各类突发公共事件危害特定区域内所有人民群众生命财产安全和社会秩序的正常运行，紧急性强、危害面广、救援难度高。新中国历代领导人都高度重视应急管理工作。近年来，江苏突发公共事件应急管理工作围绕健全应急管理体系和抓好安全生产专项整治等方面取得显著进展。但是，目前还面临着思想认识不够到位、风险隐患监管没有全覆盖、多方协同合作不足和监管技术更新不及时等薄弱环节。对此，全省应急管理系统要提高思想站位，明确发展方向和基本原则；聚焦重点领域，推动工作提质增效；注重全过程管理，健全完善应急管理体系；借力信息技术，用大数据推动突发公共事件应急管理。

关键词： 突发公共事件　应急管理　治理体系　治理能力

在推进社会主义现代化建设的征程中，自然灾害、事故灾难、公共卫生事件和社会安全事件等各类突发公共事件不可避免地出现，严重危害人民群众的生命财产安全，威胁社会秩序的正常运行。由于突发公共事件的紧急性强、危害面广、救援难度高，掌握大量公共资源的各级政府成为应急管理的

---

* 曹晗蓉，政治学博士，江苏省社会科学院马克思主义研究所助理研究员。

主要力量。为正确高效处理突发公共事件，在党和政府统一领导之下，突发事件应急管理工作遵循综合协调、分类管理、分级负责、属地为主的原则，集预防、准备、监测预警、处置、救援等工作于一体，努力实现高质量发展和高质量安全良性互动。突发事件应急管理工作是推进国家治理体系和治理能力现代化的重要组成部分，被看作保障人民群众生命财产安全和社会秩序稳定的坚强屏障。党的十九大报告指出，要树立安全发展理念，弘扬生命至上、安全第一的思想，健全公共安全体系，完善安全生产责任制，坚决遏制重特大安全事故，提升防灾减灾救灾能力。江苏秉持高质量发展原则，高度重视公共事件应急管理工作，将其摆在推进治理体系和治理能力现代化的重要位置。特别是党的十九大以来，江苏以时不我待的紧迫感和保卫人民群众生命财产安全的使命感积极推进公共事件应急管理体系建设，使其成为全省经济社会发展的重要保障。

一　突发事件应急管理工作的历史进展

新中国成立以来，在党中央的坚强领导下，我国成功应对了一个又一个突发公共事件，我们党带领人民有效化解了一个又一个重大安全风险。新中国历代领导人都十分重视公共事件的应急管理和救援救灾工作。1950 年，毛主席针对淮河流域发生的特大洪涝灾害做出批示"除目前防救外，须考虑根治办法，现在开始准备，秋起即组织大规模导淮工程，期以一年完成导淮，免去明年水患"，并提出"一定要把淮河修好"的伟大号召。除了应对自然灾害，毛主席对公共卫生、传染病、地震、工业事故等突发事件先后做出许多重要批示，要求在各地发生灾难时，要秉持政府救济、人民生产自救、全社会动员起来的救援方针。改革开放以来，以邓小平同志为核心的党的第二代中央领导集体针对 1979 年渤海二号沉船事故和 1987 年大兴安岭特大森林火灾事故先后做出重要指示，要求采取一切可能的措施保障人民群众的生命财产安全。1998 年，以江泽民同志为核心的党的第三代中央领导集体提出"隐患险于明火，防范胜于救灾，责任重于泰山"的重要指示，极大推进了全国应急管理工作。2003年，以胡锦涛同志为核心的党的第四代中央领导集体在抗击非典疫情之后，在全国范围内开展了以"一案三制"为核心内容的应急管理体系建设，先后完成国家突发公共事件总体应急预案、25项专项预案、80件部门预案等，颁布实施《突发事件应对法》，全面推动全国突发公共事件应急管理工作。

党的十八大以来，以习近平同志为核心的党中央更加重视突发事件应急管理，我国应急管理工作进入新时代。习近平总书记在2013年考察青岛输油管线泄漏爆燃事故抢险工作时提出，要建立健全安全生产责任体系，落实安全生产责任，强化安全生产措施，坚决杜绝此类事故。习近平总书记明确提出"管行业必须管安全，管业务必须管安全，管生产必须管安全"的"三管三必须"原则，要求党政同责、一岗双责、齐抓共管、失职追责；对落实企业安全生产主体责任提出"四个到位"（安全投入到位、安全培训到位、基础管理到位、应急救援到位），对安全监管工作提出"四不两直"（要采用不发通知、不打招呼、不听汇报、不用陪同和接待，直奔基层、直插现场，暗查暗访）等，系统阐明了安全生产工作的理念、原则、目标、路径、方法和要求，极大地推动了全国的安全生产工作。2018年，习近平总书记在党的十九届三中全会上发表重要讲话时强调，"组建应急管理部，推动形成统一指挥、专常兼备、反应灵敏、上下联动、平战结合的中国特色应急管理体制"，将应急管理工作上升到体制机制层面。2020年以来，面对新冠肺炎疫情的严重冲击，习近平总书记亲自部署、亲自指挥，始终把人民群众生命健康放在首要位置，取得了抗击疫情的重大战略性成果，铸就了生命至上、举国同心、舍生忘死、尊重科学、命运与共的伟大抗疫精神，这是全国应急管理系统发挥积极作用的鲜活案例。

二　江苏突发公共事件应急管理的实践探索

为推进中国特色应急管理体制机制建设，按照党中央和江苏省委省政府工作部署，根据《江苏省机构改革方案》，江苏将省安全生产监督管理局的主要职责，以及省政府办公厅的应急管理职责，省公安厅的消防管理职责，省民政厅的救灾职责，省国土资源厅的地质灾害防治相关职责，省水利厅的水旱灾害防治相关职责，省林业局的森林防火相关职责，和防汛抗旱、减灾、抗震救灾、护林防火等指挥部（委员会）的职责整合，组建江苏省应急管理厅。作为省政府组成部门，省应急管理厅自成立以来就成为全省应急管理工作的主要抓手。省应急管理厅全面指导全省各地区各部门应对突发事件应急管理工作，在防灾减灾、应急救援、安全生产、应急科普等领域发挥了重要作用。

在工作机制上，除了应急管理厅，应急管理工作还高度依赖公安、民政、住建、交通、医疗、消防救援等多部门的协同合作。江苏省安全委员会有30多个厅级成员单位，按照《安委会安全生产工作职责分工》中的"三管三必须"原则，各厅级单位分别对本部门安全监管负责。梳理江苏在突发公共事件应急管理工作中的有益探索，我们可以发现其实践进展有着鲜明的问题导向，取得了良好的治理效果，这集中体现在健全应急管理体系、抓好安全生产专项整治等方面。

建立健全应急管理体系是一个系统问题，需要有整体性思路和全局性思维。全省健全完善"全灾种、大应急"治理体系，由江苏省应急管理厅负责全省应急管理综合协调工作，牵头负责全省应急管理体系建设，制定应急管理有关规章制度，各级各部门协同发力，共同建立健全安全生产责任和管理制度体系、隐患排查治理和风险防控体系，加强监管执法和安全服务，坚决遏制重特大事故的发生，切实维护人民群众的生命财产安全。第一，认真贯彻落实党中央、国务院关于应急管理的要求和省委省政府工作要求，组织编制全省应急总体预案和规划，先后出台《江苏"十四五"应急管理体系和能力建设规划》《江苏"十四五"综合防灾减灾规划》《江苏"十四五"安全生产规划》等，拟定应急管理、安全生产等相关政策，建立健全事故灾难和自然灾害等级分级应对制度，指导各市各部门应对突发事件工作。第二，压实应急管理各方面责任。首先，各级党委政府负领导责任，在年度述职时必须列入安全生产情况。在领导干部职务职级晋升和评奖评优方面，严格实施安全生产"一票否决制"。其次，发挥安委办职能作用，按照省安委会成员单位履职报告制度，推动成员单位落实信息通报、联合执法等工作机制。再次，各主管部门负责安全生产监督责任，定期对本行业的风险隐患进行排查，对高风险岗位、行业进行定期检查，对存在问题的单位或部门提出整改意见。最后，全面强化企业主体责任，制定《企业落实安全生产主体责任重点事项清单》，给予"本质安全示范企业"的先进企业项目审批、资金扶持等激励政策。第三，加强危机处理救援工作能力建设。应急管理部门定期开展各类生产安全事故应急演练工作，省、市、县（市、区）政府部门、专业救援部门和被救援单位协同合作，针对非煤矿山、危化品等高风险领域进行应急演练，不断强化省、市、县、企业和救援队伍之间的生产安全事故应急协同，达到检验预案、磨合机制、锻炼队伍的目的，提升全省应对生产安全事故的能力水平。第四，加快应急管理科技信息化建设，实施《江苏省应急管理信息化发展规划（2019～2022年）》，积极推进"智慧应急"试点工作，做好灾情报告系统、监测预警系统、问题处置平台等系统，尽快实现全省危险化学品、煤矿等重点行业进入系统，实现线上和线下共同监管。

抓好安全生产专项整治三年行动是补齐江苏应急管理工作短板的重要举措。以习近平总书记关于安全生产重要论述和对江苏"开小灶"系列批示为指引，在国务院督导组和应急管理部指导下，为吸取"3·21"事故深刻教训，江苏深入开展安全生产专项整治行动。全省全力推进工业企业安全生产风险报告、危化品使用安全专项治理、安全发展示范城市创建三项重点工作，突出用好典型推广、监管执法和督导巡查三个抓手，全力打赢安全生产专项整治三年行动攻坚战。全省深入开展专项整治，持续推动安全生产领域改革发展，做好安全生产综合监督管理和工矿商贸行业安全生产监督工作，应急管理工作取得了阶段性成效。第一，持续抓好"小灶"发现的问题，进行深入整改，推广复制典型经验做法，在深化巩固责任体系、工作机制、制度规范和技术标准等方面成果的基础上，对重点行业领域、重点工作任务以及消防、特种设备、危废处置等行业领域，举一反三推动工作落实。第二，开展危化品安全专项治理活动。在全省化工、交通运输等20个重点行业领域集中开展危化品使用安全专项整治，形成问题隐患整改清单。建立江苏省危险化学品安全生产专家库，提升危险化学品管理专业化水平。对化工园区实施"一园一策"整改方案，保证化工园区安全生产达标。对全省危险化学品烟花爆竹易制毒化学品进行安全监管。第三，从行业领域来看，对全省煤矿和非煤矿山、交通运输、危险废物、建筑施工等重点行业进行安全专项整治。第四，从地理空间来看，对高层建筑、大型商业综合体、大型医疗建筑、地下人员密集场所、城中村、"三合一"等重点场所，养老机构、学校、文博单位等敏感场所进行安全专项治理。对城市建设、开发区建设、农村房屋等开展安全专项整治。

从这些实践看，2021年来江苏突发公共事件应急管理的重要特征是抓全面推进和抓主要问题的有机融合。第一，应急管理工作目前处在全面推进状态。总体而言，全省应急管理体系建设具有发展速度快、发展质量高等特点。在认真落实应急管理部和省委省政府决策部署的基础上，全省大力推进应急管理体系和能力现代化，加强应急管理系统内部协同合作水平，提升应急管理系统防灾减灾救灾能力，从源头上消除各类风险隐患，提升全社会本质安全水平，切实把保障人民生命财产安全和社会秩序的正常运行放在重要位置。第二，注重问题导向。从应急管理流程上来看，大致可以分为事前预防、事中救援、事后处置等环节。一旦事前预防工作没有做好，事故发生会给国家和社会公众都造成巨大损失。因此，全省以发现问题为导向，把安全隐患解决在萌芽状态。江苏多年发展经验表明，对安全风险大的领域进行集中攻坚，可以有效防范化解各类安全风险，实现全省事故起数和死亡人数"双下降"。目前来看，安全生产专项整治三年行动取得了良好的治理效果。

三　江苏突发公共事件应急管理的薄弱环节

省应急管理厅成立以来，江苏整体应急管理能力有了长足的进步。但是，应急管理领域仍然存在诸多薄弱环节，造成这些薄弱环节的原因既有客观原因，也有主观因素。

（一）少数人对应急管理工作的重要性认识不够深刻

应急管理工作最核心、最关键的因素是人。必须在思想上高度重视，始终绷紧脑中的安全弦，才能够做好应急管理工作。一旦思想上有所懈怠，工作上就必然会出现疏漏。调研发现，部分企业落实主体责任还有差距，排查整治缺乏内在动力，过于依赖监管部门"保姆式"检查。少数应急管理人员在工作过程中会出现思想懈怠或者侥幸心理，导致安全风险不断扩大，可能会造成严重后果。比如，有的应急管理人员对小的风险隐患熟视无睹，认为算不上什么大问题，不用太过紧张；有极少数监管人员试图"钻空子"，接受企业贿赂，对企业存在的安全风险熟视无睹，任由企业带着风险隐患继续从业。

（二）风险隐患的监管没有做到全覆盖、无死角

消除一桩安全隐患可以等同于消除一件安全事件，成本最低，因此，对风险隐患进行全面监管是应急管理的关键一环。但是，目前来看，全省应急管理系统对风险隐患的监管没有做到全覆盖、无死角。出现这种情况，既与风险隐患本身的特征紧密相关，也与全省应急系统管理能力不足有关。客观而言，风险隐患点多、面广、量大，具有普遍性、多样性、隐蔽性、变化性等特征。许多行业领域都存在各种各样的事故风险点，行业的多样性必然导致风险隐患种类的多样性。生产危机是发生频率最高的危机，比如工矿商贸等企业的各类安全事故、交通运输事故、环境污染事故、危化品行业事故等，出现这些问题，主要是由管理因素、技术因素、防护因素、质量因素以及其他偶发性因素所引发。江苏作为经济强省，在经济社会发展的进程中面临的风险隐患更加密集且千变万化，有的安全隐患的累积还具有缓慢性和隐蔽性的特征，其判断尺度难以准确把握。

从现阶段来看，全省应急管理的能力与高质量发展的要求还存在差距。

一是由于应急管理厅、各地应急管理局成立时间不长，对全省安全风险的把握还没有做到全覆盖、无死角。二是负责安全监管的人力资源不足，专业能力也受到限制。安全风险监管是专业性极强的工作，既要求相关人员有很高的知识水平，也要有发现问题的"火眼金睛"。但是，现阶段风险治理领域工作人员的知识储备和技能还不能适应高标准生产的要求。三是应急管理厅和省安全委员会其他成员单位的协同监管能力不足，全社会还没有形成合力。

（三）应急救援中的多方协同合作相对不足

应对公共危机事件必然伴随着大量医疗资源、消防资源、志愿者资源及其他物质和人力资源的调动和征用，多方协作和资源调度是应对公共危机的有力抓手。由于这些资源分散在不同部门、地区和企业，资源调配需要政府牵头，多方协同合作及时响应。但是有些地区、部门可能出现调配速度慢、分配不均衡的问题。出现这种情况的原因是各部门在日常工作中习惯于各自为战，将权力和资源掌握在本部门当中，而不习惯于在应急工作中协同合作，这是应急救援工作中出现资源调配速度慢的主要原因。

（四）监管理念、监督技术还不够先进

在高科技蓬勃发展的新时代，做好应急管理工作就要借助互联网和大数据的力量，更精准高效地进行安全监测、应急救援等工作。各地应急管理工作许多还是采用传统的监管理念和监管技术，习惯于采用运动式治理、人海战术，强调事后应急救援与恢复而忽视事前预防。有些地方的应急管理工作智能化、信息化水平不高，安全监测系统成熟度不高；有的地方出于信息安全的考虑，不愿意将内部系统接入应急监测预警系统。出现这些问题的原因在于不同部门、不同层级应急管理部门之间存在信息和技术壁垒，这不仅会导致应急管理工作效率不高、重复劳动，还容易产生制度漏洞，给权力寻租提供机会。

四 江苏提升优化突发公共事件应急管理的思路对策

提升突发公共事件应急管理水平是国家治理体系和治理能力现代化中的重要组成部分，是保障人民群众生命财产安全和社会秩序正常运行的重要抓手。调研发现，江苏突发公共事件应急管理着眼于建立健全高质量的应急管理体系和以问题为导向的专项整治，有力推动了全省应急管理工作高质量发展。但是，仍然存在一些薄弱环节，这说明江苏应急管理进一步发展的空间和潜力依然很大，亟须进一步优化提升。

（一）提高思想站位，明确发展方向和基本原则

只有在思想观念上重视起来，工作才能有效推动下去。提升应急管理能力是国家治理体系和治理能力现代化的必要一环，各级党委政府必须在思想上达成共识，破除陈旧观念的阻力。基于此，要从三个方面来提升突发公共事件应急管理能力。一是明确应急管理的主要方向。应急管理的主要工作不仅仅是事后救援和处置，也要把大力气放在防范安全风险、杜绝风险隐患上，以最小成本换来人民安全和社会稳定，为人民追求美好生活提供安全感。二是瞄准突出问题。坚持问题导向是应急管理发展的基本方略。事实证明，以问题为导向契合实际、整治效果明显。未来仍然要紧紧抓住重点问题，比如建立健全完整的公共危机监测系统、建立公共危机联防联控应急机制等，紧盯高风险领域，避免各部门多头管理、效率不高问题。三是要有系统性思维和整体性思路。突发公共事件应急管理能力提升不是一纸文件就能实现，而是涉及省、市、县、乡镇、社区（村）等多个层级，涉及应急管理、消防、水利、医疗等多个部门。因此，要从省级层面加强谋划，做到全省思想一致、方向一致、步调一致，努力形成上下联动、整体推进，避免出现"上面热下头冷""有的热有的冷"的情形。

（二）聚焦重点领域，推动工作提质增效

调研发现，近年来应急管理部门聚焦重大风险，狠抓重点问题，进一步

强化综合整治措施，取得良好成效。下一步要想取得有效突破，必须对重点问题整治效果回头看，敢于处理安全生产、防灾减灾等领域中的老大难问题，还要对各领域进行细化监督，切实推动工作提质增效。处理重大案件要做到领导现场督办、重点问题纪委监督介入、一般问题行业属地联合督办查处等有力措施，从严从速督促整改到位。对于重点行业领域要认真对照"四个清单""回头看"反馈的问题等抓好整改落实，对反馈的问题及时制定整改方案、明确整改时限，按规定完成整改任务，举一反三出台相应风险防控和安全管理制度。在非煤矿山领域、消防领域、交通运输领域、城市建设领域、危险废物领域健全公共安全隐患排查和安全预防控制体系，解决历史欠账问题，处理安全隐患全过程、全周期监管等难题。

（三）注重全过程管理，健全完善应急管理体系

调研发现，健全应急管理体系要形成"事前预防—事中救援—事后处置"的闭合链条，探索形成更加成熟、更加定型的制度体系。一是健全公共危机预警体系，做好事前预防。各单位、部门发现安全隐患时，要及时向上级部门反映，上级主管部门要一事一办、及时查验、限时办结。二是健全应急全过程管理，做好事中控制和事后保障。一旦某个地区发生公共事件，要及时成立相关部门并赶到现场督办，调配该地区各方面应急资源，在医疗卫生、公共交通、生活保障、城市管理等各个方面全力做好保障工作。三是完善配套举措，给予要素支撑。调研发现，应急工作的一大障碍就是缺少要素支撑。要想提升应急管理水平，就要完善配套举措，让应急管理系统有能力有人力来解决相应问题。对此，可以通过业务培训、保障人财物等方面加以解决。必要的时候，也要发挥基层政府、社会团体、研究机构和社会群众的广泛力量，共同消弭突发公共事件带来的不良后果。

（四）借力信息技术，用大数据推动突发公共事件应急管理

党中央、国务院反复发文强调，当前是利用大数据推进国家治理现代化的宝贵时机。"用数据说话、用数据决策、用数据管理、用数据创新"，会

给国家治理方式带来根本性变革。大数据的精准使用是提升应急管理绩效的重要力量。因此，必须要运用信息技术，实现信息共享。可以从以下三个方面寻求有效突破。第一，从省级层面搭建一体化信息平台，涉及救灾救济、安全监管等领域，涵盖政策发布、政策回应、问题解答等业务，真正做到"让数据多跑路"。第二，通过数据分析和数据追踪来提升治理准确性。政府管理者可以通过海量信息数据了解和掌握一定区域安全风险总体情况，根据季节、行业、领域等不同指数来分析风险指数的变化。第三，让大数据倒逼政府改变治理方式。新时代的政府治理趋向于扁平化、跨部门、跨层级合作，特别是应急管理更强调协同治理。要改变机构重叠、中间层级过多的"肠梗阻""短板"现象，以实现不同层级、部门之间信息资源的无缝衔接与共享。

江苏营商环境地方立法发展
与完善研究

徐　静*

摘　要： 营商环境地方立法是营商法治环境法治化中最基础、最关键的一
　　　　　个环节，地方立法质量的高低决定了营商法治环境水平的高低，
　　　　　全国 20 多个省市陆续出台了优化营商环境的地方法规。本文将
　　　　　江苏与我国上海、广州、北京、深圳等营商环境地方立法较为领
　　　　　先的城市相比较，并且在江苏 13 个地市之间进行横向比较，厘
　　　　　清江苏营商环境地方立法的短板并分析其成因，针对江苏及 13
　　　　　个地市营商环境地方法规存在的问题，对江苏营商环境地方立法
　　　　　发展和完善提出建议与对策。

关键词： 营商环境　地方立法　江苏

　　近几年，我国营商环境评价逐年提高，在世界银行发布的《全球营商
环境报告》中，我国在全球的排名亦逐年上升。江苏营商环境在全国一直
处于前列，2018 年 11 月 12 日，万博新经济研究院营商环境指数评价结果
表明，江苏营商环境指数排名全国第 3，仅次于上海和北京；2020 年 6 月，
该研究院发布《后疫情时代中国城市营商环境指数评价报告（2020）》，公
布了中国 100 城市营商环境指数总排名 TOP20 等多项排名，排在营商环境
指数前十位的城市是分别是上海市、北京市、深圳市、广州市、杭州市、武

---

* 徐静，法学博士，江苏省社会科学院法学研究所副研究员。

汉市、南京市、天津市、成都市、苏州市，十个城市中江苏省占据2席，分别是南京市和苏州市。数据表明，江苏整体营商环境已跻身我国前列，但与北京、上海等城市相比较，江苏营商环境水平仍有提升的空间。

习近平总书记在全面依法治国委员会第二次会议上强调，"法治是最好的营商环境"。将营商环境建设全面纳入法治轨道，把依法平等保护各类市场主体产权和合法权益贯彻到立法、执法、司法、守法等各个环节，对构建统一开放、竞争有序的现代市场体系，推进国家治理体系和治理能力现代化，将产生更加深远的影响。江苏省近几年在优化营商环境上付出了诸多努力，并取得了长足的进步，但在国内外经济环境不断变化的时代，健全和持续优化营商法治环境对江苏实现经济高质量发展至关重要。

立法是法治的基础和前提，良法利于善治，因此优秀的营商环境地方立法不但能促进法治江苏、法治政府的建设，更能进一步提升江苏营商环境。

一　全国及江苏营商环境地方立法现状

（一）全国重点省、市营商环境地方立法现状

良法是善治的前提与基础，良法是市场主体的行为准则，也是政府依法行政的前提与准则，是约束权力、预防权力恣意的重要保障。我国提升营商环境已进入深化转型时期，全国各地在提升和优化营商环境方面积累了不少宝贵经验，通过立法形式固化改革成果为必要之举。截至2021年11月，我国已经有20多个省市通过了优化营商环境地方法规，还有些省市的优化营商环境立法正在提交审议或者征求意见，比如《厦门经济特区优化营商环境条例（草案）》正处于审议阶段，有望年底生效通过。笔者通过将《江苏省优化营商环境条例》与北京、上海、广州、深圳、天津以及辽宁等的优化营商环境地方立法进行比较发现，各地营商环境地方立法既有共性，亦有其自身特点，尤其是北京、上海、深圳、广州这样的经济发达城市自身特色更加明显（见表1）。

表 1　部分省市优化营商环境地方法规情况

法规名称	颁布和生效时间	法规亮点与特色
黑龙江省优化营商环境条例	2019 年 1 月 18 日发布，2019 年 3 月 1 日生效	市场准入实施负面清单制度，改善政务服务，在涉行行政事业性收费以及保证金方面做出规定和要求，具体规定了健全建设用地区域评估、土地供应评估、口岸跨境贸易等方面
吉林省优化营商环境条例	2019 年 5 月 30 日发布，2019 年 5 月 30 日生效	改革政务服务，编制全省统一标准的政务服务事项清单和办事指南，规范公共资源交易平台；市场实行负面清单，规范政府行为，实行中介淘汰机制
天津市优化营商环境条例	2019 年 7 月 31 日发布，2019 年 9 月 1 日生效	建立权力清单和责任清单制度，建立政务一网通平台，优化政务服务事项办理流程，完善公共资源、口岸跨境贸易、标准地投资建设，实行负面清单制度，维护市场秩序，扶持跨境贸易，降低成本，发展基础设施（电力）中介服务
辽宁省优化营商环境条例	2019 年 7 月 31 日发布，2019 年 10 月 1 日生效	实行负面清单制度、开办企业证照分离制度、项目管家制度，优化企业注销流程；实行人民法院执行监督清单目录制度，加强公共法律服务体系建设
北京市优化营商环境条例	2020 年 3 月 27 日发布，2020 年 4 月 28 日生效	实行告知承诺制，建立大数据管理平台和信息共享机制，推行中介服务事项目录，推行建筑师负责制，建设项目分类管理制度，改革政务服务，推进政务服务标准化，制定产业发展政策和新增产业禁止限制目录，规范区域性股权市场，加强中小股东权益保护
上海市优化营商环境条例	2020 年 4 月 10 日发布，2020 年 4 月 10 日生效	行政许可实施清单管理制度、告知承诺制，建立电子应用机制，建设项目风险分级分类审批和监管制度，建设项目目录制度，建设在线政务服务平台，公布证明事项清单，建立电子印章系统，改革政务服务综合性区域评估；实行外商投资试验性政策措施，完善公共资源交易管理制度，设立中小微企业政策性融资担保基金，建立公平竞争工作协调机制，加强中小企业及其投资者保护，实行证照分离、目录清单管理

续表

法规名称	颁布和生效时间	法规亮点与特色
深圳经济特区优化营商环境条例	2020 年 11 月 5 日发布，2021 年 1 月 1 日生效	实行告知承诺制度，筹建全市统一的一体化网上政务服务平台，推进电子印章和电子证照在政务服务、公用事业服务领域的全面应用；实行全市统一的行政许可事项清单，建立统一的市场主体服务平台，11 月 1 日为深圳企业家日，推动市场主体"多报合一"制度，依法实行个人破产制度
广州市优化营商环境条例	2020 年 12 月 10 日发布，2021 年 1 月 1 日生效	深化审批改革，建立公平有序的市场环境，实行统一的市场准入负面清单制度，完善普惠制的公共服务体系，建立全市统一的智慧政务服务平台，先行先试地方立法，支持广州、香港、澳门人才合作示范区先行先试，放宽港澳专业人士从业限制条件，因应突发事件，构建应急状态下的法治保障体系
江苏省优化营商环境条例	2020 年 11 月 27 日发布，2021 年 1 月 1 日生效	实行市场准入负面清单制度，保障不同市场主体平等获取要素资源，平等参与招投标和政府采购，深化政务服务改革，定期评估，推进数字政府建设，实现三级政务服务数据共享，推进建立全省统一的电子证照库，加强公共法律服务体系建设

从表 1 可以看出，全国营商环境地方立法呈现百花齐放的态势。其共性在于，从立法体例上看，各地地方立法均在《优化营商环境条例》的基本框架下由包括总则、市场环境、政务环境、公共服务、法治保障及附则等几部分组成，但个别省市在体例上彰显自身特色，比如《广州市优化营商环境条例》中把"人文环境"列为一章，在体例上为广州独创。从内容上看，各省市优化营商环境主要从政务环境、市场环境、法治环境三方面着手，在具体制度设计上具有诸多共性，区域特色相对较少，原则性规定较多，具体可操作性规定较少。相对而言，北京、上海、广州、深圳更能结合自身区域特点，做出具有鲜明自身特色的制度设计，比如广州作为广东省省会城市，率先先行先试进行地方立法，健全人才发展机制，支持广州、香港、澳门人

才合作示范区先行实验，将港澳专业人士从业限制条件放宽，并建立起一个营商环境的应急法治保障方案，用以应对"突发事件扶持"和"产业供应链发展"；深圳将 11 月 1 日作为深圳企业家日，体现对企业家的尊重与重视，率先依法实行个人破产制度；上海对有利于优化营商环境的各项改革措施，由自由贸易试验区和临港新片区、张江国家自主创新示范区、虹桥商务区等区域先行先试，自贸区和示范区在优化营商环境方面发挥引领示范作用，强调与长江三角洲区域合作，推动建立统一的市场准入和监管规则，提升长三角区域整体营商环境水平；北京全面推行政务服务告知承诺制，统一政务服务标准，推动区块链等新一代信息技术在政务领域的应用，为市场主体提供合法合规、高效便捷的政务服务。广州、北京、深圳、上海等城市强烈的地方特色与其先进的城市治理水平及区域特色是紧密相关的。

（二）江苏营商环境地方立法现状

江苏以平等保护产权、维护契约自由、保护公平竞争及平等交易、有效监督为宗旨，贯彻执行《民法典》和《优化营商环境条例》，结合地域特征，制定了一系列关涉营商环境的地方法规，基本实现市场主体行为保障的法治化，为健全江苏法治化营商环境奠定了坚实的制度保障。

江苏基本完成营商环境地方法规体系建设，市场主体行为有法可依。2021 年 1 月 1 日，《江苏省优化营商环境条例》生效，该条例的目标在于打造国际一流的营商环境、推动经济社会高质量发展，以国际高标准市场规则为参照，以市场主体需求为目标导向，以政府转变职能为重点，以创新体制机制为支撑，围绕当前营商环境亟待解决的"痛点""堵点"，从市场主体全生命周期的角度出发，对市场准入、开办登记、生产经营、破产重整、退出等重点环节做了全面规范。2021 年，江苏还制定或修订了《中国（江苏）自由贸易实验区条例》《昆山深化两岸产业合作试验区条例》《江苏省中小企业促进条例》《江苏省发展高新技术条例》《江苏省地方金融条例》等一系列相关涉企法规（见表 2）。

表2　2021年江苏省颁布生效的重要涉企地方法规

法规名称	颁布和生效时间	主要（修改）内容
江苏省中小企业促进条例	2021年9月29日修订，2022年1月1日起施行	《条例》由8章扩增为10章，由58条增加到74条。重点对健全促进中小企业发展工作协调机制、强化财税支持和融资促进、推动创新创业、完善服务体系、加强权益保护和监督检查等方面内容进行了修订
江苏省发展高新技术条例	2021年9月29日第三次修正，公布之日生效	删除第27条和第47条，对条文顺序进行了调整，并对部分条文中不合时宜的表述进行修正
中国（江苏）自由贸易试验区条例	2021年1月15日通过，2021年3月1日生效	《条例》共9章73条，对管理体制、投资开放、贸易便利、实体经济创新发展、创新金融服务、服务国家战略、法治保障等内容进行系统设计和全面规范
昆山深化两岸产业合作试验区条例	2020年11月27日通过，2021年1月1日生效	包括总则、管理体制、开发建设、产业发展、投资贸易、金融财税、人才科创、社会服务、法治环境、附则，共10章52条。在管理体制机制、试验区开发建设、产业发展定位、投资贸易便利化水平、两岸各领域合作交流、权益保障等方面进行了全面的制度设计，着力促进交流合作与深化融合发展的制度安排，重点突出深化改革、全面开放与探索创新的时代特色
江苏省地方金融条例	2021年3月31日通过，2021年7月1日生效	全文共8章65条，聚焦地方金融监管，把防范化解金融风险作为根本，打击非法金融活动，推动现代金融与实体经济、科技创新、人力资源系统发展，保障实体经济提供可获得性、多样性的金融产品和服务

涉企地方法规是江苏省优化营商环境地方立法的重要组成部分，涉企法规必须贯彻落实《江苏省优化营商环境条例》的精神和原则，从不同侧面对企业营商环境出台立法规定，是《江苏省优化营商环境条例》的有益补充。

为了提高地方法规、规章的可操作性和实施的透明度，针对企业具体事项，明确行政机关办理的权责和时限，规范行政自由裁量权，江苏省和各地市纷纷出台了配套政策。江苏省加快转变政府职能，将有效市场和有为政府更好结合，持续优化市场化法治化国际化营商环境，于2021年2月28日制发了《2021年江苏省深化"放管服"改革优化营商环境工作要点》；南京市针对企业反映强烈的"痛点""难点"寻找"突破点"，研究出台《南京市优化营商环境办法》；江苏另外12个地级市结合自身特点，先后出台了有关进一步优化营商环境的规范性文件（见表3）。

表3　江苏省和13个地市出台的配套政策

发布单位	规范性文件名称	发布日期及其亮点
江苏省人民政府办公厅	《2021年江苏省深化"放管服"改革优化营商环境工作要点》	2021年2月28日公开发布，明确了47项具体工作任务。优化审批服务事项流程，开展"一企一证""证照联办""证照分离"等改革，推进"互联网＋监管"系统平台建设，全面落实《优化营商环境条例》，出台任务分工和三年行动计划，明确责任单位，抓好贯彻落实
南京市发展和改革委员会	《南京市优化营商环境办法》	2021年2月9日公开发布，分为总则、市场环境、政务服务、创新激励、监管执法、法治保障、附则7章，共50条。正向激励、建立容错机制，鼓励中国（江苏）自由贸易试验区南京片区先行先试
苏州市发展和改革委员会	《苏州市优化营商环境创新行动2021》《苏州优化营商环境条例（草案二稿)》	2021年4月2日公开发布，推出了31个方面具体举措，持续擦亮"苏州最舒心"营商服务品牌，围绕"新格局"和"一体化"，坚持法治诚信、系统集成、精准高效
镇江市发展和改革委员会	《镇江市打造"镇合意"服务品牌优化营商环境的工作方案》	2021年2月18日公开发布，围绕市场主体需求，结合镇江本地特色，设立17个指标共明确90项任务。获得用地、劳动保障、信用环境具有镇江特色，打造"镇合意"服务品牌
无锡市政府	《无锡市进一步优化营商环境行动方案2021》	2021年3月31日公开发布，18个方面80项重点改革任务，坚持问题导向、目标导向、需求导向和效果导向，以服务企业全生命周期和提升企业满意度、获得感为重点，不断提升"一网通办、精准服务"水平，擦亮打响"无难事、悉心办"营商环境品牌

发布单位	规范性文件名称	发布日期及其亮点
常州市政府	《常州市2021年打造一流营商环境重点任务清单》	2021年3月24日公开发布,明确18项攻坚任务、206条年度重点改革措施,主要焦点集中在企业全生命周期链条和城市高质量发展
泰州市发展和改革委员会	《2021年泰州市优化营商环境若干措施》	2021年9月3日公开发布,共70项具体措施,坚持问题导向,注重客户体验,提出打造"泰好办"营商服务品牌,争创"审批最简、成本最低、要素最优、执法最公、服务最好、生活最幸福"的一流营商环境
徐州市发展和改革委员会	《徐州市打造全国营商环境样板城市三年行动计划》	2021年3月30日公开发布,在三年时间内,徐州市将目标定位为打造全国营商环境样板城市,以全国营商环境建设先进地区为参照,2023年底前,50%以上指标达到全省领先水平,70%以上指标高于全省平均水平,营商环境考核评价进入全省第一方阵,处于全国有影响地位
淮安市政府	《淮安市进一步深化"放管服"改革为市场主体创造更优营商环境若干措施》《淮安市2021年度优化营商环境评价办法》	2021年4月23日公开发布,提出40条政策措施101项具体任务,条条点向"穴位"。以提升审批速度、要素集聚度、服务便利度、市场满意度,全力打造"101%"营商服务品牌
盐城市发展和改革委员会	《2021年盐城市优化营商环境行动方案》	2021年8月13日公开发布,推出30条新政,全市域、全方位优化,充分激发市场活力和社会创造力,打造长三角一流营商环境
连云港市发展和改革委员会	《连云港市优化营商环境政策100条(2021年版)》	2021年5月16日公开发布,创新体制机制,倡导先行先试,持续深化一流营商环境建设,倾力打造"连心城、贴心港"营商环境品牌
扬州市发展和改革委员会	《2021年扬州市发改委优化提升营商环境行动方案》	2021年3月23日公开发布,16项具体行动方案,明确目标任务和责任主体,将优化提升营商环境各项工作向纵深推进
宿迁市发展和改革委员会	《宿迁市2021年优化营商环境"五心"服务承诺清单》	2021年5月7日公开发布,100条具体内容,形成具有鲜明宿迁特色的"五心"服务,打造"宿迁速办"服务品牌

发布单位	规范性文件名称	发布日期及其亮点
南通市发展和改革委员会	《南通市 2021 年优化营商环境实施方案》	2021 年 7 月 26 日公开发布,围绕提升企业"全生命周期"服务水平、增强城市投资吸引力和强化市场监管服务效能三个维度,进一步深化"放管服"改革,精准细化监管举措,提升要素保障能级,加快法治化建设进程,全力打造国内一流的营商环境

总体而言,江苏营商环境地方立法方面已初步形成以国务院《优化营商环境条例》为上位法,《江苏省优化营商环境条例》为地方性基本法典,以其他涉企法规为具体化立法,以江苏省级和 13 个地市制定的具有针对性和可操作性的规范性文件为辅助,形成一立体型的系统性地方立法体系,使各类市场主体及其市场行为有法可依,为江苏营商环境提供坚实的法治保障。

二 江苏营商环境地方立法的短板及成因

尽管江苏营商法治环境居于全国领先地位,但与北京、上海、深圳、广州等城市相比较,仍然存有较大的改善空间。

(一)部分涉企地方法规的缺失,成为江苏营商环境地方立法的短板之一

江苏省虽已基本建构营商环境地方法规体系,但是该体系仍然存在待完善的地方,部分涉企立法稍显滞后,比如《江苏省知识产权促进和保护条例》目前被列为江苏 2021 年立法计划正式项目,而《上海市知识产权保护条例》已经于 2021 年 3 月 1 日生效实施;《深圳经济特区知识产权保护条例》于 2020 年 6 月 30 日修改,于同年 7 月 3 日生效施行;《北京市知识产权保护和促进条例(草案)》及说明在 2021 年 9 月 29 日全文公布,征求社

会各界意见。这表明《江苏省知识产权保护条例》立法稍显滞后，尤其是在推动长三角营商环境合作与交流的背景下，重要营商环境地方立法应与长三角其他城市群保持基本一致的步调，才能形成统一的市场规则。

（二）地方立法程序的科学性与民主性有待加强

《江苏省优化营商环境条例》第 67 条规定"制定与市场主体生产经营活动密切相关的地方性法规、规章、规范性文件，应当充分听取市场主体、行业协会商会、消费者等方面的意见，除依法需要保密的外，应当向社会公开征求意见，并建立健全意见采纳情况反馈机制。向社会公开征求意见的期限一般不少于三十日"，明确了参与立法的范围，即与市场主体生产经营活动密切相关或是涉及市场主体权利义务的地方性法规、规章、规范性文件。但未明确市场主体如何参与到营商环境相关立法中，且未明晰立法参与权行使的法律后果，对立法机关而言这种约束力极其微弱，同时也折射出市场主体在营商环境相关立法中话语权微弱，公众促进立法的正向作用并未能得到充分体现，市场主体参与立法机制不完备将直接或间接影响立法的科学性与民主性。

（三）江苏营商环境地方性法规的特色不突出，甚至部分内容与行政法规重复

特色是地方立法的生命力，江苏省包含 13 个地市，地域狭长，地理环境和产业格局各具特色，但在《江苏优化营商环境条例》中体现并不是很明显，例如江苏省自由贸易试验区是江苏的一大特色，但是在该条例中并未提及，虽然针对自贸区制定了专门的地方法规，但是该条例作为江苏省营商环境地方性的基本法典，提及自贸区确属必要。长三角区域一体化发展是江苏营商环境的另一特色与亮点，但《江苏省优化营商环境条例》只有第 6 条作出了原则性规定，操作性不强。另外，《江苏省优化营商环境条例》中有部分内容与国务院《优化营商环境条例》内容存在重复之处，《立法法》第 73 条第 4 款规定"制定地方性法规，对上位法已经明确规定的内容，一般

不作重复性规定"。比如，《江苏省优化营商环境条例》第 10 条是国务院《优化营商环境条例》第 20 条的简单重述。

（四）地方法规的实施效果不明，监督地方法规实施机制不完备

"天下之事，不难于立法，而难于法之必行"，法规的生命在于实施和执行。《上海市优化营商环境条例》于 2020 年 4 月 10 日生效实施后，即时开展了条例实施情况的监督工作，并且将监督的重要内容聚焦各有关部门制定、修改相关配套文件、措施，逐条逐款落实条例规定的情况，以避免条例沦落为"一纸空文"，《江苏省优化营商环境条例》生效至今将近一年，条文落实如何并无实际反响，应效仿上海市，加强《江苏省优化营商环境条例》等一系列地方法规的落实监督工作，避免法规沦为摆设。

（五）江苏省13个地市营商法治环境发展不均衡，地方立法质量参差不齐

从整体而言，目前除了《江苏省优化营商环境条例》之外，《苏州优化营商环境条例（草案二稿）》已经面向公众征求意见，其他地市虽然没有出台市级法规，但为了配合江苏省级营商环境法规的执行，都出台了相应的具体操作性的规范性文件（见表3）。江苏 13 个地市地方立法质量发展不均衡，苏州一直是江苏改革开放的排头兵，这次市立法规也走在了最前端；南京作为江苏省的政治文化中心，产业格局均衡，虽然未制定市立法规，但有相应的规范性文件出台。其他地市都有相应的规范性文件出台，很多地市结合自己的城市特点创建了自己的营商服务品牌，比如苏州的"苏州最舒心"、镇江的"镇合意"、泰州的"泰好办"、宿迁的"宿迁速办"、无锡"无难事、悉心办"、淮安的"101%"营商服务品牌等，但均未以市级法规的形式固定经验成果。法规是最具权威和稳定的成果固定方式，因此，以市级法规的形式固定积累的优化营商环境的成功经验实属必要。

三　江苏省完善营商环境地方立法的建议及展望

（一）尽快填补省级相关法规的缺失，补齐短板，完善立法程序，做到科学立法、民主立法

地方性法规作为地方立法，是地方政治的理性平台——推行政策的合法性基础，行使权力的规范依据。[①] 江苏应该尽快出台缺失的涉企法规，补齐法规空白短板，如加快"江苏省知识产权促进和保护条例"的制定工作。知识产权保护是营商环境极其重要的一环，相关法规的完善是知识产权保护的制度保障；梳理地方法规矛盾和重复之处，因地制宜制定具有特色的营商环境地方法规。江苏省及各地市立法机构应对照国务院《优化营商环境条例》，及时修订和调整当地关涉营商环境的地方法规中与之不一致、重复过多和规定不够全面的条文内容，理顺上位法与下位法的关系，同时还要在法规中体现地方特色，坚持问题导向，有针对性地解决区域内营商环境突出问题。条件成熟的地市如南京、苏州应尽早出台优化营商环境条例，将优化营商环境过程中具有地方特色的宝贵经验固化为市立法规，让政策经验更好地起到规范作用，提高民众法治意识和对法治的重视度，自上而下地统筹建设当地法治化营商环境；尽快完善《江苏省优化营商环境条例》中的相关条款，尽可能减少倡导性条款，增强地方立法的可操作性，比如应明确市场主体参与到营商环境地方立法的具体程序，并且明晰立法参与权行使的法律后果，这样有利于约束立法机关的权力，同时也保障市场主体在营商环境地方立法中的话语权，保障地方立法的科学性与民主性。

（二）建立长三角区域地方立法协同机制

长三角区域经济发展一体化是长三角区域未来的发展方向和目标，营商

[①]　秦前红、李少文：《地方立法权扩张的因应之策》，《法学》2015 年第 7 期。

环境的地方立法不是要形成独树一帜的"优势孤岛"，而是要形成长三角城市群，引领全国，对标国际，构建营商环境的协同效应，打造国内一流、国际先进的营商环境。因此，江苏应主动对接上海、浙江等区域的优化营商环境法规条款，对长三角跨省、跨市等一体化区域的要素自由流动、政务服务、市场服务共享等方面的规定进行研讨，开展立法工作论坛进行协商，建立区域协同立法机制，协同解决长三角区域知识产权保护、生态绿色一体化等营商环境问题，推动建立统一的市场准入和监管规则，为长三角区域整体营商环境的进一步提升提供法治保障。

（三）构建地方法规实施的监督机制，保障地方法规落地实施

江苏各地市应制定地方营商法制环境评估体系。"令在必信，法在必行"，地方立法的目的在于贯彻落实，保障营商环境地方法规的贯彻执行，是地方立法的意义所在，否则将成为"僵尸法规"。《上海市优化营商环境条例》通过之后，随即展开了专项监督，通过监督其落实情况，发现问题，即时修正，在2021年10月28日，上海市人大常委会公布了修正之后的《上海市优化营商环境条例》，此时距其颁布仅一年多，不断地从贯彻落实法规中进行修正，从而持续助推营商环境的优化。法规只有及时修正、补充才能永葆生命力，地方立法评估是一个非常重要的手段。通过对地方立法进行评估，发现不合理之处并予以弥补，才可以使营商法制不断优化。实际中营商法治环境的评估大多存在于立法后的评估，如是否执行了相关法规，是否合理完成各项指标，对于立法环节的关注较少，建议江苏省及各地市制定单独的地方营商法制环境评估体系，即对营商环境"地方立法"展开评估，此处"法制"应做扩张解释，除了地方法规、规章之外还应包含13个地市颁布的有关营商环境的规范性文件。对营商环境地方立法展开评估，可以全面且有效地了解立法质量的高低、实施状况，从而厘清法规之间冲突和重复之处，及时修正地方法规，提升地方立法的质量，优化营商法治环境。

（四）促进营商法治环境均衡发展，强化营商法治文化建设

江苏省 13 个地市营商环境法治化水平发展不平衡，应努力促进法治营商环境区域均衡发展，加强地市之间的交流学习，将全国先进城市，尤其是南京、苏州的营商法治化建设经验复制推广，扩散到全省其他县市，从而带动全省营商法治化水平均衡发展，提升江苏营商法治环境整体水平。

健全营商法治环境，必须持续加强营商法治文化建设。只有法治成为人们内心的信仰，才能成为内生力量推动优化营商环境法治化，应大力度、更广泛地开展营商法治宣传，尤其是涉企法规宣传，通过法治教育提升公民、政府、企业的契约精神。针对政府工作人员进行相关法规培训，让权力运行在法治的轨道上，健全江苏省政务信用管理体系和政务诚信监督体系，构建良好的政务诚信机制。开展社会主义市场经济法治研究和教育，引导市场主体树立对营商法治环境的正确认知，针对江苏企业和企业家进行法治宣导，强化企业自律诚信精神，在经济活动中建立良好的企业信用，树立良好的商务诚信形象。形成政府依法行政、企业依法营商、公民依法行事的良好社会氛围，促进法治营商环境持续优化。

全面推进乡村振兴背景下江苏农村基层党建工作实践与展望

束　锦*

摘　要： 农村基层党组织是党在农村全部工作和战斗力的基础，在脱贫攻坚和乡村振兴中起引领作用。江苏通过持续加强农村基层党建工作为脱贫攻坚取得胜利和接续推进乡村振兴奠定了坚实的组织基础。在江苏实施脱贫致富奔小康工程和乡村振兴战略的过程中，各地积极进行党建引领乡村振兴的实践探索，开创了各具特色的做法，积累了一些成功的经验。在新时代脱贫攻坚目标任务完成后，"三农"工作重心已历史性转向全面推进乡村振兴。新形势下，对照全面推进乡村振兴加快农业农村现代化建设的目标任务，江苏农村基层党建工作还面临着一些问题和短板，着力提高江苏农村基层党建质量，积极赋能乡村振兴，是全面加快乡村振兴的必然要求和根本保障。

关键词： 乡村振兴　农村基层　党建工作　江苏

"欲筑室者，先治其基。"作为党组织体系中的基础环节，农村基层党组织是党在农村全部工作和战斗力的基础，也是确保党的路线方针政策和决策部署得到贯彻落实的"最后一公里"。新时代，党中央制定了一系列重大战略，做出了一系列重大部署，乡村振兴战略是党的十九大做出的重大决策部

---

* 束锦，政治学博士，江苏省社会科学院马克思主义研究所副所长、研究员。

署，是新时代"三农"工作的总抓手，事关新时代中国特色社会主义事业的发展大局。习近平总书记指出："基层党组织组织能力强不强，抓重大任务落实是试金石，也是磨刀石。"基层党组织在贯彻落实党中央战略部署中责无旁贷，新形势下，农村基层党组织要在全面推进乡村振兴中发挥引领作用，就要以更高标准推进江苏农村基层党建工作，为全面加快乡村振兴提供持续动能。

一　新形势下江苏农村基层党建工作的实践探索

江苏历来高度重视农村基层党组织建设，特别是党的十八大以来，江苏不断健全工作体系、夯实工作基础、创新工作方式、加大保障力度，推动了农村基层党建水平持续提升和"三农"工作持续发展。近几年来，全省以加强农村党建工作为引领，持续推进脱贫致富奔小康工程，依托江苏的历史底蕴、资源禀赋、人才高地等优势开创了不少具有江苏特色的成功做法，在全国脱贫攻坚战中提交了一份较高质量的江苏答卷。同时，江苏各地在接续推进乡村振兴中积极开展党建引领乡村振兴的实践探索，涌现出一批卓有成效的创新做法。

（一）在市县层面探索制定相关行动计划，明确党建引领乡村振兴的实施路径

近年来，徐州市制定实施了抓基层党建促乡村振兴"六大行动计划"，大力推进"党建＋"工程。该市"六大行动计划"通过实施基本组织"标准＋示范"、基本队伍"领航＋先锋"、基本活动"有形＋有效"、基本制度"常态＋规范"、基本保障"高标准＋全覆盖"、基本责任"项目＋落实"等行动计划，以项目化破解难题，以标准化提升质量，以严考核推动落实，促进农村基层党建实现新的突破、乡村振兴取得新的成效。在此基础上，2020年徐州市专门出台了《徐州市农村带头人队伍能力素质提升计划（2020年度）》，聚焦村党组织书记"选育管用"各环节，从突出抓好调优配强、教育培训、管理监督、鼓励激励4个方面，制定20项具体举措，聚

焦建设一支"政治意识强、担当作为强、发展本领强、治理能力强、作风纪律强"的农村带头人队伍，为全面推进乡村振兴战略提供了强有力的组织保证。

党建引领乡村振兴，重点是增强基层党组织的政治引领作用和服务群众功能，实现党建工作与群众需求的对接。昆山市在全省范围内较早出台了党建引领乡村振兴的具体实施方案《昆山市党建引领乡村振兴实施方案》，通过"头雁工程""党群服务""行动支部""党建联盟""乡土人才""乡风文明"六个引领，将党建优势转化为推动乡村振兴的内在动力和具体实践，充分发挥党建在乡村振兴中的引领、服务和保障功能，形成基层党建促进乡村振兴的"昆山答卷"。以昆山市锦溪镇为例，截至2021年1月，该镇共有23个村（社区）级"海棠花红"党群服务中心挂牌运行，为党建引领乡村振兴搭建平台，凝聚工作合力。

（二）依据乡村产业发展情况创新设置农村党支部，推动当地特色乡村建设

党建引领乡村振兴，离不开规范合理的基层党组织体系。近年来，南京市江宁区将特色田园乡村建设作为乡村振兴的基本载体，该区始终把抓好农村基层党建作为实现富民强村的固本之举，把基层党组织作为田园乡村发展的重要组织基础，创新建立了"党支部＋农家乐专业合作社＋行业协会＋旅游服务组织"的"1＋3"党建组织体系，在全域特色田园乡村示范村共成立20个党支部、38个党小组，推动了当地旅游产业发展和特色田园乡村建设。截至2021年7月，在江苏公布的七个批次的省级特色田园乡村中，江宁共有横溪街道石塘人家、谷里街道大塘金、横溪街道石塘村朱塘等15个乡村上榜，逐渐绘就出一幅生态优、村庄美、产业特、农民富、集体强、乡风好的田园牧歌式风景画。

徐州市马庄村立足村情实际，探索"强战斗堡垒、带生态宜居、带乡风文明、带生活富裕"的"一强三带"党建工作法，走出一条适合当地村情的党建引领乡村振兴之路。马庄村根据村民小组划分情况和产业布局情

况，灵活设置 7 个党支部，实施"流动红黄旗"支部考评制度，以"红旗"支部为标杆，激励支部争先进位，为"黄旗"支部量身定制整改方案，鼓励支部比学赶超、创先争优。在党组织的带领下，马庄村整合乡村乐团、民俗表演团、中药香包基地等打造马庄村特色民俗文化旅游，发展壮大乡村旅游业。2020 年，马庄村村集体经济总收入超 400 万元，村民人均可支配收入达 3.36 万元。马庄村坚持党建引领、文化立村、产业富民，在乡村振兴上迈出有力步伐，如今的马庄村，已经从苏北的一个落后村"蝶变"为全国文明村、乡村振兴示范村、中国十佳小康村。

（三）以党建联建、党建联盟为纽带，融合党组织资源共同助力乡村振兴

通过纵向指导、横向联建，以党建资源的科学配置和融合助力乡村振兴，是无锡、苏州、常州等地的特色做法，在实践中取得了较好成效。2021 年 4 月，无锡市惠山区启动"百村振兴"行动，以党建联建为抓手，推动政村企全方位结对共建，通过组织共融互促、党员先锋引领，以抓党建的积极成效推动乡村振兴全面提速。该区通过区级机关"百（支）部联百村（社区）"活动，建立"挂镇包村"工作机制和责任清单，推动机关党组织资源下沉，组建区级机关规划引领、农业提质、产业融合、生态宜居、乡风文明、乡村治理、增收致富 7 支"惠先锋"乡村振兴攻坚队，采取镇村点题与自选动作相结合的方式，共立项 34 个必答项目、42 个自选项目，着力强服务、解民忧、惠民生。惠山区还通过村村共建的形式，大力推进特色产业联合发展。该区以 8 个产业特色村（社区）党组织为龙头，组建水蜜桃等 6 个村级产业党建联盟，分别成立产业协会党支部、片区党小组，形成"领头雁 + 党建联盟 + 协会党支部 + 片区党小组"的四级党组织网络体系，带动 49 个村（社区）共同发展，构建党建引领、产业共进的融合发展模式。

近年来，昆山市遴选农村党组织组建乡村振兴"党建联盟"，吸收市级层面相关职能部门为指导单位，以精准指导、典型示范、联盟共进为主要方

式，形成乡村振兴整体合力。在党建联盟的日常运转上，昆山运用组织联建、人才联育、工作联动机制，采取联盟主题党日、联盟书记沙龙、联盟工作例会、联盟专题座谈会等方式，以党建项目化整合各种资源，实现了优势互补。苏州市相城区望亭镇成立北太湖党建联盟，有机结合村（社区）、职能部门、景区业态及其他党组织，形成"区域大党建"格局，为乡村振兴注入新动能。常州市新北区薛家镇以村企之间建立党建联盟为纽带，村企双方以党课联讲、党日联动、党员联教、群团联建等方式，互学互鉴、互动互促，推动村企共同发展。

（四）以提升农村社会治理体系和治理能力现代化水平为目标，完善党组织领导的新型乡村治理体系

近年来，南通市坚持以党的建设为统领，进一步放大基层党建在乡村治理中的领航作用和服务功能，不断完善乡村治理格局，加快推进乡村治理体系和治理能力现代化。以南通市海门区为例，海门是全国首批乡村治理体系建设试点单位（2019 年），海门坚持将党的建设贯穿乡村治理全过程，融入乡村治理各领域，为乡村治理注入红色基因。以组织体系建设为重点，海门健全以村党组织为领导核心，党群议事会为议事主体、村民委员会为执行主体、村务监督委员会为监督主体的"一核三体"治理模式，常态化开展"情系民生小事、检视为民初心"惠民行动。截至 2020 年底，该区 231 个村全部建成支部建设规范工程合格党组织，其中 21 个村建成示范党组织。海门创新推行党建网格和治理网格"并网融合"，全区 1141 个治理网格不仅全部建立党支部（党小组），还形成了党员会客厅、"邻 +"党建、红色小喇叭、"党建小场心"等一批教育引领、服务群众的"微堡垒"。该区常乐镇依托在 25 个村居 89 个综治网格内建设的 100 个"党建小场心"，零距离深入基层传党情、察民意、调纠纷、办实事。2020 年，共计开展各类活动上千场，解决群众关心的问题 300 多件，重大矛盾发生率同比下降 40%。

海门区有关部门还依托自身职能优势，大力推动新型乡村治理体系的构

建。2021 年以来，海门区司法局以"四治"融合推动情、理、法、技并举，实现"1 + 1 + 1 + 1 > 4"的效果，为该区推动乡村全面振兴提供坚强保障。该区司法局聚焦乡村公共空间治理难题和群众急难愁盼等问题，健全完善党群议事"半月谈""三会治事""四议两公开"等制度，充分发挥协商议事作用，以多元化参与手段激发村民参与基层治理的积极性和主动性；坚持普法宣传与道德教育相配套，广泛开展"美好生活·法典相伴"、农村"法律明白人"培养工程，推动"民主法治示范村"和"农村学法用法示范户"培育，实现村居公共法律服务平台、法律顾问、调委会和法治文化阵地全覆盖。截至 2021 年 11 月，海门共建成省级民主法治村 125 个，农村法治文化示范点 23 个。海门还积极推动德治工程融入乡村治理体系，社会文明程度指数和公民道德指数均位居全省前列。该区司法局深化拓展"大数据 + 网格化 + 铁脚板"机制，以"数字乡村"建设为依托，投资 2.3 亿元高标准建成区镇两级区域治理现代化指挥中心，形成上下贯通、左右协同的"1 + 11 + N"一体联动指挥体系。深入开展网格员队伍职权"集成化"试点，形成综合网格 1099 个、专属网格 202 个，网格规范达标率进入全省前十。

昆山市注重在党组织的引领下，创新自治方式，完善村民自治机制；发挥乡贤作用，推进乡村德治建设。昆山市周市镇市北村引导村民讨论和修订村规民约，用不到 400 字的篇幅深入浅出地阐释"个人品德""家庭美德""职业道德""社会公德""民主自治"等方面的内涵，对村民进行观念引导和行为约束，使之成为当地提升乡村文明、加强村民自治、维护乡村秩序的"一剂良方"。乡贤文化在乡村振兴中具有特殊作用。当前，江苏不少地方正在推进农房改善和公共空间治理，这是改善农村人居环境、实现生态宜居的重要方面。调研发现，农房改善和公共空间治理涉及村民的切身利益，诉求多、阻力大，昆山市张浦镇金华村通过发挥乡村道德权威（老书记、新乡贤）的沟通协调作用，较好地处理了农房改善和公共空间治理过程中遇到的诸多棘手问题。

此外，江苏一些地方还通过创新普法媒介加强乡村法治建设。泰州兴化以法治文化作品（法治微电影、法治相声、小品等）为媒介，向农民群众传播法治信息。常州溧阳通过开展"德法涵养文明·共建绿色生活"和"指尖普法"等活动，在村民中宣介《水法》《环境保护法》《大气污染防治法》等法律法规，以村民的环保行动助力乡村生态建设。

二　江苏农村基层党建工作面临的问题和短板

2021 年是"三农"工作重心历史性转移到全面推进乡村振兴的第一年，对照全面推进乡村振兴加快农业农村现代化建设的目标任务，江苏在农村基层党建引领乡村振兴方面还存在一些薄弱环节。

（一）乡镇党委在统筹推进乡村振兴中的组织力和推动力不够强

截至 2021 年 5 月底，江苏 721 个乡镇全部完成党委换届，为建设一支政治过硬、本领过硬、作风过硬的乡村振兴干部队伍奠定了较好的组织基础。但是，通过调研，我们发现一些地区乡镇党委书记和乡镇党委领导班子成员的思想理论素养不够高，缺乏从全局上分析把握乡村振兴重大问题的能力，贯彻落实中央和省市县关于乡村振兴的政策措施还不够务实，在统筹推进当地乡村振兴和处理新形势下农村复杂问题方面的组织力和推动力还略显不足。此外，在撤乡并镇、扩权强镇的过程中，一些地方的乡镇党委在推进对于撤乡并镇后由行政中心转移而导致的部分农村边缘化以及由此对乡村振兴带来的某些负面影响的重视程度和落实相关措施的力度还不够。

（二）村党组织带头人在乡村振兴中的"领头雁"作用亟待提高

随着经济社会的快速发展，特别是新型城镇化的推进，农村地区学历高、能力强的本土人才流失比较严重，选拔村党组织书记时常面临"矮子里拔将军"和"熟面孔里选新人"的困境。部分农村党组织带头人政治素质不强，对于党在"三农"领域方针政策的认识不到位；着力推进乡村振兴的眼界不宽、思路不清、方法不多，存在安于现状的思维习惯；一些带头人既缺乏"十个手指弹钢琴"全面推进乡村振兴的统筹协调能力，也缺乏抓重点的魄力。

（三）第一书记在基层党组织建设和乡村振兴中的综合效用有待强化

向经济薄弱地区选派帮扶（帮促）工作队和优秀机关干部到村任第一书记是江苏在脱贫攻坚和乡村振兴领域长期坚持的优良传统，至今，已经连续坚持了29年、选派了22届。实践证明，第一书记在加强农村基层党组织建设，推动脱贫攻坚和乡村振兴方面发挥了积极作用。但是，调研发现，有些选派单位对选派工作重要性的认识还不到位，存在凑人数的情况；部分被选派人员"出工不出力"，没有真正把自己摆进乡村振兴的"大棋局"中；不少乡镇和农村看重工作队和第一书记带来的"帮扶资金"而轻视第一书记在加强基层党建工作和基层社会治理等方面的作用，使得第一书记在乡村振兴中的综合效用打了折扣。

（四）农村党员干部队伍存在老龄化、文化层次不高等问题，使党员发展和人才储备面临短缺

作为党的肌体的"神经末梢"，农村党组织在党的组织体系中处于基础地位。江苏现有8.9万个农村基层党组织，214万农村党员，其中，不乏一批过硬的农村基层党组织和优秀党员干部。但是，年轻人比例偏低、文化程度偏低、带富能力偏低、待遇偏低和后备力量缺乏等"四低一缺"现象依然存在，直接影响了基层党组织在乡村振兴中应有作用的发挥。由于农村青年人才外出读书就业，大学生村官工作待遇和发展空间等方面的制约，村党组织发展党员和培养后备干部的空间受到较大限制，村"两委"班子后继乏人的现象在一定范围内存在。调研发现，村干部特别是优秀大学生村官存在人才流失的情况，不少大学生村官或是长期被乡镇借用，或是在组织培养和农村历练几年过后调整到乡镇和市县工作。这一问题值得有关部门高度关注，在实践中既要给予村干部晋升发展的空间，又要把乡村"人才振兴"

的价值导向落到实处，要妥善处理好这类人才流动后所导致的村干部缺位和工作衔接等一系列问题。

（五）村党组织乡村治理能力与乡村振兴职责不相适应

在乡村治理体系中，基层党组织居于中心地位，发挥核心作用，是实施乡村振兴战略的根本组织保障。村党组织处于乡村振兴的第一线，治理能力的强弱直接决定着乡村振兴的实际成效。调研表明，个别地方农村基层党组织存在软弱涣散的情况，存在村党组织的凝聚力和战斗力不强的现象。部分村党组织对如何构建农村社会治理体系缺乏正确认识，党组织领导的村民自治机制运转还不够充分，村民参与治理的积极性不高。一些农村党员干部的法治意识比较淡薄，引领法治乡村建设的动力不足，法治乡村建设任重道远。此外，农村地区人情攀比、封建迷信等不良风气尚未得到根本扭转，乡村德治水平有待提升。

三 乡村振兴背景下江苏农村基层党建工作展望

"十四五"时期是乘势而上开启全面建设社会主义现代化国家新征程、向第二个百年奋斗目标进军的第一个五年。民族要复兴，乡村必振兴。全面实施乡村振兴战略，是省第十四次党代会部署的今后五年江苏需要着力抓好的九个方面重点工作之一。展望"十四五"，江苏要从奋力谱写"强富美高"新江苏建设的现代化篇章全局和全面推进乡村振兴加快农业农村现代化建设的实际出发，抓重点、补短板，强优势、促创新，以高质量的农村基层党组织建设聚力引领乡村振兴的高质量发展。

（一）在省市县统筹下，全面加强镇村两级基层党组织建设，构建高质量的基层党组织体系

乡镇党委和村（指行政村）党组织是党在农村的基层组织，是党的理论和路线方针政策的直接执行者，是推进乡村振兴战略走好"最后一

公里"的关键，构建高质量的农村基层党组织体系是推进乡村振兴的基础环节。

一是严格依据《中国共产党农村基层组织工作条例》和《中国共产党农村工作条例》等规章制度和江苏的相关实施办法，进一步压实乡镇党委在讨论和决定本乡镇乡村振兴中重大问题的职责，重点落实乡镇党委在城乡融合发展、乡村现代产业体系建设、打造美丽宜居乡村等方面的任务。

二是在省市县统筹下，加强乡镇党委自身建设以及其他隶属于乡镇党委的党组织建设，探索构建镇域"大党建"格局以及"党委抓支部、支部管党员、党员带群众"的"抓管带"组织体系，明确规定以行政村为基本单元设置党组织，县以上有关部门驻乡镇单位党组织除党中央另有规定的以外受乡镇党委领导，农村经济组织、社会组织中成立的党组织一般由所在村党组织或者乡镇党委领导，提升镇村两级党组织的组织力。

三是选优配强乡镇领导班子，要明确规定乡镇党委委员按照乡镇领导职务配备，注重配备具有一定理论水平和实践经验的涉农专业人才，集中换届后要保持乡镇党委班子的相对稳定，建强乡村振兴"一线指挥部"。

（二）坚持选人标准，拓展用人渠道，千方百计选优配强用好村党组织带头人

雁阵飞得高，全靠头雁领。农村基层党组织带头人建设是加强农村基层党建工作的重中之重，作为农村经济社会发展的"领头雁"，村党组织带头人是推进乡村振兴的直接引擎。村党组织书记应当通过法定程序担任村民委员会主任和村级集体经济组织、合作经济组织负责人。

一是在全面推进乡村振兴背景下，要以"亚夫精神"为引领，以"百名示范"为标杆，在坚持"双强"标准的基础上更加突出昂扬奋斗、一心为民、创新发展等选人导向。

二是坚持培育本土人才和招才引智有机结合，打破地域、行业、身份、资历等条件限制，注重从本地致富能手、本土乡贤、大学生村官、外出务工

经商返乡人员和退役军人中培养选拔"领头雁",由此引导和带动各类人才投身乡村振兴。

三是县一级要加强对带头人的常态管理,制定和完善村党组织书记岗位目标设置、考核评议、监督管理的具体办法,将推进乡村振兴的相关职责和要求纳入各个环节。落实实施乡村振兴战略进展情况逐级报告制度,组织开展乡村振兴战略实绩考核,将考核结果作为干部选拔任用、评先奖优以及问责追责的重要参考,对不能肩负乡村振兴重大职责的村党组织书记要及时通过组织监督和群众评议督促其完成岗位目标、进行诫勉谈话乃至组织调整。

四是探索建立面向村党组织带头人的"正向激励"机制,根据各地经济发展水平设立与村党组织书记工作业绩挂钩的年度专项奖励经费,建议探索获评省级优秀共产党员和"百名示范"村书记的人选享受事业编制待遇的机制。

(三)健全和完善向重点地区派驻帮促工作队和第一书记制度,充分发挥第一书记在乡村振兴中的综合效用

在"三农"工作重心发生历史性转移的新形势下,要以加快推进产业、人才、文化、生态、组织等全面振兴为工作重点,选好用好帮促工作队和第一书记。

一是组织部门和乡村振兴局等有关部门要督促挂钩帮扶单位真正推荐和派出政治素质高、工作能力强、作风过得硬的优秀党员干部,防止选派工作"走过场"。

二是完善帮促工作队的日常运行机制,赋予第一书记更多实际职能(参与乡镇党委具体分工以及村级层面的人、财、事权等),使第一书记能够在加强农村基层党组织建设以及乡村治理领域更好地发挥实际作用。

三是推动帮促工作的重点由脱贫攻坚导向下以增加村集体经济收入(帮扶项目)为主向巩固拓展脱贫攻坚成果同乡村振兴有效衔接转变,更加注重帮促工作对"五大振兴"的引领力和推动力。

（四）培育壮大农村青年党员干部后备群体，通过培训和挂职交流等多种方式提升基层党员干部推进乡村振兴的综合能力

推动乡村振兴，人才是关键要素。培育壮大政治素质强、综合素质高的农村青年党员干部后备力量，是接续推进乡村振兴的重要抓手。

一是要加大在农村发展青年党员的力度，增强工作的自觉性和主动性，强化思想引领、理论宣传和实践感召，尽早将符合条件的优秀青年纳入组织视野，积极推广江苏"兴村特岗""定制村干"等经验做法，由"等上门"变为"领进门"，储备一批农村党员干部后备力量。

二是大力开展乡村振兴主题培训，创新培训方式，把学历培训、任职培训、现场观摩、挂职交流等多种形式结合起来，提升后备党员干部的思想认识和实践本领，培养造就一支懂农业、爱农村、爱农民的乡村振兴梯队。

三是建立健全面向农村党员干部的关怀激励机制，为村级党组织运转提供更充足的财力保障，在工资待遇、绩效奖励和职务晋升等方面关爱广大农村党员干部，激发他们扎根乡村干事创业的热情。

（五）健全党组织领导的新型乡村治理体系，把党的政治优势、组织优势切实转化为乡村治理效能

乡村振兴，治理有效是基础。加快推进乡村治理体系和治理能力现代化是实现乡村振兴的必由之路。治理有效要以强化基层党组织建设为抓手，在此基础上充分发挥基层党组织的政治引领作用。农村基层党组织是乡村治理体系的中心，是推进乡村振兴的根本力量。要严格落实县乡党委抓农村基层党组织建设和乡村治理的主体责任和乡镇党委的直接责任，健全党组织领导下的新型乡村治理体系。

一是建立健全以基层党组织为领导、以村民自治组织和村务监督组织为基础、以集体经济组织和农民合作组织为纽带、以其他经济社会组织为补充的村级组织体系，健全以财政投入为主的稳定的村级组织运转经费保障制度，推动农村各类组织发挥在乡村治理中的积极作用。

二是探索建立以村党组织为纽带的区域化乡村振兴"党建联盟"。依托党建联盟和支部共建等平台，融合各个方面的资源优势，因地制宜找准产业振兴等方面的切入点，做到精准指导、龙头示范、协同共进，放大党建引领效应。

三是加快构建党组织领导下的自治法治德治智治融合、村级集体经济充分发展的"1+4+1"乡村治理体系。健全党组织领导的村民自治机制，在继续落实好"四议两公开"、村务联席会等制度的基础上，拓展村民参与村级公共事务的平台；推进法治乡村建设，开展"民主法治示范村"创建和"法律进乡村"等主题活动；广泛开展社会主义核心价值观和道德教育，繁荣兴盛乡村文化，深入开展农村道德模范、文明家庭等评选评议活动，培育文明乡风，发挥道德模范引领作用。注重在人居环境整治、农房改善项目、公共空间治理等方面综合运用"四治"，做到以自治"激发活力"，以法治"定分止争"，以德治"春风化雨"，以智治"提质增效"，用高效的乡村治理助推乡村振兴。

全面建设社会主义现代化国家，实现中华民族伟大复兴，最艰巨最繁重的任务依然在农村，最广泛最深厚的基础依然在农村，全面推进乡村振兴，是实现中华民族伟大复兴的题中应有之义。习近平总书记强调，脱贫摘帽不是终点，而是新生活、新奋斗的起点。脱贫攻坚取得胜利后，要全面推进乡村振兴，这是"三农"工作重心的历史性转移。我们必须深刻地认识到，全面推进乡村振兴的深度、广度和难度都不亚于脱贫攻坚，乡村振兴等不来也要不来，需要我们坚定信心、咬定目标，苦干实干、久久为功。我们要总结运用抓党建促脱贫攻坚的经验，大力弘扬"上下同心、尽锐出战、精准务实、开拓创新、攻坚克难、不负人民"的脱贫攻坚精神，以更高的标准、更大的力度、更实的举措迈上党建引领乡村振兴的新征程，通过不懈奋斗将秀美的乡村振兴"工笔画"镌刻在江苏大地上，书写"强富美高"新江苏建设更加辉煌的现代化新篇章。

江苏加强法治乡村建设促进乡村振兴的举措研究

林　海[*]

摘　要： 在新的历史条件下，如何进一步通过法治乡村建设推动乡村振兴，成为人们关注的焦点。一方面，江苏近年来在法治乡村建设和乡村振兴领域都取得了重大成就，相关实践经验为研究这一问题提供了参考；另一方面，实践中存在的问题，也值得加以认真对待和思考。要正确认识和利用法治乡村建设的推动作用，着力在分工合作和机制体制创新上下功夫，以更好地推动乡村振兴战略的实现。

关键词： 法治乡村　乡村治理　乡村振兴

《中共中央　国务院关于实施乡村振兴战略的意见》和《乡村振兴战略规划（2018～2022 年)》对法治乡村建设提出了明确的要求。《中华人民共和国乡村振兴促进法》的正式实施，对于更好认识法治对于乡村振兴的作用具有重要意义。同时，2020 年 3 月 25 日，中央全面依法治国委员会印发了《关于加强法治乡村建设的意见》，提出要推进法治乡村建设，为全面依法治国奠定坚实基础，为实施乡村振兴战略提供良好法治环境。多年来，江苏在法治乡村建设和乡村振兴领域都取得了重大成绩，在以法治建设推动乡村振兴的探索实践中，形成了不少重要的实践经验。

---

[*] 林海，江苏省社会科学院法学研究所副所长、副研究员。

一 江苏法治乡村建设的成就与现状

江苏在改革开放和社会主义市场经济体制探索的过程中，一直走在全国前列。乡村法治建设的发展作为法治江苏建设的重要一部分，也经历了长期发展，积累了不少实际的经验，涌现了一批模范人物和事例。

（一）江苏乡村法治建设的发展历程

江苏的乡村法治建设是江苏整体法治建设的一个重要组成部分，其发展过程与江苏法治建设在不同阶段的具体推进紧密相关。

1986 年，《中华人民共和国民法通则》颁布实施；1987 年，党的十三大提出要"大力发展有计划的商品经济"。这就从社会实际交往和国家宏观制度导向两个层面上，为普法和法制宣传教育工作创造了社会需求基础，"一五普法"由此展开。"送法下乡"也因此成为一种引起学界和社会关注的现象①，并激发了乡村治理第一波法治化的热潮。江苏在此期间也大力推进国家重要法律法规的宣传普及，为乡村社会转型和治理模式的改革做了思想意识上的铺垫。

党的十四大把建设社会主义市场经济体制明确为改革目标后，江苏改革实践的成果得到巩固和继续发展，江苏省委顺应发展实际和群众需要，1994 年将"法制健全"列入江苏现代化建设奋斗目标，1997 年作出《关于推进依法治省工作的决定》，2004 年印发《法治江苏建设纲要》，在省级区域法治建设层面走到了全国的前面。② 这一阶段，乡村法治建设随着"法治江苏"目标逐步明确，其发展水平也达到了一个新的高度，一部分在日后得

---

① 参见苏力《送法下乡——中国基层司法制度研究》，中国政法大学出版社，2000。值得注意的是，如一些论者所言，苏力先生此处所用"送法下乡"一词，并非一般意义上的"普法"，而是指的司法过程与农村地区、乡土社会的互动。而这一归纳，也引发了学界关于现代中国需要何种人际的社会关系，法律究竟如何参与到基层社会的运行中等问题的长期争论和探讨。不过，在这里我们也应强调，"送法下乡"这个词依然是十分生动且富有理论张力的概念，完全可能涵盖普法宣传所涉及的问题范围。
② 参见桂万先《江苏法治建设的实践与经验启示》，《群众》（思想理论版）2020 年第 1 期。

到中央和全国关注的治理改革模范单位或个人，在这一个时期开始进行历史性的实践探索，并形成了"南通大调解机制""陈燕萍工作法"等一系列先进模范事迹和工作方法模式，为乡村和基层治理、司法等相关制度实践和改革探索进一步积累了经验。

党的十八大以来，脱贫攻坚工作成为全面建成小康社会的底线任务。一方面，以精准扶贫为切入点，以"两不愁""三保障"为主要抓手，农村改革发展进入新的阶段；另一方面，生态环境文明也得到更大的重视，"两山理论"使得过去改革开放中的粗放型发展模式受到更多的反思。正是基于这样的背景，随着脱贫攻坚向乡村振兴的转化完成，乡村治理的具体内容和目标都随之发生了较大变化，这就使乡村法治个性化的特征更加鲜明。

（二）江苏乡村法治建设的主要经验

江苏在推进法治建设的 20 多年时间里，特别是党的十八大以来，各级各地党委政府和社会组织等，在推进基层和乡村法治建设上都取得了不小成绩，也积累了初步的经验。这些经验对于在新的历史条件下推进乡村法治建设工作，也具有重要的启发意义。

一是坚持党的领导，坚持依靠和发挥基层组织的引领和带头作用，完善基层治理体系，促进"三治"融合发展。比如徐州市贾汪区马庄村，坚持实施"流动红黄旗"、党员月度积分制等管理机制，督促要求党员先干先做，提升了基层党组织的战斗力和影响力；常州市金坛区推行"总支设岗、代表说岗、党员认岗、群众评岗"农村无职党员定岗制度；扬中市新坝镇新治村探索重大事项"党委会提议、两委会商议、党员大会审议、村民代表会决议及公开决议、公开实施结果"等办事程序；泰兴市滨江镇仁寿村建立决策、管理、监督"三项机制"；靖江市德胜村、高邮市清真村等建立"信息公开日""政务公开日""情况通报日"等，使基层党组织能坦然面对群众监督。[①]

[①] 参见周福莲、李长山、许建彤《关于法治乡村建设的思考——以江苏省为例》，《中国司法》2019 年第 11 期。

二是坚持群众路线，相信依靠和发动人民群众参与自治事务，探索有效治理手段，涵养良好社会风气。各地注意激发群众参与治理的热情，探索建立了"乡贤会"、"大佬执"理事会、道德评议会、村民议事会、红白理事会、禁毒禁赌会等群众自治组织，有效调动了群众的参与积极性，很好发挥了民间智力因素。同时，通过合理的道德引导措施，如"红黑榜""曝光台"等方式，提升乡村治理的德治水平。①

三是坚持服务为本，以公共法律服务建设为重要切入点和抓手，努力满足人民群众对美好生活的追求愿望。各地普遍建立村（社区）司法行政服务站，落实配备法律顾问，聘请专职人民调解员，建立"法润民生微信群"等，镇江市部署法律服务"双微双员"进村居、进社区、进企业，扬州市开展"法律明白人""乡贤能人"德法专题培训等。②

四是坚持强化宣传，利用好既有的法治文化宣传阵地，丰富发展宣传手段，努力探索人民群众感兴趣的宣传方式，切实帮助群众提升个人法律知识和道德水平。普法宣传活动注意强化受众切身感受，积极探索法治文化阵地建设，推进"一地一特色一品牌"法治宣传基地建设，丰富发展宣传形式，加强群众自我教育的意识和能力等，扩大法治宣传工作的村（居）民自治因素。③

（三）江苏法治乡村建设的实施现状

2015 年 3 月，江苏出台了《法治江苏建设指标体系（试行）》。该指标体系尚未将法治乡村当作一个独立的环节来做考察，但是在具体指标项目设定中，已经包括了"国家机关'谁执法谁普法'的普法责任制""法治文化设施建设城乡全覆盖""法治文化活动……群众参与面扩大"，推行"政社

---

① 参见周福莲、李长山、许建彤《关于法治乡村建设的思考——以江苏省为例》，《中国司法》2019 年第 11 期。
② 参见周福莲、李长山、许建彤《关于法治乡村建设的思考——以江苏省为例》，《中国司法》2019 年第 11 期。
③ 参见周福莲、李长山、许建彤《关于法治乡村建设的思考——以江苏省为例》，《中国司法》2019 年第 11 期。

互动""村（居）民委员会依法自治""省级民主法治示范村（社区）创建达到省定要求"，不发生"非正常上访""重大群体性事件"，"公共法律服务体系覆盖城乡"，推行"一村（社区）一法律顾问制度"等与乡村法治建设提升发展紧密关联的事项。① 这一指标体系的试行评价，对于激发各级各地党委政府在推进乡村法治建设和基层社区法治建设方面的主观能动性，起到了很好的辅助作用。

2018 年 1 月 2 日发布的《中共中央国务院关于实施乡村振兴战略的意见》中第一次明确提出了"法治乡村"的乡村治理新任务目标，乡村法治建设也由此发展到了一个新的阶段和高度。

2019 年 6 月，中共中央办公厅、国务院办公厅又印发了《关于加强和改进乡村治理的指导意见》。在该意见中，"推进法治乡村建设"被作为其中一条，其内容包括"规范农村基层行政执法程序"，"加强乡镇行政执法人员业务培训，严格按照法定职责和权限执法，将政府涉农事项纳入法治化轨道"，"大力开展'民主法治示范村'创建，深入开展'法律进乡村'活动"，"实施农村'法律明白人'培养工程"，培育"法治带头人"，"深入开展农村法治宣传教育"等内容。

江苏省在落实这一文件精神时，采取了更为灵活的办法，从广义理解乡村治理法治化意义的角度，由省委全面依法治省委员会办公室牵头，联合省委组织部、省委宣传部、省农业农村厅、省民政厅、省司法厅等制定了《江苏省法治乡村建设三年行动计划》，于 2019 年 9 月印发施行。该文件将中央文件中关于乡村治理法治化的相关要求和精神，都纳入法治乡村建设的任务范畴，还进一步对法治乡村建设的体系和责任制都进行了规定，充分体现了江苏的地方特点，也极大地刺激了基层的创新动力。

2020 年 3 月 25 日，中央全面依法治国委员会印发了《关于加强法治乡村建设的意见》，这一文件同样对"法治乡村"采取了较为广义的理解，将"乡村治理法治化"推进到体系化、系统化的水平。同时，该文件提出了建

---

① 参见侍鹏主编《法治建设指标体系解读》，南京师范大学出版社，2016，第 381~382 页。

设和评选"全国民主法治示范村（社区）"的意见建议。为落实中央的相关精神，江苏省委全面依法治省委员会于 2020 年 8 月印发《关于加强法治乡村建设的实施意见》，要求探索开辟法治护农、法治强农、法治兴农的江苏法治乡村建设新路径，明确到 2022 年建成法治乡村建设"百"个示范村、"千"个品牌村、"万"个标准村，实现"两完善三提高"任务目标；到 2035 年法治乡村建设水平居于全国领先行列。① 在相关文件精神的指导和有关部门的共同努力下，江苏乡村治理和法治乡村建设取得了进一步的发展，通过推进党建引领、群众参与、法律服务、文明实践、村社分离等措施，探索建立健全自治、法治、德治相结合的现代治理体系，完善乡村治理体系，实现治理能力现代化。②

截至 2021 年 6 月底，江苏省基层和乡村法治建设成效显著："法律明白人"培育工作开展如火如荼，全省培育 9.9 万名"法律明白人"；修订省级民主法治示范村（社区）动态管理办法和创建标准，命名 1122 个第十四批省级"民主法治示范村（社区）"，171 个村（社区）被命名为"全国民主法治示范村（社区）"；构建现代公共法律服务体系，率先建成省市县乡村（居）五级公共法律服务实体平台，为 2 万多个村（社区）配备法律顾问，开展常态化巡回服务，打通"最后一公里"，增强了群众的法治获得感。③

二 江苏进一步推进法治乡村建设与乡村振兴的问题思考

江苏实施《关于加强法治乡村建设的实施意见》近一年以来，法治乡村建设的机制体制创新实践十分丰富，各地结合自身特点和传统，在党建体

① 胡兰兰、张全连、许海鹏：《我省出台意见加强法治乡村建设，开辟法治护农强农兴农新路径》，《新华日报》2020 年 8 月 26 日。
② 参见徐志明《实现乡村善治的江苏实践》，《群众》（决策资讯版）2021 年第 6 期。
③ 见于江苏省委依法治省办副主任马太建在"江苏庆祝中国共产党成立 100 周年系列主题新闻发布活动——社会治理专场发布会"上答记者问文稿，国务院新闻办网站，http：//www.scio.gov.cn/m/xwfbh/gssxwfbh/xwfbh/jiangsu/Document/1707645/1707645.htm。

系完善、三治融合探索、法治宣传教育形式丰富发展、公共法律服务体系完善和推进乡村德治、提升基层治理体系和治理能力等方面，都取得了不少成绩，更多有特点有代表性的模范村（社区）和治理形式纷纷涌现，为乡村振兴的发展提供了良好的治理机制体制基础。不过在以法治乡村建设推进乡村振兴的实践中，还存在一些问题，需要理论和实践进一步探索，以促进法治乡村建设能够发挥更大的作用。

（一）各级党委政府及领导干部对法治思维和法治方式的运用和理解有待深化

一方面，由于对法治在治理体系中所起的作用存在广义和狭义两方面的理解，在不同的文件中也有不同的侧重，在实践中针对不同方面的实践探索，往往会存在理解上的不统一；另一方面，长期形成的传统治理思路，对实际工作绩效评价考核的强调，都会影响基层领导干部实际的工作思维和工作方式。从单纯的"依法治村"角度理解法治乡村建设的现象，或多或少影响着实际工作的思维倾向。在针对诸如土地承包经营权、集体土地征收征用、宅基地管理、集体经济管理体系建设和乡村产业发展推进等事务上，多少还存在"治民"的思想残余。而对于诸如农房改造、生态环境治理、集体土地空间治理、产业发展方向等与群众切身利益紧密相关的事务管理上，有时还免不了存在"只要对百姓有利，不用太注重一时的政策解释"这样的想法，在推进工作中会存在急躁情绪。个别干部对于一些历史遗留的诸如上访、闹访、聚访等问题以及一些突发性事件的处置上，依然会有简单应对、不敢担当等心理。一些基层民主机制的规定和运用流于形式，形式主义、官僚主义等"四风"问题还时有出现。

（二）各司法机关与司法行政部门在推进法治乡村建设的统筹联系方面有待加强

落实普法宣传责任制，推行"谁执法谁普法""谁司法谁普法""谁管理谁负责"等机制，在很大程度上解决了普法宣传责任推诿的风险，提高了普法效率，起到了很好的社会效果。

不过我们也要注意到，普法宣传责任制要解决的是减少普法宣传责任逃避推诿的问题，但是不同责任人对相关领域的普法宣传，互相之间存在着体系上的协调、互补，内容上的交叉、并行，责任上的区别、分工。普法宣传责任制，在更大的层面上，应当看到其整体性和统一性。实际工作中，存在着完成任务的思想，不同机关之间有时存在各自为战、重复宣传的情况，有时会影响群众对宣传工作的参与热情。在普法宣传的机制和具体方式上，能够做到根据实际情况，利用好现代通信手段，比如建立微信群、QQ 工作群等形式，但是在日常管理上又存在着有机制、缺管理的状况，实践中存在一建了之、管理责任不明、群众反响不好的现象。群众有时被拉进一些工作群，但是反映不清楚建群目的，群活跃度不高，交流方式流于形式。有些工作群长期管理责任不清，甚至还会引发信息传播风险点增加的危险。

（三）关于法治乡村建设对乡村振兴促进作用的认识尚有不足

中央全面依法治国委员会印发实施的《关于加强法治乡村建设的意见》中最具有创新和指导意义的，就是其中以法治乡村建设推进乡村振兴各项工作顺利开展的思想和精神。以此精神为指导，江苏省委全面依法治省委员会制定的《关于加强法治乡村建设的实施意见》对于以法治手段护农强农兴农也提出了明确的要求。在实践探索中，不少乡村治理示范村或民主法治示范村如徐州市贾汪区马庄村、苏州市常熟市支塘镇蒋巷村、苏州市张家港市南丰镇永联村等，都在法治乡村建设、乡村治理模式创新和乡村整体发展方面，找到了适合自身特点的契合点，走出了有自身特点的发展之路。

不过也要注意到，还有很多地方的乡村发展，尤其是苏北地区很多经济薄弱村、基层组织软弱涣散村，在治理体系建设上还存在很多现实的问题，距离"五大振兴"的目标和乡村振兴实现"产业兴旺、生态宜居、乡风文明、治理有效、生活富裕"的总要求，还有较大差距。对于这些地区的村、镇（乡）干部群众而言，形式上要求的法治建设任务，一般也能够完成，但是对于这些法治方式和治理体系的实际效果的理解，对于将这些工作转化为乡村振兴的动力措施上，还存在认识的欠缺。对于通过革新乡村治理、加强法治乡村建设以化解既有矛盾，并由此促进基层组织的治理能力提升，还有认识上的不足，事务主义心态还比较普遍，发掘内生动力的积极性还需要加强。特别是在人口、劳动力外流趋势还没有得到根本性扭转的背景下，如何更好地将法治乡村的治理效果转化为真正的乡村振兴成果实效，还需要在实践中继续摸索和探究。

三　江苏加强法治乡村建设促进乡村振兴的重点与难点

2021 年 6 月 1 日，《中华人民共和国乡村振兴促进法》正式实施。该法将过去的一系列政策文件规定上升到国家法律的层面，对于促进以法治乡村建设推动乡村振兴起到了重要的制度支撑作用。《乡村振兴促进法》集中总结了过去一段时间全国各地在乡村治理、法治建设和乡村振兴方面的试验成果和经验，是新时代条件下实现乡村振兴战略的重要法律依据。这一法律的生效实施，对于我们进一步深入认识法治乡村建设对乡村振兴的促进作用具有重要的指导意义。

（一）正确看待法治乡村建设对乡村振兴制度建设的作用

贯彻实施《乡村振兴促进法》，首先就要加深关于以法治乡村建设推动乡村振兴的思路的理解。乡村振兴的目标包括产业振兴、人才振兴、文化振兴、生态振兴、组织振兴五个方面。这五个方面的振兴以产业振兴为首要条件，又相互促进，共同作用。对于基层实践而言，法治方式的应用对后四个振兴目标来说，相对还容易找到抓手，而对经济薄弱地区，以法治对产业振兴的促进仍较为难以实现。一些干部群众易于将产业发展的问题看作单纯的经济问题，又或者容易对现实环境条件的不利因素过于畏惧，产生消极敷衍心态，或者在产业发展问题上回避法治思维法治方式，上级推行"长官意志"，下级和群众产生懈怠心理，唯上唯命令。

实际上，对于产业振兴而言，法治建设既是结果也是条件。我们应当认识到，乡村的产业振兴，根本上是要健全完善乡村的市场环境，让市场在农业农村发展中的决定性作用得到更好的实现。理解这一任务的基础，在于真正理解"市场经济必然是法治经济"①。农村地区特别是生产较为落后的经济薄弱地区，不能因地制宜发展出具有自身特色又具有市场前景的产业，往往是一切问题的由头。市场与法治的关系，体现在交互作用的两个角度：市场的活跃和自由取决于法治保障是否到位，而市场的发展壮大又会带来人和社会的进步，从而对法治保障自身权益产生更大的需求。经济薄弱地区的人口外流，固然是经济不发达的结果之一，但在制度保障上的缺失，又往往使得市场规律应用的实际效果大打折扣，从而不能充分调动人力、物力的积极性，使得地区发展进入一个恶性循环。法治乡村建设促进乡村振兴这一观念的关键，就在于认识到制度保障对于乡村市场体系重构的重要意义。

（二）正确认识不同机关采用法律途径促进乡村振兴的作用

法治乡村建设的目标是要形成乡村自治、法治、德治的有效融合。在这一过程中，不同的行政机关、司法机关和其他国家机关，都有自己的任务和责任，基层组织和社会团体也能够发挥自己的作用。

落实普法宣传责任制，除了提高普法宣传实际效率的要求之外，还应当在两个层面加强理解和认识。其一，要认识到，对本身工作任务的良好实现，本身就可以起到提升人民群众对法律认知和信仰的作用，严格执法、公正司法，就是最好的法治宣传手段。人民对法律的信仰，建立在每一个案件中的公平正义得到实现的基础之上。其二，不同的国家机关、社会组织在完成法律赋予的基本职责和普法宣传责任方面具有很大的互补性、统一性、系统性。不同的机关和社会组织在完成自身相关责任的同时，应当加强与其他机关、组织的沟通协调，加强法定职责交叉方面的互相协作，增进合作以弥补规定空白的领域，从而促进法治体系整体的有效运转，从根本上提高人民群众对于法律和制度的信心和认同。

---

① 习近平：《之江新语》，浙江人民出版社，2013，第203页。

（三）正确处理法治宣传教育手段创新和舆论引导的关系

面对不断发展的社会经济政治文化条件，特别是科学技术手段的发展更新，法治宣传教育的方式手段也需要相应发展创新。在一直以来的实践中，对于新媒体、大数据、智慧司法等工具和手段的应用，江苏都有很多成功的经验。短视频、微电影、网络媒体的运用，目前在大多数乡村地区也已逐步得到普及。与传统的地方戏、民间文艺等形式的嫁接运用，在江苏很多地方也取得了很好的效果。

不过在宣传教育手段创新的同时，我们也要注意方式方法的合理化。一些地区在推进宣传教育手段创新时，片面求新求怪，不注意宣传教育实际效果。对于一些传统手段的运用，比如针对乡村地区留守老人、留守儿童比较多的状况，在一些工作推进中，采用实际有效的方式，如在防诈骗、宣传扫黑除恶等方面，加强对在校学生的教育，并通过他们回家向家中老人宣传的方式，本身并没有什么不可以。但有些地区在程序问题或实际操作过程中，存在安排不合理或措施不到位的情况，在配套的政策宣传和解释上有欠缺，导致实际操作中出现一些违背常理的现象。这些情况往往是因为具体实施的单位或个人在工作中有简单化思维，怕麻烦图省事，根源上则是没有把群众路线的工作作风落到实处。加强调研，遵从实事求是的原则，加强与群众的沟通联系，把发动和依靠群众落到实处，真正调动群众的自身积极性，是促进三治融合、强调人民主体性、发挥群众智慧的关键所在。

四　江苏加强法治乡村建设促进乡村振兴的对策建议

党的十九届六中全会决议指出，要站稳人民立场，坚持人民主体地位，尊重人民首创精神，践行以人民为中心的发展思想，维护社会公平正义，着力解决发展不平衡不充分问题和人民群众急难愁盼问题，不断实现好、维护好、发展好最广大人民的根本利益，团结带领全国各族人民不断为美好生活而奋斗。对于在新发展阶段如何进一步将法治乡村建设推向深入，从而从根本上促进乡村振兴实现的问题，江苏依然承担着先行先试，为全国制度创新积累经验的重任。针对法治乡村建设中存在的问题，以及法治乡村建设促进乡村振兴存在的重点和难点方面，我们提出以下对策建议。

（一）着力探索乡村振兴的法治保障途径

要充分认识到，实现乡村振兴的目标，关键在于在五大振兴上下功夫。五大振兴目标又可以分为两大方面的问题，一个是人的问题，一个是具体事务的问题。乡村振兴的核心问题是在人，对经济薄弱地区而言，最大的问题也是留不住人，因此，为乡村振兴提供人才支撑的法治保障，就是法治乡村建设首先需要关注的关键问题。如何让流向经济发达地区的劳动力有回流的愿望和制度支持，如何在城乡融合大的框架下实现城乡人口流动的有序平衡，使得更多人才能够有机制有条件投入乡村振兴的伟大事业，同时能够在此过程中实现自身价值和理想，这是法治乡村建设的人才保障机制改革需要着力解决的问题。我们认为关键在于改革人事制度时，要认识到人才流动的现实性和必要性。要进一步打破在人才流动上的固有观念，探索更加灵活的用人机制体制，同时对于愿意长期在乡村进行创业干事的人才，给予更多的制度上的保障、政策上的优惠，使其合法利益有保障，工作生活无后顾之忧。

其次，对于在乡村振兴中干事创业的人，在具体的事务问题上，也要给予相应的法治保障。乡村振兴的基础是产业振兴，产业发展绝不是能一蹴而就的，尤其是一些影响深远的产业项目，往往需要长期的探索，不断地试错。在生态保护、组织建设等方面的创新创造，往往也需要长期的实践探索。对于这些事务的探索者，应当建立更加宽松的创业与工作环境，并辅之以科学严谨的事前审核、事中监督、事后评价体系，建立科学有效的容错机制，给予正常的创业失败以更大的包容和适当的保障机制，鼓励更多人才把聪明才智投入乡村振兴的干事创业中去。

（二）着力解决不同机关推进乡村振兴的分工合作关系协调问题

要充分认识不同国家机关在法治建设中的作用和相互协调统一的关系，

在充分发挥行政执法、司法机关职能的基础上，更加科学合理地落实普法宣传责任制，将"谁执法谁普法""谁司法谁普法""谁管理谁普法"与相关机关之间的协调合作结合起来，大力推进和进一步发展实践中的联合普法宣传行动，创新普法宣传机制和方式方法。

江苏各级机关、单位在脱贫攻坚实践中逐步探索出的"五方挂钩"帮扶机制，在乡村振兴的工作推进中，依然可以发挥重要的作用。"五方挂钩"机制在脱贫工作实践中调动起了全社会力量参与乡村发展的事业，在全面推进乡村振兴的背景下，还可以发挥更大的功能，值得在实践中进一步探索、完善。而在推进法治乡村建设方面，"五方挂钩"机制中不仅有不少行政和司法机关单位可以直接发挥具体的作用，而且通过整体的协调合作、资源调配利用，相关各方在乡村制度建设的法治化等方面也都会有充足的用武之地。

要更加强调人民主体地位，探索构建全过程人民民主的实现形式，进一步加强村民自治、人民调解、村规民约等机制体制的实际作用，培养"法律明白人"，扩大自治组织和范围，创新治理形式和治理模式，加强人民群众参与的主动性、积极性、有效性，促进法治乡村建设对自治、法治、德治融合的保障和推动作用的实现。

（三）着力深入群众加强法治宣传教育制度创新的针对性

要充分认识到社会经济政治文化条件的发展趋势，重视对先进科学技术手段的学习和利用，加强对新媒体、新技术手段的理解和认识，对于网络治理、大数据等问题加强学习研究，理解新时代新形式的社会交往的特征与性质。同时，要注意到新技术手段与人民群众思想实际的关系问题，正确认识社会舆论和网络舆情问题，不片面认识网络民意，注意促进线上信息与线下活动的有机统一，正确理解新时代群众路线的工作方法和工作作风问题，加强对社会和群众的实际实地调研，建立健全直接交流机制，了解群众的真实喜好和实际关注问题，适当运用新技术手段，用好真正具有社会和群众基础的宣传技术手段，把传统方式和创新手段有机统一起来，提高法治宣传教育手段的实效。

江苏思想文化引领高地建设成就、问题与对策

韩海浪[*]

摘　要： 江苏思想文化引领高地建设总体状况良好。培育和践行社会主义核心价值观成效明显，理论拓展背景下的新型智库建设发展迅猛，以品牌创建为抓手的优秀传统文化创造性转化、创新性发展（"双创"）稳步向前，高层次文化人才队伍蓬勃发展，创新创造活力持续提升。目前存在的主要问题：培育和践行社会主义核心价值观仍然面临西方文化的巨大挑战；决策咨询研究质量与创新度仍需进一步提升；优秀传统文化的"双创"还缺乏影响较大的理论创新，推进活动仍需得到进一步重视；高层次文化人才尤其是战略性智库人才依然不足。为了推动思想文化引领高地建设实现新的跃升，培育和践行社会主义核心价值观需要稳固"高原"，注重"高峰"；新型智库建设要在质量提升和理论创新上再用力；优秀传统文化的"双创"还需寻求理论上的突破点，推进活动更需得到进一步重视；高层次文化人才培育需要以"专业素养"提升和决策咨询制度的完善为主要着力点。

关键词： 思想文化　高地建设　文化人才队伍　江苏

---

* 韩海浪，江苏省社会科学院社会学研究所副研究员，主要从事文化、教育研究。

把江苏建设成文化凝聚力和引领力强、文化事业和产业强、文化人才队伍强的文化强省，努力构筑思想文化引领高地、道德风尚建设高地、文艺精品创作高地，是江苏文化强省建设的总目标，简称"三强三高"。"构筑思想文化引领高地"是"三高"之一，且位居"三高"之首，其重要性不言自明。为此，江苏2019年专门制定了《构筑思想文化引领高地建设三年行动计划（2019～2021年)》，明确提出要从理论创新与宣传、智库建设质量提升以及传统文化研究阐发等六大方面展开行动；《中国共产党江苏省第十三届委员会第十次全体会议决议》也明确提出，"坚持社会主义核心价值体系，构筑思想文化引领高地，在率先建设物质文明和精神文明相协调的现代化上走在前列"。

一　江苏思想文化引领高地建设成效

《构筑思想文化引领高地建设三年行动计划（2019～2021年)》内涵丰富，清楚地指明了全省思想文化引领高地建设的主要领域。一是思想理论建设深化拓展行动，包括学习教育、理论阐释、理论大众化。二是哲学社会科学创新发展行动，包括重点学科建设、马克思主义理论学科建设、理论传播体系建设、学术原创力提升、学科评价体系改革。三是新型智库建设质量提升行动，包括优化智库布局、促进成果交流转化、完善运行机制。四是优秀传统文化研究阐发行动，包括深入实施江苏文脉整理和研究工程、大力传播弘扬江苏优秀传统文化、加强运河文化和江南文化研究阐发。五是思想文化传播交流增效行动，包括放大媒体融合效应、做强国际学术交流、深化社科理论名刊工程。六是社科理论人才培育壮大行动，包括扩大紫金社科名家影响力、加大紫金社科英才选树力度、实施紫金社科优青储备工程、扩大各类人才培养计划中社科人才比重、开展社科界"四力"教育实践工作。

以上六大领域主要行动中，有些属于理论的普及教育（第一部分）、有些属于旨在扩大国内外影响力的理论宣传（第五部分）。从社科研究视角来看，这些不属于重点关注对象。有些领域，该行动计划并未列入重点，如培育和践行社会主义核心价值观，但非常重要，不能不涉及。鉴于此，本文在大体参照该行动计划的同时，也有所取舍、增减和归纳。总体上说，增加"培育和践行社会主义核心价值观"并放在首要位置，选取"新型智库建设质量提升"（将理论创新纳入其中）、"优秀传统文化研究阐发"和"社科理论人才培育壮大"三大方面总共四大重点展开论述。

（一）培育和践行社会主义核心价值观成效明显

核心价值观是民族凝聚力、国家文化软实力以及社会发展精神推动力得以形成与强化的前提和基础，因此，世界各国都非常重视核心价值观的培育。社会主义核心价值观是社会主义核心价值体系的高度凝练和集中表达，反映社会主义核心价值体系的丰富内涵和实践要求，在思想文化引领高地建设中不仅不能忽视，还应首先予以强调。

思想文化引领高地建设中，培育和践行社会主义核心价值观的重要性主要体现在两大方面。一是提升和稳固文化"高原"。通过群众性的培育和践行活动创建江苏文化"高原"，同时为文化"高峰"（思想文化引领高地）建设打下坚实基础。二是为思想文化引领高地建设注入文化自信，指明正确方向。

总体来看，全省在培育和践行社会主义核心价值观方面，"高原"建设成效显著，"高峰"建设起步较快且方式多样。

1. "高原"建设成效显著

一是立体宣传效果显著。全省综合运用理论宣传、社会宣传、新闻报道、文艺出版等立体化手段，运用广播、报刊、电视和互联网、移动通信等各类媒体，全天候、全方位、全栏目传播社会主义核心价值观。比如文艺出版方面，通过戏剧、电影、电视剧等文艺作品（如扬剧《阿莲渡江》、电影《童年周恩来》和《守岛人》、电视剧《数风流人物》等），以艺术手段塑造典型感人形象。

二是典型示范力量无穷。近年来，全省组织推出了农技专家赵亚夫、开山岛"夫妻哨"王继才夫妇等一批全国重大典型，推出来自各行业的最美人物和一大批群众身边好人，形成很强的示范激励效应。

三是群众参与润物无声。在典型宣传中，江苏坚持从受众需求出发，吸引群众参与其中。如南京市的"好人微博群"、连云港市东海县的"乡村美德文化墙"、淮安市的"淮安好人馆"以及镇江市的"大爱镇江"主题活动等。全省还在县一级持续举办道德模范与身边好人现场交流活动，让群众近距离感受爱国敬业诚信友善的榜样。

2. "高峰"建设起步较快且方式多样

全省编撰出版了国内首套"社会主义核心价值观研究丛书"（14卷）、推出"四个自信"系列研究丛书等，有力推进了江苏社会主义核心价值观的理论研究。报纸杂志、广播电视上阐释社会主义核心价值观的理论文章与辅导讲座更是从不间断。全省还充分发挥215家全国和省级爱国主义教育基地作用，强化爱国主义和民族精神教育，雨花英烈精神、周恩来精神、新四军铁军精神、淮海战役精神得到广为弘扬。省市新闻媒体开设《道德模范故事会》《德行天下》等系列专题专栏，集中报道先进典型事迹；对重大典型宣传，还通过巡回报告会、座谈会、研讨会、理论文章等形式，深挖其思想内涵和精神实质，深化人们的认知和感悟，如赵亚夫先进事迹报告会、研讨会，王继才先进事迹理论研讨会等。

（二）理论拓展背景下的新型智库建设发展迅猛

在新型智库本体建设初具规模的背景下，2016年5月，习近平总书记在哲学社会科学工作座谈会上的讲话中明确指出，"智库建设要把重点放在提高研究质量、推动内容创新上"。这一要求标志着中国特色新型智库建设的重点开始转向质量提升和内容创新。以此为契机，2016年开始，江苏智库瞄准"质量"和"创新"，在理论研究、思想引领以及决策咨询等各方面接连发力，取得了不俗的成绩。

一是理论研究成果丰硕。无论是思想引领还是决策咨询，深厚的理论功底都是不可或缺的前提。为此，江苏智库首先十分重视理论研究，在学术发展、学科建设等方面走在前列。2015～2018年，全省重点智库（26家）共发表SCI/SSCI/A&HCI等国际期刊论文约500篇，CSSCI论文近2800篇，申报各类课题 1009 项（其中国家级课题 83 项），各类课题结项 539 项，出版各类图书超过 400 种。①

二是思想引领成效显著。根据中国智库索引（CTTI）数据，2015～2018 年，江苏智库在"三报一刊"上发表理论文章 235 篇，在省部级党报、党刊上发表文章 782 篇，思想引领作用日渐凸显。智库成果和活动被省级以上报纸报道超过 2000 次；接受中央级媒体采访接近 400 次，省级以上媒体采访超过 700 次；参加中央电视台访谈节目 29 次，省级电视台访谈节目 175 次；36 家智库建有独立网站，积极运用网络进行观点和理论传播。②

三是决策咨询影响较大。据不完全统计，2015～2018 年，全省 26 家重点高端智库、重点培育智库共推出有重要影响的决策咨询成果 1200 多项，获领导批示 280 多篇次，在《人民日报》《光明日报》《经济日报》《求是》中央级三报一刊发表成果 131 篇。又据中国智库索引（CTTI），2015～2018 年全省智库接受各级机关交办的任务和课题近 1200 项，向决策部门报送研究报告共 1600 余篇，出版发行报告、皮书 640 多种，参与厅局级以上政策文件与法规起草 387 次，参加各级咨政会议 1178 次，其中中央级咨政会议 74 次。③

质量方面。2015～2018 年，全省智库共上报内参 3084 件，获得省部级以上领导批示 552 次。另根据南京大学中国智库研究与评价中心出具的《江苏省重点智库 2020 年度建设评价报告》，26 家省重点智库全年共有 173 篇研究报告得到省部级以上领导肯定性批示，或被有关部门采纳。其中，12 篇研究报告获得国家领导人肯定性批示，161 篇研究报告获得省部级领导肯定性批示。④ 其中，南京大屠杀史与国际和平研究院提出的南京大屠杀史研究成果外译建议得到习近平总书记肯定性批示。江苏师范大学语言能力高等

---

① 刘德海主编《江苏新型智库发展报告（2015～2018）》，江苏人民出版社，2020，第 241 页。

② 刘德海：《中国特色新型智库建设的江苏探索》，《中国社会科学报》2020 年 9 月 3 日。

③ 《江苏新智库，助力"强富美高"建设再上新台阶》，《新华日报》2020 年 4 月 14 日。

④ 《全省重点新型智库交出精彩年度"成绩单" 为江苏"走在前列"贡献智慧力量》，《新华日报》2021 年 2 月 2 日。

研究院部分研究成果和南京大学长江产业经济研究院某研究报告获得国家领导人肯定性批示。①

2020年初新冠肺炎疫情发生后，省各重点智库迅速行动，围绕疫情防控向中央有关部门和省委省政府报送120多篇智库报告，近40篇报告获得省部级领导批示或被有关部门采纳。②

创新方面。道德发展智库与省文明办共同实施江苏13个设区市道德省情大调查，建立全国第一个"江苏省道德发展状况测评体系"；中国法治现代化研究院组织研创的"法治现代化蓝皮书"《中国法治社会发展报告（2020）》，成为国内首部法治社会专门领域蓝皮书。③

（三）以品牌创建推动优秀传统文化创造性转化、创新性发展

江苏利用吴韵汉风、水韵书香这一独特的文化禀赋，倾力打造运河文化、江南文化等品牌，推动优秀传统文化创造性转化、创新性发展。

大运河文化带建设不断深入，运河文化已成为江苏最具显示度的文化标识。江苏文脉整理与研究工程稳步推进，目前正着力打造江南文脉论坛，打响江南文化品牌。紫金文化艺术节、紫金京昆艺术群英会等"紫金"系列文艺品牌和扬子江作家周、扬子江论坛等"扬子江"系列文学品牌影响力不断提升。戏曲百戏（昆山）盛典、南京森林音乐会以及中国百家金陵画展等也逐渐成为江苏特色文化品牌。南京世界"文学之都"，苏州世界"手工艺与民间艺术之都"，扬州、淮安世界"美食之都"等已成为彰显江苏特色文化魅力的符号标识。南京历史文化名城博览会已经连续举办八届，再加上持续举办的"发现江苏""同乐江苏""符号江苏"等文化交流品牌活动，有力推动了国际文化交流，提升了江苏文化国际影响力。

---

① 《江苏新智库，助力"强富美高"建设再上新台阶》，《新华日报》2020年4月14日。
② 《全省重点新型智库交出精彩年度"成绩单" 为江苏"走在前列"贡献智慧力量》，《新华日报》2021年2月2日。
③ 《全省重点新型智库交出精彩年度"成绩单" 为江苏"走在前列"贡献智慧力量》，《新华日报》2021年2月2日。

（四）高层次文化人才队伍蓬勃发展，创新创造活力持续提升

文化人才队伍梯次结构不断完善，领军人才、青年拔尖人才持续涌现，文艺创新创造活力持续快速提升。文化人才高质量发展行动计划进展顺利，"紫金文化名家""紫金文化英才""紫金文化优青"等高素质文化人才队伍培育成效显著。文艺界"名师带徒"计划硕果累累，"文艺苏军"力量不断增强。全省有 26 位江苏社科名家、38 位"紫金文化奖章"获得者，有 41 人入选全国"四个一批"人才、249 人入选省"五个一批"人才，另有 400 名各类文化英才。①

二　江苏思想文化引领高地建设面临的主要问题

受新冠肺炎疫情以及全省经济社会发展等大环境影响，目前全省思想文化引领高地建设中还存在一些亟须解决的问题。

（一）培育和践行社会主义核心价值观仍然面临西方文化的巨大挑战

1. 社会主义核心价值观的培育仍需方式方法创新和思想观念转换

一是核心价值观的宣传方式创新性仍需提升。不同部门在核心价值观的宣传方面"冷热不均"，宣传方式上"机械呆板"现象依然存在。部门宣传方面，上级热下级冷、宣传部门热其他部门冷、城市热农村冷以及体制内热体制外冷等现象还经常能见到；宣传方式上，少数基层单位敷衍塞责，简单应付，仅仅要求背诵 24 个字或只是到处张贴 24 字的展板、海报等。

二是继承和弘扬中华传统美德方面还有迟疑不决现象。部分基层单位对中华传统美德中的一些内容还有认识不深不透、不清晰等情况，导致在宣传教育工作中经常出现迟疑不决的现象。此外，培育过程中法规约束力和舆论监督力还需进一步提高。

---

① 江苏庆祝新中国成立 70 周年"文化建设高质量"专题发布会材料。

2. 思想理论界培育和践行社会主义核心价值观仍然面临西方文化的巨大挑战

近代中国，社会动乱不已，国力严重衰微。此时的"西学东渐"在给中国带来西方先进思想文化和先进科学技术的同时，"西方先进论""西方文明中心论"也在中国人的思想意识中深深扎根。与此同时，中国传统文化又频繁遭受严厉批判，民族自信、文化自信跌入谷底。思想文化领域，尤其是哲学社会科学界，学科体系、理论体系、话语体系等几乎全部照搬西方，甚至整个社会"全面西化"思想也曾一度甚嚣尘上。最近70多年，虽然马克思主义主导地位已经确立，但受各种主客观因素的影响，思想文化领域中的"西方标准论"依然普遍存在，特别是哲学社会科学领域，从学科体系、学术体系到话语体系，西方模式的主导地位无处不在。与此同时，中国自身的优秀学术传统、理论体系、话语体系却罕有挖掘、研究，更别说继承与弘扬了。这一切，无疑是目前江苏乃至全国思想文化引领高地建设面临的巨大挑战。

（二）决策咨询研究质量与创新度仍需进一步提升

1. 基础理论研究相对滞后，"虚胖"现象明显

理论基础的深度决定着对策研究的高度。基础理论研究由于需要长期艰苦钻研、出成果较慢，很少受到科研人员尤其是年轻科研工作者的青睐。受专业所限或科研环境所迫，不得不从事基础理论研究者，也普遍存在"浮躁"心理，论文发的多，质量高的少，"十年磨一剑"的成果更是罕见。而目前不尽合理的科研评价制度、不愿"坐冷板凳"的"急功近利"的不良学风等，仍在持续不断地推波助澜。这就造成目前基础理论研究领域论文很多，看起来很"繁华"，而从质量上分析，却又明显不足，与"数量"极不协调，呈现"虚胖"现象。

2. 决策咨询研究质量与创新度仍需进一步提升

决策咨询研究是一种建立在扎实理论功底之上的应用对策研究。没有长期、深厚的学术积累和科学的研究方法，是很难提出高质量的决策咨询成果的。目前从事该领域研究的主要是两方面的人员，一是党委、政府政策研究人员，二是高校、科研院所的专家学者。前者多是工作研究，重视的是工作经验的总结、归纳与政策建议，缺少理论深度；后者具备一定的理论素养，但对社会发展的具体实践熟悉程度不够，对策研究成果要么理论（尤其是西方理论）色彩太浓，应用性不强，要么忽略理论指导，也走上"现状—问题—对策建议"的老路。

江苏文化底蕴深厚，理论创新传统历史悠久。在重农传统异常坚固的宋元时期，苏南地区"士农工商"并重的思想即已深入人心。改革开放初期，先有江苏学者发起真理标准问题大讨论，率先举起思想解放的大旗，后有学者提出小城镇理论，极大地促进了乡镇企业的发展。可改革开放 40 多年后，在经济、社会、文化都得到迅猛发展的背景下，重大理论成果缺乏实在是一件憾事。

3. 智库研究与决策部门之间还没有建立"相互依存"的关系

社科强省是江苏始终坚持的发展战略，新型智库建设便是目前这一战略的集中体现。然而，目前一些决策部门虽然也开始与科研院所联合进行应用对策研究，但明显地形式重于内容，"为我所用、替我说话"的色彩较浓，科学性偏弱。社科研究成果对部门决策影响不大甚至与决策无关；哲学社会科学研究人员，一方面受制于现行"重研轻用"的科研制度和学术评价机制，不可能将工作重点放在应用对策研究上；另一方面也还缺少决策咨询研究的技能与积极性。咨询成果质量高低也与自身学术水平、职称评定关系不大，在高校甚至毫无影响。因此，目前多数情况下，科研人员的应用性对策研究很容易离开自己深厚的专业积累，看重的多是经济效益而非理论成果质量。

（三）优秀传统文化的"双创"还需深层次理论阐释，推进活动更需要得到领导进一步重视

1. 对于优秀传统文化创造性转化、创新性发展，理论研究仍需深入

目前的研究几乎集中在学理性阐释，如"创造性转化、创新性发展"

的内涵、为什么要进行"创造性转化、创新性发展"等。对于具体类别的传统文化，哪些是优秀的、应该继承的，哪些是落后的、应该抛弃的，学界还鲜有论述。

2. 各级领导对优秀传统文化的重视程度仍有待提高

以共同富裕工作为例，共同富裕是人民群众物质生活和精神生活都富裕，促进人民精神生活共同富裕与物质生活共同富裕同等重要。领导干部应该像重视群众物质生活那样关注包含优秀传统文化继承与弘扬在内的精神生活。但目前，许多重要的江苏文化品牌创建活动、群众参与度很高的优秀传统文化继承与弘扬活动等，都很少看到领导干部甚至分管一把手的身影。甚至像昆曲这样最能代表江苏优秀传统文化的品牌，许多领导从未认真看过一场演出，更别谈重视了。

（四）战略性智库人才仍然欠缺

习近平总书记指出，目前中国"需要大力培养使用战略科学家"。以此为标杆，可以发现目前全省非常缺乏这种战略性智库人才。换句话说，就是明显缺少习近平总书记所要求的那种"具有深厚科学素养、长期奋战在科研第一线，视野开阔，前瞻性判断力、跨学科理解能力、大兵团作战组织领导能力强"的高端智库人才。中青年智库人才培训涵盖的人员数量较少，培训内容单一。以2021年为例，线上培训200人，线下培训才50余人，不仅包括全省重点高端智库、重点培育智库专家，也涵盖省决策咨询研究基地首席专家或骨干专家。培训内容偏重政策解读以及坐在办公室就能掌握的研究"诀窍"或技术"捷径"，缺少最为重要的国情省情和基础理论教育以及调查研究方法实战性示范与培训。而离开了实地调查研究，仅靠别人的汇报材料和"二手"数据，是很难把握社会发展真实状况的。

三　江苏思想文化引领高地建设主要着力点及路径

构筑思想文化引领高地，其中的"高"是相对于全国乃至世界而言的，因此，在发展思路上一定要胸怀大局、把握大势、着眼大事。要围绕"第二个一百年"这一中心目标、从中华民族伟大复兴的战略视角来确定主要着力点和发展路径。

（一）培育和践行社会主义核心价值观需要稳固"高原"，注重"高峰"

"高原"建设方面。一是进一步发挥党员干部和社会公众人物的模范带头作用。以前者为例，"干部带头，万事不愁"，这是鲜明的中国特色。因此，必须加强党员干部的理想信念教育、党性教育和道德建设，坚持德才兼备、以德为先的选人用人导向。二是进一步激发群众的主动性和积极性。政党、政府、民间组织、学校、家庭等多元主体的协调配合，是许多国家在培育核心价值观方面的成功经验。三是进一步运用大众化的语言和群众身边事例进行宣传培育。此外，核心价值观的培育还应进一步提升法规保障力和舆论监督力，并在传承传统文化、红色文化等方面与精神文明建设密切合作，相互促进。

"高峰"建设方面。一是必须坚持马克思主义理论在哲学社会科学领域的指导地位。坚决破除"西方文明中心论"的不良影响，自觉、有序地开展有中国特色哲学社会科学的学科体系、学术体系、话语体系建设，提升学术原创力。外来理论的学习、运用必须紧密结合中国社会发展具体实际，必须经过"中国化"的过程。二是必须坚定文化自信。要加强中国传统学术思想、学术文化研究，继承和弘扬民族优秀学术传统、思维方式，坚定民族自信、理论自信和制度自信，从心理上彻底破除"西方文明中心论"的学术态度和模式，逐步构建中国特色哲学社会科学体系。高层次文化人才培养中也要强化民族自信、家国情怀等方面教育，弥补目前由"西方中心论"影响而造成的"无根基""无家园"等种种不良学术生态。

（二）新型智库建设重在质量和创新

质量提升方面。一是要敬畏科学。智库研究者要着眼民族复兴，将决策咨询也当作代表自己科研水平的一种学术研究，以自己的专业素养作为唯一的衡量标准，谨慎决定一项咨询研究能做与否。无论哪个领域的课题都能做、都敢做的专家一定不是真专家。二是要积极开展实地调查研究，用"一手"的调查数据确保对社会发展现状与问题的准确把握和科学判断。

理论创新方面。宏观上看，一方面要重视中国古代哲学社会科学的继承与创新，另一方面要重点关注中国特色社会主义现代化建设的具体实践，从中归纳、提炼出具有中国特色、中国风格、中国气派的理论观点。任何外来的社科理论，都要谨慎对待，不能生搬硬套。微观上看，具体领域、具体行业发展中的理论创新，应坚持不唯上不唯书只唯实，以社会发展的客观需要为标准。越是在纷繁热闹的社会现象中，越要保持头脑清醒、坚定发展方向。比如运河文化品牌打造，在"文旅融合"震天响的背景下，更要重视大运河文化研究，因为这才是文化带建设的宗旨。特别是对于江苏大运河文化的核心价值与精神内涵，要组织专家结合江苏实际，进行更细致、更深入的阐释，谨防大运河文化带建设向经济带建设偏航。

（三）以理论创新与领导重视推动传统文化创造性转化、创新性发展

首先，对传统文化的基础性整理和综合性研究需同时进行，不应有先后之分。并且，要在综合性研究中积极寻求理论上的突破点。比如文脉研究中，在进行基础性整理和研究工作的同时，对于那些在中华文化中占据重要地位的江苏文化，以及论及江苏文化一体化的思想等，应一并展开集体攻关，力争理论上的突破。这对提升全省人民的凝聚力和向心力、为实现第二个百年目标共同奋斗，极为重要。

其次，鼓励支持理论界对优秀传统文化"创造性转化、创新性发展"展开更深层次探讨，从目前"为什么要这样"的学理性阐释转型到"具体怎么做"这样的实践指导。比如，对于中国古典诗词，习近平总书记已经用自己的亲身创作实践示范了如何"创造性转化"、怎么"创新性发展"。文艺理论与实践俱在，理论界对此只要稍加阐释就很有可能实现重大理论创新。回望当年"实践标准问题的讨论"，理论上并不复杂，就看谁敢于坚持

真理、坚持马克思主义正确理论，并把它勇敢地说出来。

最后，领导干部要像重视群众物质生活那样重视他们的精神生活。就优秀传统文化的继承与弘扬而言，对于江苏传统文化品牌创建活动和群众参与度高的典型文化活动，主要领导干部应亲自到场甚至亲身参与，以示鼓励和支持。尤其是那些"最江苏"的传统文化品牌创建（如昆曲盛典和江南文脉论坛、扬子江论坛等）和群众文化活动，领导干部至少分管领导必须到场参与，以示重视和支持。

（四）以提升专业素养和健全咨询制度为主要着力点，进一步重视高层次文化人才培育

就人才自身建设而言，夯实理论基础和提高调查研究能力是专业素养提升的两个关键因素。理论探索切忌照搬硬套西方理论，必须坚持马克思主义指导地位，立足本地社会发展具体实践；要集聚足够的咨询研究的理论"底气"。这一"底气"来源于对某一领域长期的专业研究积累。没有这种积累，就不会有扎实的理论功底和科学的研究方法，就难以研究社会发展中的具体问题并提出科学对策；要逐步建立科学的调查研究制度，在社会发展现状的准确把握和科学判断方面狠下功夫。

就人才制度建设而言，要建立健全决策咨询制度，确保重大政策出台前必须经过智库决策咨询程序，以科学咨询支撑科学决策，以科学决策引领科学发展；决策部门在政策制订时也要积极吸纳智库研究成果。毕竟，好的对策建议如果一次又一次得不到采用，明显会影响专家的积极性；要制度化挑选高端智库人才进入政府实际部门，参与政策出台前的调查与制订；要深化科研评价机制改革，将决策咨询成果作为科研水平和职称评审的重要依据。

江苏革命文物保护利用的现状与展望

张慧卿[*]

摘　要： 江苏具有丰富的革命文物，在革命文物的管理与保护方面已形成
一些行之有效的做法和经验。为庆祝中国共产党成立 100 周年及
深入开展党史学习教育活动，江苏省加强了革命文物的活化利
用，并取得了良好的效果。为进一步保护好、管理好、运用好江
苏丰富的革命文物资源，建议加强江苏革命精神的研究与阐释，
统筹推进革命文物的系统性保护，助推红色文旅融合高地建设，
赋能江苏经济社会高质量发展，更好地弘扬革命文化，传承红色
基因。

关键词： 革命文物　革命传统　红色基因　江苏

2021 年 3 月，习近平总书记对革命文物工作作出重要指示，指出"革
命文物承载党和人民英勇奋斗的光荣历史，记载中国革命的伟大历程和感人
事迹，是党和国家的宝贵财富，是弘扬革命传统和革命文化、加强社会主义
精神文明建设、激发爱国热情、振奋民族精神的生动教材"，强调"加强革
命文物保护利用，弘扬革命文化，传承红色基因，是全党全社会的共同责
任"。[①] 江苏是全国最早传播马克思主义以及我党最早建立组织并开展革命
活动的地区之一，在长期的革命、建设实践中留下了丰富的革命文物，现有

---

　*　张慧卿，江苏省社会科学院历史研究所研究员。
　①　《习近平对革命文物工作作出重要指示》，《人民日报》2021 年 3 月 31 日。

革命文物资源总量处于全国前列。管理好、保护好、利用好江苏革命文物，充分发挥革命文物在服务大局、资政育人中的重要功能，是涵养和培育社会主义核心价值观的重要途径，是助推江苏文旅融合新高地建设的重要手段，为江苏勇当"两争一前列"重要使命提供强大的价值指引和精神动力。

一 江苏革命文物概况

革命文物作为不可再生、不可替代的珍贵资源，党和政府一直非常重视革命文物的保护。2015 年，江苏省文物、党史等部门密切合作，全面开展省内革命文物调查工作，并建立了档案资料。2017 年，江苏省文物局遵照中共中央办公厅、国务院办公厅《关于实施革命文物保护利用工程（2018 ~ 2022 年）的意见》的指示，编制完成《江苏省革命文物名录》，基本摸清了全省革命文物的家底。据统计，全省共登记不可移动革命文物 1031 处，其中全国重点文物保护单位 24 处、省级文物保护单位 87 处、市县级文物保护单位 456 处。国有收藏单位收藏革命文物 48840 套，革命专题博物馆和纪念馆 53 家。[①]

从 2020 年 6 月起，江苏各级文物主管部门和文博单位按照国家文物局《关于开展革命文物名录公布工作的通知》的要求，依托第三次全国文物普查和第一次全国可移动文物普查数据，对全省不可移动类和可移动类革命文物资源进行了复查、核定，在多次征求省委宣传部、省委党史工作办公室、省退役军人事务厅等部门及专家学者意见的基础上，最终形成江苏省第一批革命文物名录。据统计，江苏省第一批革命文物名录包括不可移动革命文物 447 处，其中全国重点文物保护单位 21 处，省级文物保护单位 69 处，市县级文物保护单位 357 处；可移动革命文物 8759 件/套，其中，一级文物 337 件/套，二级文物 1217 件/套，三级文物 7205 件/套。[②]

---

① 《江苏：保护革命文物 传承红色文化》，文化和旅游部官网，https：//www.mct.gov.cn/whzx/qgwhxxlb/js/201907/t20190719_ 845172. htm。
② 宋炯：《江苏公布首批革命文物目录》，《中国文物报》2021 年 4 月 23 日。

这些宝贵的革命文物，见证了自 1840 年以来江苏大地上波澜壮阔的革命历史，承载着中国共产党在新民主主义革命各个阶段在江苏进行艰苦卓绝斗争的光辉历程，展示了中国共产党人为国家独立、人民幸福和民族振兴不怕艰难困苦、不怕流血牺牲的奉献精神，蕴含着党的优良传统和伟大的民族精神。

党的十八大以来，江苏省非常重视革命文物的管理、保护和利用，专设革命文物处统筹全省革命文物工作，并从立法保护、划区连片保护、项目提升工程等方面积极推进革命文物保护工作。

（一）制定相关法律法规，加强革命文物的立法保护

"十三五"期间，江苏省完成《江苏省文物保护条例》修订工作，为全省文物保护领域提供了立法保障。此后，全省各地区根据《江苏省文物保护条例》的相关规定，先后制定出台《盐城市革命遗址和纪念设施》《徐州市淮海战役历史遗址遗存保护和利用规划》《徐州市淮海战役历史遗址遗存保护和利用意见（2019～2021 年）》《南京市红色文化资源保护利用条例》等地方性法规、规章和规范性文件，加强了革命文物的保护与管理，促进了文物保护工作机制的健全与完善。

（二）划定革命文物保护区，实施连片整体保护

为贯彻落实《关于实施革命文物保护利用工程（2018～2022 年）的意见》指示精神，中宣部、财政部、文化和旅游部、国家文物局以集中连片、突出重点、国家统筹、区划完整为原则划定革命文物保护利用片区，为革命文物工作提供人力、物力、财力等多方面的支持。2019 年 3 月 20 日，江苏抗日战争时期苏北片区 5 个地市（徐州市、连云港市、淮安市、盐城市、宿迁市）、17 个县（市、区）入选国家第一批革命文物分区保护片区名单；2020 年 6 月 20 日，江苏抗日战争时期苏中片区 6 个地市（苏州市、南通市、淮安市、盐城市、扬州市、泰州市）、19 个县（市、区），苏南片区 5 个地市（南京市、无锡市、常州市、苏州市、镇江市）、23 个县（市、区）

入选国家第二批革命文物分区保护片区名单,① 基本形成了全省红色资源连片整体保护格局。

（三）高质量推进革命文物保护系列工程

"十三五"期间，江苏省实施"江苏省红色遗产、名人故居维修保护和展示提升工程"，共支持了 61 个红色遗产项目。其中，新四军第一支队指挥部旧址修缮与展示利用工程、恽代英烈士殉难处建筑修缮与展示利用工程、新四军江南指挥部司令部旧址复原陈列工程、侵华日军投降处旧址保护利用工程等 10 个工程入选江苏省"十三五"期间红色遗产维修保护与展示利用优秀工程名单。②

江苏始终坚持将革命文物重点纳入大运河文化带和国家文化公园建设规划编制过程中，除将淮海战役纪念建筑群、常州青果巷、邵伯古镇及河湖、运河支队纪念馆、淮安水利枢纽工程、新四军江南指挥部旧址、梅园新村纪念馆、中国人民解放军海军诞生地纪念馆等红色资源纳入大运河国家文化公园江苏段展示体系外，还大力推进新四军抗战遗存、黄花塘新四军军部旧址、茅山抗日根据地等革命文物保护展示工程的提升与改造，凸显社会主义革命文化的时代特征和精神内涵。

（四）抢救性地征集革命文物及口述史料

近年来，江苏各红色场馆面向社会各界人士征集具有重要史料价值和收藏价值的革命文物，抢救性地征集了一些革命文物及重要事件见证物，如雨花台烈士陵园管理局通过"红星计划"抢救挖掘了杨廷宝雨花台烈士陵园设计图纸手稿、1979 年版《高波烈士连环画》、99 岁老将军王直的音频视频等

---

① 《苏北片区入选第一批革命文物保护利用片区分县名单》，荔枝网，http：//news. jstv. com/a/20190326/1553600524100. shtml；《四部门公布第二批革命文物保护利用片区分县名单》，中国政府网，http：//www. gov. cn/xinwen/2020 - 07/01/content_ 5523224. htm。

② 《关于"十三五"时期红色遗产维修保护与展示利用优秀工程评比结果的公示》，江苏省文化和旅游厅（省文物局）官网，http：//wlt. jiangsu. gov. cn/art/2021/6/7/art _ 699 _ 9841710. html。

珍贵史料，中国共产党南京历史展览征集到彭冲同志穿过的中山装、皮鞋及使用过的毛笔等，这些珍贵的革命文物大大拓展了红色场馆的藏品体系。

相关当事人的口述史料是构建国家集体记忆的重要素材。近年来，江苏高校、科研机构、党史研究部门和革命纪念馆共同推进口述史料的采集与整理，并取得重要突破。如南京师范大学抗日战争研究中心与南京民间抗日战争博物馆从 2012 年起启动抗战老兵口述资料抢救整理与数据库建设工作，共走访 1600 余名抗战老兵，拍摄录制了数千小时的影像、录音资料，已出版《烽火记忆——百名抗战老战士口述史》《南京保卫战老兵口述史》等相关成果，建成全国性的抗日老战士口述史资料影像数据库，为我们留下了弥足珍贵的老兵个人记忆，弥补了现有抗战史研究资料的不足。

（五）推进革命文物数据库建设

2020 年 7 月，雨花台烈士纪念馆、新四军纪念馆两家红色场馆入选 2021 年度中华民族文化基因库（一期）红色基因库首批建设试点单位。按照国家文化大数据体系建设标准，雨花台烈士纪念馆、新四军纪念馆与江苏有线共同推进馆藏档案和文物数据化建设、红色故事创作、红色基因体验园（体验馆）建设、红色基因库 App、电视端应用建设等工作，全面构建区域红色基因库建设。

二 革命文物开发利用及存在的问题

2021 年，在庆祝中国共产党成立 100 周年和党史学习教育活动中，江苏加强了革命文物的活化利用，扩大了红色文化的影响力，并取得了良好的社会效益。

（一）线上线下共同推出一批主题鲜明、内涵丰富的红色主题展览，扩大红色文化影响力

2021 年，围绕建党百年和红色主题，由省委宣传部、省委党史办牵头，

全省各部门、设区市共同参与举办的"百年征程 初心永恒——中国共产党在江苏历史展（1921～2021）"，以线上线下相结合的方式展出。该展览全面展示了中国共产党成立 100 年来领导江苏人民进行革命、建设、改革的伟大历程、巨大成就和宝贵经验。在实体馆展出的 55 天中，先后有 5228 个团队、64.9 万名各界观众到现场参观，近亿人次浏览网上展馆和电视展馆，点赞和留言总数达 3017 万条，省外浏览量 295 万，海外浏览量 25 万，遍及 126 个国家和地区。①

此外，梅园新村纪念馆、渡江胜利纪念馆、盐城新四军纪念馆、雨花台烈士纪念馆、南京市博物馆、南京抗日航空烈士纪念馆、侵华日军南京大屠杀遇难同胞纪念馆等红色场馆分别策划推出《人民的希望——中共代表团在南京》《学习百年党史 传承红色基因》《在党的领导下走向胜利——新四军历史文物展》《"凝聚的历史，永恒的初心"庆祝中国共产党成立 100 周年红色雕塑展》《丰碑——凝结在共和国历史中的记忆展》《红色飞鹰——笕桥航校中走出的中国共产党人》《时间证人——南京大屠杀幸存者艺术肖像摄影展》《为什么是她——张纯如与〈南京浩劫：被遗忘的大屠杀〉》等主题展览，也获得了巨大的社会反响。

（二）创新革命文物的传播手段和宣传教育方式，彰显红色场馆的社会教育功能

红色场馆充分运用现代传媒技术和数字化手段，扩大了革命文物的传播渠道。如常州市通过裸眼 3D、微视频、抖音等新媒体形式，宣传推广"常州三杰"和新四军江南指挥部英雄群体；淮安设计推广"党史地图"小程序，用户扫码即可线上参观红色文化遗存、红色景区、党性教育基地；盐城新四军纪念馆在微信公众号推出"铁军忠魂 永远跟党走——百集红色微党课"。通过全媒体传播矩阵，扩大了红色文化的传播渠道，提升了红色文

---

① 《"中国共产党在江苏历史展"实体馆圆满闭幕》，中国江苏网，http：//jsnews. jschina. com. cn/jsyw/202110/t20211029_ 2881885. shtml。

化的社会影响力。

红色场馆在深化馆校合作机制、促进革命资源融入教育体系方面也有所突破。瞿秋白纪念馆创作"又见少年阿霜"沉浸式演出；盐城市红色场馆与学校共同建立"铁军艺术团"，开展"走进红色课堂 传承铁军基因""红色故事会"等主题活动；南京雨花台烈士纪念馆与南京红色文化志愿者联盟共同打造红色文化沉浸式讲解；茅山新四军纪念馆特别策划推出寻访革命前辈、小讲解员队伍建设等活动，为青少年的爱国主义教育创造了良好的学习场所，增强了青少年的文化与价值认同。此外，江苏省各高校还充分贯彻习近平总书记关于革命文物和高校思想政治教育的系列重要指示精神，高度重视当地红色资源的开发和利用，积极探索革命文物与思政育人融合发展新格局。

配合党史学习教育活动，江苏开展了"百名红色讲解员讲述百年党史"巡回宣讲活动，讲述中国共产党百年奋斗历程中的感人事迹、英雄故事及孕育在江苏大地的四种革命精神，引导广大人民群众坚定信念跟党走，大大发挥了革命文物体系的社会教育功能。

（三）打造一批高质量戏剧戏曲作品，传播红色故事

为庆祝中国共产党成立100周年，江苏省结合锡剧、昆曲、梆子戏、扬剧等地方特色剧种，创作一批反映红色主题、艺术水准极高的精品力作。如江苏省演艺集团昆剧院以中国共产党早期革命领导人瞿秋白的生平事迹为题材，创作了昆剧《瞿秋白》；[①] 江苏省演艺集团锡剧团以锡剧艺术为载体，打造了红色现代锡剧《刘胡兰》；[②] 镇江市创作扬剧小戏《革命媳妇》，讲

---

① 《第八届中国昆剧艺术节开幕 昆剧〈瞿秋白〉成功上演》，江苏省文化和旅游厅官网，http：//wlt. jiangsu. gov. cn/art/2021/9/26/art_ 74058_ 10030753. html。
② 《锡剧〈刘胡兰〉精彩亮相宜兴人民剧院》，江苏省文化和旅游厅官网，http：//wlt. jiangsu. gov. cn/art/2021/9/17/art_ 695_ 10019581. html。

述了抗战时期茅山媳妇山妮参加新四军医疗队后引导全家走上革命道路的故事；① 淮安市创作了大型原创舞剧《我的刘老庄》，歌颂了革命老区战时可洒热血、和平时期热情奋进的时代精神；徐州市创作推出梆子戏《母亲》《曙光》、柳琴戏《血色秋风》《彭城儿女》、音乐剧《淮海儿女》、舞剧《小萝卜头》等十余部精品红色剧目。这些主题鲜明、贴近人民群众的艺术作品，不仅给人们艺术享受，还为人民群众提供了奋进的精神力量。

（四）打造一系列红色旅游精品线路，助推红色旅游经济高质量发展

为充分发挥革命文物在党史学习教育中的作用，放大红色旅游的经济效益，江苏省全面整合全省 77 家红色旅游景区（其中瞿秋白故居、刘老庄八十二烈士陵园、泰兴黄桥战役纪念馆等 26 处是全国红色旅游经典景区），陆续推出一系列红色旅游线路，如"回顾革命历程，不忘初心使命""走进红色地标，聆听红色故事""重温东进序曲，感悟铁军精神""弘扬淮海战役精神，领略大国重器风范"等 12 条红色旅游路线，"永远跟党走"20 条红色旅游精品线路，"新百年·新百景"等系列红色旅游产品。其中，"致敬新四军·不忘革命路""淮海战役·伟大胜利""铭记历史·砥砺前行""百万雄师过大江""一江两岸·别样水乡"5 条精品线路还入选了国家部委发布的"建党百年红色旅游百条精品线路"。

江苏各设区市也设计推出系列红色精品线路，如常州市以"又绿江南岸·更添常州红"为主题推出一批"红色＋"特色旅游线路产品；苏州市发布首批 12 条苏州市红色旅游推荐线路；扬州市发布"不忘初心·红色征程"旅游指南，推荐 10 条红色精品旅游线路；徐州市推出"重走习近平总书记视察徐州之路""星火燎原主题游"等 10 条红色旅游线路。

随着党史学习教育的深入，红色主题游览热度不断攀升，南京雨花台烈士纪念馆、周恩来纪念馆、淮海战役烈士纪念塔、新四军纪念馆、日本侵华

---

① 《镇江市复排扬剧〈茶山女人〉和〈革命媳妇〉》，江苏省文化和旅游厅官网，http：//wlt. jiangsu. gov. cn/art/2021/9/7/art_ 695_ 10005095. html。

南京大屠杀遇难同胞纪念馆、渡江战役胜利纪念馆等一批具有标志性意义的红色地标，吸引了广大游客旅游打卡。2021年6月23日，携程网发布《2021年上半年红色旅游大数据报告》，数据表明江苏红色资源在全国红色旅游经济中占有独特的地位，深受广大游客的喜爱。其中，周恩来纪念馆成为五大新晋红色旅游目的地之一，比2019年订单量同比增长1598%，居"'50后''60后'最喜爱的红色旅游景区"第5位；南京居"最具人气的红色旅游目的地"第2位，仅次于北京；句容茅山新四军纪念馆成为新晋黑马红色旅游景区，订单量同比增长7.6倍。[①] 2021年，南京市红色景区接待量激增，据统计，2021年五一黄金周，雨花台烈士陵园景区接待量达14万人次，位居全省红色经典景区前列。[②] 2021年国庆假期，中山陵吸引了83万游客参观游览，总统府景区百度指数快速攀升，假日累计接待游客7.9万人次。[③] 红色主题旅游还成为脱贫攻坚、乡村振兴的重要推手，六合桂子山烈士陵园、李巷红色遗址遗迹群等革命文物在助推"红色 + 乡村"旅游方面效果显著，不仅丰富了乡村旅游业态，也夯实了乡村振兴的发展潜力。

然而，江苏省的革命文物保护利用工作仍面临一些问题，集中表现在以下几个方面。

第一，因权属不一、多头管理、责任不明、缺乏整体保护规划，某些革命遗址、纪念馆出现重利用、轻保护现象。在相对欠发达的农村地区，一些革命遗址得不到有效保护，陈列杂乱、设施陈旧，失去红色文化应有的庄严。

第二，人才缺乏，展陈档次不高。人才队伍储备不足，缺乏高端人才引领，严重制约了革命场馆的质量及发展。此外，部分红色文化场馆存在占地面积大、展陈面积小，展陈档次不高、内容单一，讲解员素质参差不齐的现象。

---

① 《携程发布上半年红色旅游报告：红色旅游同比增长超2倍》，大力财经发布，https：//xueqiu. com/3811527599/187051576。

② 《2021年五一假日文化旅游市场综述》，南京市文化和旅游局官网，http：//wlj. nanjing. gov. cn/njswhgdxwcbj/202105/t20210506_ 2904300. html。

③ 《南京2021年国庆黄金周文化旅游市场综述》，南京市文化和旅游局官网，http：//wlj. nanjing. gov. cn/whyw/202110/t20211008_ 3150285. html。

第三，城市红色形象塑造不力，主题不够鲜明、特征不够突出，尚未真正打造出既能反映革命传统、代表城市精神象征，又令人印象深刻、独具吸引力的城市红色名片。

三　江苏革命文物的保护利用建议

保护好、管理好、运用好江苏丰富的革命文物资源，是弘扬革命文化，传承红色基因的必由之路，应从全局统筹谋划，推进革命文物保护利用工作提质升级。

（一）加强中国共产党精神江苏实践的研究与阐释

传承红色基因、赓续红色血脉，对中国共产党精神江苏实践的阐释与弘扬，离不开扎扎实实的学术理论支撑。建议全省高校、研究院所和智库平台建立交流合作机制，系统性地开展红色资源的整理与研究工作，深刻挖掘中国共产党精神在江苏实践中体现的思想内涵和时代价值，推出有重要学术价值和宣传价值的研究成果，促进红色文化遗产的保护与利用。

（二）推动革命文物保护管理标准化建设及红色文化资源数据库建设，实现红色资源共建共享

推动革命文物保护管理标准化建设，分级分类做好红色遗址的管理工作。一是继续加强革命文物的专项调查与研究工作，系统考证、甄别已公布的革命历史遗址，定期排查革命遗址遗迹、纪念设施、文物藏品的保护利用状况，加强革命文物的普查、修复与保护工作，抢救修复濒危珍贵革命文物。二是实施革命文物抢救性征集工程，加强对重大历史事件、重要党史人物革命文献档案资料的征集、鉴定和研究，尤其是改革开放史、社会主义发展史等重要资料的征集力度，抢救性开展改革开放以来重大事件的口述访谈工作，扩大红色资源的保护范围。

运用现代高科技信息技术手段，推进红色文化资源数据库建设，加强文

物、宣传、党史、科研等部门之间的沟通与合作，推动各行业管理系统、平台等逐步实现互联互通，加快建立统一数据共享交换平台，推动跨部门、跨层级信息共享，逐步完善并建立起综合信息管理系统。

（三）推动"红色＋旅游"高质量融合，赋能江苏经济社会高质量发展

充分发挥红色资源富集优势，打造"红色＋旅游"高度融合发展新高地，赋能江苏经济社会高质量发展。一是成立红色旅游联盟，不断壮大区域间爱国主义教育示范基地、红色革命遗址、纪念馆等红色场馆多场馆、跨领域联动协作，联合开辟红色游览线，充分展示党在不同历史时期领导江苏人民的奋斗历史和发展成就，打造红色旅游高地。二是建议以常州、南京、淮安、宿迁、徐州等红色资源优势突出的城市为试点，依托当地爱国主义教育示范基地、国家级博物馆和红色经典景区等革命文物遗产，重推重抓一批标志性项目、特色化活动，精心打造红色文化传承旅游路线，开发传承理想信念、瞻仰革命英烈、重温革命故事等文化旅游产品，让人们在红色旅游中领悟革命精神、感受传统文化、体验现代科技，不断提高文化自信。三是以革命文物、红色旅游景区和爱国主义教育基地为载体，提升打造一批承载革命文化内涵、群众喜闻乐见的教育培训基地、社会实践基地、研学旅行基地等，建设一批红色旅游融合发展示范区，多层次统筹推进江苏革命文物保护利用和红色旅游发展，更好发挥红色旅游教育功能。四是依托红色文化资源，统筹推进红色旅游与乡村旅游、研学旅游、生态旅游等业态融合发展，充分发挥业态聚合效应，推动全省经济社会高质量发展。

（四）创新红色文化资源"活化"利用的手段

江苏红色文化资源的"活化"利用，应注重方式方法创新。建议一要大力创新革命文物展陈方式，力争展陈形式和展陈内容相得益彰，展陈艺术和思想内涵有机统一，打造一批革命文物展陈精品。二要充分利用革命纪念馆、重要机构旧址、党史人物故居及活动地、重要战斗遗址、改革实践地等红色

地标，结合重大历史事件和重要历史人物纪念活动、中华民族传统节庆、国家公祭仪式等重要时间节点，开展相关纪念活动或红色研学活动，激发受众的爱国主义热情，充分发挥红色资源的主阵地作用。三要融通多媒体资源，充分利用 3D 影像科技、多媒体互动展示、数字讲解阐释、VR 虚拟展示以及场景模拟展示等现代科学技术，全面打造红色数字家园；借助媒体融合，通过微展览、微课堂、微访谈、微视频等传播方式，讲解与视频等方式对革命文物进行全景式、立体式、延伸式展示宣传，增强革命文物的吸引力和感染力。

江苏文化标识打造工作的现状、展望与对策

朱珊　李宁*

摘　要： 文化标识不同于一般意义上的符号、要素、象征、图形、地标，作为复合系统，因其品牌化、个性化、视觉化和易传播等特点越来越受到文化建设者的青睐。上海、湖南、浙江、山东、福建等省份纷纷出台政策措施打造各具特色的文化标识。江苏有打造文化标识的基础和紧迫感，文化标识的确立对江苏一体化发展、文化建设高质量走在前列、群众对文化建设认可度等方面有重要意义。目前江苏文化标识的打造与文化积淀存在现实背离，在整体谋划、品牌建设、个性挖掘、修辞表达、视觉呈现方面存在一定的提升空间。建议提升战略高度搭建组织架构，盘点文化要素编制文化标识清单，挖掘文化特色构建系统文案，发动省民评选调动全民参与，强化视觉呈现推动多元传播。

关键词： 文化标识　文化建设高质量　品牌建设　视觉化

　　2021 年两会期间国家通过"十四五"规划，在文化领域提出打造文化强国的重大目标。作为先行者和探路者，江苏从 1996 年提出建设文化大省到 2006 年提出文化强省建设至今，已历经五个五年规划，文化凝聚力和引

---

* 朱珊，江苏省社会科学院办公室研究员；李宁，江苏省社会科学院哲学与文化研究所副研究员。

领力、文化事业和文化产业以及文化人才建设即"三强两高"在全国处在领先地位。"十三五"期间，江苏思想理论建设不断深化，哲学社会科学创新发展，文脉整理与研究工程深入推进，国家社科基金年度项目立项数近年来持续位居各省区市之首；主流思想舆论持续巩固壮大，县级融媒体中心建设取得积极进展，舆论引导能力进一步提升；社会主义核心价值观深入人心，时代楷模、道德模范、最美人物、身边好人等先进典型和凡人善举不断涌现；全国文明城市总数增至 28 个，位居全国第 1，注册志愿者人数走在前列；文明城市"张家港经验"和文明农村"马庄经验"产生广泛社会影响。现代公共文化服务体系建设有力推进，江苏大剧院、扬州中国大运河博物馆等一批重点文化设施投入使用；国家一级图书馆、文化馆、博物馆总数均居全国前列；广播、电视综合覆盖率均达 100%；"书香江苏"建设深入推进，农家书屋、农村电影公益放映转型升级。文化产业提质增效，年均增幅超 15%，总量连续多年位居全国第 2；文化和旅游融合发展全面推进，获评国家全域旅游示范区、全国乡村旅游重点村数量均居全国前列；建成 2 个国家级影视基地，出品 13 部票房超亿元影片；文化体制改革持续深化，组建电影管理机构和省文投集团等，文艺院团改革不断深化。文化人才队伍建设显著加强，紫金文化人才培育工程深入实施；文艺"名师带徒"计划扎实推进；以"紫金文化名家"为引领、以"紫金文化英才"为中坚、以"紫金文化优青"为支撑的高素质文化人才队伍青蓝相继，入选全国"四个一批"人才数量全国第 1，"文化苏军"在全国形成了较高的知名度。[①]

2019 年省委省政府提出把文化建设中的"三强两高"提升到"三强三高"建设高度，在思想高地、道德高地的基础上增加文艺精品高地。2020年为了把文化建设推向新高度，省委省政府在《关于深入推进美丽江苏建设的意见》中提出"打造江苏文化标识"，并在 2021 年江苏"十四五"总规划的文化建设未来目标中明确强调"彰显江苏文化标识"，以期作为高质

---

① 吴雨阳：《献礼建党百年，文化建设再扬帆》，《新华日报》2021 年 6 月 11 日。

量建设文化强省的点睛之笔，为全国文化建设贡献"江苏方案"。江苏"打造文化标识"的号角已经吹响。

一　文化标识的概念界定与现实意义

（一）文化标识的内涵

"标识"一词最初是广告领域的专用术语，是指任何室内或室外用于学校、商业、服务机构、产品、个人、组织机构、住所或建筑等提供辨认、广告或方向信息的装置。标识可以是图案、文字、引起别人注意的媒介物、特征鲜明的建筑元素，它是展示信息的象征符、触觉符、图解符和特有徽标商标组成的视觉系统。因其直观、容易辨识的视觉特点和作用在企业营销和企业形象方面受到重视，被应用到企业视觉识别系统中，与理念识别和行为识别共同构成企业标识系统，是企业文化的核心组成部分。因为企业发展到一定阶段，突破发展瓶颈就要在企业文化上寻求突破，用企业识别系统使消费者对企业产生认同感和辨识度，树立良好的企业形象，获得经济和社会双效益。[1]

标识概念介入文化领域在国外不是新鲜事，世界现代化进程和发达国家崛起的经验表明，虽然经济是最基本的驱动力，但最核心的影响力是文化。在全球城市区域生长的过程中，影响因子排在第一位的是"文化吸引力"，国家和区域最持久的发展动力是文化认同。[2] 哈佛大学约瑟夫·奈提出的"软实力"构成系统中，处在第一位的是文化吸引力。实践和经验告诉我们，区域文化建设战略、文化现代化推进行动均要在强化"文化吸引力"上寻求重点突破。普通老百姓对一个国家或地区的认知往往不在意它的国内生产总值怎样、排名如何，而对文化标识会格外敏感，比如，巴黎圣母院作

---

[1]　参见马忠法《知识经济与企业知识产权管理》（第二版），上海人民出版社，2019。

[2]　参见汪幼海《软创新与全球竞争力》，上海社会科学院出版社，2019。

为法国文化标识的一部分，2019 年的那场大火让世人无不惋惜，毕竟某种意义上它是法国文化乃至欧洲文化的象征；又如，提到美国，首先联想到的就是好莱坞，作为美国文化标识的一部分，是美国精神文化的象征；再如，韩国的天团、日本的宫崎骏等，这些文化标识因其个性化、辨识度高、易传播等特点成为区域形象的无言诉说者。

目前，国内学者对文化产业、文化事业、文艺精品生产、文化对外传播以及文化软实力有较丰富和全面的研究，省内学者对精神文化和"符号江苏"的研究有所涉及，但鲜见对文化标识的概念和理论论述，只在一些地方性的政策中有所表述。事实上，标识进入文化领域，除了传统意义上视觉呈现的城市地标，比如园林、建筑、雕塑、道桥等公共文化设施和特有地貌外，更为重要的还有人文方面的指向，包括文化精神、文化传统、文化品牌和文艺精品等。[①] 文化标识超越以往的符号、要素、象征、图形、地标、图像集合，它更是一个复合系统。借鉴企业形象塑造理论，站在受众认知和接受的角度，文化标识系统包括受众对城市形象和城市文化品牌的感知，主要来自理念识别、行为识别和视觉识别三个子系统。理念识别反映区域精神和价值追求等文化理念；行为识别通过建设有代表性的文化符号或元素比如历史遗存、旅游地标、特色美食、古今杰出人物等，折射区域人文精神、文化审美、民风与道德水准；视觉识别通过区域物理空间、宣传广告语等直观感受方式，比如城市规划、城市硬件如街道建筑、广场公园、绿地雕塑、文化设施和参观游览中的图形、标志等，在所见所闻中接受人文气息和文化印象。三者之间互为依存、相辅相成。[②]

正如企业发展壮大后在边际效益开始衰减的情况下引入品牌战略寻求新的突破一样，文化建设发展到一定阶段后，品牌化、差异化、个性化和辨识度就成为文化建设者追求的价值导向。目前国内大部分省份文化建设已基本完成文化软硬件和品牌的建设阶段，正在向更深层次推进。高质量发展需要

---

① 参见杨俊宴《城市中心区规划设计理论与方法》，东南大学出版社，2013。
② 参见江平《城市品牌形象塑造与传播研究》，武汉大学出版社，2018。

有相关的文化理论指导，企业文化理论中的形象识别系统是企业发展到高阶阶段通过价值、行为、传播等信息的整合，让企业在信息社会环境中迅速转换为有效的标识，易于消费者接受，完成无形资产增值。从这个意义上可以借鉴企业管理中的企业文化塑形理论，用标识理论打造文化标识，提升整体形象，增强文化软实力，推进文化建设高质量发展。

（二）打造文化标识的现实意义

第一，打造文化标识是江苏一体化发展的必然要求。在长三角一体化的国家战略背景下江苏要求省域先行一体化，一体化不仅要在苏南苏中苏北破除地理和行政上的壁垒，形成跨江经济融合，更要在文化上形成合力。江苏各地有深厚的文化积淀和历史传统，江苏作为一个省份的历史形成期相对较短，各市自有深层文化基因仍有惯性，整体上缺少统领性的整合力量。2020年疫情防控期间，江苏人民在向全国人民展现"苏大强"的同时也暴露了"散装江苏"的一面，究其原因与文化传统的相对独立有直接关系。如今省域文化标识的形成可以在很大程度上统一思想，作为增强全省凝聚力的有力抓手，为加快省域其他方面一体化进程创造条件和基础。

第二，打造文化标识是江苏文化建设高质量发展的必由之路。近年江苏文化强省战略的稳步推进使决策者有条件有机会主动思考高质量发展的路径。虽然每个区域都有自己的文化特色，但区域文化的差异性并不决定文化建设的差异性。在举国体制和全国上下一盘棋的背景之下，近20年全国各省区市文化建设的同质化倾向还是比较明显的，比如社会主义核心价值观的培育、思想道德品质提升、公共文化服务体系构建、传统文化传承以及文化产业的布局配置等，各省份建设路径基本大同小异，这种无差别化建设势必造成千城一面的现象，是文化高质量发展的瓶颈。因此，江苏在公共文化服务体系基本建成、文化产业效益显现、文化人才储备完成之后，需要凝练和总结现有文化成果，形成鲜明的、有辨识度的文化标识。文化标识作为文化建设的高阶阶段，体现一个区域的个性化特征，是该区域文化基因、文化发展脉络和文化建设成就最直接最可感的展现。同时，标识作为形象的视觉代言更加直观，利于媒体的宣传和海内外推广。

第三，打造文化标识是增强江苏群众对文化建设认可度的重要手段。江苏在"强富美高"新江苏建设中取得了瞩目的成就，文化对经济和社会的贡献度也较其他省份为高，但文化在全国的影响力滞后于经济影响力。本课题组在对南京某高校的 1179 份有效问卷调查中发现，尽管 93% 的调查者对江苏文化建设成就感到满意，但同时也有 91% 的受访者认为江苏文化知名度不如经济知名度，比如江苏生产总值全国第 2，但文化知名度不如排名第 9 的湖南省。文化建设的终极目标是满足并提升人民群众对精神的需求，使人民群众有幸福感和获得感。群众对文化建设成果的认知和认可是衡量文化建设高质量的标志，而认知力来源于文化成果的辨识度，高辨识度的文化标识能让群众产生认同感和认可度，肯定文化建设成果，扩大文化影响力和知名度。

第四，打造文化标识江苏具备得天独厚的条件。江苏地理环境吞江纳海、横跨南北，"吴韵汉风"的南北文化融合，发展全面。文化底蕴深厚，"二十四史"中有传者 2 万多人，其中 6000 余人是江苏籍，约占 1/3；在中国科举历史上江苏籍状元共有 357 位，是全国出状元最多的地方。文化遗存丰富，中国四大名著《红楼梦》《西游记》《三国演义》《水浒传》均与江苏有渊源；江苏拥有苏州园林、明孝陵等世界文化遗产，昆曲、古琴、雕版、剪纸、云锦等世界非物质文化遗产入选数量全国第 1。可以说，江苏文化标识资源储备雄厚。加之江苏群众基础较好，据调查，75% 的受访者知道目前江苏省委省政府在着力打造江苏文化标识，88% 的受访者能说出 5 种以上有代表性的江苏符号，这些都为打造文化标识创造了必要条件。

第五，打造文化标识江苏有紧迫感。早些时候山西、云南、河北、贵州、西藏等不少省、自治区公开发布宣传过自己区域的文化形象，比如，山西省的"华夏之根、黄河之魂、佛教圣地、晋商家园、古建瑰宝、边塞风情、关公故里、抗战文化"，云南省的"香格里拉、茶马古道、七彩云南、聂耳音乐"，河北省的"红色太行、壮美长城、诚义燕赵、神韵京畿、弄潮渤海"等。"好客山东""清新福建""多彩贵州""大美西藏"都在各地群众视觉和脑海留下深刻印象。随后也有不少省份从自发到自觉认识到文化标识的重要性，陆续出台政策和措施，将其植入区域文化建设之中。2018 年上海明确提出红色文化、海派文化、江南文化作为文化标识的三个主攻方面；2019 年湖南"文化湘军"（广电、出版）和"马栏山视频文创产业园"（媒体艺术之都）等文创基地的蓬勃发展形成了湖南的文化标识；广东省利用粤港澳大湾区建设以粤剧、龙舟、武术、醒狮等为代表的岭南文化标识；山东也叫响"一山一水一人"（泰山、黄河、孔子）标识口号，精心打造十大文化旅游目的地品牌；2020 年浙江文化基因解码工程启动，为形成特色文化标识做好理论支撑；2021 年 10 月福建省组织网络评选出福建七大文化标识；等等。面对如此形势，江苏再不将打造文化标识提上议事日程，文化建设就会"起大早赶晚集"了。

二　江苏文化标识建设工作的薄弱环节

江苏文化资源丰富，但兼容性和包容性弱化了自身的独特性，因此，文化标识建设与文化积淀存在现实背离。

（一）整体谋划意识有待加强

江苏重视文化元素和符号的挖掘，早在 2013 年就举办了"江苏符号"全球征集活动，苏州园林、昆曲、宜兴紫砂、南京云锦、苏绣、徐州画像石、明孝陵、惠山泥人、南京城墙、淮扬菜、江苏书法、江苏国画等 20 个"江苏名片"上榜。[1] 它们当中有的是文化地标，有的是非遗，有的在海内外有一定知名度。当时活动以对外文化贸易为核心，独木不成林，合起来也不能全面代表江苏文化，还停留在文化要素、符号、象征的简单总结归纳，呈现形散神散状态，没有一定的精神主线或逻辑将其提炼升华，缺少权威部门整体上的谋篇布局，与江苏文化标识也有一定的差距。同时，在区域形象

---

[1]　许启彬：《江苏符号，"最江苏"的文化基因》，《新华日报》2013 年 9 月 12 日。

宣传方面各个城市各自为政，缺乏整体观和大局意识，为了凸显自己常常忽略"江苏"这个省域概念，比如，中国南京国际梅花节、中国扬州烟花三月旅游节、中国盱眙国际龙虾节、中国泰兴银杏节等，以及疫情期间驰援湖北"散装江苏"的区域宣传标识等，这些不规范的宣传均弱化了省域形象的完整性和全局观。

（二）品牌建设层级分散庞杂

自 2009 年以来省政府积极推动对外文化交流和文化宣传活动，大力推广"开放江苏""和谐江苏""感知江苏""同乐江苏""符号江苏""发现江苏"等对外交流品牌。"幸福江苏""锦绣江苏""魅力江苏"等品牌形象也先后登场。2011 年省旅游局在《江苏省政府关于进一步加快发展旅游业的意见》中正式将"美好江苏"作为江苏省旅游形象的定位。2012 年省委宣传部和新华社联合制作以"水润江苏"为题的江苏形象片登上美国纽约时报广场电子屏。同年，江苏省文化厅提出在两个率先中打造"精彩江苏"，并形成专题调研报告，得到省主要领导批示，并予以充分肯定。2013 年省政府新闻办主办"江苏符号"全球征集活动，评出江苏"最美名片"。2015 年省委省政府正式将省文化厅提出的打造"精彩江苏"写进关于推动文化建设迈上新台阶的意见。2020 年省委省政府发布《关于深入推进美丽江苏建设的意见》，明确美丽江苏建设的总体思路、目标任务和工作举措，着力塑造"水韵江苏"人文品牌。近年"大运河文化""江南文化"等品牌也应运而生，江苏文艺精品工程推出以紫金文化艺术节、紫金京昆艺术群英会、紫金合唱节等为代表的"紫金"文化系列品牌；以扬子江作家周、扬子江诗会、扬子江网络文学周等为代表的"扬子江"系列文学品牌，"名师带徒""文化苏军"等人才品牌在全国也产生了一定的影响力。[①] 现阶段，曾经的"美好江苏"和"精彩江苏"已被"美丽江苏"和"水韵江苏"所取代。这些不同政府层面，不同层级、不同行业主管部门，不同推广目的推

① 顾星欣：《文化繁荣，社会风尚日日新》，《新华日报》2021 年 7 月 1 日。

出的文化品牌活动精彩纷呈，推广部门清晰了然、如数家珍，但于群众而言则雾里看花。此外，地方市县级层面也有自己的城市文化品牌，比如天堂苏州、魅力无锡、舞动汉风、盐渎文化、麋鹿之乡等。各种品牌在不同时空叠加，纷繁复杂、相互交叉影响。据调查，57%的受访者认为江苏文化品牌繁多。文化品牌建设必须要有，但要在文化标识的统领之下，否则庞杂的品牌加大了辨识的难度，容易产生认知的碎片化。

（三）省域个性挖掘尚有空间

江苏江河湖海资源丰富，形成了长江文化、江海文化、运河文化、江南文化交相辉映的水韵特色。古运河成就了江苏沿岸的别样风情，淮安的"运河之都"、扬州的"运河原点"、无锡的"江南水弄堂"、苏州的"姑苏繁华图"等成了大运河文化带上最亮眼的明珠。虽然运河文化的精髓在江苏，江苏亦想在"大运河文化"建设上独树一帜，以高颜值、高品质成为国家级大运河文化旅游融合的示范区，使其具备新时代"国家文化客厅"的特征与功能，成为鲜明的江苏文化标识。然而，文化标识强调元素的唯一性或差异化。国家运河公园涉及8个省市，在其他省市也以打造大运河文化为己任的前提下，这样的文化标识势必有趋同的嫌疑。同样，"江南文化"虽然是江苏重点培植的文化品牌，但由于无论从地理区位还是文化传统而言，江苏与上海和浙江的异质性很小，况且上海先行将江南文化列入自己的红色文化、海派文化之中，形成了政策性的文件，江苏此刻再提"江南文化"就显得被动了。事实上，"一带一路""长江经济带""长三角一体化""大运河文化带"等这些服务于国家战略所形成的文化交流平台，因为本身都不是江苏独有，均不具备差异性和独特性。类似的尴尬情况还体现在文化会展方面不如广东深圳的美誉度，特色文化小镇不及浙江领先，高端文化论坛方面"江南文脉论坛"在学界知晓度不及山东"尼山文化论坛"和河南"嵩山论坛"，媒体平台载体比如交汇点、荔枝、"我苏"知名度不如湖南卫视和芒果TV等。我们在调查中也了解到，32%的受访者认为江苏文化标识最薄弱的地方就是个性表达，列所有因素中的第 1 位。有 81% 的受访者认为南京长江大桥可以成为江苏文化标识，因为它是长江上第一座由我国自行设计建造的公路铁路两用"争气桥"，是我国自力更生、艰苦奋斗的精神写照。还有一部分受访者对江苏是近代工业文化发祥地也情有独钟。

（四）文字修辞表达有待提升

在江苏众多文化品牌中有些是政府形象工程，比如江苏卫视当年用"幸福剧场""福晚点名""幸福我主宰"等栏目和活动营造"幸福江苏"政府工程的浓厚文化氛围。有些品牌是形象宣传工程，比如"锦绣江苏"出现在一些大型外交文艺演出、主题节庆活动以及江苏形象宣传片中。有些品牌从旅游形象定位，比如"魅力江苏""精彩江苏""美好江苏"等。这些文化品牌的名称或口号基本上用形容词做定语，用主观赞美的语气和态度予以定位，虽然看上去高大上，但客观内容表现不足，主观溢美成分较多，缺乏高级感。我们在调查中发现，相比这些修辞表达，朴实的"鱼米之乡""吴韵汉风""江南园林"分别排在受访者乐于接受的前 3 位。

（五）视觉呈现缺位有待补充

视觉传达在当今的优势不言而喻，它可以超越时空距离、跨越地域界限，且不受群众区域方言和民族语言及文化水平高低的局限。实验表明人对图形符号所传达的丰富信息接收得较为充分，并保持较长时间记忆。图片符号在传播过程中具有直接性，更便于理解。文化建设成果的具象化呈现需要匹配时代特征才能更吸引受众，被大众所接受。我们已经进入"读图时代"，"图"是人类文化传播中都能读懂的共同语言，因此，它的影响和传播力不容小觑。[1] 文化标识是核心理念的形象化诠释，一方面靠品牌活动渲染，另一方面就要依赖视觉传达。然而江苏在区域形象特征的徽标、图像、标志等视觉设计方面几乎空白，缺乏在公共场合宣传省域文化

---

[1]　参见陈绘《数字时代视觉传达设计研究》，东南大学出版社，2013。

建设的地标、有代表性的文化建设成果，缺乏标识化的视觉呈现与传达的意识。

三　打造江苏文化标识的展望和对策

文化标识既是区域内部人员对所在区域文化建设的认同，又是外部人员对区域的印象和认知，还是对外宣传推介的重要名片。对照江苏文化标识中的薄弱环节，我们要在"道"和"术"两个层面同时发力。一方面，在思想意识和理念上高度重视，有组织有步骤有效率地开展这方面工作；另一方面，发动群众的积极性和参与性，与专家的创造力和创新能力相结合，刻画出代表江苏特质、有辨识度和审美意蕴的文化标识。

（一）提升战略高度搭建组织架构

文化标识作为一种区域文化形象具有稳定性、长期性和全局性，打造文化标识是一项系统工程，要以系统性思维整体布局。江苏苏南苏中苏北的差异性和文化惰性影响省际文化标识的自发形成，为此需要权威部门介入，整合目前文化建设的多方资源和力量，成立以省委宣传部、省文化和旅游主管单位牵头多方参与的工作组，搭建政府、文化专家和专业平面设计广告公司三方文化标识设计团队，制定文化标识系统，权威发布文化标识文案，围绕文化标识筹划相关行动方案，规范省市对文化标识的使用和宣传等，各方力量协同推进。我们在调查中也发现，16%的受访者强调应该由政府来主导文化标识的打造，位列主导因素第1。

（二）盘点文化要素编制文化标识清单

构建鲜明的文化标识要把多种地域性的文化特征纳入区域现代化与国际化的标识系统中。江苏自2016年启动江苏文脉整理与研究工程以来取得了不少成果，在此基础上，继续汇聚社科界、高校和智库等研究力量和优势，开展以"苏学（江苏学）"研究为主要内容的当代地域文化研究，分类编制地方文化标识清单。围绕传统文化、革命文化、社会主义先进文化三个主要类型进行摸底调查，梳理出各市区县文化元素清单，选出重点文化元素，通过招标或委托课题等方式，编撰出版《江苏文化标识要素词典》，形成人文精神标识、文物标识、地方文艺标识、非遗标识、地方手工艺标识、大事件标识物（地）等元素的聚集，为文化标识的提炼、确定做准备。

（三）挖掘文化特色构建系统文案

在前期整理文化标识元素的基础上挖掘出江苏文化特色，创设出与江苏形象定位相符合的理念、行为与视觉文案。有创意的标识策划，会把文化主旨的理念精髓注入文案的文字表述、活动策划和视觉展示之中，有创新点、独创性才能与众不同，被受众铭记。文案涉及三个识别子系统的生成。第一，理念塑造部分，包括传统文化、区域文化、人文精神三个内核，即完成文脉工程延续"吴韵汉风"的江苏传统特色；打造与"水"有关的文化工程、文化活动、内容生产、文化地标等，突出"水润江南"的江苏区域特色；开展"两争一前列"的高质量文化建设，彰显"敢为人先、包容创新"的江苏时代特色。第二，行为识别部分，主要合并、缩减、整合主题相似的品牌活动，围绕新理念创意策划与上述三个江苏特色相关的主题活动、工程、内容生产。第三，视觉识别部分，由统一的图形、图标和一系列与之相融的视觉表达组成，将文化建设理念、品牌内容等抽象语意转化为象征图案和符号。

（四）发动全民评选调动全民参与

专家在对文化标识清单进行提炼、逻辑归纳的基础上形成几套文化标识的创意文案，由政府有关部门组织、媒体广泛动员，通过线上线下面向全省、全国乃至世界进行公开评选。一方面强化省域文化标识的群众认知和认同，另一方面向全国宣传江苏文化建设成就，扩大知名度，形成广泛共识。从群众中来，到群众中去。待群众选出心目中的江苏文化标识后，由权威部门正式向社会发布江苏文化标识的理念、宣传口号及规范图案设计。调查中发现，有44%的调查者认为打造江苏文化标识最重要的环节是"群众的参与"，其次才是"文化品牌建设"，说明群众对文化标识的确立有强烈的参与意识。

（五）强化视觉呈现推动多元传播

视觉呈现缺位不仅是江苏的薄弱环节，也是其他省份目前在打造文化标识过程中还未上升到自觉高度的方面。将其作为江苏打造文化标识的有力抓手，也是最容易出彩的方面。发动江苏平面设计资源创制江苏形象 LOGO，以及文化标识的图片、符号和应用场景，完成文化标识系统的视觉设计部分。规范全省文化标识的发布、展示、宣传的制度和手段。同时，重视文化标识的视听化传播，整合媒体资源增加以江苏为主场的文化宣传平台，提升影音影像和融媒体制作水平，探索江苏文化标识体系的网络数字化表现方式。加强以文化标识为核心的文创产品之间的互联融合，着力打造江苏文化标识生态链，将其深度融入文化和旅游发展，融入新型城镇化建设，融入国际文化交流，全方位大幅提升公众对江苏文化标识的知名度、认同度和忠诚度，提升江苏形象的国内国际知名度与美誉度，打响江苏文化品牌，讲好中国故事的江苏篇章。

现阶段，打造江苏文化标识要以现有的文化建设成果为底色，超越文化符号、要素、象征、图形、地标等初级建设阶段，对其进行总结、提炼、创意谋划，在"术"的层面突出江苏文化的特点、优点、亮点，形成群众认可、易辨识、传播力强的文化标识。未来，以此为模板，以精神塑造、内容生产、文化品牌、文化地标、文化传承、文化人才和视觉表达等方面为有力抓手，从"道"的层面补齐文化建设上的短板，打造出新时代新江苏文化标识。

建设大运河文化带文旅融合发展的江苏样本

李 洁*

摘 要： 江苏作为大运河沿线文旅资源的富集区，文旅融合产生的旅游新业态和新模式将为大运河流域产业发展、消费升级、文旅管理带来新的机遇与挑战。政策、技术和市场环境推动旅游产业向新业态新模式转型。现阶段，大运河文化带（江苏段）文旅融合发展引领文旅市场复苏，文旅融合业态创新彰显江苏人文运河魅力。需要把握好五大趋势规律：一是发展围绕文化自信发展目标；二是文旅融合呈现上下游产业链模式；三是以大运河文化内容为支撑，推动平台经济转型发展；四是以大运河文化内容为核心，形成文化旅游多业态融合；五是以大运河文化内容为动力，赋能体验式文旅模式。目前，大运河文化带（江苏段）旅游新业态新模式建设仍存在文化内容挖掘转化不充分、"大运河文化"主题不突出、部门协作机制不完善等制约因素。为此，建议提升大运河文化内容挖掘、阐释、艺术创作能力，完善大运河文化旅游上下游产业链配套，加强文旅融合发展的平台载体建设，广泛布局场景化、体验式旅游基础设施，创新文旅融合发展的多部门协作机制，推动大运河文化带（江苏段）旅游新业态新模式发展。

关键词： 大运河（江苏段） 大运河文化带 文旅融合

---

* 李洁，大运河文化带建设研究院研究员，江苏省社会科学院经济所副研究员。

《大运河文化保护传承利用规划纲要》强调以大运河文化保护传承为引领，统筹大运河沿线区域经济社会发展。习近平总书记在江苏考察大运河时提出要把大运河文化遗产保护同生态环境保护提升、沿线名城名镇保护修复、文化旅游融合发展、运河航运转型提升统一起来，为大运河沿线区域经济社会发展、人民生活改善创造有利条件。大运河是一条兼具人文内涵与自然景观的珍贵线性空间旅游廊道，大运河（江苏段）丰富的人文和自然景观资源为江苏大运河文旅融合发展提供了充分的发展空间。作为大运河国家文化公园重点建设区，大运河江苏沿线分布13座国家历史文化名城，7个世界遗产区域面积95.7平方公里，分布239处全国重点文物保护单位、39座国家级博物馆，是我国大运河沿线文旅资源最多、类型最全、密度最高的地区。随着《江苏省大运河文化保护传承利用实施规划》深入实施，《江苏省大运河文化旅游融合发展规划》的进一步落实，大运河国家文化公园（江苏段）建设推进，大运河文化带文旅融合发展重要性和意义不断凸显，江苏需要把握好建设大运河国家文化公园（江苏段）的重要机遇，精准把握大运河（江苏段）文旅融合发展制约因素，找准发展路径，创新发展思路，推动大运河（江苏段）文旅融合发展成为彰显江苏魅力，助力文化强省、旅游强省和建设"强富美高"新江苏的重要力量。

一　外部环境推动旅游产业向文旅融合转型

（一）政策层面倒逼传统旅游产业转型

党的十八大以来，以习近平同志为核心的党中央高度重视文化和旅游工作，对文化和旅游融合发展做出一系列重要部署，党的十九届五中全会再次提出"推动文化和旅游融合发展"的战略要求。2021年5月，国家发展改革委、中央宣传部等7部门联合印发《文化保护传承利用工程实施方案》，以"十四五"时期文化和旅游融合提升和高质量发展为重点，提出推动旅游业多领域、多业态、多层次发展。文化旅游发展工作是大运河文化带建设的重心，深化产业融合的战略目标和发展要求在《大运河文化和旅游融合发展规划》《大运河国家文化公园建设保护规划》《长城、大运河、长征国家文化公园建设方案》等国家级纲领性文件中被多次明确提出，大运河沿线的各个省市也将推进文旅融合作为区域文化和旅游业发展的重点。

《山东省文化旅游融合发展规划（2020～2025年）》中提出强化科技支撑，从供需两端发力，促进文化旅游消费升级，着力推动产业融合、品质提升、要素集约、开放合作，发力"＋旅游"产业、"旅游＋"和系列文化精品旅游线路。《北京市文化旅游融合发展意见》提出建设国际化文旅智慧城市，将先进数字技术引入文化旅游产业。《天津市文化和旅游融合发展"十四五"规划》提出"旅游＋"共享融合发展战略，发展农业、工业、康养等旅游业态。河南作为兼具长城、大运河、长征、黄河四大国家文化公园建设任务的省份，聚焦中原文化内涵，积极推动文旅业态创新，将文化、工业、体育、康养、教育等多种元素融入旅游业，丰富旅游业发展。浙江省2020年12月印发《关于推进文化和旅游融合发展的意见》，从"传统文化＋旅游""革命文化＋旅游""社会主义先进文化＋旅游"三大主题促进文旅融合，从农业、工业、服务业和数字产业着手改造传统旅游业，形成文旅新业态竞争力。大运河是江苏难能可贵的优势文旅资源，是能够产生优势文旅新业态和新模式的优渥土壤，深挖大运河江苏段丰富而精彩的文化内容，赋能文旅融合新兴业态和模式，推动文旅产业链高效联动，是破题江苏文旅产业高质量发展的关键策略。

（二）技术层面催生文旅融合新业态

5G等技术的出现改变了文旅产业的技术边界和业务范围，扩大了文化旅游的市场空间。人工智能、传感器、移动通信等机器感知技术的新应用不断拓展用户、客户、受众的体验内容、体验方式、体验质量，创造出卓越的文旅新体验。介入式交互型技术使消费者与视频内容互动成为可能，大数据、人工智能、虚拟现实、增强现实等技术的广泛应用使消费者可以在内容多样化的感官体验中实现文化认同。数字平台技术衍生出多种信息渠道，消费者接受文旅内容的媒介千变万化，多媒体、自媒体、微媒体、跨媒体、融媒体、泛媒体、全媒体等媒介不仅能作为沟通渠道同时也可以作为传播渠道，而且可以全面融合。智能数据分析技术通过捕捉前置性场景掌握用户的行为特征，可以捕捉到文化旅游领域最为活跃、最有价值的目标人群，更加精准地推送文旅融合产品，助推文旅融合释放协同效应、聚变效应、乘数效应。

（三）市场层面呼唤文旅融合新产品

新冠肺炎疫情像一把双刃剑，旅游产业面临"危""机"并存的局面，传统旅游遭遇很大冲击，新兴文旅融合需求跃然而起。根据联合国开发署发布的《新冠疫情对中国企业影响评估报告》，中国数字经济在疫情期间获得加速发展，在线办公、在线教育、在线游戏大幅增长，分别达到537%、169%和124%。宅家文旅需求增加催生数字体验式文旅产品快速发展，电影、农商文创、数字博物馆、沉浸式剧本杀、文化体验园等新业态和新模式市场潜力巨大。江苏已经进入消费升级快速通道，2020年江苏省人均GDP突破12.2万元，达到高等发达国家水平，人均可支配收入达到43390元，消费升级效应显著，新型消费模式发挥了重要作用，智能门店、智慧商圈、即时配送等线上线下融合的消费创新不断涌现；直播电商、社区快速发展，旅游消费呈现新的发展特点，市区一日游、周边游、短途自驾游成为主流，热门景区仍是游客关注的重点，红色旅游、夜间旅游、生态旅游、乡村旅游、休闲度假等产品受到游客青睐。

二 大运河文化带（江苏段）文旅融合发展现状

（一）大运河文化带（江苏段）文旅融合发展引领文旅市场复苏

近年来，大运河（江苏段）作为新兴旅游集聚区发展迅速，2019年大运河旅游带沿线的景区共接待游客 5670.6 万人次，同比增长 637.3 万人次，游客旅游偏好开始从南京、苏州、无锡等苏南知名旅游城市转向徐州、南通、盐城等苏北、苏中新兴旅游城市。2020 年上半年受疫情影响，全省消费游客共 1.1 亿人次，产生 3.9 亿笔旅游消费，为上年同期的63.8%，下半年江苏文旅市场持续复苏，大运河文旅成为江苏旅游市场恢复的重要力量。一是充分利用数字化技术，打造互动式场景化体验。第二届大运河文化旅游博览会采用线上与线下相结合的模式，吸引近 10 万人次走进现场，线上受众突破 2 亿人次；大运河（江苏段）沿线多个红色旅游景点采用多样化互动设备提升消费者文化体验。二是特色体验式文旅项目吸引多类型消费者。汉服等国风类旅游产品吸引年轻人成为国潮体验的主力；沿运城市推出的实景演出和升级版古运河水上游览让游客体验别有一番"穿越"的感觉。

（二）文旅融合业态创新彰显江苏人文运河魅力

大运河文化带（江苏段）积极探索文旅融合业态创新，一是重视"文化内容＋旅游"业态发展，设计多条展现江苏大运河人文特色的旅游线路，培育漕运研学游，展现沿线水运富民、城河共生的文化印记；设计规划文学艺术品鉴游，提升游客诗词、名著、戏曲、名画等大运河艺术作品的品鉴和欣赏能力；设计开展运河民俗体验项目，展现大运河沿线独特的祭祀、年节、婚庆习俗；积极发展沿运红色旅游，构建大运河红色文旅融合发展高地；开发沿运工业遗产旅游，活态展示运河工业文明。

二是重视多业态横向融合的"旅游＋产业"业态发展，开发"旅游＋农业"业态，打造大运河特色旅游村镇，发掘大运河沿线村镇农耕文化、渔业文化、蚕桑文化；规划"旅游＋体育"业态，举办群众性大运河体育赛事活动，每年定期举办健步走、赛龙舟、马拉松等群众性体育赛事；鼓励"旅游＋中医康养"业态发展，推动运河沿线中华老字号中医药企业主导开发中药文化主题的体验式旅游，开发康养类休闲文旅项目。

三　江苏大运河文旅融合发展趋势和前景

（一）大运河文旅融合发展围绕文化自信发展目标

坚定文化自信，加强大运河所承载的丰厚优秀传统文化的保护、挖掘和阐释，传承弘扬中华民族优秀传统文化的价值内核并将其与时代元素相结合，焕发出新的生机活力，为新时代中华优秀传统文化的传承发展提供强大动力，是打造大运河文化带的目标和宗旨。江苏大运河文旅凸显文化自信的发展要求，打造大运河沉浸式体验区和多个互动性展厅，游客能够在仿真文化场域中获得文化的归属感和自豪感，与文化遗产产生共情、获得认同。

（二）大运河文旅融合呈现上下游产业链模式

从文旅融合路径来看，目前文化产业与旅游产业的融合主要是文化作为产业链上游而旅游作为产业链下游，下游产业围绕上游文化内容的开发衍生出多元的文旅融合产品。多样化的文旅新业态新模式突破了传统旅游投资模式，扭转旅游项目过度投资、资金沉淀于土地和硬件设施的现象，转而提升核心文化 IP 的价值在产品中的投入，以突出投资内容体验为主的经营模式，需要减少非消费型产品、体验产品之外的其他重资产投入比重，也包括重视资产投资效益回报率的提升，减少沉淀资本，减轻成本负担，提高现金收入和盈利水平等。江苏大运河文化旅游发展基金布局文旅科技、数字经济、数字文娱、景区运管、文物保护利用等方向，利用多元化金融工具有力支持了中国大运河博物馆、大运河国家文化公园数字云平台、窑湾大运河文化展示园、常州青果巷历史街区等重点文旅项目建设，引导文旅产业积极打造以大运河文化内涵为核心竞争力的文旅融合发展优势。

（三）大运河文化内容支撑下的平台经济发展

数据显示，我国网民规模超 10 亿，截至 2020 年 12 月，我国网站数量为 443 万个，微信公众号 2800 万个，App1800 万个，形成数量庞大且非常活跃的文化消费平台。大运河文化带建设如果能形成专业而优质的主题型文化产品生产和传播平台，有利于解决现有文娱产品平台模式的诸多弊端。一是优质文化内容缺失导致的网络文化健康发展问题。二是资本主导下的文化平台垄断问题，平台巨头围绕着用户数据、信息资源和实体资源取得独占优势，互联网原本秉承的开放、共享、流通的价值理念受到严重影响。优质文化内容的引入一方面通过正确的价值导向解决了文化平台资源同质化现象严重、文化内涵缺失以及价值观念存在偏差等问题，以健康正能量的方式带动文化消费；另一方面引入主题明确的专业文化平台有机会打破现有文化产品完全垄断或者寡头垄断的局面，引导文化产业市场回归正常竞争格局。大运河文化是新型文化业态难能可贵的综合性文化资源，传承利用好这一中国优秀传统文化 IP，充分挖掘阐释传播其丰富的精神内核，有利于引领构建现代文化产业的健康生态，引导行业形成专题型文化平台与综合型文化平台"分庭抗礼"的产业组织形态。江苏主导建设大运河国家文化公园数字云平台，构建集文化遗产管理监测、文化研究、展示传播、学习教育、休闲娱乐等一体化服务平台，聚焦数字化可视化保护传承大运河文物和文化资源，生动展示千年运河的历史风貌和文化底蕴，推动文旅融合形成新的文化产业增长点。

（四）以大运河文化内容为核心的文化旅游多业态融合

大运河是一条凝聚民族精神和人民智慧的文化之河，江苏大运河境内丰富的运河文物遗存、水工遗存、运河附属遗存等历史遗存蕴含着博大精深的历史文化内涵，以"人"为基础的各类非物质文化遗产和运河人家的传统习俗，历史沉淀下的地方文化传统勾勒出吴文化、淮扬文化、楚汉文化、金陵文化等区域特色文化属类。其丰富的文化内涵展现出极高的文化资本价值，这些文化资本价值的转化需要在文化产品和旅游产品中展示给民众，提供给受众精准而深刻的主题文化感受。目前大运河文化带（江苏段）聚焦文化内涵向旅游行为衍生的"旅游＋"业态，高水平打造流域内多个博物馆，构建线上展示空间，创设各种互动体验项目，打造有故事能体验的文化展厅。在"旅游＋"业态发展上积极培育研学、工业、农业、体育、中医药等大运河"旅游＋"文化产品，多元化衍生大运河文旅产业链。

（五）大运河文化内容赋能下的体验式文旅模式

大运河流淌千年的文化印记蕴含着滋润美好生活的文化力量，也凝聚着民族精神的文化精髓。这些广博而深邃的文化内容需要通过文旅融合多样化的展示方式使受众深化认知并加深理解认同。大运河文化带（江苏段）通过数字技术改变传统文旅的游览方式，重视对古典文化的重新塑造，挖掘重要博物馆馆藏重点文物的文化 IP，以数字形式让观众交互、参与、体验古代文化精髓，例如凤凰数字科技等企业打造《清明上河图》真迹沉浸展览，全面应用目前业界领先的云计算、5G、AI 人工智能、大数据、VR 虚拟现实、动作捕捉等技术，仿真历史人物运动轨迹，实现千人同屏千人千面的多元展现，真实还原《清明上河图》中的盛世繁华景象。扬州中国大运河博物馆运用声、光、电等多媒体技术在展馆中打造仿真"沙飞船"，游客们可以在船舱中聆听南北方戏曲，也可走上船头，领略运河沿岸城市的风土人情；为了增加沉浸式体验的趣味性，馆内还设计了趣味性的体验项目，受到年轻人的欢迎。

四　大运河文化带（江苏段）文旅融合发展问题

（一）文旅融合上游文化内容挖掘、转化不充分

文旅融合发展始终遵循文化内容在上游、旅游产品在下游的产业结构。文化内容的阐释创作是文旅融合发展的根基，新型文化产品需要在有吸引力的原创文化内容基础上才能显现市场前景，"文化＋旅游"和"旅游＋产业"等业态创新应清晰围绕大运河文化资源和内涵向产业价值链上下游延

伸。目前大运河（江苏段）文化内容挖掘、研究、阐释有待深化，文化资源和内容活化利用的形式和途径比较单一，供给文旅融合产品开发的文化IP存在不足，一些大运河文化主题的沉浸式文旅产品例如漫画、手游、VR游戏等存在过度依赖技术、追求特效、对体验者包围式感官轰炸等误区，忽视了对历史文化内容的深度挖掘。

（二）文旅融合发展"大运河文化"主题不突出

大运河（江苏段）文旅融合仍处于初级阶段，旅游产品盈利尚未充分实现，上下游产业链配套不成熟，地方和企业的发展和创新动力不足。这一阶段会出现"旅游"被动地捆绑到其他行业变成浅层次的产业结合，旅游产品缺乏清晰定位，"文化"的主体地位缺失，新业态产品的发展潜力不足。例如目前推出的大运河研学游存在对沿线历史遗存、水工遗存、非遗项目等资源的阐释讲解不充分、线路规划文化底蕴不足、体验性项目较少等问题。大运河乡村旅游仍然以绿色景观和田园风光游览为主，忽略了大运河与沿线村镇的文化联系，对农耕文化、水工文化、渔业文化等人文资源挖掘不够，缺乏具有大运河原乡原俗文化内涵的乡村旅游产品。

（三）文旅融合发展的部门协作机制不完善

文旅融合发展不仅仅是文化旅游部门的职责，还涉及多个产业领域和管理部门，需要多部门的协同才能实现高效发展。目前文化和旅游产业仍然保留了原先各自独立、分散的发展形态，技术与资本缺乏密切合作，文化内容、技术与资本的对接平台尚需完善。行业管理依然比较分散，大运河（江苏段）文旅部门与农业农村、教育、医疗、体育等管理部门的协同管理机制尚未建立，大运河文旅发展策略上各自为政，很难做到旅游发展责、权、利的明确和有效对位，容易出现有利益时相互争着管、无利益时大家都不管的现象，"多龙治水"现象一定程度上抑制了大运河文化带文旅融合的发展进程。

五 大运河文化带（江苏段）文旅融合发展对策

（一）提升大运河文化内容挖掘、阐释、艺术创作能力

立足大运河文化带（江苏段）丰厚的历史积淀，积极探索文化元素的艺术表达，鼓励区域文化专题艺术创作。由省内专业研究机构牵头，联合地方志等部门搭建大运河文化艺术创作元素题材库，搜集整理大运河沿线历史事件、重要人物、著名故事等艺术创作素材，定期发布资料搜集和研究成果。支持省内专业学术机构组织大运河历史文化艺术创作专题研究，推出"中国大运河故事"系列丛书，支持故事内容IP在数字化平台上的制作、转化、传播。扩大大运河文化的传播途径和影响力，塑造"运河文化讲述人"网络平台主播形象。围绕大运河旅游路线推出文化类综艺节目，推出"童语大运河"青少年传统文化体验式文旅活动。依托相关研究机构开展消费者文旅需求研究，发布"大运河文旅产业景气指标评价报告"，引导文旅企业掌握市场趋势，高水平开发现代文旅产品。

（二）完善文旅融合上下游产业链配套

鼓励大运河文化原创内容IP的生产，引导传媒与平台企业尤其是国有传媒企业制作精品内容。鼓励平台方对内容产品建立严格的审核机制，不断优化平台内容生产。培育文化内容产品第三方评估机构，促进大运河文化内容产品的合理市场、社会价值评估，向业绩优秀的内容生产商发放奖励性补贴。推进内容产品生产环节优化升级，减少数字文化产品生产和流通的中间环节。借助人工智能、虚拟现实、云计算和大数据等技术的深度应用，推动数字文化产品生产模式逐渐向智能制作、虚拟交互、云平台和全产业链质量大数据控制等转型。深化大运河文旅产业线上线下资源整合、延伸和产业链重组。推动文旅产业市场主体通过上下游协作生产、技术溢出、平台共建和

资源共享等方式打破行业垄断。支持产业链上下游中小微企业发展，实现新型文化、旅游业态市场主体多元发展。

（三）加强文旅融合发展的平台载体建设

建设好大运河文物和文化资源数字化管理平台，高标准搭建大运河国家文化公园数字云平台，试点建设大运河文化产业新型业态集成创新实验室。促进大运河文旅线上云建设，加快传统线下业态数字化改造和转型升级，培育文化领域垂直电商供应链平台，形成数字经济新实体。鼓励电子商务平台开发大运河文旅服务功能和产品，鼓励线上直播、有声产品、地理信息等服务新方式，发展基于知识传播、经验分享的创新平台。支持省内互联网中小型文化企业打造大运河文化内容创作和文化资源传播平台，培育一批具有引领示范效应的大运河文旅融合平台企业。鼓励互联网平台企业与文化文物单位、旅游景区度假区合作，探索流量转化、体验付费、服务运营等新模式。顺应消费升级，建设大运河沿线文旅商综合体。

（四）广泛布局场景化、体验式旅游基础设施

打造体验型文旅融合景区，将大运河文化内容全面融入"吃、住、行、游、购、娱"各旅游要素，满足游客个性化、亲情化的需求。推动5G、大数据、云计算、物联网、人工智能、虚拟现实、增强现实、区块链等信息技术在大运河沿线旅游景区的普及，引导景区开发数字化体验产品并普及景区电子地图、线路推荐、语音导览等智慧化服务。建设大运河智慧旅游样板景区，打造一批全国智慧旅游示范村镇，积极打造大运河数字博物馆，打造大运河文化主题乐园，提升旅游体验。提升沿线5A级旅游景区、国家级旅游度假区等各类旅游重点区域5G网络覆盖水平。推动停车场、旅游集散与咨询中心、游客服务中心、旅游专用道路及景区内部引导标识系统等数字化与智能化改造升级。在相关景区广泛推进物联网感知设施建设，加强对旅游资源、设施设备和相关人力资源的实时监测与管理，推动无人化、非接触式旅游基础设施普及与应用。

（五）创新文旅融合发展的多部门协作机制

明确大运河（江苏段）文旅融合发展以弘扬中华民族昂扬向上的精神为核心，以消费者的体验感、获得感和满足感为导向，以重点项目为突破，以数字赋能为动力，要推动多方力量协同互动，实现共建共治共享，实现文旅融合可持续发展的目标。文旅、财政、科技、教育、农业、水利等多部门需要加强协同，有效发挥各部门的专业优势。进一步发挥省大运河文化带建设工作领导小组的宏观统筹作用，搭建多部门行动结构框架，编制全省大运河旅游新业态新模式重大项目跨部门综合监管事项清单，制定工作指引。由文旅厅牵头，建立大运河（江苏段）旅游新业态新模式发展部门联席会议制度，应对大运河（江苏段）旅游新业态新模式的项目实施中的矛盾和问题，定期会商，理顺各职能部门具体职责划分和主体分工，设立部门信息联络员，负责项目推进情况的沟通和反馈。建立通畅、高效的部门间沟通渠道，以规避"多龙治水"现象的发生。

江苏农村文化治理体系建设重点、难点与对策

唐文浩*

摘　要： 农村文化治理体系是实现农村现代化和乡村振兴的重要载体。现阶段，江苏农村文化体系建设在物理布局、融入基层治理格局、精准对接机制以及服务供给方面取得了显著成效。但是，在文化治理体系建设过程中，江苏仍需继续推进优秀文化导入、标准服务体系构建，传播渠道创新和文化遗产保护等重要工作。针对"空心化"、"碎片化"、"薄弱化"和"空虚化"等文化体系建设难点问题，本研究给出重塑农村乡贤文化、重造农村精神风气、重构农村文化体系等对策建议。

关键词： 农村文化　治理体系　乡村振兴　江苏

农村文化治理体系建设是社会治理现代化的关键。习近平总书记指出，"一个国家的治理体系和治理能力是与这个国家的历史传承和文化传统密切相关的。解决中国的问题只能在中国大地上探寻适合自己的道路和办法"。党的十九届六中全会提出"坚持把社会效益放在首位、社会效益和经济效益相统一，推进文化事业和文化产业全面发展，繁荣文艺创作，完善公共文化服务体系，为人民提供了更多更好的精神食粮"。由此可见，文化治理体系建设是新时代基层治理与时俱进的重要环节。乡村要振兴，既要塑

---

* 唐文浩，博士，江苏省社会科学院社会学研究所助理研究员。

形，也要铸魂。农村文化治理体系建设的宗旨就是要形成文明乡风、良好家风、淳朴民风，焕发乡风文明的新气象，进而推动农村社会全面进步、农村居民全面发展，逐步提高乡村社会文明程度，实现农村社会治理现代化目标。因此，农村文化治理体系建设是基层治理体系的重要组成部分，是"十四五"期间农村现代化目标布局和第二个百年目标大局顺利实现的重要构成要素。

近年来，江苏作为有2250.6万农村人口的沿海发达省份，在加强农村文化治理体系建设，全面提升农村居民精神风貌方面取得巨大的成就，这对于增强区域核心竞争力，成为全国乡村振兴的排头兵，打造美丽江苏具有重要意义。"十三五"期间，江苏着力打造农村文化治理体系，在全国率先建成"省有四馆、市有三馆、县有两馆、乡有一站、村有一中心"的五级公共文化设施网络体系，基本形成乡村"十里文化圈"，并连续举办17届江苏读书节、10届江苏书展、11届江苏农民读书节，创建全国乡村旅游重点村39个、省级旅游风情小镇创建单位18家。另外，江苏已基本实现基层综合性文化服务中心全覆盖，基本建成城乡公共文化设施网络，基本保障文化产品和服务供给种类的多样性。在此基础上，江苏农村文化治理体系扎实融入基层治理，通过深入挖掘乡村的价值认同与文化优势，内化为乡村振兴的源动力与支撑点，为地区农村经济社会高质量发展注入文化内涵。

一　江苏农村文化治理体系建设现状

新时代乡村振兴为农村文化治理体系建设提供了历史契机。以实施乡村振兴战略为指引，2021年江苏先后出台了《江苏省"十四五"文化和旅游发展规划》《"十四五"全面推进乡村振兴加快农业农村现代化规划》指导性文件，以及自2015年起颁布的《关于推动文化建设迈上新台阶的意见》《关于推进现代公共文化服务体系建设的实施意见》《关于推进基层综合性文化服务中心建设的实施意见》等专项文件，为农村文化治理体系建设提供了有力的制度保障。在实施过程中，江苏开展实施了"十百千"示范工程和全省万场文化活动进农村等活动，提升基层公共文化服务效能，推进乡镇公共文化设施建设完善，增强了农村地区群众获取公共文化产品的便利性和满意度。此外，江苏已连续三年摸底排查乡镇文化站、基层综合性文化服务中心的建设、管理和服务水平，并进一步强化基础设施功能性与专业性，贯彻落实保障规划。尤其值得关注的是，自 2020 年起，全省高质量发展绩效评价考核体系为文化治理体系设立了专项指标，即人均接受文化场馆服务次数和各级文化场馆公共文化服务内容纳入考评体系。由此可见，江苏农村文化治理体系建设成效显著，而具体发展现状可以归纳为以下几个方面。

一是农村文化治理体系物理布局基本实现。"十三五"期间，江苏加大政府购买公共文化服务力度，组织开展文化进万家、戏曲进校园进乡村、群星奖优秀作品巡演、全民阅读春风行动、农民读书节等文化活动，引导各类文化活动、文化服务向农村基层延伸。推进建设县级图书馆文化馆总分馆制，以县级图书总馆为中枢，同时建设分馆实现文化传播，为农村地区提供优质的公共文化服务，增加公共文化产品和服务供给，促进城乡文化活动联动，发掘乡村基层综合性文化旅游、特色电子商务等功能。建设多功能的场馆型自助公共图书馆，城市书房营造出精致、家居式的阅读环境，不仅是图书阅览室，也是艺术沙龙、休闲娱乐、网红打卡、文创展销等多主题功能空间。加快实施江苏智慧广电乡村工程，让广大基层农村群众方便获得优质公共文化，及时获取涉农信息。积极开展群众文艺创作展演展示活动，扶持优秀群众文艺作品，激励优秀文化产品创作传播，建设公益书房 2800 多个、公益小剧场 3200 多个、室外演艺舞台 3500 多个，南京六合区、苏州太仓市、巴城镇等 10 个地区被文化和旅游部命名为 2018～2020 年度"中国民间文化艺术之乡"，数量居全国前列，全省万人拥有公共文化设施面积由"十三五"初期的 0.16 万平方米增加到 0.37 万平方米。

二是文化治理融入基层治理格局基本形成。全省通过创作生产一批展现乡村振兴、农村精神文明、生态文明建设生动实践，塑造新型农民形象的优秀电影、电视剧、戏剧曲艺等文艺作品，丰富农村居民的精神世界，增强农村居民的精神力量，提升农村居民参与基层治理的积极性。通过持续推进科技、文化、卫生"三下乡"活动，推动中国农民丰收节成风化俗，鼓励群众参与传统节日民间文化和民俗活动，深入推广"马庄经验"，支持农民群众自办文化，扶持具有乡土特色的文艺创作，组织和引导群众开展多种形式的乡村文化文艺活动，丰富农民群众文化生活，带领农民群众解放思想、振奋精神，让农民群众焕发昂扬向上的精神风貌。通过加强对农村演出市场和演出团体的管理，大力整治低俗节目表演，实施群众文化"百千万"工程，推进移风易俗，培养认定一批优秀群众文化活动品牌、团队和骨干，通过设立"乡风文明志愿岗""新乡贤＋志愿服务"等方式促进农村文化建设，有效提升文化治理融入农村治理水平的有效度，保障文化治理体系建设与农村基层治理之间有机融合，进而构建起适应地区农村民众需求、具备地方特色文化基因的基层治理结构。

三是公共文化服务精准对接机制基本建立。江苏积极开展送文化下乡活动，引导广大群众多读书、读好书，多接触科技文化知识，进一步丰富农村群众的精神文化生活。完善高质量发展绩效考核体系"人均接受公共文化场馆服务次数"指标考核机制，提升人民群众对公共文化服务效能评价。构建开放多元公共文化服务供给体系。推动公共图书馆、文化馆、博物馆、美术馆等拓展服务内容，创新服务形式，提升服务品质，面向不同群体开展科普展示、阅读分享、艺术沙龙、非遗传承等体验式、互动式的公共阅读和艺术普及活动，创新开展创意市集、小剧场话剧等文化活动，打造公共文化服务品牌。继续实施公共文化设施免费开放，进一步加强错时开放，鼓励有条件的地区开展延时开放和夜间服务。推动公共文化服务社会化发展，深入推进政府购买公共文化服务，面向社会公开招募符合条件的企业、社区、社会团体申报建设新型公共文化空间；面向社会广泛公开征集环境设计、主题布置；整合公共文化单位、企业、社会团体、社区街道、志愿者等多方社会力量参与日常运营维护。积极推进基层公共文化服务设施网络体系建设，全省提前一年完成了20410个村（社区）综合性文化服务中心建设，县级公共图书馆、文化馆总分馆制建设全面实施，分馆覆盖全省90.7%的乡镇。

四是农村居民文化服务需求供给基本平衡。面对农村地区未成年人、老年人、残疾人和流动人口等不同文化社群提供差异化个性化文化服务，组织开展戏曲进校园、进乡村等送文化下基层活动，让公共文化服务触手可及。灵活精准开展供需对接和绩效动态评价，形成"需求采集、服务供给、效果评价、改进创新"的良性循环。创新实施文化惠民工程，提高公共文化服务质量，提升群众参与率、知晓率和获得感。以社区为工作重点，启动实施"千支优秀群众文化团队培育计划""千个最美公共文化空间打造计划"，提升"送、种、育"文化实效性。培育一批有广泛影响的群众文化创作和活动"带头人"，打造一批居民和游客乐享的公共文化空间，引导带动城乡群众在文化生活中当主角、唱大戏。实行文化评奖与文化惠民相结合，组织江苏省文华奖、江苏省"五星工程奖"参评作品惠民演出和获奖作品集中展演，实现"上万观众进剧场、千万观众在线上"。截至 2021 年 3 月，苏北徐州、连云港、宿迁、淮安、盐城五市共有公益小剧场 1705 个，其中文化馆（站）内 50 座以上的小剧场 632 个，文化馆（站）外 50 座以上的小剧场 250 个，室外演艺舞台 823 个，每年为苏北农村地区送书 27 万册，送戏 2800 场，送展览 40 个。

二　农村文化治理体系建设重点与难点

"十三五"期间，江苏积极推进农村公共文化服务体系建设，大力拓展农村居民文化需求的获取渠道，创新性开展文化惠民工程与文化供给服务实践。在打造高规格、高标准的公共文化服务设施的基础上，大力发展农村地区职业技能教育，引入形式多样、供给主体多元、针对性较强的专项培训项目，将农村公共文化服务体系与农村居民生计紧密结合，提升了农村文化治理体系建设效能。然而，江苏农村文化治理体系建设依旧存在苏南、苏中与苏北地区之间发展不均衡不充分的问题，地区农村内部也呈现公共文化服务资源配置分布不均衡、地区特色不明显以及与时俱进的优秀文化供给不充分等问题，与人民群众对于文化的需求之间仍然存在差距。全省农村文化治理体系下一步建设重点归纳为以下几个方面。

一是全力导入优秀文化资源塑造新时代农村。乡村振兴需要引入系统性社会资源，相应的，农村文化振兴也需要优秀文化资源导入。优秀文化是反映时代需要最为积极的符号，是道德内化的基本手段。农村基层治理现代化最为根本的就是要实现共建共治共享的社会治理格局。农村文化治理体系建设是基层治理的重要抓手。江苏农村文化治理体系建设就是要通过外部优秀文化资源重新构建新时代农村精神文明内涵。当前，江苏农村文化体系建设应以优秀文化导入为切入点，以塑造新时代农村乡风民俗为落脚点。公共文化服务体系建设布局要以外部优秀文化资源导入为出发点，大力宣传乡村道德楷模，挖掘与自身相关的"新乡贤"文化资源，通过文化传播体系在农村居民中生根发芽，进而进一步提升乡风乡貌，为乡村振兴打造软环境。

二是着力构建现代公共文化标准化服务体系。农村文化体系标准化建设是解决地区发展不平衡、区域内部发展不均衡的重要途径。苏南、苏中与苏北由于经济社会发展状态存在差距，农村公共文化供给能力和水准自然产生差异。而对于农村文化治理体系来说，享受同等的文化服务体系是地区农村均衡发展的关键。公共文化标准化服务体系不仅包括同样的组织机制流程，也包括同等标准的基础设施建设。实现上述目标不仅需要省级层面的顶层制度设计，也需要财政的专项转移支付。目前，全省在农村文化机构设置已形成统一部署安排，然而文化基础设施建设还是参差不齐。部分经济薄弱地区农村文化基础建设与新时代农村居民文化需求差距较大，严重降低了农村家庭对于文化产品的获得感与满足度，阻碍了农村文化发展。

三是创新打造公共文化供给模式与服务渠道。农村文化治理体系建设离不开公共文化的供给与传播。江苏农村公共文化供给与服务在不同地区呈现不同特点，但是主要仍然是以政府购买服务的形式进行运作。在当前信息科技高速发展的时代，传统政府主导的"送戏下乡"、"送文化下乡"以及"送书下乡"等公共文化供给模式和服务渠道，虽然在一定程度上缓解了与农村文化体系建设需求之间的矛盾，但是在效率与深度方面依旧存在深层次矛盾。数字文化体系建设已是当前江苏农村文化治理的首要命题。没有公共文化供给模式与服务渠道的高效创新，就没有农村文化治理现代化，更不可能实现城乡公共文化服务的均等化发展。建立"喜闻乐见"的公共文化供给模式与服务渠道是农村高效治理的重要表现，也是乡村文化振兴的发展方向。

四是强化农村文化遗产系统保护与有效传承。挖掘乡村文化内在优良基因是当前江苏农村文化治理体系建设的首要工作重点，而农村文化遗产则是文化优良基因的现实载体。农村文化治理体系建设离不开自身固有的文化传统和传承。近年来，江苏各级政府重视农村文化遗产系统保护与有效传承，在全省范围内建立了统一的农村文化遗产保护机制，对重点乡镇村的文化遗留加以保护。农村文化遗产系统保护与有效传承不仅保证了文化治理有根溯源，更是保证了基层治理的高效运行。只有强化农村文化遗产系统保护与有效传承，才能保证农村社会治理因地制宜和符合实际，不会出现"千篇一律、万村同貌"的形式主义，才会从根本上杜绝"回不去的乡愁"现象出现，解决了乡村振兴中人口返乡等深层次突出问题。

在城镇化快速发展的背景下，江苏农村文化治理体系要时刻围绕习近平新时代中国特色社会主义思想的要求，要在上述重点工作上下功夫，把社会主义核心价值观融入社会发展各方面，转化为人们的情感认同和行为习惯，进而提升基层治理效能。与此同时，在农村文化治理体系建设过程中，全省也要直面以下工作难点。

一是防止农村"空巢化"带来文化"空心化"。农村文化治理体系建设要根据地区实际，科学制定与本地农村居民文化需求相匹配的发展规划。作为沿海经济发展较快省份，2020年江苏省常住人口城镇化率是73.44%。高度发达的城镇化，带来了农村地区空巢化现象严重，尤其是苏北、苏中地区的农村区域，老龄化趋势越发明显。当前，江苏虽然已实现基本文化设施覆盖了省内所有农村地区行政村，但由于部分地区的空巢化现象十分严重，部分地区农村居民的文化精神需求与公共文化产品供给之间的不匹配，农村文化治理效能不高。人口外流带来的农村文化人才缺失，导致缺乏反映江苏农村、农民实际精神风貌的精品和曾深受本地农村居民喜爱的民间艺术濒临失传等现实问题。农村"空巢化"带来文化"空心化"，已经成为农村文化治理中的薄弱一环。

二是防止农村"封闭化"导致文化"碎片化"。全省农村地区虽然在生活水平以及现代科技信息化建设方面取得了较大发展，但相对于城市地区仍属于封性的区域。空间的局限性直接制约着农村居民的文化需求的获取。当前，农村地区居民获取文化资源的渠道相对于城市依旧狭窄，主要依靠手机、电视、广播和报纸等媒介，缺乏与文化工作者面对面直接交流的机会。虽然农村居民也可以通过互联网获取相关文化的信息，但由于网络媒介在传播时的"碎片化"特征以及其自信息整合能力的局限，甚至少量不良信息直接导致农村居民对健康乐观、积极向上的生活向往和追求产生反向作用，严重妨碍了农村的精神文明建设和新时代农民精神风貌的提升，间接导致农村文化治理支撑体系出现漏洞，阻碍农村基层治理现代化的整体推进。

三是防止农村"滞后化"引发文化"薄弱化"。由历史上的计划经济导致的城乡二元结构差异，江苏城市区域无论是在经济方面还是在文化体系建设方面都获得了优先发展权。当前，文化体系的城乡差别以及事实上的不平等至今依旧没有完全消除。江苏农村的公共文化体系的基础设施建设投入虽然比过去有较大增加，但并没有从根本上彻底扭转农村文化体系建设相对落后的现实，尤其是农村居民对于文化产品的需求尚未得到完全满足。农村居民与城市居民在文化产品的享有、渠道的获得、消费水平和补充方式等方面还存在很大的现实差距，农村居民的文化产品的获取还没有很好地得到保障。由此可见，农村社会经济发展相较于城市地区的"滞后化"引发出在文化治理体系建设方面的"薄弱化"，对农村治理带来了严重的挑战。

四是防止农村"边缘化"形成文化"空虚化"。由于农村地区经济社会发展相对较弱，江苏尤其是苏北部分农村地区仍然存在"重经济发展、轻文化供给"的片面思想，追求政绩工程、形象工程，把工作重点放在农村基础设施等显性硬件建设上，对文化体系建设等隐性软件投入明显不足，重视关注程度较低，对农村地区本土文化人才培育不重视，忽视农村居民精神文化需求。农村文化治理体系建设不仅仅是为农村居民提供跳广场舞、下棋等硬件设施，更应是满足农村居民精神层次多样性、多元性需求。在人口外流明显的农村地区，江苏如何利用乡村振兴的历史机遇，重新将农村地区放在经济社会发展的重要位置，摆脱农村文化日益"空虚化"的现实，已成为地区农村文化治理体系实现现代化的关键，也是在全国率先实现农村现代化的重要节点。

三　完善农村文化治理体系建设的对策建议

农村文化治理体系建设直接关系江苏率先实现农村现代化的进程。作为文化产业大省，江苏可以利用丰富的文化资源，通过引导农村居民主动参与方式，不仅可以满足其文化发展和提升精神风貌的需求，而且能够将精神文明建设从完全依赖政府"输入"的旧局面转变为农民主动"引入"的新局面，实现文化治理现代化。文化治理体系建设作为江苏乡村振兴的重要组成部分，是新时代江苏做好"三农"工作的有力抓手，是江苏提前实现现代化目标的必要条件。基于农村文化治理体系建设重点和难点分析，现阶段江苏农村文化体系建设中存在的问题，并不是由某个因素造成的，而是由多个错综复杂、相互交织的因素共同造成的。因此，针对上述问题，下一步完善农村文化治理体系建设需从以下三个方面着手。

一是重塑农村乡贤文化，培育精品文化资源。农村治理现代化最根本的问题是要解决本土人才的问题。乡贤是农村文化治理体系建设的关键，也是农村地区与时俱进重塑本土文化的切入点。当前，大力开展农村教育和技能培训，培养与造就有良好精神风貌的本土乡贤，是当前农村文化治理体系建设的重中之重。新时代，国家主要矛盾的转变，以及新科学技术的推广应用和新生产方式的出现，对农村文化治理体系提出了更高更新的要求。因此，要实现农村居民的物质和精神的共同富裕，基层政府必须抛弃原有的"重经济发展，轻文化体系建设"的片面思想，以社会主义核心价值观为引领，通过乡贤与模范示范等方式，积极引导农村居民主动对接优秀文化供给，不断提高思想道德素质和科学精神面貌素养，培育乡村振兴的精品文化资源，鼓励优秀文化人才回流，加强乡村本土文化资源建设，充实乡村文化发展的中坚力量。

二是重造农村精神风气，提升文化供给层次。农村精神风气的再造需要以完善文化治理体系建设教化民众，形成符合社会主义核心价值观要求的新的农村道德标准。基层政府应加大文化建设的工作投入力度，进一步完善和提升农村精神文化活动场所和基础设施，不仅要在文化产品输入的硬件设施上下功夫，更要深入挖掘本土乡村文化内在价值，满足农村居民的精神文化需求。具体而言，一方面，基层政府应牵头制定村规民约，充分依据国家大政方针、法律法规、社会主义核心价值观、乡风民俗等元素，约束村民言行、规范公民道德，助推乡风文明，弘扬核心价值观；另一方面，运用农村地区广泛接受的宣传手段，培育新时代农村社会风气。在新农村基础设施建设过程中，把弘扬传统美德与美化景观有机结合起来，提升文化供给层次，更为有效改善农村精神风气，提升农村文化治理体系的效能。

三是重构农村文化体系，实现居民自我完善。随着江苏乡村振兴、美丽乡村建设工程的不断推进，现有农村文化治理体系已明显不能满足农民日益增长的精神文化发展需求。重构农村文化体系，实现农民自我完善，已成为当前提升精神文明的主导方式。重构农村文化体系，一方面，政府要充分关注农村居民的文化发展需求，牢固树立"一切为了群众，为了群众一切"的服务意识，广泛深入农村群众中间，认真听取意见和建议，真正弄清楚农民文化发展的内在需求；另一方面，政府应重视农村文化人才队伍建设。农村文化体系建设需要有一批活跃在农村、扎根在农村、热爱农村的文化工作队伍。农村文化治理体系建设离不开农村居民主体的积极参与。因此，各类与重构乡村文化体系相关公共文化产品的供给，应充分激发农村居民的内在积极性和主动性，增强其参与相关培育活动的意识以及创新能力，支持其自主开发或选择符合自身发展实际的精神文化产品。

江苏仪式教育的现状、问题与对策

李　昕*

摘　要： 仪式教育能够成为社会对个体进行行为规训、构建价值认同的重要途径，除仪式自身的独特属性外，更重要的是仪式操演对个体行为及价值观的重塑过程。只有正确认识仪式构建价值认同的内在逻辑，才能准确把握仪式教育中出现的问题，并提出切实可行的对策与建议。江苏的仪式教育依托"八仪四礼"、南京大屠杀死难者国家公祭等积累了丰富的经验，但在思想认识上依然存在误区，在实践中依然存在重形式轻内容、缺乏对仪式符号的提炼与有效运用等问题，解决这些问题必须在充分认识仪式构建价值认同内在逻辑的前提下，从仪式空间、仪式操演、仪式符号、仪式主题等方面进一步深化江苏的仪式教育。

关键词： 仪式教育　价值认同　仪式操演　仪式符号

无论对于某一群体，还是整个社会而言，行为规训和价值认同都至关重要。只有在每个人都自觉遵守社会的行为规范，并形成价值认同的前提下，才能形成真正意义上的群体意识，实现群体利益最大化。

仪式是具有表达功能的象征性符号的集合，是一种极具渗透性，且受特定社会规范制约的象征性、重复性的行为操演系统。仪式教育是社会借助仪式行为，依据其共同的行为规范对个体进行行为规训，构建价值认同的重要

---

* 李昕，江苏省社会科学院哲学与文化研究所研究员，南京大屠杀史与国家记忆研究院研究员。

手段。目前，我国的仪式教育按照主导力量的不同可分为由学校主导，针对学生群体进行的仪式教育，和由政府、社会团体主导，针对全体公民进行的仪式教育。

学校中的仪式教育除以爱国主义教育为主要内容外，多为按照学生不同的年龄阶段所设立的依托过渡仪式而进行的仪式教育，如以构建成人意识为目标，针对在校学生举行的 18 岁成人仪式①。社会层面以构建公民意识为目标所进行的仪式教育则相对宽泛，多以文化传承、构建文化自信为目标，与中国传统文化、民俗活动相关的仪式教育，如新年的撞钟祈福仪式、端午节的赛龙舟仪式等。此外，还有由政府主导，以纪念重要历史事件、以爱国主义教育为目标的大型纪念仪式，如重要时间节点举行的建党、建国等庆祝仪式，每年的南京大屠杀死难者国家公祭仪式等。应当说，仪式教育不仅是提高国家公民素质的重要途径，也是人们社会生活重要的组成部分。

江苏是全国经济发展和文化建设的排头兵，是教育大省，也是教育强省，素有"全国教育看江苏"的说法。江苏很早就非常注重仪式教育，近年来在仪式教育方面积累了许多宝贵的经验，但也存在许多不足，有些问题在全国颇具代表性，因此，梳理江苏仪式教育的现状，找出问题，并针对这些问题提出切实可行的建议与对策，对在全国推动仪式教育的深入发展，构

---

① 18 岁成人仪式教育包括 16 周岁领取居民身份证前后的公民意识教育、16～18 岁的成人预备期志愿服务和年满 18 周岁面对国旗宣誓三个环节。18 岁成人仪式教育最早起源于 1990 年 4 月 29 日由上海市嘉定县黄渡乡团委组织的"黄渡乡第一届 18 岁青年生日活动"，后得到了中共中央、国务院的充分肯定，先后被纳入《爱国主义教育实施纲要》《公民道德建设实施纲要》《中共中央国务院关于进一步加强和改进未成年人思想道德建设的若干意见》等文件中，共青团中央也一直高度重视这项工作，为指导各地团组织开展 18 岁成人仪式教育，先后下发多个文件来规范 18 岁成人仪式教育，如《共青团中央关于规范十八岁成人仪式教育活动的暂行意见》(1996)、《关于 1999 年深入开展中学生 18 岁成人仪式教育活动的通知》(1999)、《关于继续大力推进 18 岁成人仪式教育活动的通知》(2000)、《共青团中央关于表彰 1999 年度全国 18 岁成人仪式教育活动优秀组织单位的决定》(2000)、《共青团中央关于表彰 2000 年度全国 18 岁成人仪式教育活动优秀组织单位的决定》(2001)、《关于深入开展中学生 18 岁成人仪式教育活动的通知》(2002)。这些文件的出台有力地推动了 18 岁成人仪式教育在全国的开展和普及。

建更加广泛的价值认同具有重要作用，尤其是在"世界正处于百年未有之大变局"的今天，更是意义非凡。

一　仪式促进构建价值认同的内在逻辑

仪式能够成为社会对个体进行行为规训、构建价值认同的重要途径，除仪式自身的独特属性外，更重要的是仪式操演对个体行为及价值观的重塑过程。只有在正确认识仪式构建价值认同的内在逻辑的前提下，才能准确把握仪式教育中出现的问题，并针对问题提出切实可行的对策与建议。因此，探讨仪式教育，首先要从仪式构建价值认同的内在逻辑谈起。

事实上，人类社会健康、有序发展依靠的是个体的社会化程度。个体的社会化过程主要呈现两种基本形式：一种是被动社会化，即社会通过各种方式规范个体行为，令其符合社会行为规范的过程；另一种则是主动的社会化，即个体获得将自己塑造成为他人所期望的样子的动机，并付诸行动的过程。如果说传统被动式的说教式教育代表的是个体的被动社会化过程，那么仪式教育则因其极强的身体参与性而成为个体从被动社会化向主动社会化转变的催化剂。

"身体在场"是仪式操演的重要特征。在仪式运行的过程中，操演话语被人为地编码成为高度程式化的一系列姿势、手势、动作等行为。这种高度程式化的行为不仅规制了记忆和表达，也以一种抽象的方式界定了现实中的个体存在及自我的呈现方式。"身体在场"借助这些程式化的姿势、手势和动作，使特定的行为规范和价值认同变得可见、可感。

仪式教育中，"身体在场"首先面对的是特定的仪式空间，这是社会对个体进行空间驯化的一种具体形态。仪式是一种重要的社会交往秩序，仪式操演作为一种实践活动，体现的不仅是社会秩序中个体的关系性存在，也是社会秩序借助空间秩序对个体进行的行为规训。仪式空间是仪式所依托的社会秩序的集中体现，是社会进行行为规训的空间承载形式。任何一种政治力量都希望依据自己的价值判定及行为规范实现对民众的驯化，通过构建符合自身政治需求的仪式空间，通过不断重复的仪式操演构建符合自身利益的共同体，并让每个参与者自觉成为这种共同体关系的坚定拥护者。

社会秩序的产生和演变以与之相对应的空间秩序为基础。社会根据不同的文化习俗、宗教信仰及价值认同等将人群放置在不同地点，形成群体内部及群体之间或紧密或疏离的相互关系，这种亲疏有别的关系影响了人们对于空间的偏好，从而影响了建筑物社会功能的实现及空间的构成，由此形成明确的、可辨识的空间秩序。"社会变迁和成长，它们从内部变化并适应外来的压力和影响。客观地但又是社会地给予的时空概念必须变化，以适应新的社会再生产之物质实践，以及新的价值分配方式。"① 人类生存空间的不断扩展会不断形成新的空间形态，各种基本的社会空间形态相互叠加、相互作用形成日趋复杂的社会空间秩序。

马克思说"人的本质是一切社会关系的总和"，人的关系性存在不仅体现在社会秩序中，还体现在社会秩序所依托的空间形态中。这种空间形态可以是宏观层面上整个的社会形态，也可以指微观意义上的生活或活动空间。空间既规定了空间中的物体，也规定了空间中物体间的相互关系，以及身处其中的人的价值判定与行为表现。身处相互交错的各种空间形态中，个体需要清晰地认识到自己所处的空间形态及其空间规则，并据此调整自己的行为。

仪式教育中，"身体在场"导致的一个重要结果是角色扮演，这是个体在接受社会规训的过程中从被动向主动转化的关键。

社会生活中，每个个体都被社会赋予了某种特定的社会角色，每个角色都有其特定的行为规范，接受这种角色设置并进行角色扮演是参与者主动接受规训、实现自我归类的过程。仪式操演作为一种高度程式化、极具象征性的实践活动，其"表演"的性质不言而喻。仪式空间是一个相对封闭的舞台，每个参与者都依据长期形成的固定不变的程序被分配了相应的角色，并

---

① 〔美〕戴维·哈维：《正义、自然与差异地理学》，胡大平译，上海人民出版社，2015，第253页。

进行角色扮演，只有每个人按照既定的"剧本"扮演好其角色，才能保证仪式操演的顺利举行。相当封闭的空间、相对固定的角色定位及空间的再生性都使仪式成为"纪律"养成的重要途径。在仪式操演中，如果说空间驯化是外部力量借助仪式空间的构建，对个体进行行为规训，对其关系性存在进行重塑，是个体被动社会化的过程，那么，角色扮演则是个体主动接受社会规训、主动社会化的过程。

"当一个人在扮演一种角色时，他必定期待着他的观众们认真对待自己在他们面前所建立起来的表演印象。他想要他们相信，他们眼前的这个角色确实具有他要扮演的那个角色本身具有的品性，他的表演不言而喻也将是圆满的，总之，要使他们相信，事情就是它所呈现的那样。"① 角色扮演的关键在于建立让别人相信的"表演印象"，实现这一目标，就必须按照角色设定行事，从语言、姿势等一切细节处做出符合社会规范的行为。

社会对人的行为规训不仅在于发明并教授一系列特殊的语言、姿势，还在于在这些特定姿势与身体之间构建起密切而稳定的一一对应关系，让这些细节成为身体体认的重要依据。在日复一日的"扮演"训练中，个体逐渐将各种细节内化成为身体记忆、肌肉记忆，从而形成与社会规范"完美"契合的角色呈现。

仪式教育中，"身体在场"也为构建情感联结提供了可能。

社会层面的仪式操演是一种高度程式化的群体行为。"这是一种重要的机制，因为它使权力自动化和非个性化，权力不再体现在某个人身上，而是体现在对于肉体、表面、光线、目光的某种统一分配上，体现在一种安排上。"② 在具体仪式规程的引导下，伴随着以自我认同为目标的自我评价，个体不仅行为会受到严格的约束，情绪的变化、起伏也会呈现高度的一致

---

① 〔美〕欧文·戈夫曼：《日常生活中的自我呈现》，冯钢译，北京大学出版社，2008，第15页。
② 〔法〕米歇尔·福柯：《规训与惩罚》，刘北成、扬远婴译，生活·读书·新知三联书店，2019，第217页。

性。这就为在最广泛的基础上形成情感联结提供了可能。

仪式操演中，参与者在仪式互动的过程中因"共情"而产生的情感联结也是促使个体主动内化社会规训的重要动力。人类有一种被称为"镜像神经元"的神经细胞，其主要功能是反映他人的行为，从而赋予人类模仿他人的能力。共情"是那种让我们能基于自己的经历做出适应和改变的内驱力。……如果没有共情，我们根本无法建立任何有意义的联结，也不会有彼此关系的渴望和意愿"①。人类具有一种向其他人或物种寻求情感共鸣并建立友好关系的遗传倾向和内在愿望。正是这种愿望使人们愿意向具有相似情感的人倾吐心声，产生依赖关系，并在行为上保持一致。这是仪式中角色扮演的情感基础。

在仪式操演的过程中，无论是仪式空间的"监督"式规训，还是角色扮演，集体关注所带来的情感联结，均在客观上促使个体做出符合社会规范的行为。行动上的相互模仿，情感上相互联结，以及为获取社会认同、进行自我归类的内在需求，这些都是仪式教育成为构建价值认同途径的重要原因。

二 江苏仪式教育的现状与存在的问题

目前，江苏的仪式教育与全国相似，主要分为两类：一类是由学校主导，针对学生群体进行的仪式教育；另一类是由政府、社会团体主导，针对全体公民进行的仪式教育。在江苏，由学校主导下的仪式教育中，以升国旗、入少先队、入共青团、祭奠先烈等爱国主义教育为主要内容的仪式教育占较大比重。

2014年，为引导未成年人强化文明礼仪素养，江苏省文明委制定下发了《关于在全省开展未成年人文明礼仪养成教育的意见》和《江苏省未成

---

① 〔美〕亚瑟·乔拉米卡利、〔美〕凯瑟琳·柯茜：《共情的力量》，王春光译，中国致公出版社，2019，第26页。

年人基本文明礼仪规范》，提出在学校中进行"八礼四仪"① 教育，并附各项行为规范，作为学校评优评先重要的考查指标。这是江苏近年来仪式教育的重要举措和主要亮点。

经过几年的发展，"八礼四仪"教育逐渐成为江苏中小学校重要的仪式教育内容。这项教育从生活细节入手，不仅易于操作、便于评价，而且可以让未成年人通过日常的点点滴滴体会到礼仪之美，潜移默化地养成文明习惯，对于促进江苏的仪式教育、提升江苏整体的人文素质水平发挥了重要作用，受到社会的普遍好评。

江苏针对全体公民进行的仪式教育多为以文化传承、构建文化自信为目标，与中国传统文化、民俗活动相关的仪式教育，如每年的传统节日腊八节②，南京的鸡鸣寺、玄奘寺、毗卢寺等大寺院都会举行腊八粥布施仪式；每年新年、春节，南京很多地方，如玄奘寺、栖霞寺、鸡鸣寺、毗卢寺、天妃宫等都会举行撞钟祈福仪式。这些仪式活动不仅极大地丰富了人们的文化生活，也促进了文化传承，在构建文化认同和文化自信中发挥了重要作用。

此外，江苏南京还是每年的南京大屠杀死难者国家公祭仪式的举办地，这是江苏仪式教育的一项重要内容。严格意义上的南京大屠杀死难者纪念仪式始于 1994 年 12 月 13 日江苏省暨南京市举行的南京大屠杀遇难同胞的哀悼仪式，其仪式规程包括有关领导讲话、鸣放防空警报、敬献花圈、撞响和平钟等。2014 年 2 月 27 日，第十二届全国人大常委会第七次会议通过决

---

① "八礼"是指，1. "仪表之礼"，包括面容整洁、衣着得体、发型自然、仪态大方；2. "仪式之礼"，包括按规行礼、心存敬畏、严肃庄重、尊重礼俗；3. "言谈之礼"，包括用语文明、心平气和、耐心倾听、诚恳友善；4. "待人之礼"，包括尊敬师长、友爱伙伴、宽容礼让、诚信待人；5. "行走之礼"，包括遵守交规、礼让三先、扶老助弱、主动让座；6. "观赏之礼"，包括善待景观、爱护文物、尊重民俗、恪守公德；7. "游览之礼"，包括遵守秩序、爱护环境、专心欣赏、礼貌喝彩；8. "餐饮之礼"，包括讲究卫生、爱惜粮食、节俭用餐、食相文雅等行为规范。"四仪"是指入学仪式（7 岁）、成长仪式（10 岁）、青春仪式（14 岁）、成人仪式（18 岁）。

② 中国农历腊月最重大的节日之一，农历十二月称腊月，十二月初八，古代称为"腊日"，俗称"腊八节"。从先秦起，腊八节都是用来祭祀祖先和神灵，祈求丰收和吉祥。据说，佛教创始人释迦牟尼的成道之日也在十二月初八，因此腊八也是佛教徒的节日，称为"佛成道节"。

议，将每年的 12 月 13 日设立为南京大屠杀死难者国家公祭日，并于 2014 年 12 月 13 日在南京的侵华日军南京大屠杀遇难同胞纪念馆举行了首次国家公祭仪式。此后每年的 12 月 13 日，南京大屠杀死难者国家公祭仪式都在侵华日军南京大屠杀遇难同胞纪念馆举行，且仪式规程高度标准化。

目前，江苏仪式教育的总体状况为未成年教育依托"八礼四仪"，公民教育依托公共文化服务，以及南京大屠杀死难者国家公祭仪式对全社会公民进行爱国主义教育、和平教育。通过不懈的努力，江苏的仪式教育做出了一定的成绩，积累了许多宝贵经验，但也存在许多问题。

第一，对仪式本身的认识存在误区，对仪式教育的内在逻辑理解不透彻。虽然很多人都知道仪式教育是构建价值认同的重要途径，但对于仪式教育具体是如何促使个体实现态度转变，完成价值构建的心理与实践过程却知之甚少，甚至有些人认为只要提高举行仪式的频率，价值认同就会自然形成。实质上，个体以获取社会认同为目标的自我评价需求，或迫于社会压力，或出于特定环境下的情感联结而做出符合社会规范的行为，只是公共自我为适应社会情境在特定环境中所做出的短暂反应，并不代表个体认同这种社会规范或价值判定。因此，通过仪式操演使个体在接受社会规训的同时实现价值共享，就必须以个体的态度转化为基础，但是态度的转化是一个相当复杂的过程，不仅需要仪式象征符号功能的传承与延续，还需要按照社会规范塑造个体行为，以行为影响态度，构建符合社会规范的价值认同。只有充分认识仪式教育构建价值认同的内在的逻辑，才能切中肯綮地运用好仪式这种形式，为构建社会主义核心价值观服务。

第二，仪式参与者的主体性发挥不够，重形式轻内容。对于仪式内在机制的认识误区往往导致仪式的组织者在仪式操演的过程中过于看重自身的主导地位，忽视参与者的重要性，导致参与者主体性发挥不够，造成仪式教育中重形式、轻内容的现象，使仪式教育沦为仪式形式下的空洞说教。事实上，仪式教育的最终目的是要在参与者之间构建起广泛的情感联结，并最终将这种情感联结转化为价值认同，而情感的联结取决于情感的互动，仪式本身就是一个互动的过程，只有在互动中才能感受到彼此情绪的变化，产生共情，这是构建价值认同的前提和基础。

第三，缺乏对于仪式符号的提炼与有效运用。正如柯林斯所指出的"高度的情感连带——集体兴奋——是短暂的。团结与情感状态能持续多久，取决于短期情感向长期情感的转换，也就是说，取决于情感在能再次唤起他们的符号中的储备状况。反过来说，就符号能唤起何种群体团结而言是不同的，所以符号/情感记忆或意义的作用，是在未来的情景中影响群体的互动，以及个人的认同性"[①]。因此，仪式符号是唤起群体团结，促使短暂情感转换成为长期情感的关键要素，仪式符号的构建是记忆传承，维系情感联结的桥梁和纽带。但是，就目前的情况而言，江苏乃至全国的仪式教育都存在仪式符号的提炼与运用不够充分的问题，即便是如南京大屠杀死难者国家公祭仪式这样重大的仪式，其仪式符号的构建依然有待进一步加强。

三　促进江苏仪式教育发展的对策与建议

促进仪式教育的发展，提升仪式教育的效果，必须以充分认识仪式的基本特性以及仪式构建价值认同的内在逻辑为前提。针对江苏仪式教育中存在的问题，结合仪式教育自身的特性，进一步促进江苏仪教育发展需要做好以下几方面的工作。

（一）进一步加强仪式空间建设，打造独具特色的江苏仪式教育空间体系

如前所述，仪式空间是仪式所依托的社会秩序的集中体现，是社会进行行为规训的现实基础。社会秩序的产生和演变以与之相对应的空间秩序为基础。纵观人类历史，几乎所有重要的仪式都拥有其独立而特别的仪式空间。如基督教仪式操演的主要空间——教堂，基督教教堂是基督教仪式操演的主

---

① 〔美〕兰德尔·科林斯：《互动仪式链》，林聚任、王鹏、宋丽君译，商务印书馆，2012，第 125 页。

要场所，是最具仪式感的空间之一。无论是内部风格还是外部结构，教堂空间的每一处细节都以彰显基督教的社会秩序，规定教徒与诸神的关系，约束教徒行为为目标。

因此，应当鼓励江苏有条件的地方依据教育目标为仪式教育构建契合相应价值取向的仪式空间，通过细节向仪式的参与者传达仪式空间的各种象征与隐喻，以实现仪式空间对受教育者的心理暗示，达到价值传承的目的。

（二）加强仪式操演中"角色扮演"环节，打造沉浸式的江苏仪式教育

仪式操演中个体的参与度决定了个体对于仪式所要传递的价值的感受度和认可程度，也就是说，角色扮演能否有效实施决定了个体能否完成从被动接受向主动参与转化。

正是认识到这一点，在党史教育中，为学习红军精神，学员会被带领走红军路、吃红军饭、穿红军衣，借助这些程式化的行为对红军进行"角色扮演"，虽然与真实情况无法同日而语，但这可以帮助今天的人们稍稍体会红军"不畏强敌，不怕牺牲，坚韧不拔，英勇顽强，无坚不摧，一往无前"的宝贵精神。

比如反映抗美援朝历史的影片《长津湖》上映时，有影院向观众分发装有土豆和压缩饼干的纸袋和水，其目的是让观众体验影片中志愿军在冰天雪地里啃冻土豆的感受，虽然这些食物与当时的情况相比好很多，但却依然难以下咽，这种角色扮演让观影者在对比中瞬间体会到革命先烈的英勇无畏，认识到今天幸福生活的来之不易。

角色扮演最大的特点在于可以在心理和行为上最大限度地打破时间和空间的限制，达到心灵上的沟通和理解，对于提升仪式的教育效果具有不可替代的重要作用，因此，江苏的仪式教育应当从"角色扮演"的角度积极探索、创新仪式教育内容的呈现方式，打造沉浸式的江苏仪式教育。

（三）进一步推动江苏的仪式符号建设，为构建仪式教育中的情感联结奠定基础

仪式操演是一个情感互动的过程。"互动仪式的核心是一个过程，在该过程中参与者发展出共同的关注焦点，并彼此相应感受到对方身体的微观节奏与情感。"① 这种"共同的关注焦点"的具体表现形式就是仪式象征符号，是可以"代替直接表达的、高度浓缩的形式，它使情感紧张以有意识的或潜意识的形式得以迅速释放"②。仪式象征符号是重要的仪式结果，在仪式操演中担负着唤起记忆和情感联结的功能。

仪式符号的构建一直是我国仪式教育中的薄弱环节，在一定程度上影响了仪式教育的效果，尤其是南京大屠杀死难者国家公祭仪式这类纪念仪式。纪念仪式的功能在于记忆传承和价值建构。仪式象征符号是纪念仪式重要的组成部分，仪式象征符号是可以代替直接表达的、高度浓缩的形式，其象征意义极其丰富，担负着情感联结、记忆传承的重要功能。只有借助仪式象征符号，仪式才能得以长期保存在人类的文化结构中，成为记忆传承的重要途径。

纵观国际上影响较大的纪念仪式，不难发现，独特的仪式象征符号对于扩大纪念仪式的影响具有重要意义。

比如，俄罗斯卫国战争胜利纪念仪式中普遍使用的"圣乔治丝带"③。2005 年，在俄罗斯政府的支持下，在俄罗斯的青年组织"纳希"的推动下，"圣乔治丝带"成为俄罗斯卫国战争胜利纪念仪式重要的仪式符号，并被广泛运用到参加胜利日阅兵的各种旗帜上、武器装备车上和阅兵队伍的军服上，

---

① 〔美〕兰德尔·科林斯：《互动仪式链》，林聚任、王鹏、宋丽君译，商务印书馆，2012，第 47 页。

② 〔英〕维克多·特纳：《象征之林》，赵玉燕、欧阳敏、徐洪峰译，商务印书馆，2012，第 36 页。

③ "圣乔治丝带"由 3 条黑色和 2 条黄色条纹组成，原为凯瑟琳二世沙皇时期俄罗斯帝国颁发的最高军事荣誉"圣乔治军事勋章"的绶带，象征着勇敢和胜利。获得圣乔治勋章的部队，可以在部队的军旗上绣上圣乔治丝带以彰显其荣誉。

普通人也会带上"圣乔治丝带",以表示对国家、民族的崇敬之情。与以往相比,今天的"圣乔治丝带"已经发展成为一种浓缩的仪式象征符号,其内涵与外延均发生了拓展,兼具记忆和情感联结的仪式功能,不仅让人们再次回忆起俄罗斯人民在争取卫国战争胜利的过程中所表现出来的英勇精神,还让人们在缅怀过去的过程中产生强烈的民族自豪感和国家向心力。

又如,"英联邦国家停战纪念日"(11 月 11 日)仪式中普遍使用的"红罂粟花"是其重要的仪式符号,出席纪念活动的人们每人都会佩戴"红罂粟花",以此向阵亡将士表达敬意。"红罂粟花"成为仪式象征符号,源于加拿大军医麦克雷发表于 1915 年的诗歌《在弗兰德斯田野上》(In Flanders Field)。这首诗是纪念战争最著名的文学作品之一,后来被广泛运用到纪念仪式上,诗歌中的意象——"红罂粟花"① 也逐渐成为一种仪式象征符号,成为众多国家纪念阵亡将士的重要仪式符号,为构建广泛的情感联结奠定了基础。

这些特殊的仪式符号对于在仪式中构建价值认同具有重要意义。目前,南京大屠杀死难者国家公祭仪式的仪式符号仅有"12.13"等少数几个,尚未形成受大众认可、影响广泛、符合传播学效用的仪式符号,这在一定程度上限制了南京大屠杀死难者国家公祭仪式的国际影响力。今后我们需要进一步深入研究南京大屠杀,从国家层面进一步固化南京大屠杀死难者国家公祭仪式的仪式象征符号,并根据实际需要完善其相关设计,规范其使用范围、方法及途径。

(四)加强仪式主题的制度化建设,凸显江苏仪式教育的价值构建

每年举行的南京大屠杀死难者国家公祭仪式是目前江苏规格最高、影响最为广泛的仪式教育形式。作为一种具有国际影响力的大型纪念仪式,应当遵循国际惯例,为每年的南京大屠杀死难者国家公祭及相关纪念活动设立主题。

---

① 1920 年"美国全国退伍军人协会"正式将"红罂粟花"定为官方纪念符号。

为大型纪念系列活动设立主题是国际惯例。比如，每年的 1 月 27 日为"缅怀大屠杀受难者的国际纪念日"① 都会设有明确的主题。2018 年"缅怀大屠杀受难者国际纪念日"纪念仪式及相关活动的主题为"大屠杀纪念和教育：我们的共同责任"，鼓励就大屠杀悲剧进行教育，从而使子孙后代能够坚决反对一切形式的种族主义、恐怖主义和反人道的暴力行为。

为大型纪念系列活动设立主题就是要构建仪式活动中"共同关注的焦点"，也是构建情感联结的有效做法。截至目前，每年的南京大屠杀死难者国家公祭及相关纪念活动并未设立明确的主题，客观上造成了南京大屠杀死难者国家公祭及相关纪念活动重点不突出，长此以往，不仅不利于深入挖掘南京大屠杀死难者国家公祭对于爱国主义教育和维护世界和平的重要意义，还会造成公众信息接收中的关注疲劳，不利于南京大屠杀死难者国家公祭及相关纪念活动的传承与延续。因此，要加强仪式主题的制度建设，为南京大屠杀死难者国家公祭及相关纪念活动设立主题，既要深入挖掘南京大屠杀对于人类发展的警示意义，又要兼顾现实工作中的重点问题。

---

① 1945 年 1 月 27 日苏联红军解放奥斯威辛集中营。

Abstract

The book of analysis and prospect Jiangsu development in 2022 is an important institutionalized work for Jiangsu Academy of Social Sciences to strengthen decision-making consultation service. This book contains 29 reports, which are divided into 1 general report and 28 special reports. Taking the development of Jiangsu in 2021 as the main line, this book covers the fields of economy, society, culture, public management and so on. This book combines theoretical research and data analysis to make a high-level summary and in-depth analysis of major social reality problems in Jiangsu, with comprehensive content, multiple perspectives and detailed data. It is not only a summary and Prospect of Jiangsu's economic, social and cultural work, but also a scientific basis for relevant departments to improve the level of governance.

Keywords: Economy; Society; Culture; Jiangsu Province

Contents

I General Report

Abstract: Jiangsu has built a well-off society at a high level. At present, Jiangsu's modernization is facing both opportunities and challenges. It needs to focus on solving problems such as economic structural imbalance, sustainable and balanced development of people's livelihood, increasing environmental pressure under the dual carbon target, and improving its ability to cope with risks. We should make the modern economy more competitive in the international economy, achieve common prosperity through high-quality development, further promote green development, and continue to raise the level of civilization and vitality of society.

Keywords: "Strong, Rich, Beautiful and High"; Modernization; New Jiangsu

II Special Reports

Economy Category

Analysis on the Current Situation and Strategic Countermeasures of the Innovation Chain Matching Industry Chain in Jiangsu under the Goal of Industry Modernization

Du Yuwei / 023

Abstract：Strengthening the innovation chain to match the industrial chain is an urgent requirement for Jiangsu to accelerate Industry modernization and realize high-quality economic development in the new development stage. Firstly, the paper expounds the connotation mechanism of innovation chain matching Industry chain and its significance to Industry modernization. Then, it makes a statistical description of the current situation of Jiangsu innovation chain matching Industry chain from the perspective of interactive, coordinative and integrative development of innovation chain and Industry chain. The results show that in recent years, the innovation chain has neither effectively matched the needs of Industry chain nor supported the high-quality development of industry in Jiangsu, and the coordinative and integrative level of the two chains also needs to be improved. Then, the paper points out and analyzes the deep problems and their causes revealed by the above situation, from the perspectives of enterprise independent innovation ability, transformation of scientific research achievements, allocation of innovation resources and industrial linkage. Finally, from the three aspects of opening economy transformation, Industry cluster upgrading and innovation layout optimization, the paper puts forward the strategic thinking and countermeasures of strengthening innovation chain matching Industry chain in Jiangsu to promote Industry modernization.

Keywords：Industrial Modernization；Innovation Chain；Industrial Chain；Supply Chain；Industrial Cluster

Abstract: High-standard factor trading market is an important part of high-standard market system. Many provinces in China have carried out the reform of factor trading market, and have taken important steps in building a comprehensive all-region full-factor property rights trading platform. In contrast, Jiangsu province is lagging. The property rights trading market is small in scale and low in competitiveness, and it has been unable to well meet the needs of economic and social development in Jiangsu province. There is an urgent need to speed up the construction of the integrated factor trading market and build a all-region full-factor trading platform. To this end, it is necessary to accelerate the construction of high-standard factor market in Jiangsu province from the aspects of trading system planning, trading platform construction, regional market integration, factor sector expansion, administrative supervision and management, and market environment conservation, and so on.

Keywords: Resource Allocation; Factor Trading Market; High-standard Market System ; Jiangsu Province

Abstract: Shaping the brand influence of "Jiangsu service" is not only an important action to promote the high-quality economic development of Jiangsu, but also an important starting point for serving the new development. Against the international and domestic advanced standards, "Jiangsu service" brand construction has made remarkable achievements, but it still faces many prominent pain points and difficulties. Shaping the brand influence of "Jiangsu service" should focus on enhancing the brand radiation, giving full play to the brand leadership, creating a regional brand image and improving the brand reputation. Specific policies and measures include: increase the supply of digital application scenarios; pilot demonstration and integrated development of the two industries; establish a "specialized and special" brand image of gathering demonstration carriers; improve the service industry quality standard system.

Keywords: Jiangsu Service; Brand Influence; Brand Construction

Research on the Path of Promoting the Construction of New Development Pattern with Open Innovation in Jiangsu Province

Li Sihui / 084

Abstract: Since the 13th Five-Year Plan, Jiangsu adhere to plan scientific and technological innovation with global view, integrate into the global innovation system and carry out international cooperation in science and technology actively, and has made remarkable achievements in carrier construction, cooperative research and development. The regional scientific and technological innovation ability of Jiangsu has been in the forefront of the country for many years, which has laid a good foundation for promoting scientific and technological innovation at a higher level in the 14th Five-year Plan. Under the background of a new development pattern with the major domestic cycle as the main body and the double domestic and international cycles promoting each other, Jiangsu open innovation is facing new situation and challenge. Through analyzing the global innovation trend and the present situation of Jiangsu open innovation, this research shows that Jiangsu still faces problems and challenges in the concept of open innovation, the structure of attracting and using capital, the way of introducing technology and the design of open innovation system. The research concluded that: under the new situation, Jiangsu should strengthen its innovation confidence, grasp innovation opportunities, adhere to the work concept of "enterprise as the main body, industry as the direction, talent and platform as the support, and environment as the guarantee", strengthen the main role of enterprises and improve the level of innovation. Jiangsu should make innovations when invest outward and create a sound environment for opening up on strengthening institutional innovation, creating a sound ecological environment, etc. In order to raise the level of opening up and innovation, and open up new space for development through innovation.

Keywords: Open Innovation; International Cooperation; Innovation Network; New Development Pattern

Analysis of Suggestions to Developing Jiangsu's International Trade After the Outbreak of COVID −19

Chen Simeng / 096

Abstract: Facing the world-spread COVID − 19 epidemic, the world's economic has been slowing down. Meanwhile, the international trade of Jiangsu province has maintained a relatively rapid growth. Not only the gross amount of both export and import is high, its structure has been improved. The private enterprises involving international business are more active than before. And there are far more companies who are performing new patterns of international trade. Some enterprises (industries), though, lose part of their benefit while achieving bigger sales. After analyzing, this paper lists some probable reason. The growing export is partly due to the filling of global manufacturing capacity, and also the rising competitiveness of the export. The government has done supportive ways, which helps greatly. And both the rebound of foreign supplement and the domestic demanding strongly drive the import. As to the declining profit rate, it mostly is from the huge cost. There are shortcomings of our international trade, such as lacking of the leading enterprises, the outdated logistic system, the weak cross-border E-commerce; and the business environment still needs to be improved. In order to make it better, Jiangsu needs to do effort in following aspects. For example, we need to develop multi-national markets, to enhance the international trade facilities, to mediate the upper and downstream supply chains, to encourage new business forms, and to elevate the trade policies.

Keywords: International Trade; High Quality Development; Jiangsu Province

Analysis on the Development Tendency of Jiangsu's Digital Transformation of Financial Industry under the Background of Financial Openness

Jiao Wenting / 109

Abstract: COVID − 19 has not only impacted the economic activities of China and the whole world; but also brought great challenge to traditional financial industry. At the same time, it has become clearer that digitalization is the tendency of the traditional financial industry. "No-contact" service will become the core service capability and competitiveness of financial institutions. Financial digital transformation should take fintech as an effective means. More and more financial institutions in China have realized the strategic position of fintech and begun to accelerate the pace of transformation. 2021 is the first year of the ＜14th Five-Year Plan ＞, Jiangsu province is located in the forefront among economically developed provinces, it should grasp the chance of financial openness, enhance the core competitiveness constantly, take the commanding heights of fintech with the help of new techniques. , achieve the goal that accomplishing digital transformation of financial industry under the background of financial openness.

Keywords: Financial Openness; Digital Finance; Fintech

Jiangsu Green Finance Promotes Low-carbon Circular Development

Sui Qiang / 122

Abstract: Building an economic system of low-carbon circular development is an important starting point for the construction of "strong wealth, beautiful high" new Jiangsu, and green finance is an important help for its development. It is particularly important to vigorously develop green finance and unblock the channels of green finance and low-carbon circular development. Therefore, through analysis, this paper finds that due to the lack of motivation for financial institutions to carry out green finance, the lack of green financial product innovation, the lack of green financial talents and other reasons, the lack of green financial development in Jiangsu Province, and the imbalance of environmental protection information between financial institutions, governments and enterprises and the high rent-seeking cost of borrowers hinder green finance from helping low-carbon circular development. According to the analysis of this paper, the following two suggestions are put forward: first, by promoting sustainable development and social responsibility to the strategic level of financial institutions, further improving the incentive mechanism and cultivating green financial talents, vigorously developing green finance and expanding the scale of green finance in Jiangsu Province; The second is to further improve the information communication and sharing mechanism between environmental protection and financial institutions, build a green finance cooperation platform led by the government and jointly established by enterprises and financial institutions, and unblock the channels for green finance to help low-carbon circular development.

Keywords: Green Finance; Low Carbon Cycle Development; Jiangsu Province

Research on the Development Status and Countermeasures of

New Consumption in Jiangsu Province

Li Hui / 135

Abstract: Cultivating and strengthening new consumption is of great significance to promote the high-quality development of Jiangsu province, create a high-quality life for the people, and comprehensively open a new journey of modernization. This paper analyzes the current situation of the development of new consumption in Jiangsu, and explains the shortcomings and restrictive factors of the development of new consumption. Then it puts forward some countermeasures and suggestions for the development of new consumption in Jiangsu.

Keywords: New Consumption; New Business Format; New Mode

Market Characteristics and Promotion Strategies of Urban and

Rural Construction Land in Jiangsu Province

Gao Shan, *Li Dan* / 148

Abstract: In the first three quarters of 2021, the urban and rural construction land market generally operated well in various regions of Jiangsu Province. The transaction mode, price, land use subject, distribution and other characteristics of parcels followed the law of market development. Compared with state-owned land, on the one hand, the rural collective construction land market had the common characteristics of listing transactions and equipment manufacturing land; on the other hand, there were practical problems such as small scale, low prices, and scattered distribution. At present, the system, mechanism, function and practice of urban and rural construction land market are not perfect, and there are obstacles such as lack of connection between laws and plans, inconsistent demands of subjects, resistance to transformation and innovation, and great difficulty in implementation. During the 14th Five-Year Plan period, Jiangsu

Province should take the lead in building a unified urban-rural construction land market. Therefore, it puts forward some suggestions, such as adhering to the principle of equal rights and equal prices, building an urban-rural trading platform, improving the matching system of relevant policies, giving financial support, and establishing a benefit sharing mechanism, and so on.

Keywords: Urban and Rural Construction Land; Market Entry Reform; Equal Price and Equal Right

The Basic Situation, Causes and Policy Optimization of Cultivated Land Non Grain in Jiangsu Province

Jin Gaofeng / 161

Abstract: At present, it has become an important task for the work of agriculture, rural areas and farmers to curb the "non-agricultural" of cultivated land, prevent the "non grain" and effectively ensure food security. The overall situation of grain production in Jiangsu Province is good, but the inducement of "non grain" still exists, and there is still a possible risk of the spread of non grain, which will impact the basic self-sufficiency level of grain in the province in the future. The survey found that the main causes of "non grain" are ideological cognitive deviation on cultivated land protection and food security, weak policy binding force, insufficient support, difficult balance of interests among local governments, and lack of expected income incentive for economic subjects. To prevent "non grain", we need to fully grasp the dual attributes of "quasi public goods" and "private goods" of grain products, and comprehensively use policy, economic and other measures. First, improve the level of understanding and rationally treat the "non-agricultural" and "non grain" behaviors differently; Second, further refine the grain production zoning and improve the monitoring and early warning mechanism; Third, implement local production responsibility and improve regional compensation mechanism; Fourth, improve the modernization and large-scale operation level of grain production and enhance the accuracy of direct grain subsidies.

Keywords: Non Agriculturalization Land; Non Grain Cultivated Land; Jiangsu Province

Society Category

Thoughts and Countermeasures of Promoting the Balanced Development of Urban and Rural Areas through Driving Urban Resources and Factors to the Countryside

Xu Zhiming, Zhang Lidong and Gu Chunlei / 176

Abstract: As a developed coastal area in the East, the gap between urban and rural development in Jiangsu is relatively small, but the imbalance between urban and rural development still exists, mainly manifested in the lack of endogenous driving force and innovation vitality of rural industrial development, the differentiation of rural infrastructure development and the lack of effective management and protection, the lack of high-quality public services in rural areas and low utilization efficiency , the gap between the income ratio of urban and rural residents and the international reasonable level. The main reason is that urban resources and factors still face many obstacles to go to the countryside, including the lack of marketization of rural resources and the lack of government support for urban resources and factors to the countryside. We should accelerate the pace of market-oriented reform of rural resources, strengthen the policy support of urban resources and factors to the countryside, and stimulate the internal vitality of agricultural and rural development, including promoting industries to the countryside and accelerating the integrated development of rural primary, secondary and tertiary industries; We should promote the factors to the rural and stimulate the vitality of rural factors, main bodies and markets; We should promote services to the countryside to realize the balanced development of urban and rural public services; We should improve the policy system and strengthen the guarantee of land and funds for urban resources and factors to the countryside.

Keywords: Resources and Factors to the Countryside; Balanced Development between Urban and Rural; Innovation of System and Mechanism

Jiangsu's Practice and Exploration of Promoting Common Prosperity in High-Quality Development

Zhao Jinchun / 190

Abstract: Taking the lead in building the modernization of common prosperity for all people is one of the paths to practice the beautiful blueprint of "Six Leadings in the Forefront" during the 14th five-year plan period in Jiangsu province. Recent years, by focusing on the goal of achieving common prosperity for all people, Jiangsu has continuously issued a series of policies and measures, such as, solving relative poverty, deepening rural reform, promoting urban-rural integrated development, innovating regional linkage development model and achieved remarkable achievements in promoting the modernization of common prosperity for all people. At present, the enriching effect of economic development still needs to be improved, regional economic development gap exists, the equalization level of urban and rural public services needs to be improved and the imperfect social charity industry system are still main restrictive factors to achieve common prosperity in Jiangsu. Under the background of high-quality development, we should adhere to the development of efficiency and inclusiveness and create the new growth engine of economic strength and common prosperity. And improve the income redistribution system and expand the scale of middle-income groups. As well as, promote High-Quality Economic Development and consolidate the institutional foundation of regional common prosperity.

Keywords: High Quality Development; Common Prosperity; Jiangsu Province

Research on the Promotion of "Medical Care and Health Care"

Pension Model in Jiangsu

Zhang Chunlong / 207

Abstract: The combination of medical care and health care is the deepening of the concept of the combination of medical care and health care. It is not only the internal requirement for the combination of medical care and health care to move towards high-quality development in the new era, but also the practical need for the acceleration of aging and the worrying health status of the elderly. The progress of "combination of medical care and health care" in Jiangsu has laid a certain foundation for the establishment of "medical care and health care" elderly care service system, but it still faces some difficulties and various problems in the integration of medical care and health care. To promote the establishment of the "medical care and health care" pension model, we need to integrate and reshape the service system with the community as the core, promote the integration and coordinated development of medical care and health care resources, and open up the "last mile" of the connection between medical care and health care supply and demand.

Keywords: Medical Care and Health Care; Elderly Care Mode; Aging

The Achievements and Countermeasures of Jiangsu's Security

System for the Elderly and Children

Miao Guo / 221

Abstract: It is a livelihood issue that is closely related to thousands of households. Maintaining a balanced population development is an inevitable prerequisite for Jiangsu to realize the strategy of "Strengthening, Prosperity, Beauty and High". "The 14th Five-Year Plan of the People's Republic of China on National Economic and Social Development and the Outline of Long-Term

Goals for 2035 " proposes to "formulate a long-term population development strategy and optimize childbirth policies. " "the elderly and children" should focus on improving the population service system and promoting the long-term balanced development of the population. The Politburo of the CPC Central Committee held a meeting on May 31, 2021 to pass the "Decision on Optimizing Fertility Policies to Promote Long-term and Balanced Population Development", and made major deployments for the "Comprehensive Three-Child" policy. The level of equalization and standardization of basic public services for the elderly and children in Jiangsu has reached a relatively high level. In particular, the basic public service system for special groups such as urban and rural extreme poverty and subsistence allowances has been basically established, and the level of protection is also getting higher and higher. However, the aging population is superimposed on the declining birthrate. "the elderly and children" is the focus of my country's livelihood development in the future. Jiangsu conforms to this national strategy, not only to secure the bottom of the social security system, but also to expand the boundaries of the people's livelihood economy. Through the establishment of a "one old, one small" overall solution to achieve the development goals of benefiting people's livelihood, expanding domestic demand and revitalizing the economy.

Keywords: "the Elderly and Children"; Population Development; Security System

Current Situation, Weakness and Strategy of Overall Development and Security in Jiangsu

Sun Yunhong / 236

Abstract: It is an important historical stage in the new journey of building a socialist modern country in an all-round way, we should recognize that coordinating security and development is the bottom line and cornerstone of

Jiangsu's "striving to be an example, striving to be a model and walking in the forefront", We should build a higher level of security, Create a security and stable environment for the construction of new Jiangsu. Jiangsu should thoroughly implement the "six strategies" for coordinating development and security, Implement the organizational strategy led by Party construction and grasp the direction of overall development and security under the political guidance of the Communist Party of China; Implement the integration strategy of departmental coordination and plan the operation system of overall development and safety with departmental coordination; Implement the specialization strategy of scientific governance and improve the efficiency with specialized governance subjects and scientific governance methods; Implement the intelligent strategy of science and technology empowerment, and drive governance innovation with the smart data platform of public security collaborative governance; Implement the socialization strategy of multiple integration, and form a joint force with the effective coordination of government subjects, market subjects and social subjects; Implement the legalization strategy of system construction, and promote the comprehensive development of overall development and security with the construction of the rule of law.

Keywords: Development; Security; Jiangsu Province

Public Management Category

Innovative Practice of Deepening the Reform of "Release, Management and Service" in Jiangsu

Sun Xiaoyuan / 247

Abstract: In order to promote high-quality development in Jiangsu at the forefront, Jiangsu has deepened the reform of "release, management and service" with the goal of optimizing the business environment, Actively explored and built a "no meeting approval" government service model and achieved remarkable results,

Form characteristics and experience, a "addition, subtraction, multiplication and division method" to improve the efficiency of government services, build a government service brand with "integrated" reform, guided by optimizing the business environment and strengthening the supervision during and after the event. During the "14th Five-Year" period, Jiangsu will continue to deepen the reform of "release, management and service", By continuing to streamline administration and delegate power, adhering to both decentralization and management, providing high-quality and efficient services and strengthening the construction of digital government, Promote the modernization of government governance system and governance capacity, Provide a strong guarantee for building a first-class business environment.

Keywords: Government Functions; Reform of "Release, Management and Service"; Service-oriented Government; Business Environment

Practice and Exploration of the Modernization of Urban Grassroots Governance in Jiangsu Province

Wang Li / 259

Abstract: Grassroots governance is an important part of national governance, and the realization of grassroots governance modernization is an important way to promote the modernization of national governance system and governance capacity. At present, jiangsu cities are actively carrying out the practice and exploration of grassroots governance modernization, and the typical experience of Changzhou, Nanjing, Yancheng and other cities with their own characteristics is pouring out. The typical experience of these cities in the process of promoting the modernization of grassroots governance is summarized in order to provide experience for the modernization of provincial and even national governance. However, jiangsu cities also encounter some problems in the practice of grassroots governance modernization: the governance concept is not advanced enough, the system and mechanism are not scientific enough and the supply of resources is insufficient. To solve these problems, efforts should be made to change the governance concept, optimize the system and mechanism, and ensure sufficient supply of resource factors.

Keywords: Urban Grassroots Governance; Modernization; Governance System; Governance Capability

The Status Quo and Countermeasure of Jiangsu's Emergency Management of Public Emergency

Cao Hanrong / 272

Abstract: Various public emergencies such as natural disasters, accident disasters, public health incidents and social security incidents has caused huge and massive damage to the safety of people's lives and property, and to normal operation of social order in specific area. Successive leaders of New China have attached great importance to emergency management.

Significant progress has been made in the emergency management of public emergencies in Jiangsu, which focus on improving the emergency management system and the special rectification of safety production. However, there are still weak links such as insufficient ideological understanding, insufficient supervision of hidden dangers, insufficient coordination and cooperation of multiple departments, and untimely update of regulatory technology. In this regard, Jiangsu's emergency management system should improve itsideological position, clarify the development direction and basic principles; focus on key areas, promote the quality and efficiency of work; focus on the whole process management, improve and improve the emergency management system; use information technology to make great use of data promotes emergency management of public emergencies.

Keywords: Public Emergency; Emergency Management; Governance System; Governance Capability

Research on the Development and Perfection of Local

Legislation on Business Environment in Jiangsu Province

Xu Jing / 283

Abstract: Local legislation on the business environment is the most basic and critical link in the legalization of the business environment. The quality of local legislation determines the level of the business environment. More than 20 provinces and cities across the country have successively Promulgated local statute of optimizing the business environment . The local legislation on the business environment are compared with the cities of Shanghai, Guangzhou, Beijing and Shenzhen, and are made among the 13 cities in Jiangsu Province to clarify the shortcomings of the local business environment legislation in Jiangsu, and Analyze the causes, and put forward suggestions and countermeasures for the development and improvement of local legislation on business environment in response to the problems existing in the local statute of the business environment in Jiangsu Province.

Keywords: Business Environment; Local Legislation; Jiangsu Province

The Practice and Prospect of Jiangsu Rural Grassroots Party

Building Work under the Background of Comprehensively

Promoting Rural Revitalization

Shu jin / 297

Abstract: The rural grassroots party organizations are the foundation of all the party's work in the rural areas, which play a leading role in poverty alleviation and rural revitalization. Jiangsu has laid a solid organizational foundation for the victory in poverty alleviation and continued promotion of rural revitalization by continuously strengthening the work of rural grassroots party building. During the strategy implementation of the poverty alleviation and rural revitalization in Jiangsu province, the practical exploration of party building have actively carried out to lead rural revitalization in various localities, by pioneering unique practices, and accumulating some remarkable experience. After the completion of the task of poverty alleviation in the new era, the focus of the Three Agricultural Questions has historically shifted to promote rural revitalization comprehensively. However, in the new era, the rural grassroots party building in our province still faces some problems and shortcomings. In order to achieve the goal of comprehensively promoting rural revitalization and accelerating the modernization of agriculture and rural areas, we will strive to improve the quality of rural grassroots party building in our province and actively empower rural areas.

Keywords: Rural Revitalization; Rural Grassroots; Party Building; Jiangsu Province

A Study On the Measures Taking to Strengthen the Construction of Rule of Law for the Promotion of Revitalization of Rural Areas　　　　　　　　*Lin Hai* / 310

Abstract: It has become a great interest for the people to learn how to promote the revitalization of rural areas from the construction of rule of law in the new era. Jiangsu received a great many achievements in both the area of rule of law in and revitalization of rural areas, in recent years, which would be important experience for the combination of the two issues. However, some practical problems should be considered seriously. It would be obvious to lead to the promotion of revitalization of rural areas, treating the problems of rule of law in rural areas correctly, and making appropriate efforts on the cooperation and institutional innovation.

Keywords: Rule of Law in Rural Areas; Rural Governance; Revitalization of Rural Areas

Culture Category

Ideological and Cultural Peak Construction in Jiangsu:

Achievements, Issues and Countermeasures

Han Hailang / 323

Abstract: The construction of Ideological and cultural peak in Jiangsu is overall in good condition. Satisfactory results in cultivating and practicing socialist values (CPSV), Rapid development in new think tank construction, Progressing well on Creative Transformation and Innovative Development (CTID) in excellent traditional culture by cultural brand creation. The cultural talent team is booming, Innovation and creates vitality is continuous improving. The main issues at present include: CPSV is still facing the great challenge of western culture, Decision Consulting Research and Creativity need to be further improved. CTID in excellent traditional culture is short of theoretical innovation with greater impact, and the advance action on it need further attention from leading cadres in government. The countermeasures include: CPSV should consolidate cultural Plateau and pay much more attention to cultural peak, new think tank should focus on quality improvement of scientific research results and theoretical innovation. CTID in excellent traditional culture need theoretical breakthrough, further attention and support from government leading cadres, The cultural talent team need professionalism enhancement and perfect decision-making consultation system.

Keywords: Ideological and Culture; Highland Construction; Cultural Talent Team ; Jiangsu Province

The Present Situation and Prospect of Protection and Utilization of Revolutionary Cultural Relics in Jiangsu Province

Zhang Huiqing / 336

Abstract：Jiangsu province is rich in revolutionary cultural relics, and has formed some effective practices and experiences in the management and protection of revolutionary cultural relics. In order to celebrate the 100th anniversary of the founding of the Communist Party of China and in-depth development of the party history study and education activities, Jiangsu province has strengthened the activation and utilization of revolutionary cultural relics, and achieved good results. For the further improving the protection, management and utilization of Jiangsu provincial revolutionary cultural relics , suggest to the research and interpretation of the Revolutionary Spirit of Jiangsu, coordinate and promote the systematic protection of revolutionary cultural relics, promote the construction of the red cultural tourism integration highland, and promote Provincial high-quality economic and social development, better promote revolutionary culture, and inherit the red gene.

Keywords：Revolutionary Cultural；Revolutionary Tradition；Red Gene；Jiangsu Province

Construction of Jiangsu Culture Identity −the Current Situation, the Outlook & Strategy

Zhu Shan, Li Ning / 348

Abstract：Cultural identity are different from signs, symbols, landmarks, figures, elements in general sense. As a composite system, cultural identity is more and more favoured by cultural builders because of its characteristics of branding, individuality, visualization and easy to spread. Shanghai, Hunan, Zhejiang, Shandong, Fujian along with other provinces have formulated policies and measures to create cultural identity with their own characteristics. Jiangsu has the foundation and sense of urgency to create cultural identity. The establishment of cultural identity is of great significance to the integrated development of our province, to lead in the high quality cultural construction, and to the public recognition of cultural construction. At present, there is a realistic deviation between the construction of cultural identity and cultural heritage, leaving room for improvement in strategic planning, brand hierarchy, personality mining, rhetorical expression and visual presentation. Hence we are proposing to promote to the strategic height and build organizational structure; Review existing cultural elements and compile the list of identities; Mobilize the masses to participate in the selection of cultural symbol; Explore cultural characteristics and form systematic documentation; Strengthen visual presentation and promote diversified communication.

Keywords: Cultural Identity; High Quality Cultural Construction; Brand Building; Visualization

Construction of Grand Canal Cultural Belt and Integration of Culture and Tourism Jiangsu Sample

Li Jie / 361

Abstract: As a rich area of cultural and tourism resources along the Grand Canal, Jiangsu will bring new opportunities and challenges to the industrial development, consumption upgrading and cultural and tourism management of the Grand Canal basin. Policy, technology and market environment promote the transformation of tourism industry to a new format and model. At this stage, the cultural and tourism integration development of the Grand Canal cultural belt (Jiangsu section) leads the recovery of the cultural and tourism market; Cultural tourism integration and business innovation highlight the charm of Jiangsu Cultural canal. It is necessary to grasp the five trends and laws. First, the development focuses on the development goal of cultural confidence. Second, the integration of culture and tourism presents the upstream and downstream industrial chain model. Third, it promotes the transformation and development of platform economy with the support of the cultural content of the Grand Canal. Fourth, take the cultural content of the Grand Canal as the core to form a multi format integration of cultural tourism. Fifth, take the cultural content of the Grand Canal as the driving force to enable the experiential cultural tourism model. At present, there are still some restrictive factors in the construction of new tourism formats and models in the Grand Canal cultural belt (Jiangsu section), such as insufficient excavation and transformation of cultural content, lack of prominent theme of "Grand Canal Culture", imperfect departmental cooperation mechanism and so on. Therefore, it is suggested to strengthen the ability of cultural excavation, interpretation and artistic creation of the Grand Canal, improve the upstream and downstream industrial chain of cultural tourism of the Grand Canal, strengthen the platform carrier construction of new tourism formats and models, layout experiential tourism infrastructure, innovate multi sectoral cooperation mechanism, and promote the development of new tourism formats and models in the Grand Canal cultural belt (Jiangsu section).

Keywords: Grand Canal (Jiangsu Section); Grand Canal Cultural Belt; Integration of Culture and Tourism

Key Points, Difficulties and Countermeasures of Rural Cultural Governance System in Jiangsu Province

Tang Wenhao / 373

Abstract: Rural cultural governance system is an important carrier to realize rural modernization and Rural Revitalization. At this stage, the construction of Jiangsu rural cultural system has achieved remarkable results in physical layout, integration into grass-roots governance pattern, accurate docking mechanism and service supply. However, in the process of building the cultural governance system, Jiangsu still needs to continue to promote the introduction of excellent culture, the construction of standard service system, the innovation of communication channels and the protection of cultural heritage. In view of the difficult problems in the construction of cultural system such as "hollowing out", "fragmentation", "weakening" and "emptiness", this study gives policy suggestions on reshaping rural elite culture, rebuilding rural spiritual atmosphere and reconstructing rural cultural system.

Keywords: Rural Culture; Governance System; Rural Vitalization; Jiangsu Province

How to Improve the Ritual Education in Jiangsu Province

Li Xin / 383

Abstract: The reason why ritual education can become an important way for the society to discipline individual behavior and construct value identification is not only the unique attribute of ritual itself, but also the reshaping process of individual behavior and psychology by ritual performance. Only on the premise of correct understanding of the intrinsic logic of how ritual can help in the construction of value identification, can we accurately study and judge the problems in ritual education now, and put forward practical countermeasures and suggestions. Ritual education in Jiangsu was based on "Eight Behavioral Norms and Four Rituals", and we benefit a lot from memorial ceremony for Nanjing Massacre victims, but still have many problems. In the future, we should deepen the ritual education in Jiangsu from the aspects of ritual space, ritual performance, ritual symbol and ritual theme.

Keywords: Ritual Education; Value Identification; Ritual Performance; Ritual Symbols

图书在版编目（CIP）数据

2022 年江苏发展分析与展望／夏锦文主编 . －－北京：
社会科学文献出版社，2022.1
ISBN 978 - 7 - 5201 - 9618 - 5

Ⅰ.①2… Ⅱ.①夏… Ⅲ.①区域经济发展－研究报
告－江苏－2022 Ⅳ.①F127.53

中国版本图书馆 CIP 数据核字（2022）第 007969 号

2022 年江苏发展分析与展望

主　　编／夏锦文

出 版 人／王利民
组稿编辑／任文武
责任编辑／王玉霞
文稿编辑／李艳芳
责任印制／王京美

出　　版／社会科学文献出版社·城市和绿色发展分社（010）59367143
　　　　　地址：北京市北三环中路甲 29 号院华龙大厦　邮编：100029
　　　　　网址：www.ssap.com.cn
发　　行／社会科学文献出版社（010）59367028
印　　装／三河市龙林印务有限公司

规　　格／开 本：787mm × 1092mm　1/16
　　　　　印 张：27　字 数：409 千字
版　　次／2022 年 1 月第 1 版　2022 年 1 月第 1 次印刷
书　　号／ISBN 978 - 7 - 5201 - 9618 - 5
定　　价／98.00 元

读者服务电话：4008918866